Turismo

Uma Introdução

CB123437

Outros títulos da coleção TURISMO CONTEXTO:

A alma do lugar
Eduardo Yázigi

Criatividade em eventos
Francisco Paulo de Melo Neto

Desenvolvimento em turismo: temas contemporâneos
Douglas G. Pearce e Richard W. Butler (org.)

Ecoturismo: uma introdução
David A. Fennell

Fundamentos de planejamento e marketing em turismo
Ernesto Melgar

A pequena hotelaria e o entorno municipal
Eduardo Yázigi

Política de turismo e território
Rita de Cássia Cruz

Planejamento turístico
C. Michael Hall

A produção do saber turístico
Marutschka Moesch

Psicologia do turismo
Glenn F. Ross

Supervisão e liderança em turismo e hotelaria
Lynn Van Der Wagen e Christine Davies

Turismo – uma introdução
Ray Youell

Turismo e civilização
Luiz Gonzaga Godoi Trigo

Turismo e paisagem
Eduardo Yázigi (org.)

Turismo e patrimônio cultural
Jaime Pinsky e Pedro Paulo Funari (orgs.)

Turismo investigação e crítica
Susana Gastal (org.)

Turismo rural
Adyr Balastreri Rodrigues (org.)

Turismo urbano
Antonio Carlos Castrogiovanni (org.)

Turismo

Uma Introdução

RAY YOUELL

MSc, MTS, MSA

Ex-conferencista sênior no
Centro de Turismo da Sheffield
Hallam University, no Reino Unido.

EDITORA CONTEXTO

Copyright © 1998 Ray Youell
This translation of Tourism: An Introduction,
first edition, is published by arrangement
with Pearson Education Limited.

Tradução
Beth Honorato

Preparação de originais
Dida Bessana

Diagramação
Jose Luis Guijarro

Revisão
Sandra Regina de Souza

Projeto de capa
Antonio Kehl

Dados Internacionais de Catalogação na Publicação (CIP)
(Câmara Brasileira do Livro, SP, Brasil)

Youell, Ray
Turismo: uma introdução. Ray Youell. [tradução
Beth Honorato] São Paulo: Contexto, 2002. –
(Turismo Contexto)

Bibliografia.
ISBN 85-7244-200-6

1. Ecoturismo 2.Turismo 3. Turismo -
Administração. 4. Turismo - Marketing. 5. Turismo -
Planejamento I. Título.
02-1173 CDD-338.4791

Índices para catálogo sistemático:
1. Indústria do turismo: Economia 338.4791
1. Turismo: Indústria: Economia 338.4791

Proibida a reprodução total ou parcial.
Os infratores serão processados na forma da lei.

2002

Todos os direitos desta edição reservados à
EDITORA CONTEXTO (Editora Pinsky Ltda.).
Diretor editorial Jaime Pinsky
Rua Acopiara, 199 – Alto da Lapa
05083-110 – São Paulo – SP
PABX: (11) 3832 5838
FAX: (11) 3832 1043
contexto@editoracontexto.com.br
www.editoracontexto.com.br

Agradecimentos

Agradeço a todas as pessoas que me ajudaram a concretizar este livro. Estou em dívida com muitos indivíduos e organizações que me me auxiliaram, fornecendo material de apoio para estudos de caso e exemplos da indústria do turismo. A cooperação de cada um é reconhecida nas respectivas seções do livro. Agradeço também a Ian Little e à equipe da Longman por sua maneira invariavelmente profissional de abordar um assunto. Mas, como sempre, os maiores agradecimentos vão para Sue, Megan e Owen, sem o sacrifício dos quais este livro nunca teria sido realizado.

Sumário

Lista de figuras

Lista de tabelas

Prefácio

Escrever "Outro livro sobre turismo, não!" — esse é o clamor em geral ouvido nos corredores de nossas instituições acadêmicas. Na verdade, há um número crescente de livros-texto, periódicos acadêmicos e outro tipo de material de apoio destinados à investigação e à compreensão do fenômeno e da indústria do turismo. O objetivo deste livro é cobrir a falta de um livro relevante para a indústria do turismo, que contenha dados atualizados sobre o tema e analise as questões mais entusiásticas do momento no turismo internacional, "a maior indústria do mundo". Como livro-texto introdutório, esta obra destina-se a equipes e estudantes universitários ou de pós-graduação, mas também pode interessar àqueles que trabalham na indústria do turismo e servir como texto de "transposição" a estudantes em programas de pós-gradução que não estejam familiarizados com essa indústria.

Este livro pode ser dividido livremente em três seções. Os quatro primeiros capítulos pesquisam a demanda e a oferta da indústria do turismo, partindo do nível internacional e passando pelo turismo europeu até chegar a uma análise do turismo no Reino Unido. O quinto, sexto e sétimo capítulos concentram-se nas questões principais dos impactos turísticos, do planejamento e desenvolvimento turístico e do *marketing* turístico, respectivamente. O último capítulo analisa o futuro do turismo e os vários fatores que influenciam seu desenvolvimento. Entretanto, há muita reciprocidade entre todos os capítulos e referência cruzada nos locais apropriados.

Foram incluídos estudos de caso que ressaltam temas, questões e organizações significativos na indústria do turismo. Para que ofereçam o máximo proveito possível, todos os estudos apresentam idéias para discussão e análise. Ao fim dos capítulos, há um resumo, questões para discussão sobre o conteúdo do capítulo, referências e sugestões de leitura. Há também bibliografia selecionada e glossário de termos turísticos comuns.

Espero que, assim como eu, você considere o turismo uma indústria fascinante, que está em constante mudança para enfrentar novos desafios e melhorar a qualidade de vida das pessoas. Espero também que, após a leitura, concorde que este texto ajuda a compreender a natureza contemporânea da indústria do turismo internacional e as questões com as quais essa indústria vai deparar no futuro.

Ray Youell
Aberystwyth, 1997

Turismo: a maior indústria do mundo

Visão geral do capítulo

Este capítulo, que explora o desenvolvimento e o significado global de turismo na virada do século XX e no alvorecer do novo milênio, analisa por que o turismo é cada vez mais referido como "a maior indústria do mundo" e examina marcos em seu desenvolvimento, resumindo as tendências históricas mais importantes e investigando como elas podem oferecer informações à atual discussão sobre turismo. Uma análise das tentativas de definição de turismo e de explicação de suas diferentes formas é seguida de comentários sobre as características da atual indústria internacional do turismo. Aspectos da demanda turística são bem ressaltados neste capítulo e incluem uma pesquisa sobre o padrão dos fluxos do turismo internacional, de determinantes da demanda e do complexo tema da motivação no comportamento dos turistas. Este capítulo fornece base estatística e analítica fiel para uma investigação mais detalhada sobre a oferta da indústria do turismo – tema do capítulo Estrutura e Organização da Indústria do Turismo Internacional.

Principais tópicos

- Desenvolvimento histórico do turismo
- Definições de turismo
- As políticas do turismo
- Características da indústria do turismo
- A demanda turística
- Sazonalidade na demanda turística
- O padrão dos fluxos do turismo internacional

Introdução

Contrariamente ao que está por trás de seu incomparável crescimento na última metade do século XX, o turismo no momento acha-se em uma encruzilhada no que se refere ao seu desenvolvimento. Por um lado, é anunciado como "a maior indústria do mundo" por numerosas organizações globais, incluindo o Conselho Mundial de Viagens e Turismo (World Travel and Tourism Council – WTTC) e a Organização Mundial do Turismo (World Tourism Organisation – WTO), o que ressalta o fato de o turismo ter suplantado tanto o petróleo cru quanto os veículos motorizados para tornar-se em 1994 líder em exportação mundial. Seu significado econômico é também ilustrado pelo fato de seus rendimentos terem sido maiores do que os das exportações mundiais de outros grupos de produtos selecionados, incluindo equipamento eletrônico, roupas, tecidos e matérias-primas (veja a Figura 1.1).

Além disso, os rendimentos provenientes do turismo internacional atingiram taxas de crescimento superiores aos das exportações de serviços comerciais e mercadorias durante o período de 1984 a 1994. Já o período de 1985 a 1995, cuja tendência é similar, apresenta as seguintes taxas porcentuais médias de crescimento anual:

- Turismo 12%
- Serviços comerciais 12%
- Exportação de mercadorias 10%

Dados da WTO também indicam crescimento rápido e sustentável na entrada de turistas internacionais e nos rendimentos provenientes do turismo ao longo dos últimos trinta anos. Hoje, o turismo é considerado o maior contribuinte no que se refere ao desenvolvimento econômico global, criando empregos e gerando riqueza em uma escala genuinamente internacional. É cada vez maior o número de países que dependem sobremaneira dos rendimentos do turismo para o seu respectivo bem-estar econômico e social.

Inversamente a essa perspectiva bastante positiva da indústria, muitos governos nacionais relutam em investir no desenvolvimento e na promoção do turismo, sempre cortando despesas quando surgem necessidades sociais e econômicas mais urgentes. A decisão dos governos do Canadá, dos Estados Unidos e da Bélgica, em 1997, de transferir a responsabilidade pelo turismo para empresas privadas ou órgãos regionais, ajuda a ilustrar bem esse ponto. Na Grã-Bretanha, os fundos do English Tourist Board (ETB) foram substancialmente cortados desde o início da década de 1990, decisão de um governo que consi-

Figura 1.1 Exportações mundiais de turismo *versus* grupos de produtos selecionados, 1994.

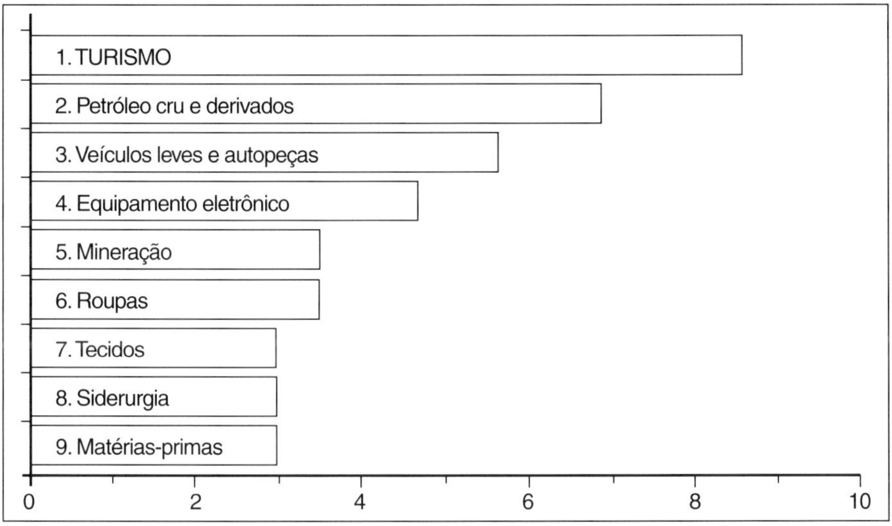

derou essa indústria suficientemente madura e capaz de financiar a própria expansão ao diminuir o apoio financeiro público. Nos momentos em que a preocupação ambiental e a preservação de identidades culturais começam a se intensificar, o turismo é visto também por governos e consumidores como semelhante a forças potencialmente destrutivas, que dão lugar a agressões ambientais e a impactos socioculturais em áreas de destino e comunidades locais. Contraditoriamente, não é difícil argumentar que o desvio de fundos públicos e o controle do desenvolvimento turístico podem muito bem acelerar as agressões ambientais e os efeitos socioculturais dessa indústria.

É em direção oposta aos bastidores de uma indústria complexa e em rápida expansão, que procura manter sua credibilidade e promover seus benefícios econômicos, sempre enfrentando um apoio cada vez menor de governos e comunidades locais, que este capítulo principia sua pesquisa sobre o turismo, a maior indústria do mundo.

Perspectiva histórica do desenvolvimento do turismo

O turismo de massa hoje existente em várias partes do mundo tem sua origem nos anos posteriores à Segunda Guerra Mundial (1939-45). Padrões de vida cada vez melhores, maior tempo de lazer e avanços nos meios de transporte resultaram no aumento acentuado da demanda por viagens internacionais, cujo crescimento permaneceu constante até o presente. As destinações turísticas responderam a essa demanda desenvolvendo uma ampla variedade de instalações e atrativos turísticos. Entretanto, pode ser feita uma retrospectiva do turismo bem mais afastada que o período anterior à civilização egípcia, quando havia poucas viagens, associadas em geral com festivais e celebrações religiosas ou espirituais. A civilização egípcia antiga apresentou uma estrutura social primitiva que recompensou as classes privilegiadas com tempo de lazer para se deliciar com atividades como dança, música, teatro e arco e flecha. As viagens no período egípcio tendiam a ser de negócios ou por motivos religiosos.

Os gregos, os romanos e a Reforma

A civilização grega foi a primeira a oferecer aos indivíduos – e à sociedade – os benefícios do equilíbrio saudável entre trabalho e lazer, incluindo as viagens. Há provas de viagens com propósitos puramente recreacionais, como a hospedagem por parte dos gregos de visitantes internacionais durante os primeiros Jogos Olímpicos em 776 a.C. Os romanos propuseram uma abordagem intencional ao uso do tempo de lazer, em oposição à abordagem estética dos gregos a esse assunto. Os engenheiros romanos construíram instalações públicas de lazer para a grande maioria das populações urbanas, cuja recreação era o condicionamento físico e a preparação para a guerra. A extensa rede de estradas desenvolvida pelos romanos possibilitou viagens de negócios e de lazer mais rápidas e mais convenientes. Houve crescimento das viagens internacionais por motivos comerciais no Império Romano, ao passo que os romanos mais abastados visitavam amigos e parentes e começaram a apreciar pela primeira vez os poderes de cura dos balneários.

Os tempos austeros entre a queda do Império Romano por volta de 400 d.C. e a Idade Média ofereceram poucas oportunidades para viagens e atividades de lazer. A ascensão do cristianismo durante a chamada Baixa Idade Média relegou as atividades de lazer a atividades associadas com festividades e cultos religiosos. O termo *holiday* (férias ou feriado) nasceu de *holy day* (dia santo), termo designado pela Igreja no fim da Idade Média, o que concedeu à maioria da população suas principais oportunidades de lazer. As viagens continuaram a ser privilégio dos que estavam no poder e viajavam para praticar esportes e por motivos culturais. A expansão da Reforma na Europa no século XVI possibilitou a propagação da ética da obra protestante, que investiu contra os abusos e a corrupção da nobreza sempre em busca do prazer. Disso decorreram a diminuição abrupta da disponibilidade e da respeitabilidade do lazer e restrições a viagens cujo propósito fosse puramente o prazer.

Desenvolvimento do turismo no período pós-Reforma

No período pós-Reforma, no século XVII, o comportamento em relação ao lazer e às viagens mudou de direção mais uma vez. Do ponto de vista do turismo, ressaltam-se dois aspectos:

- o desenvolvimento do *grand tour*;[1] e
- o surgimento das estações de águas.

De 1670 em diante, jovens cavalheiros da aristocracia eram enviados ao *grand tour* dos notáveis centros culturais da Europa para ampliar seus conhecimentos e experiência de vida antes de procurar posições ou cargos na corte quando retornavam à casa. Cidades como Paris, Veneza, Roma e Florença concederam a esses jovens turistas a oportunidade de experimentar diferentes culturas e sociedades. A popularidade do *grand tour* atingiu seu ápice na metade do século XVIII, mas foi interrompida abruptamente pelo início da Revolução Francesa e das Guerras Napoleônicas.

Embora os benefícios medicinais das estações de águas tivessem sido reconhecidos no período romano, foi apenas no século XVI que ganharam popularidade e todo o seu potencial turístico começou a ser explorado. O poder de cura das estações de águas tornou-se amplamente aceito na aristocracia, o que permitiu o desenvolvimento de estações de águas na Grã-Bretanha e no continente europeu. Cidades pequenas como Buxton, Leamington Spa, Llandrindod Wells e Bath prosperaram acertadamente até o século XVIII. Baden-Baden, na Alemanha, foi um dos mais populares balneários na Europa.

A Revolução Industrial

A Revolução Industrial, nos séculos XVIII e XIX, foi responsável por mudanças profundas no estilo de vida britânico, não apenas no que se refere a atividades de lazer e a avanços do turismo. A ampla mecanização e a introdução de

[1] Ampla viagem educacional pela Europa, considerada conclusão de curso, feita por jovens aristocratas britânicos. (N.T.)

técnicas de produção em massa na indústria abriram caminho para a rápida urbanização e o fluxo da população de áreas rurais para áreas urbanas, situação que pôde ser vista subseqüentemente em várias nações ocidentais industrializadas. A tensão e o esforço de métodos de trabalho monótonos, aliados a circunstâncias de trabalho insalubres e em geral perigosas, encorajaram as pessoas a fugir da paz e tranqüilidade relativas do litoral e da zona rural. A lei britânica de feriado bancário de 1871 (Bank Holiday Act) criou quatro feriados públicos anuais, os quais, paralelamente ao crescimento cada vez maior do poder de compra de grande parte da população, estimularam a demanda por viagens e instalações turísticas para satisfazer suas necessidades. Dois avanços associados nesse período, isto é, o aumento da popularidade das estações de águas litorâneas e a introdução da energia a vapor, prometiam produzir impactos de longo alcance nos padrões futuros do turismo.

O desenvolvimento de estações à beira-mar

Assim como sempre ocorreu com o desenvolvimento do turismo ao longo da história, a popularidade inicial das estações de veraneio à beira-mar foi patrocinada pela nobreza e outras minorias ricas da sociedade, embora isso tenha mudado sensivelmente após a introdução das estradas de ferro na metade do século XIX na Grã-Bretanha. No início do século XVIII, a medicina começou a perceber que os benéficos minerais das estações de águas podiam ser encontrados também nas estações litorâneas. Entretanto, foi apenas com a publicação da obra do dr. Richard Russell, *Concerning the Use of Seawater*, em 1752, que as estações de veraneio litorâneas viram sua popularidade ascender, originalmente por motivos de saúde. Instalações de hospedagem, *catering*[2] e entretenimento foram desenvolvidas em várias estações de veraneio britânicas, incluindo Scarborough, Skegness, Margate e Blackpool, algumas das quais também beneficiadas pela introdução de serviços de barco a vapor no início do século XIX, fator que levou à construção dos quebra-mares ainda hoje vistos em numerosas estações de veraneio litorâneas.

A influência da energia a vapor

A introdução da energia a vapor prometia um efeito de monta sobre o desenvolvimento do turismo do século XIX em diante. O primeiro serviço de trem de passageiros movido a vapor, entre Liverpool e Manchester, foi introduzido

[2] Fornecimento de comidas preparadas, serviços e outros tipos de provisão. (N.T.)

em 1830 e a rede se expandiu rapidamente para atender às regiões centrais da Revolução Industrial. O crescimento da rede ferroviária também serviu para encurtar a distância de viagem entre várias estações de veraneio britânicas e os centros mais populosos, encorajando, portanto, visitas de uma parcela significativa da sociedade, incluindo as classes de trabalho emergentes; Brighton e Margate eram notadamente prósperas nesse ponto. A expansão da rede ferroviária permitiu que numerosos empresários começassem a avaliar como poderiam investir nessa nova forma de viagem. Um dos mais bem-sucedidos foi Thomas Cook, destinado a exercer um impacto de longo alcance no desenvolvimento inicial do turismo e das viagens. Em 1841, organizou uma excursão de Leicester a Loughborough para a organização local Temperance Association, de sua propriedade. Em 15 anos, impulsionado pelo sucesso de sua primeira viagem, Cook pôs em funcionamento uma empresa de viagens comerciais completas, organizando excursões e passeios domésticos e ao estrangeiro, que incluíram visitas à Exposição Internacional em Londres, em 1851, e viagens "com todos os serviços incluídos"[3] à Exposição Internacional de Paris em 1855. A conclusão do Canal de Suez em 1869 ofereceu a Cook a oportunidade de organizar suas primeiras excursões ao Egito.

No início do século XIX, assim como a energia a vapor costa adentro estava mudando radicalmente os padrões de turismo e viagem, o mesmo ocorria no mar, em decorrência da introdução de uma nova geração de navios movidos a vapor que serviam à América do Norte, ao continente europeu próximo e ao Extremo Oriente. A Peninsular and Oriental Steam Navigation Company (P&O) introduziu os primeiros serviços regulares de longa distância para a Índia e o Extremo Oriente em 1838. A Cunard Steamship Company começou a atender à América do Norte em 1840. Depois de seu sucesso na Grã-Bretanha e no continente europeu, Thomas Cook organizou em 1866 a primeira excursão em navio a vapor à América.

O turismo no século XX

Os primeiros anos do século XX testemunharam a consolidação do turismo doméstico no Reino Unido, caracterizada pela Primeira e Segunda Guerra Mundial, de 1914-18 e 1939-45, respectivamente, e pela recessão da década de

[3] Esse tipo de viagem, conhecido por *inclusive tour (IT)*, oferece todos os serviços necessários; por exemplo, transporte de ida e volta, traslados, refeições e excursões locais. (N.T.)

1930. Depois da Primeira Guerra Mundial, o aumento do número de proprietários de veículos motorizados anunciou o começo do declínio constante do uso da estrada de ferro para viagens de férias, tendência que persistiu em todo o restante do século XX. Estações de veraneio no litoral britânico – por exemplo, Blackpool, Bournemouth, Southend e Colwyn Bay – ganharam popularidade e várias consolidaram-se por direito em ponto turístico no período intermediário às duas grandes guerras. A introdução da primeira colônia de férias por Billy Butlin, em Skegness, em 1936, impulsionou os pernoites em virtude de oferecer, pela primeira vez, férias de mercado de massa com todos os serviços incluídos por um ótimo preço. Esse período testemunhou, acima de tudo, o surgimento da moderna sociedade de consumo.

Progressos no período imediatamente posterior ao fim da Segunda Guerra Mundial, que prometiam impactos que influenciariam significativamente os futuros padrões de viagem, firmaram as bases do enorme crescimento do turismo doméstico e internacional a partir da década de 1950. Além das melhorias gerais das condições socioeconômicas no pós-guerra, dois fatores podem ser considerados de particular importância ao crescimento do turismo: avanços na tecnologia aeronáutica e a introdução dos pacotes de férias internacionais.

O desenvolvimento do avião a jato

O resultado positivo da Segunda Guerra Mundial foi o rápido avanço na tecnologia aeronáutica, responsável pelo crescimento de uma indústria de aviação comercial viável na Grã-Bretanha e nos Estados Unidos. O superávit de aviões nos anos que se seguiram à guerra, aliado ao faro de empresários como Harold Bamberg da Eagle Airways e Freddie Laker, estimulou o desenvolvimento das viagens aéreas de férias. Os aviões *Comet* foram usados na década de 1950, mas foi somente com a introdução em 1958 do *Boeing 707*, mais rápido e confiável, que vislumbramos a possibilidade de as viagens aéreas tornarem-se realidade para a grande maioria da população. A década de 1960 presenciou um aumento repentino na demanda de vôos programados e fretados (*charter*). Os vôos fretados ofereciam hospedagem, traslados e serviços de guia turístico para compor os "pacotes de férias" internacionais tão populares atualmente.

O crescimento dos pacotes de férias

A Vladimir Raitz, da Horizon Holidays, é concedido o mérito de ter organizado a primeira ampla viagem aérea de um grupo em excursão a Córsega em 1950. O pacote oferecia hospedagem em tendas com pensão completa e viagem em avião DC3 de 32 lugares. De um modesto início – 300 passageiros no primeiro ano de operação –, a Horizon repetiu a fórmula nos anos subseqüentes, obtendo um sucesso cada vez maior. Embora com as respectivas casualidades, mais notadamente a Clarkson em 1974 e Intasun em 1991, a indústria de pacotes de férias no Reino Unido cresceu rapidamente por oferecer aos clientes planos de viagem com todos os serviços incluídos a um bom preço. Hoje, a Thomson, Airtours e First Choice Holidays, operadoras de viagens a outros países fora do Reino Unido, são as maiores no que se refere ao número de pacotes de férias vendidos. Em outra parte da Europa, operadoras de viagens de turismo alemãs e holandesas, incluindo a LTU, a NUR e a Holland International, tornaram-se as principais concorrentes no mercado de pacotes de férias, indústria que também inclui várias operadoras pequenas e independentes que oferecem ampla variedade de destinos e produtos de férias. Em relação a todas as outras operadoras, os países do Mediterrâneo ainda são os mais populares para os turistas britânicos e a maioria dos turistas do norte europeu. Entretanto, longos trajetos, incluindo os países e as ilhas do Caribe, os Estados Unidos, o Extremo Oriente e a Austrália, rapidamente ganham terreno como destinações internacionais para pacotes de férias à medida que os custos de viagem diminuem.

O turismo contemporâneo

Apesar da longa história dos avanços no setor de viagens e das atitudes passadas em relação à divisão trabalho/lazer, o turismo de massa do mundo atual é um fenômeno da sociedade pós-industrial da última metade do século XX. O turismo tornou-se parte da mudança de economias baseadas em engenharia e fabricação pesadas para um setor de serviços de rápida expansão. O crescimento do turismo internacional e doméstico, a partir da década de 1950, não foi nem um pouco insignificante – a entrada de turistas internacionais saltou de 25 milhões em 1950 para o recorde de 592 milhões em 1996 (World Tourism Organisation, 1997). Quando somamos a isso a constatação de que o volume do turismo doméstico no mundo inteiro, de acordo com estimativas da WTO, é aproximadamente dez vezes maior que o do turismo internacional (World Tourism Organisation, 1983), a proporção do fenômeno do turismo pode começar a ser considerada. Maior riqueza, padrões educacionais mais altos, mobilidade crescente e maior tempo de lazer, todos contribuíram para a demanda de férias e excursões nacionais e internacionais. As viagens ao estrangeiro deixaram de ser um privilégio de poucos para alcançar a maioria à medida que avanços nos meios de transporte, a concorrência crescente e a tecnologia da comunicação global reduziram o custo real das férias. Organizações do setor público e privado responderam a essa demanda em expansão oferecendo numerosos produtos e instalações para atender às necessidades de um público de viajantes cada vez mais perspicaz. Entretanto, é preciso lembrar que esse turismo é um fenômeno bastante recente que até agora recebeu a permissão de crescer em um ambiente empresarial relativamente livre de regulamentos e restrições comerciais. Esse ambiente livre de restrições provavelmente não será preservado nos anos que estão por vir.

A escala e o escopo atuais da indústria do turismo internacional são ilustrados em dados recentes do World Travel and Tourism Council (1996a), os quais indicam que em 1996 a expectativa da indústria de viagens e turismo mundial era de:

- empregar 255 milhões de pessoas;
- gerar um rendimento de 3,6 trilhões de dólares;
- contribuir para 10,7% do produto interno bruto (PIB) mundial;
- investir 766 bilhões de dólares em projetos de expansão;
- gerar 761 bilhões de dólares em exportações mundiais; e
- pagar 653 bilhões de dólares em impostos no mundo inteiro.

Esses números demonstram o significado econômico da indústria do turismo em escala global e confirmam que a era do turismo de massa de fato chegou de uma forma espetacular. Os principais aspectos da importância econômica do turismo são examinados detalhadamente no capítulo Impactos Turísticos, que inclui uma avaliação dos impactos econômicos dessa indústria.

Padrões de desenvolvimento ao longo da história do turismo

Ao resumir a história mais distante e recente do turismo, é óbvio que numerosos padrões significativos aparecem, a saber:

- *Efeitos da mobilidade social.* Desde os primórdios do turismo e das viagens, é claro que pequenos setores privilegiados e ricos da sociedade foram os primeiros a experimentar atividades turísticas e a descobrir novas destinações turísticas. Quando esses destinos foram descobertos pela classe baixa e trabalhadora, membros desse turismo de "elite" dispunham de recursos para mover-se para ambientes mais exclusivos e sempre mais distantes. Essa tendência ainda existe – estações de turismo exclusivas em lugares como as ilhas do Caribe são exemplos do privilégio da nobreza e de personalidades ricas.
- *Importância do transporte.* Desde a construção das primeiras redes de

estrada no período romano, da introdução das estradas de ferro no início do século XIX até o desenvolvimento do avião a jato na década de 1950, grande parte do crescimento do turismo dependeu de avanços nos meios de transporte, e vice-versa.

- *Desenvolvimento em marcha crescente.* Assim como vários outros aspectos da história recente na sociedade ocidental, o crescimento do turismo acelerou-se sensivelmente na última metade do século XX, gerando efeitos positivos e negativos sobre economias, ambientes e culturas. A introdução de novas tecnologias revolucionou os produtos do turismo em oferta e a maneira pela qual são apresentados e vendidos a clientes em potencial.

A retrospectiva histórica é um método importante à medida que pode ajudar a predizer tendências futuras e influenciar o pensamento e a prática na indústria. Entretanto, uma coisa é certa: se o turismo se expandir nos próximos cinqüenta anos à mesma taxa que cresceu desde o fim da Segunda Guerra Mundial, a indústria do futuro assumirá um significado econômico e político de proporções genuinamente globais.

As políticas do turismo

À medida que o turismo internacional envolve o movimento de pessoas de um país a outro ou mesmo de um continente a outro, os governos devem estimular o desenvolvimento do turismo para promover seus objetivos políticos. Não é rara a menção de que o governo espanhol estimulou o desenvolvimento do turismo para aumentar a aceitação política do regime de governo de Franco. Em Israel, o desenvolvimento do turismo serviu mais para estimular a simpatia política por essa nação e para elevar o moral nacional. Nas Filipinas, Ferdinando Marcos tirou partido ativamente do turismo para atender às necessidades políticas de sua "Nova Sociedade". Outras nações, particularmente as do Extremo Oriente, como Coréia e Taiwan, estão também descobrindo que os benefícios políticos do turismo internacional devem ser recompensados tanto quanto suas vantagens econômicas mais alardeadas.

Afora esses exemplos de exploração política aberta do desenvolvimento do turismo, há vários motivos "mais amenos" para países, regiões e até mesmo áreas locais envolverem-se no turismo. O desenvolvimento do turismo pode, por exemplo, ajudar a:

- mudar a imagem ou percepção de uma área. O turismo em geral é visto como uma atividade econômica relativamente "limpa" e, como tal, pode apresentar uma imagem favorável ao mundo externo. A inclusão do turismo em vários projetos de reurbanização é um bom exemplo desse fenômeno;

- criar uma identidade nacional. A promoção do turismo em mercados estrangeiros e entre os turistas domésticos pode consolidar uma identidade de nação; por exemplo, Espanha, Grécia e vários outros países do Mediterrâneo;
- promover a prosperidade regional. O turismo pode ser usado como trampolim para incrementar avanços econômicos e sociais em áreas urbanas e rurais. O desenvolvimento e a promoção do turismo em nível regional na França é um bom exemplo;
- melhorar a qualidade de vida. Finalmente, se o desenvolvimento do turismo for bem planejado, será possível gerar numerosos benefícios a nações e regiões e, desse modo, contribuir para a melhoria da qualidade de vida dos respectivos habitantes;
- promover culturas. Países e regiões com tradições culturais e lingüísticas particulares podem usar o turismo para estimular seus intuitos políticos; por exemplo, a região basca da Espanha;
- promover a paz e o entendimento humano. Os benefícios sociais do turismo, como encontrar pessoas de diferentes culturas, religiões e raças, podem colaborar com a melhoria do entendimento em nível global e a promoção da paz mundial.

Tendo em vista que a entrada de turistas internacionais continua a crescer, praticamente não há dúvida de que o significado dos aspectos políticos do desenvolvimento do turismo tende a ser maior tanto em países desenvolvidos quanto em países emergentes.

Definição de turismo

O consenso de uma definição de grande amplitude de turismo, fácil de entender e universalmente aceita provou-se difícil. Isso se deve, em grande parte, a dois fatores principais: à natureza ampla do tema e ao fato de a indústria do turismo abranger numerosos setores industriais, que, embora diversos, estão inter-relacionados. Se levarmos em conta o estudo das intrusões do turismo em disciplinas como Geografia, Psicologia, Sociologia, Economia, Antropologia, Planejamento, Especialização em Negócios, Economia Política, apenas para citar algumas, será fácil entender a dificuldade do acordo sobre uma definição viável. No lado da indústria, setores tão diversos quanto hotéis, centros de lazer, departamentos governamentais de planejamento, companhias aéreas, órgãos de preservação e proteção, agências de viagens, museus, fornecedores de meios de transporte e centros de entretenimento, todos têm o direito de ser incluídos em qualquer definição de turismo.

Entretanto, houve várias tentativas de definir exatamente o que queremos dizer com turismo. A Comissão Estatística das Nações Unidas reconheceu a seguinte definição de turismo, recomendada pela World Tourism Organisation (WTO), que afirma que o turismo abrange

> ...as atividades de pessoas que estão viajando e vão se hospedar em lugares fora do ambiente habitual em que vivem por não mais que um ano consecutivo, por motivos de lazer, negócios e outros. (World Tourism Organisation, 1993)

A definição que em geral é citada no contexto do Reino Unido, proposta pela Tourism Society no início da década de 1980, é a seguinte:

> Turismo é o movimento temporário e de curta duração de pessoas para lugares externos ao local em que normalmente vivem e trabalham, bem como as atividades que essas pessoas executam durante o tempo em que permanecem nesses lugares; incluem-se aí movimentos por qualquer motivo, assim como visitas diárias ou excursões. (Tourism Society, 1982)

Ambas as definições anteriores permitem-nos discernir o escopo e o contexto do turismo. Elas demonstram que o turismo é uma atividade que abrange todos os aspectos do movimento de pessoas para fora do respectivo ambiente habitual e as atividades que realizam e as instalações que utilizam nesses lugares. Mais especificamente, essas duas definições evidenciam que as pessoas que categorizamos como turistas:

- estão fora do local habitual em que residem, embora planejem voltar algum dia;
- estão fazendo uma visita temporária e de curta duração não superior a 12 meses;
- estão envolvidas em atividades que poderiam ser normalmente associadas com turismo;
- não necessariamente permanecem fora de casa de um dia para o outro, mas apenas para uma visita diária (excursão); e
- nem sempre ficam fora de casa nas férias, mas por motivo de negócios.

Para definir turismo, é importante distinguir os visitantes que pernoitam no lugar de destino daqueles que não pernoitam. Do ponto de vista técnico, visitantes domésticos ou internacionais que passam pelo menos uma noite no lugar ou país que estão visitando são considerados turistas, enquanto os que não pernoitam são classificados como visitantes excursionistas e turistas por um dia.

Embora ambas as definições citadas resumam a natureza técnica da atividade turística, não mencionam os impactos consideráveis do turismo sobre destinações turísticas e comunidades locais, nem as complexidades da indústria desenvolvidas para atender aos movimentos de turistas. Investigamos os efeitos positivos e negativos do turismo no capítulo Impactos Turísticos, ao passo que, no capítulo Planejamento e Desenvolvimento no Turismo, apresentamos a conclusão segundo a qual, sem um planejamento sensível, o crescimento do turismo em uma área pode destruir as verdadeiras características que atraíram os visitantes em um primeiro momento. Considerada a importância atualmente atribuída ao desenvolvimento de diretrizes e práticas sustentáveis no mundo do turismo, qualquer definição que deixar de se referir a esse aspecto estará apenas parcialmente completa. Conscientes disso, podemos começar a identificar os principais elementos que precisam ser incluídos em uma definição abrangente de turismo. São eles:

- Entre a casa de um turista e um destino é realizada uma viagem.
- Uma visita é considerada temporária e de curta duração.
- O turista realizará atividades normalmente associadas ao turismo, mas em viagem de negócios ou visita a algum amigo ou parente.
- O turista usará uma variedade de produtos e instalações turísticas ao chegar ao destino e no período de permanência.
- A visita do turista gerará impactos positivos e negativos no local de destino e nos respectivos habitantes.

Esses elementos podem ser reunidos no modelo simplificado de atividade turística da Figura 1.2. Essa figura demonstra que o turismo, assim como a maioria das atividades econômicas, é essencialmente uma relação de demanda e oferta que objetiva satisfazer às necessidades de turistas domésticos e internacionais, fornecendo, para isso, uma variedade de instalações e atrações sempre agrupadas nas áreas de destino. Vários setores oferecem transporte de ida e volta, enquanto os intermediários na indústria do turismo (por exemplo, agentes de viagens, operadoras de viagens, operadoras atacadistas e corretores) facilitam o oferecimento de destinações a clientes em potencial. A natureza da demanda, abordada com mais detalhes posteriormente, será influenciada por numerosos fatores, como padrão de comportamento de compra do consumidor, tendências de viagem, estilo de vida, avanços tecnológicos e fatores políticos. No lado da oferta, as áreas de destino experimentarão impactos positivos e negativos, os quais podem ser econômicos, ambientais e socioculturais. A estrutura normativa representada na *Figura 1.2* interfere tanto na demanda quanto na oferta; o desenvolvimento de atrativos e instalações será em maior ou menor grau regulamentado nas áreas das destinações turísticas, assim como os meios de transporte para e do exterior. No lado da demanda, a regulamentação incluirá questões de saúde e segurança, proteção ao consumidor e práticas de propaganda.

Figura 1.2 Modelo simplificado da atividade turística.

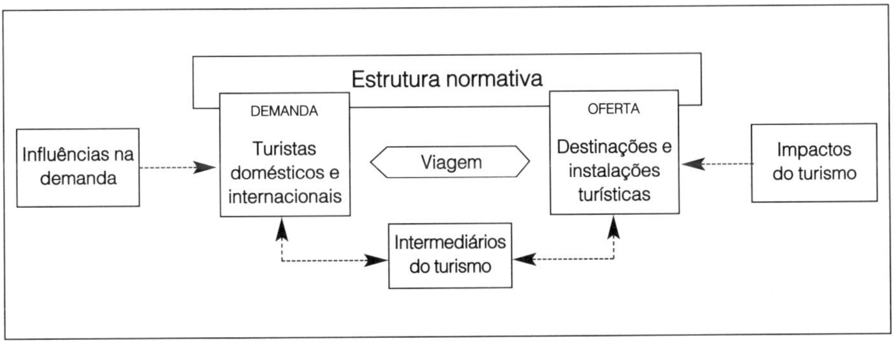

Figura 1.3 Diferentes categorias de turismo.

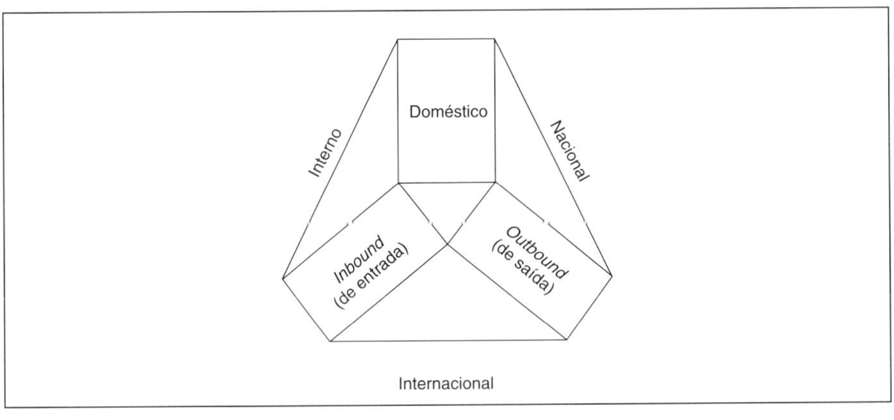

Fonte: WTO.

Diferentes tipos de turismo

Em relação a qualquer país, a World Tourism Organisation sugere a existência das três formas básicas de turismo descritas a seguir:

1. *Turismo doméstico*. Envolve habitantes de um determinado país em viagem no próprio país, por exemplo, uma família de Nova York que vai visitar os vários parques temáticos e outras atrações da Flórida.
2. *Turismo* inbound *(de entrada)*. Envolve pessoas de outro país em viagem em um determinado país, por exemplo, um estudante dinamarquês em visita a parentes que vivem em Phoenix, Arizona.
3. *Turismo* outbound *(de saída)*. Envolve habitantes em viagem em outro país, por exemplo, a família de Nova York decide passar um longo período de férias na Austrália.

Essas três formas básicas de turismo podem ser combinadas de várias maneiras para derivar outras categorias, as quais são mostradas na Figura 1.3. Com base nessa figura, é possível identificar três categorias principais de turismo:

1. *Turismo interno*. Abrange o turismo doméstico e *inbound*.
2. *Turismo nacional*. Compreende o turismo doméstico e *outbound*.
3. *Turismo internacional*. Inclui o turismo *inbound* e *outbound*.

Embora essas classificações busquem principalmente facilitar a coleta e análise de dados estatísticos concernentes ao turismo, são um ponto de partida útil na análise da estrutura do turismo doméstico e internacional. Por exemplo, algumas organizações vão se concentrar exclusivamente em uma determinada categoria de turismo – a maioria das operadoras de viagens de turismo do mercado de massa concentra-se em enviar para o estrangeiro turistas residentes no país em que elas operam e, desse modo, unicamente no setor de turismo *outbound*. Em contraposição, um hotel no centro de Londres trabalhará segundo as categorias de turismo doméstico, *inbound* e *outbound*, dando boas-vindas tanto aos turistas britânicos quanto aos turistas estrangeiros.

Objetivo de viagem

Apesar de ser fácil imaginar que o turismo refere-se apenas a viagens de férias, isso está longe da realidade. Há vários motivos diferentes de viagem, que podem proveitosamente ser categorizados para propósitos estatísticos e analíticos em turismo de lazer, turismo de negócios e turismo de visita a amigos e parentes [conhecido como VFR – visiting friends and relatives], como é mostrado na Figura 1.4.

O turismo de lazer é o tipo mais comum de atividade turística, abrangendo férias e feriados curtos por vários motivos. Habitantes de países do norte da Europa na maior parte das vezes associam o turismo de lazer com feriados longos (quatro ou mais noites) a lugares no sul do Mediterrâneo, como Espanha, Itália, Portugal, Grécia e o sul da França, embora as férias de curta duração sejam uma característica em expansão do cenário do turismo doméstico de vários países. À medida que os viajantes tornam-se mais instruídos e complexos em termos de estilo de vida e os fornecedores de produtos de turismo mais responsivos em relação às suas necessidades, o leque de oportunidades de turismo de lazer em oferta torna-se cada vez mais diverso: algo como pedalar nas férias na China ou escalar o Himalaia e praticar *rafting* nos rápidos rios das Montanhas Rochosas ou apreciar obras de arte na Itália – tudo isso está disponível para aqueles com inclinação e poder aquisitivo para bancar.

Embora o turismo de negócios em geral justifique sua relativamente pequena parcela em relação ao todo do turismo de um país, sua importância econômica é sempre maior que a atividade do turismo de lazer. Isso se deve ao alto valor do turismo de negócios, cujos viajantes freqüentemente pagam preços muito altos em viagens, entretenimento e hospedagem, tanto por motivo de prestígio quanto pela penalidade do curto período de várias viagens de negócios. Além disso, essa categoria de turismo oferece benefícios econômicos por numerosas outras razões, incluindo o fato de ser menos sazonal do que a maior parte do turismo de lazer e por disseminar os benefícios do turismo para áreas em geral não associadas com a atividade turística. O turismo de negócios invariavelmente tem um papel complementar fundamental ao turismo de lazer em várias destinações; fornecedores de hospedagem, por exemplo, sempre vendem aos executivos os dias de semana e oferecem taxas reduzidas aos turistas de lazer nos fins de semana, maximizando, dessa forma, o uso dos recursos que têm disponíveis.

Figura 1.4 Classificação do turismo de acordo com o objetivo de viagem.

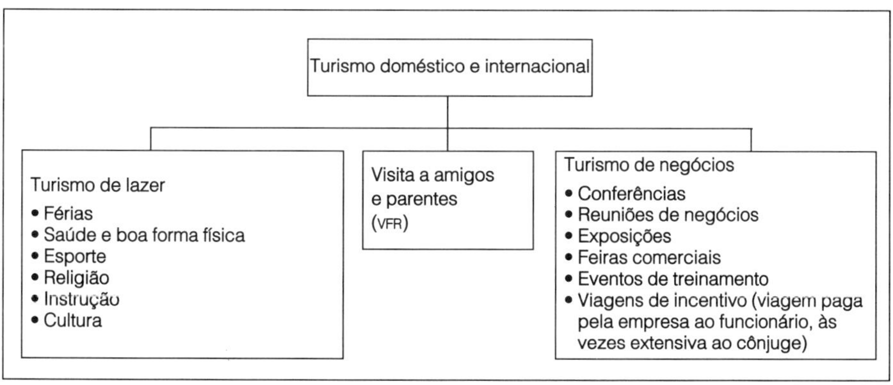

O turismo de visita a amigos e parentes (VFR) é uma categoria significativa, se sempre supervisionada, em vários países desenvolvidos e emergentes. No contexto do Reino Unido, dados provenientes do *Tourism Intelligence Quartely* (British Tourist Authority/English Tourist Board, 1996) demonstram que as visitas a amigos e parentes corresponderam a 27% de todas as viagens turísticas realizadas por habitantes do Reino Unido em 1994; férias, viagens de negócios e viagens por outros motivos corresponderam, respectivamente, a 57%, 11% e 5%. Portanto, de um total de 110 milhões de viagens em 1994, 30 milhões de viagens de visita a amigos e parentes totalizaram 2,4 bilhões de libras em despesas por parte da população do Reino Unido. À primeira vista, pode ser difícil entender como alguém que se hospeda gratuitamente na casa de um amigo ou parente está ajudando o turismo de uma determinada área. A resposta repousa na constatação de que o visitante, embora usufruindo de hospedagem gratuita, provavelmente gastará dinheiro em outros produtos e serviços no local em que estiver, como comida, entretenimento e transporte; dessa forma, contribuirá para a economia local. Na realidade, o fato de uma pessoa não pagar a hospedagem pode incentivá-la a gastar mais comendo fora e em entretenimento, por exemplo.

Características da indústria do turismo

Depois de analisar o desenvolvimento histórico do turismo e de examinar definições conceituais, vamos nos deter nos principais aspectos da indústria que evoluíram para sustentar o turismo de lazer e negócios. O capítulo Estrutura e Organização da Indústria do Turismo Internacional, sobre a estrutura do turismo internacional, concentra-se na interdependência e na relativa importância dos setores mais notáveis da indústria, ao passo que esta seção investiga suas características subjacentes. A seguir apresentamos as características mais proeminentes da indústria do turismo em vários países desenvolvidos do mundo moderno:

- domínio por parte das empresas do setor privado;
- dinamismo e empreendimento;
- várias pequenas e médias empresas;
- atendimento aos mercados doméstico e internacional;
- prosperidade decorrente de comunicação direta;
- amplo uso de novas tecnologias;
- estruturas de gerenciamento elementares;
- vulnerabilidade a pressões externas; e
- impactos positivos e negativos.

Antes de adentrarmos nessas características, é fundamental realçar dois pontos. Primeiramente, é necessário enfatizar que a indústria do turismo desenvolveu-se durante um período bastante curto; a primeira parte deste capítulo, sobre o desenvolvimento histórico do turismo, indicou que este é essencialmente um fenômeno dos cinqüenta anos pós-Segunda Guerra Mundial. Dessa forma, faltam-lhe a maturidade, a credibilidade e a importância de atividades econômicas mais estabelecidas. Em segundo lugar, há bons motivos para o debate sobre se de fato o turismo é inerentemente uma indústria; como descobriremos no capítulo Estrutura e Organização da Indústria do Turismo Internacional, o turismo consiste em uma ampla série de setores inter-relacionados, muitos dos quais com o direito de se autoproclamarem indústrias – por exemplo, hotéis, companhias aéreas, atrações turísticas, operadoras e agências de viagens. Agrupar esses setores em uma única denominação de indústria por certo é conveniente do ponto de vista político, pois ajuda a atribuir ao turismo um significado mais global no momento de negociar e promover suas credenciais econômicas. À medida que todos os setores do turismo estão finalmente envolvidos no objetivo de fazer com que produtos e serviços atendam às necessidades de viajantes de lazer e negócios, consideramos o turismo de fato uma indústria; esse é o termo usado ao longo de todo este livro.

Voltando às características apresentadas na lista anterior, é óbvio que a indústria do turismo é dominada por empresas do setor privado. Corporações públicas têm um importante papel a exercer no planejamento, na regulamentação e no desenvolvimento do turismo, mas a grande maioria dos fornecedores de turismo opera no mundo comercial. Essa inclinação dinâmica e comercial pelo turismo concede à indústria uma imagem sem dúvida fascinante, e várias pequenas e médias empresas comercializam em um ambiente altamente competitivo e empreendedor. Entretanto, a realidade de operar na indústria do turismo, em geral, está longe de ser fascinante e sua natureza competitiva sempre força as empresas a operar em níveis de lucratividade que afetam sua sobrevivência a longo prazo. Um problema associado à grande dependência da indústria do turismo para com as operadoras do setor privado é a possibilidade de problemas sociais, culturais e ambientais do turismo serem ignorados em detrimento da maximização de lucros. Esse é o ponto em que uma organização do setor público pode exercer sua influência, garantindo que os interesses das comunidades e da sociedade não serão esquecidos à medida que a indústria do turismo expandir suas operações. A lista de características a seguir mostra que é importante lembrar que a indústria do turismo atende tanto ao mercado doméstico quanto ao internacional. É muito fácil mergulharmos na fascinação do turismo internacional e esquecermos que, em termos puramente econômicos, o turismo doméstico é de longe muito mais relevante que viagens internacionais a um determinado país.

Operacionalmente, a indústria do turismo é, antes de mais nada, um "negócio humano" que prospera graças a métodos de comunicação direta. Isso pode ser visto claramente não apenas porque o turismo é administrado nas áreas das destinações, mas também em termos da contribuição humana nos meios de transporte e na venda de produtos e serviços turísticos. O êxito no turismo depende de um investimento substancial em treinamento e do desenvolvimento de uma equipe de funcionários, em particular no que se refere à atenção ao cliente, idiomas, habilidades de venda e uso de equipamentos e sistemas tecnologicamente modernos. Infelizmente, esse investimento em treinamento operacional e no gerenciamento correspondente, salvo para um número pequeno de excelentes exemplos, tem sido até agora insuficiente em numerosos setores turísticos. Em conseqüência, várias empresas turísticas carecem de estruturas gerenciais claramente definidas, fator para o qual contribuem o grande número de pequenas empresas turísticas e a relativa imaturidade da indústria.

Demanda turística

O modelo simplificado da atividade turística descrito na Figura 1.2 demonstra que o turismo opera em um ambiente de troca entre demanda e oferta; os turistas viajam ao estrangeiro ou dentro do próprio país e usam uma variedade de instalações e serviços antes da viagem, no percurso e no local de destino. Anteriormente neste capítulo, os três principais objetivos de viagem, isto é, lazer, negócios e visita a amigos e parentes, foram identificados. Mas o que de fato influencia as pessoas quando escolhem o destino da viagem? O que determina, por exemplo, a decisão de uma pessoa de passar as férias na Flórida ou em Florença, sua preferência por uma passada em Vermont ou Veneza ou sua opção por férias regulamentares[4] em vez de um cruzeiro pelo mundo? Na verdade, por que os turistas viajam? O restante deste capítulo, sobre a demanda turística, explora as complexidades da motivação do indivíduo e os determinantes da viagem turística, apresentando primeiramente uma visão geral dessa demanda em nível internacional.

[4] No original, o termo correspondente é *activity holiday*, que designa as férias em que há esporte, passatempo ou outra atividade de diversão. (N.T.)

Padrões da demanda turística internacional

Em algum ponto deste capítulo foi realçado que o turismo de massa moderno é um fenômeno da segunda metade do século XX. O rápido crescimento da demanda por turismo internacional em 1950 é nitidamente mostrado na Tabela 1.1.

Tabela 1.1 Crescimento na entrada de turistas internacionais e nos rendimentos turísticos, 1950-95.

Ano	Entrada (milhões)	Rendimentos (em bilhões de US$)
1950	25,3	–
1960	69,3	–
1970	159,7	17,9
1980	284,3	103,1
1990	455,9	260,0
1995 (provisional)	567,0	371,7

Fonte: Adaptada de fontes da WTO.

A Tabela 1.1 demonstra que a entrada de turistas internacionais aumentou mais de 20 vezes entre 1950 e 1995, de 25,3 milhões para 567 milhões no período de 45 anos. Ano após ano, as taxas de crescimento no mesmo período foram igualmente impressionantes, uma média de mais ou menos 6% e 5% por ano nas décadas de 1970 e 1980, respectivamente. Dados relacionados com a primeira metade da década de 1990 indicam um declínio da taxa de crescimento da afluência internacional para apenas 3% ao ano. É óbvio, mas não surpreendente, que essas variações da demanda por turismo internacional estão associadas com flutuações no desempenho econômico global; em termos gerais, os períodos de rápida expansão da atividade econômica mundial testemunharam o crescimento mais veloz do turismo internacional, reflexo da grande confiança do turismo de lazer e negócios em investir em viagens e das empresas de turismo em expandir suas operações; o aumento da demanda na última metade da década de 1980 ilustra isso muito bem. O oposto mostrou-se verdadeiro quando o crescimento da economia mundial foi reprimido; por exemplo, nos primeiros anos da década de 1990, houve uma recessão geral nas economias nacionais, aumentada pelos efeitos da Guerra do Golfo no Oriente Médio, de 1991 a 1992. Houve também uma diminuição substancial da demanda por turismo internacional na metade da década de 1970 e no início da década de 1980 relacionada à decisão da Organização dos Países Exportadores de Petróleo (OPEP) de restringir a produção mundial de petróleo, o que, portanto, elevou seu preço e, conseqüentemente, aumentou os custos da viagem internacional.

Demanda regional por turismo internacional

Assim como há flutuações na demanda turística em nível internacional, a demanda regional muda ao longo do tempo, como mostra a Figura 1.5. Isso demonstra nitidamente que a Europa dominou as entradas turísticas internacionais em 1975 e 1995, mas com uma redução significativa de 9,7 pontos porcentuais de sua participação de mercado, no período de vinte anos. O Capítulo 3, sobre o turismo europeu, estuda detalhadamente os motivos subjacentes desse declínio, o que em grande parte é conseqüência da maior concorrência em regiões como o leste da Ásia e os países do Pacífico Sul. A Figura 1.5 indica que as Américas ocupam um distante segundo lugar em relação à Europa em porcentagem geral de entradas – 19,7% do mercado em 1995, uma perda de 2,8 pontos porcentuais comparada aos números de 1975. Dentre essas áreas que aumentaram sua participação de mercado em entradas mundiais desde 1975, a região do leste da Ásia/Pacífico foi responsável pelos maiores ganhos. Desde 1975, essa região aumentou sua participação em entradas internacionais de 10,8% para 14,7% em 1995. A África aumentou sua participação de 1,2% para 3,3% em 1995, ao passo que ganhos menos significativos foram obtidos pela Ásia Meridional (de 0,7% em 1975 para 0,8% em 1995) e pelo Oriente Médio (de 1,6% em 1975 para 1,8% em 1995). Entretanto, se os dados de 1994 e 1995 forem confrontados, observaremos que essas duas regiões conseguiram as maiores taxas de crescimento em relação a todas as regiões mundiais – o Oriente Médio e a Ásia Meridional apresentaram um crescimento de 11,8% e 11%, respectivamente, do total de entradas turísticas mundiais (World Tourism Organisation, 1996).

Figura 1.5 Porcentagem regional de entradas turísticas internacionais de 1975 e 1995.

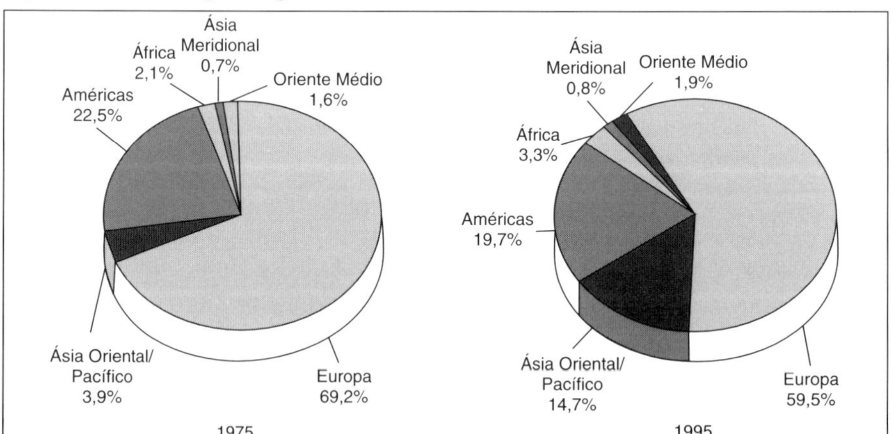

Fonte: WTO.

As dez principais destinações turísticas do mundo

O padrão dos fluxos turísticos internacionais na metade da década de 1990 revela, primeiramente, grande concentração de entradas turísticas em um número relativamente pequeno de países. Na verdade, as dez principais destinações turísticas do mundo são responsáveis por 54% do volume total dos fluxos de turistas (World Tourism Organisation, 1996). Além disso, desde o início da década de 1990, houve uma diversificação gradativa dos mercados turísticos com o aparecimento de novas destinações como China, Hongkong e Cingapura. O mesmo fenômeno foi confirmado na Europa Central e Oriental, onde países como Hungria, Polônia e República Tcheca conseguiram ganhos substanciais em sua participação nas entradas turísticas internacionais.

A Tabela 1.2 relaciona as dez principais destinações do mundo em 1995 em termos de entrada de visitantes. Isso mostra que a França foi novamente a principal destinação turística do mundo – 60,5 milhões de visitantes em 1995, o que equivale a 10,68% de participação no mercado mundial. Pela primeira vez, a Espanha derrubou os Estados Unidos como a segunda destinação turística do mundo. É interessante observar que sete das dez principais destinações de fato perderam participação de mercado entre 1990 e 1995, principalmente em decorrência da "economia dos Tigres" do Extremo Oriente e de determinadas destinações no Leste Europeu; das dez principais, somente a China, o Reino Unido e a Polônia aumentaram a porcentagem de entradas turísticas internacionais entre 1990 e 1995.

Se nos concentrarmos nos rendimentos provenientes do turismo, há um padrão similar de predominância entre um número pequeno de países. Em 1995, os vinte países com os maiores rendimentos decorrentes do turismo foram responsáveis por 72% do total da receita mundial. Os dez países principais, sozinhos, representaram 55% do total mundial (veja a Tabela 1.3).

A Tabela 1.3 indica que os Estados Unidos estão mundialmente à frente em rendimentos provenientes do turismo, enquanto a parcela da Itália, em terceiro lugar, aproximou-se ainda mais da parcela da França em 1995. Os países do leste da Ásia e do Pacífico, principalmente China, Austrália, Hongkong, Indonésia, Cingapura e Taiwan, todos atingiram taxas de crescimento superiores a 10% em 1995, comparadas às estatísticas de 1994. O aumento dos rendimentos provenientes do turismo em vários países da Europa Central e Oriental, notavelmente a Polônia, foram constantes desde o início da década de 1990.

Tabela 1.2 As dez principais destinações turísticas do mundo, 1995.

País	***Entrada de turistas internacionais (em milhares)***	***Porcentagem do total mundial***
França	60.584	10,68
Espanha	45.125	7,96
Estados Unidos	44.730	7,89
Itália	29.184	5,15
China	23.368	4,12
Reino Unido	22.700	4,00
Hungria	22.087	3,90
México	19.870	3,50
Polônia	19.225	3,39
Áustria	17.750	3,13

Nota: Todos os resultados são provisórios.

Fonte: Adaptada da WTO (1996).

Tabela 1.3 Rendimentos turísticos dos dez principais países do mundo, 1995.

País	***Rendimentos turísticos internacionais (em milhões de US$)***	***Porcentagem do total mundial (em milhões de US$)***
Estados Unidos	58.370	15,70
França	27.322	7,35
Itália	27.072	7,28
Espanha	25.065	6,74
Reino Unido	17.469	4,70
Áustria	12.500	3,36
Alemanha	11.922	3,21
Hongkong	9.075	2,44
China	8.250	2,22
Cingapura	7.550	2,03

Nota: Todos os resultados são provisórios.

Fonte: Adaptada da WTO (1996).

Sazonalidade da demanda turística

Até agora esta seção investigou variações na demanda turística do ponto de vista geográfico ou espacial, mas flutuações de tempo são também um aspecto importante da viagem turística. A sazonalidade no turismo está relacionada à tendência da demanda turística de concentrar-se em períodos relativamente curtos, com os efeitos de condições climáticas favoráveis, com fatores institucionais como férias escolares e trabalhistas ou com eventos, por exemplo, o Carnaval do Rio de Janeiro ou os Jogos Olímpicos de Inverno. Durante essas estações de pico, a demanda por instalações e atrativos chega a seu ápice, assim como os preços. É comum, por exemplo, os turistas dos países do norte da Europa pagarem mais por férias no Mediterrâneo nos meses de julho e agosto do que nos meses "fora da alta estação" de janeiro, fevereiro e março. Contrariamente, o preço das férias em estações de esqui européias é mais alto nos meses de inverno, quando a demanda está em seu pico.

As flutuações sazonais na demanda turística podem ter sérias repercussões ambientais, econômicas e sociais nas áreas de destino e nas respectivas comunidades locais, além de causar problemas às organizações de fornecimento de instalações e serviços turísticos. As áreas que não conseguem manter uma indústria de turismo o ano inteiro não estão aptas a fornecer oportunidades de trabalho integral e podem ter problemas de imagem associados com o fechamento de instalações em determinadas épocas do ano. Na alta temporada, ao contrário, talvez seja difícil recrutar um número de funcionários de qualidade suficiente para fornecer um alto padrão de atendimento ao cliente. A alta demanda sazonal pressiona os habitantes das áreas turísticas, os quais, em geral, são forçados a agüentar congestionamento, poluição e todos os problemas decorrentes da afluência de visitantes. A pressão sobre a infra-estrutura e os serviços de utilidade pública de uma determinada área é também nítida; por exemplo, maior demanda de serviços de abastecimento de água e eletricidade e escoamento de esgoto. Algumas empresas turísticas também enfrentam dificuldades financeiras em face da demanda sazonal, o que pode gerar sérios efeitos no fluxo de caixa, no gerenciamento diário e no planejamento estratégico.

Há várias formas de minimizar os problemas da sazonalidade na demanda turística:

- *Diferenciando o preço:* uso do mecanismo de determinação de preços para oferecer taxas reduzidas em períodos de baixa demanda a fim de estender a demanda para períodos de média temporada da mesma forma que na alta temporada.
- *Estabelecendo um mercado-alvo:* identificação de clientes que poderiam viajar fora da temporada e desenvolvimento de produtos e serviços apelativos; por exemplo, casais cujos filhos já saíram de casa, os quais são conhecidos por família de "ninho vazio".
- *Alterando o composto de produtos:* desenvolvimento de instalações para todas as estações e de salas de conferência que possam ser usadas o ano inteiro.

- *Mudando técnicas promocionais:* distribuição de prospectos e outros itens promocionais para realçar instalações e eventos fora da temporada, por exemplo, a British Tourist Authority (BTA) produz um prospecto que apresenta as atrações turísticas que permanecem abertas fora da estação.

Há circunstâncias em que a sazonalidade pode ser transformada em vantagem em determinada área; estações na Suíça, Áustria e região alpina da França, por exemplo, podem manter uma indústria de turismo viável o ano inteiro e beneficiar-se totalmente dos efeitos econômicos positivos dessa indústria.

Influências sobre a demanda turística

Com base no ponto de vista de que todos os indivíduos têm um conjunto exclusivo de características que determina sua constituição física e psicológica, podemos concluir que a variedade de influências sobre a demanda por turismo de cada pessoa é imensa. Determinados fatores que infuenciam a demanda turística, além de estarem fora do controle do indivíduo, constituem as circunstâncias responsáveis pela predisposição a viajar. Esses fatores são em geral referidos como determinantes, ao passo que as influências que moldam a opção de um indivíduo e sobre o qual têm um grau de controle são chamadas de motivadores. As duas seções seguintes deste capítulo abordam detalhadamente os determinantes e motivadores do turismo.

Determinantes da demanda turística

Antes de um indivíduo participar de qualquer tipo de atividade turística, seja de lazer, negócios ou visita a amigos e parentes, há algumas condições "essenciais" que devem ser satisfeitas e que podem restringir sua aptidão para viajar. Ter tempo suficiente para viajar é obviamente um determinante fundamental da demanda turística. Um indivíduo provavelmente consegue poupar tempo para ficar longe de casa, do trabalho, dos estudos e de outros compromissos e, dessa forma, viajar por um determinado período. A introdução do direito a férias remuneradas e o maior tempo de lazer na maioria dos países ocidentais industrializados contribuíram para o crescimento da demanda por turismo. Entretanto, é claro que esses padrões de demanda turística estão mudando – houve um significativo aumento na popularidade das férias de curta duração em detrimento das tradicionais férias de longa duração. Além de tempo, uma pessoa deve também ter poder aquisitivo para pagar os custos de viagem. Embora os níveis de rendimento nas sociedades ocidentais venham aumentando gradativamente, há, é claro, parcelas da população cujo nível de rendimento não permite gastos discricionários em viagens turísticas. Os níveis de rendimento de várias pessoas que vivem em países emergentes em geral são tão baixos que não lhes permitem viajar internacionalmente. Além disso, os níveis de rendimento estão intrinsecamente vinculados a taxas de emprego e desemprego em economias nacionais e nos níveis local e regional. Assim como ter tempo e dinheiro suficientes para viajar, uma pessoa deve viver em um regime político que conceda aos cidadãos liberdade para ir de um lado a outro do próprio país e para o exterior. Nas nações do antigo bloco do Leste Europeu, as proibições e restrições a viagens turísticas eram uma medida comum dos regimes comunistas. Em tempos de austeridade, os países precisam restringir a quantia em moeda estrangeira que os cidadãos podem gastar no exterior, algumas vezes em níveis que tornam a viagem internacional inviável. O quarto determinante da demanda turística é a condição de saúde de um turista em perspectiva; é óbvio que um indivíduo que está incapacitado por uma doença ou um ferimento sério não empreenderá uma viagem turística.

Motivadores da demanda

Até mesmo quando uma pessoa já satisfez os determinantes necessários da demanda turística, há influências psicológicas complexas em ação sobre o indivíduo que afetarão sua demanda por turismo. As principais organizações de viagem e turismo investem enormes quantias em pesquisa de *marketing* a fim de compreender melhor esses fatores motivacionais que influenciam a decisão e os padrões de comportamento de compra de uma pessoa, na esperança de melhorar produtos e serviços oferecidos aos respectivos clientes. Provavelmente, as obras citadas sobre teoria motivacional em sua grande maioria são de Maslow, o qual desenvolveu a tão conhecida "hierarquia das necessidades" (veja a Figura 1.6).

No modelo de Maslow, há cinco níveis de necessidade que um indivíduo procura satisfazer – das necessidades fisiológicas, na base da pirâmide, às de auto-realização, no ponto mais alto. Maslow argumenta que os indivíduos precisam satisfazer determinadas necessidades fisiológicas, como abrigo, calor, água e comida, e de segurança para só então passarem às necessidades de relacionamento íntimo e amor (sociais), auto-estima e finalmente auto-realização. Aplicando a hierarquia das necessidades de Maslow à motivação dos turistas para viajar, é claro que, dependendo de circunstâncias individuais, o turismo pode satisfazer a todos os níveis de necessidade. A pessoa que está em férias, por exemplo, escolherá hospedagens e planos de viagem que atendam às suas necessidades fisiológicas e de segurança. As férias podem de fato oferecer oportunidades para o desenvolvimento de relações sociais, contribuindo, dessa forma, para a necessidade de relacionameto íntimo e amor. Os turistas às vezes usam suas experiências como forma de aumentar a estima entre seus pares. Determinados tipos de experiência relacionada com o turismo também podem contribuir com a auto-realização ou satisfação pessoal, talvez em virtude de as pessoas sentirem-se espiritualmente iluminadas ou aprenderem um novo idioma nas férias.

Figura 1.6 Hierarquia das necessidades (pirâmide de Maslow).

Uma das tentativas mais recentes de classificar o comportamento do turista foi feita por Plog (1973). Com base em sua pesquisa sobre os hábitos dos passageiros de avião, Plog identificou três tipos distintos de turista, aos quais atribuiu os seguintes adjetivos:

- *Não centrados:* os que gostavam de viagens e investigação cultural eram, nos grupos de renda acima da média, independentes física e intelectualmente, confiantes e aventureiros.
- *Parcialmente centrados:* esse tipo abrange a maioria das pessoas em uma viagem, as quais demonstram pouco desejo de explorar e instalar-se depois que são descobertas pelos não centrados.
- *Psicologicamente centrados:* indivíduos que tendem a ser ansiosos e inseguros e a autocensurar-se.

Plog, que descobriu que as características de viagem dos três grupos eram marcadamente distintas, deu a entender que o mercado de uma determinada destinação desenvolve-se e atrai distintos grupos em diferentes períodos. Um destino será "descoberto" pelos não centrados, mas assim que se tornar mais popular atrairá um número crescente de parcialmente centrados.

Ao tentar entender as complexidades dos motivadores do turismo, fica claro que as decisões dos turistas são influenciadas por uma ampla variedade de fatores subjacentes, os quais, deixando de lado os determinantes já examinados, como tempo, dinheiro, liberdade para viajar e saúde, incluem:

- *Nível de instrução.* Esse fator tem um profundo efeito sobre os indivíduos, não apenas em relação à respectiva demanda turística, tendo em vista a ampla tendência da instrução de abrir a mente e estimular o desejo de viajar.
- *Etapa no ciclo de vida.* A demanda turística flutua em relação a uma ampla variedade de características de ciclo de vida, como idade, composição familiar e compromissos domésticos.
- *Moda e modismos.* As destinações e os produtos turísticos entram e saem da moda.
- *Mobilidade pessoal.* A possibilidade de ter um carro particular pode abrir ótimas oportunidades de turismo.
- *Residência urbana/rural.* Moradores urbanos podem ser motivados a procurar a paz e o isolamento de áreas rurais para viagens turísticas, e vice-versa.
- *Raça e sexo.* Ambientes culturais e estereótipos sociais podem influenciar a demanda turística.
- *Imagem do local.* As técnicas usadas para criar uma imagem favorável de um local e promover os respectivos atributos para o turismo e os métodos usados para transmitir essa mensagem promocional a turistas em perspectiva influenciarão a demanda turística.

É fundamental enfatizar que nenhum desses fatores funciona sozinho. Ao contrário, fazem parte de um mecanismo complexo e inter-relacionado que modela a motivação de um indivíduo para a demanda turística. Além disso, a importância relativa de cada fator para um indivíduo mudará ao longo do tempo em resposta a influências internas e externas.

Resumo do capítulo

Este capítulo ressaltou o significado da indústria do turismo internacional e apontou seu potencial como a principal força na atividade econômica global. A despeito do sensível crescimento na entrada de turistas internacionais desde o fim da Segunda Guerra Mundial, a indústria viu-se de alguma forma em uma encruzilhada em termos de desenvolvimento. Sua importância econômica é sempre obscurecida por seus impactos negativos. No nível governamental, há amplas variações no que se refere à percepção dos benefícios econômicos, políticos e sociais que o turismo pode gerar. Todavia, a demanda por turismo doméstico e internacional continua a crescer, e este capítulo de abertura posicionou a indústria do turismo contemporâneo em seu cenário histórico, demonstrando que o turismo de massa, que no momento é uma característica extremamente comum nas sociedades ocidentais industrializadas, é muito mais um produto da última metade do século XX. Aspectos importantes da demanda por turismo foram considerados, além de uma análise da natureza e dos diferentes tipos de turismo. Consideramos um modelo simplificado da atividade turística e estabelecemos, no capítulo Estrutura e Organização da Indústria do Turismo Internacional, o cenário para uma análise mais detalhada do lado da oferta da indústria do turismo.

Questões para discussão

1. Até que ponto a alegação do turismo de ser "a maior indústria do mundo" pode ser justificada?
2. Que fatores contribuíram para o sensível aumento da entrada de turistas desde a década de 1950?
3. O turismo internacional abrange uma ampla faixa de setores da indústria; que problemas e oportunidades isso apresenta para o futuro desenvolvimento do turismo?
4. Que fatores contribuíram para o crescimento recente do turismo nos mercados do leste da Ásia e do Pacífico Sul e em que extensão esse crescimento é sustentável a longo prazo?
5. Que fatores demográficos terão particular importância na determinação da futura demanda por turismo internacional?

Referências e outras leituras

- British Tourist Authority/English Tourist Board. *Tourism Intelligence Quartely*, Londres, *4* (17), 1996.
- Burns, P. & Holden, A. *Tourism: A New Perspective*. Hemel Hempstead (Reino Unido), Prentice-Hall, 1995.
- Holloway, J. C. *The Business of Tourism*. 4ª ed. Harlow, Reino Unido, Longman, 1994.
- Mill, R. & Morrison, A. *The Tourism System*. Prentice-Hall International, 1992.

- Plog, S. "Why destination areas rise and fall in popularity?". *Cornell Hotel and Restaurant Quartely, 14*, 1973.
- Tourism Society. *British Tourism Yearbook 1982*. Londres, Tourism Society, 1982.
- Witt, S.; Brooke, M.; Buckley, P. *The Management of International Tourism*. Londres, Routledge, 1995.
- World Tourism Organisation. *Domestic Tourism Statistics 1984-82*. Madri, WTO, 1983.
- ______. *Recommendations on Tourism Statistics*. Madri, WTO, 1993.
- ______. *International Tourism Overview 1995*. Madri, WTO, 1996.
- ______. *International Tourism Overview 1996*. Madri, WTO, 1997.
- World Travel and Tourism Council. *1996 Research Report*. Londres, WTTC, 1996a.
- ______. *Progress and Priorities 1996*. Londres, WTTC, 1996b.

Estrutura e organização da indústria do turismo internacional

Visão geral do capítulo

Este capítulo fundamenta-se nos aspectos da demanda turística estudados no Capítulo 1 e analisa um modelo estrutural da oferta da indústria do turismo. Examinamos o papel central das destinações e investigamos o setor de hospedagem e *catering*, o mais importante em termos de oferta de emprego e de receita total. A sondagem dos principais recursos do setor de transportes no turismo internacional é seguido de uma análise das atrações turísticas e das influências mais importantes em seu desenvolvimento e funcionamento. Discutimos o trabalho de agentes e operadoras de viagens, respectivamente os varejistas e atacadistas da indústria do turismo. O papel do setor público no turismo internacional é acompanhado de uma investigação sobre os vários órgãos internacionais e associações de classe envolvidos nessa indústria.

Principais tópicos

- Organização das destinações turísticas
- O setor de hospedagem e *catering*
- O setor de transporte no turismo internacional
- Atrações turísticas
- Intermediários – operadoras e agentes de viagens
- Globalização e integração no turismo internacional
- O papel do setor público no turismo internacional
- Órgãos de turismo internacionais e associações de classe

Introdução

O capítulo Turismo: a Maior Indústria do Mundo ressaltou o fato de a demanda turística ter crescido rapidamente durante os cinqüenta anos que se seguiram à

Segunda Guerra Mundial, atingindo uma posição considerada por muitos comentaristas e órgãos internacionais "a maior indústria do mundo". Uma retrospectiva do desenvolvimento histórico do turismo indica que essa indústria foi bem-sucedida ao satisfazer o crescimento da demanda por turismo internacional. A discussão sobre se o turismo é uma "indústria" no sentido em geral aceito ou meramente um conjunto de setores relacionados que atendem às necessidades dos viajantes ainda não chegou ao fim. Este capítulo confirma o ponto de vista de que de fato o turismo internacional é inerentemente uma indústria e a visão de que, por ser considerado líder mundial na categoria de exportação, merece o mesmo grau de atenção em comparação com os outros setores da economia global no que diz respeito ao planejamento do crescimento e desenvolvimento econômico.

Figura 2.1 Modelo estrutural da indústria do turismo internacional.

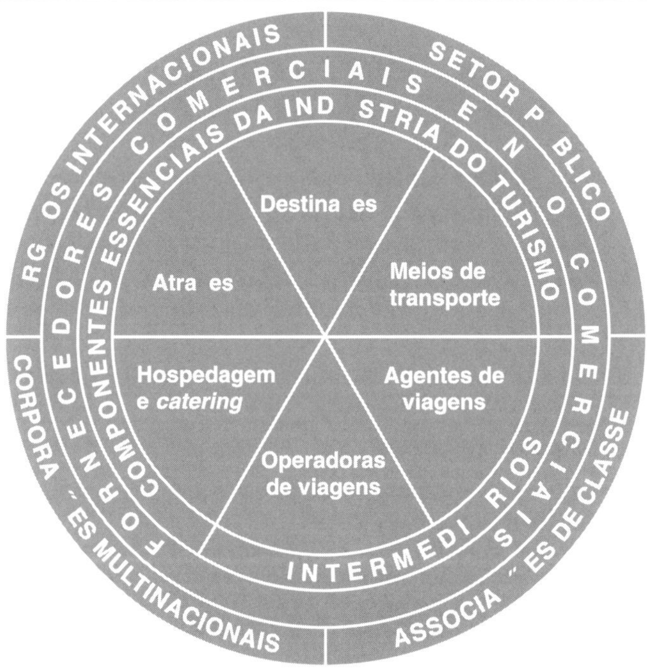

A pesquisa deste capítulo sobre a estrutura e a organização da indústria do turismo internacional inicia-se com o modelo estrutural mostrado na Figura 2.1, que demonstra que os quatro componentes essenciais da indústria do turismo são as destinações, as atrações turísticas, os meios de transporte e o setor de hospedagem/*catering*. As operadoras e os agentes de viagens atuam como intermediários ao oferecer e disponibilizar pacotes de produtos e serviços turísticos para os viajantes em perspectiva. Esses seis elementos do turismo internacional são fornecidos por uma série de empresas comerciais e não comerciais, embora, como mostrado no capítulo Turismo: a Maior Indústria do Mundo, essa indústria seja dominada por fornecedores do setor privado. A extensão não comercial da indústria do turismo consiste em empresas do setor público e em organizações sem fins lucrativos (voluntárias) – por exemplo, entidades de preservação, curadoria de patrimônios cívicos e instituições beneficentes de preservação da vida selvagem. Os fornecedores dos componentes essenciais da indústria do turismo são influenciados em maior ou menor grau por uma variedade de organizações, entre as quais:

- *Órgãos internacionais* – por exemplo, Organização Mundial do Turismo (World Tourism Organisation – WTO), Banco Mundial, Organização para a Cooperação e o Desenvolvimento Econômico (OCDE) e União Européia (UE).
- *Órgãos do setor público* – incluem organizações de turismo nacionais e associações turísticas locais, as quais procuram organizar, coordenar, regulamentar e promover o desenvolvimento turístico em nível local, nacional e internacional.
- *Associações de classe* – por exemplo, Pacific Asia Travel Association (PATA), International Air Transport Association (IATA) e European Travel Commission (ETC).
- *Corporações multinacionais* – por exemplo, Hertz, Holiday Inn International e British Airways, que operam nacional e internacionalmente e exercem uma influência significativa sobre o desenvolvimento do turismo global.

No restante deste capítulo, investigamos individualmente os principais setores e órgãos que vão compor a indústria do turismo internacional.

Destinações

Embora as destinações turísticas não representem um setor da indústria do turismo no sentido mais estrito do termo, elas são inerentemente o ponto central da maioria das atividades turísticas e concentram muitos setores industriais em uma única área. Em vários aspectos, as destinações são a face externa da indústria do turismo internacional, beneficiando-se dos efeitos econômicos e sociais positivos do turismo, e ao mesmo tempo são o palco de grande parte dos impactos ambientais e socioculturais negativos dessa indústria. Além disso, as destinações são extremamente importantes do ponto de vista turístico, tendo em vista que a própria destinação e sua imagem são o que, em geral, originalmente atraem um turista e, portanto, funcionam como catalisadores para os vários setores da indústria do turismo, como mostra a Figura 2.2.

A Figura 2.2 indica que a destinação pode ser considerada a "estrutura" sob a qual os diversos setores da indústria do turismo trabalham em parceria para fornecer instalações e serviços a viajantes de lazer e negócios. Em uma destinação típica, uma variedade de organizações turísticas comerciais e não comerciais funcionará em conjunto – os órgãos públicos em geral fornecem infra-estrutura, planejamento e estruturas normativas, serviços de informações turísticas e promoção da destinação turística, ao passo que operadoras privadas oferecem a maior parte das instalações aos visitantes, como hospedagem, *catering*, atrações e entretenimento.

Figura 2.2 Composição da destinação turística.

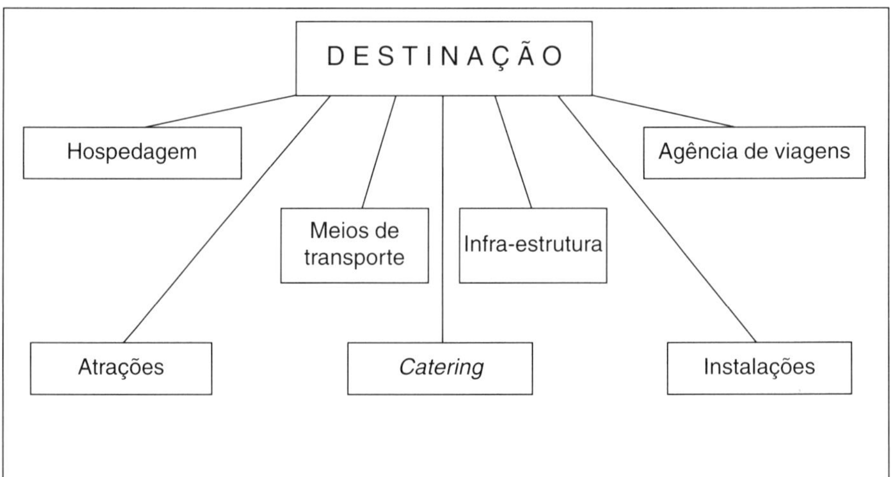

As destinações exibem numerosas características importantes e atraentes a planejadores e operadores, as quais são ilustradas pelos seguintes exemplos:

- *Estão localizadas em diferentes extensões geográficas*. Pode ser um continente, um país inteiro, uma região de um país, uma capital, uma cidade pequena, um povoado ou uma zona rural/área desértica. Uma única atração turística deve ter um determinado tamanho para ser naturalmente qualificada de destinação; por exemplo, Eurodisney, Universal Studios e as aldeias Center Parcs na Europa. Da mesma forma, uma única atração natural ou cultural deve ter um determinado poder de atração para que possa ser chamada de "destinação"; por exemplo, o Grand Canyon, as pirâmides do Egito, a Grande Muralha da China ou as cataratas de Vitória. Obviamente, essas variações de extensão das destinações turísticas podem apresentar problemas (e oportunidades) para a indústria do turismo.

- *Englobam vários produtos.* A Figura 2.2 demonstra que as destinações turísticas comportam uma variedade de produtos, serviços e instalações para atender às necessidades dos turistas, produtos esses que fazem parte da superestrutura de uma área, isto é, instalações turísticas construídas para determinados propósitos, como estabelecimentos para hospedagem e atrações, ou da infra-estrutura, isto é, a "estrutura" de serviços de transporte, utilidades e canais de comunicação em torno da qual as instalações turísticas são desenvolvidas. Esses diversos produtos e instalações, os quais podem variar significativamente em termos de proporção, qualidade, disponibilidade e financiamento, devem ser integrados em uma estratégia de desenvolvimento geral para que a destinação turística seja bem cotada.
- *Em geral elas têm vários proprietários.* Os produtos e as instalações oferecidos nas destinações turísticas são fornecidos por uma série de organizações privadas, públicas e sem fins lucrativos, cada uma das quais com objetivos e estilo de gerenciamento próprios. Embora cada uma empreenda atividades de *marketing* exclusivas, a responsabilidade pelo *marketing* geral de uma destinação usualmente é atribuída a um órgão público. À medida que a maioria das instalações turísticas em uma destinação é dirigida por empresas autônomas do setor privado, uma organização de *marketing* do setor público terá pouco controle sobre o *marketing* de cada uma das instalações turísticas, situação que pode levar a uma abordagem um tanto quanto incomum. Até certo ponto, essa situação pode ser aliviada por meio de uma parceria entre os setores público e privado, em que o setor público forneceria fundos de "reflação econômica" para o desenvolvimento e a promoção das destinações turísticas.
- *Atendem às necessidades de vários mercados.* As destinações turísticas, em sua maioria, oferecem serviços a numerosos turistas de negócios e lazer, cada uma com exigências exclusivas no que se refere a linhas de produtos e padrões de serviço. Por exemplo, a ilha Maiorca oferece instalações a um mercado de massa e pacote de férias em suas estações ao sul, atraindo ao mesmo tempo turistas de alto poder aquisitivo nas pe-

quenas cidades da costa norte, como Puerto Pollença e Alcudia. Nessas circunstâncias, os marqueteiros das destinações turísticas têm de transmitir imagens e mensagens diferentes para atender às exigências de determinados segmentos de mercado e oferecer instalações apropriadas.

Além disso, a popularidade de áreas de destino varia de acordo com numerosos fatores da demanda e da oferta. Por exemplo, o desenvolvimento de uma ampla faixa de atrações e instalações turísticas de alta qualidade na Flórida, paralelamente a atividades promocionais direcionadas, estimulou a demanda de férias nesse estado nas décadas de 1980 e 1990. O turismo, a maior indústria da Flórida, gerou mais de 30 bilhões de dólares em 1992 e empregou 657 mil pessoas em todos os setores da indústria, incluindo hospedagem, *catering*, atrações e meios de transporte. A Espanha, por sua vez, experimentou uma queda na demanda turística durante a última metade da década de 1980, em comparação às taxas de crescimento anuais expressivas das décadas de 1960 e 1970, culminando em uma queda do número de turistas em 1990 (veja a Tabela 2.1).

Tabela 2.1 Número total de visitantes na Espanha, 1985-95.

Ano	***Total de visitantes (em milhões)***	***Rendimentos provenientes do turismo (em bilhões de dólares)***
1985	43,2	8,1
1986	47,4	12,0
1987	50,5	14,8
1988	54,2	16,7
1989	54,0	14,2
1990	52,0	18,0
1991	53,5	19,0
1992	55,3	21,0
1993	57,3	23,5
1994	61,4	26,8
1995	63,3	29,0

Fonte: Spanish National Tourist Office.

A estatística apresentada na Tabela 2.1 mostra que a popularidade da Espanha como destinação turística começou a crescer novamente em decorrência do aumento dos níveis de investimento em instalações turísticas, melhoria da infra-estrutura e um "reposicionamento" da oferta de atrações, tais como sol, areia e mar para uma oferta em que há também um importante patrimônio cultural e artístico em áreas litorâneas e regiões do interior. O número de visitantes aumentou acentuadamente após a Exposição Mundial em Sevilha e as Olimpíadas de 1992 em Barcelona. Em relação ao conceito de Butler sobre o ciclo de vida de uma área turística (veja o capítulo Marketing do Turismo para obter uma explicação detalhada), poderíamos considerar que a Espanha atingiu as etapas de consolidação e estagnação desse ciclo na última metade da década de 1980, seguidas de uma fase de rejuvenescimento no início da década de 1990 que se estende aos dias de hoje.

O setor de hospedagem e *catering*

Às vezes mencionado apenas como "hospitalidade", esse setor oferece aos turistas de lazer e negócios algum lugar para ficar e alimentação durante a viagem ou permanência. Isso engloba hotéis, hospedagem em regime de auto-serviço (*self-catering*[1]), restaurantes, lojas de *fast-food*, empresas de *catering* contratadas e uma série de outras empresas; tudo, desde um hotel de luxo cinco estrelas em Seattle a uma pensão em casa de fazenda (*farm guesthouse*) na Dinamarca ou um restaurante portuário de primeira em Sydney a um restaurante de *kebab*[2] na Turquia. Em termos puramente econômicos, o setor de hospedagem e *catering* é o mais importante dentre todos os setores da indústria do turismo por ser o que oferece mais empregos e o responsável pela maior porcentagem dos gastos efetuados pelos turistas. Se examinarmos o contexto do Reino Unido, o setor de hospedagem e *catering* emprega mais ou menos dois terços das pessoas que trabalham na indústria do turismo e representa 60% das despesas totais em turismo (British Tourist Authority/English Tourist Board, 1996). Padrões similares podem ser encontrados na maioria dos países cuja indústria do turismo é altamente desenvolvida.

Classificação de estabelecimentos de hospedagem

A divergência entre influências históricas, culturais, geográficas e políticas em todos os países desenvolvidos e emergentes deu origem a e disponibilizou numerosos tipos de hospedagem aos turistas. A hospedagem pode ser classificada de várias formas, por exemplo:

---

[1] *Self-catering accommodation* refere-se a estabelecimentos que oferecem hospedagem e instalações, mas cujos serviços devem ser executados pelos próprios hóspedes. (N.T.)

[2] Prato contendo pedaços de carne condimentada e vegetais assados no espeto, conhecido por cafta. (N.T.)

- Hospedagens que oferecem serviços ou *self-catering*; por exemplo, hospedar-se em uma pousada ou em um apartamento em um condomínio luxuoso em regime de auto-serviço.
- Hospedagens pagas ou gratuitas; por exemplo, hospedar-se em um quarto de hotel ou gratuitamente na casa de um amigo.
- Hospedagens de grupos de hotéis ou independentes; por exemplo, hospedagens pertencentes a um grupo como o Inter-Continental Hotels ou comercialmente independentes.
- Hospedagens estáticas ou móveis; por exemplo, *villa*[3] ou uma *van* para acampamento alugada.
- Hospedagens urbanas ou rurais; por exemplo, albergues da juventude (*hostels*) em centros urbanos ou *campings*.
- Hospedagem para um determinado propósito ou visitas; por exemplo, negócios ou visita a amigos e parentes.

As hospedagens são mais comumente classificadas em uma das categorias a seguir:

- hospedagens comerciais ou não comerciais;
- hospedagens que oferecem serviços ou *self-catering*.

A maioria das hospedagens turísticas do mundo inteiro de longe é oferecida por empresas comerciais, embora haja exemplos de fornecedores não comerciais no segmento de turismo destinado a jovens entre 15 e 18 anos de idade, em estabelecimentos educacionais, grupos religiosos e entidades de preservação. A classificação de um tipo de hospedagem na categoria de prestação de serviços ou auto-serviço depende do nível de serviço oferecido. Como o próprio nome denota, o termo "hospedagem com serviço incluído" é usado quando um serviço é oferecido junto com o pernoite – por exemplo, refeições e serviços de lavanderia e limpeza. Nessa categoria, portanto, descobrimos uma variedade de estabelecimentos, incluindo hotéis, albergues, pousadas, *bed and breakfast*[4] (B&B), albergues da juventude e pensões em casa de fazenda. O termo "auto-serviço" ou *self-service*, como em geral é conhecido, diz respeito a estabelecimentos em que o turista pernoita, mas procura suprir outras necessidades independentemente. Nessa categoria, portanto, incluem-se *villas*,

[3] Residência luxuosa no campo ou no litoral. (N.T.)

[4] Residência particular com vários quartos de aluguel para pernoite que inclui café da manhã. (N.T.)

apartamentos, casas alugadas e *cottages* (casa de campo), motocasas, *campings*, áreas para *trailers*, complexos turísticos, chalés, casa ou apartamento para as férias, barcos, intercâmbio, faculdades, universidades e sistema *time-share*[5] de hospedagem. A distinção entre hospedagem com serviço incluído e de auto-serviço nem sempre é totalmente clara, tendo em vista que o número de fornecedores de auto-serviço que nesse momento estão prestando uma série de serviços a seus hóspedes é crescente. Por exemplo, hoje é quase comum os estabelecimentos de auto-serviço, principalmente se fizerem parte de um complexo, oferecerem aos visitantes a opção de comprar comida e refeições prontas. Alguns têm até mesmo restaurantes, *snack bars*[6] e cafés. As aldeias de férias Center Parcs no Reino Unido e em outros países europeus são um excelente exemplo, pois oferecem aos turistas uma variedade de restaurantes, instalações esportivas, lugares convenientes para fazer compras e serviços de creche, bem como hospedagem *self-catering* em *villas*.

Os hotéis são o tipo de hospedagem mais comum usado por turistas de lazer e negócios, particularmente os que viajam internacionalmente. A Tabela 2.2 mostra o número total de hotéis e estabelecimentos similares no mundo, bem como outros tipos de hospedagem regionais.

Como os dados da Tabela 2.2 indicam, o número de quartos de hotel no mundo ultrapassou os 12,2 milhões em 1994, um aumento de 25% em relação aos 9,2 milhões do ano anterior. As taxas de crescimento regionais na oferta de hotéis no mesmo período refletem as tendências gerais no turismo internacional examinadas no Capítulo 1. As taxas de crescimento do número de hotéis mais aceleradas foram as do leste da Ásia/Pacífico, da África e da Ásia Meridional, enquanto a Europa apresentou o crescimento mais lento entre 1985 e 1994 em relação a todas as outras regiões mundiais. A Tabela 2.2 nitidamente indica que a Europa e as três Américas dominam a oferta de hotéis – juntas, são responsáveis por uma participação de mercado de mais de 80% de todos os quartos, embora a participação de ambas as regiões tenha diminuído entre 1985 e 1994.

Apesar de os hotéis serem o tipo dominante de hospedagem usado no turismo internacional, outros tipos sobressaem no cenário do turismo *doméstico* de um determinado país. Os tipos de hospedagem usados pelos residentes australianos em viagens domésticas, por exemplo, são apresentados na Tabela 2.3, o

[5] Sistema de co-propriedade ou aluguel de instalações de férias por várias pessoas por um período escalonado ou fixo. (N.T.)

[6] Bar ou pequeno restaurante que serve refeições leves. (N.T.)

que demonstra que a permanência em casa/apartamento de amigos e parentes é de longe a categoria mais popular, embora o uso de hotéis e motéis tenha aumentado desde 1985-86.

Tabela 2.2 Número de hotéis no mundo.

	Quartos (em milhares)			*Número de quartos adicionais (em milhares)*	*Mudança porcentual*	*Participação porcentual*	
	1985	*1990*	*1994*	*1985-94*	*1985-94*	*1985*	*1994*
Mundo	9.199	11.060	12.218	3.019	32,8	100,0	100,0
África	267	334	384	117	43,8	2,9	3,1
Américas	3.462	4.311	4.493	1.031	29,8	37,6	36,8
Leste da Ásia/Pacífico	813	1.207	1.557	744	91,5	8,8	12,7
Europa	4.425	4.936	5.462	1.037	23,4	48,1	44,7
Oriente Médio	130	160	179	49	37,7	1,4	1,5
Ásia Meridional	102	112	143	41	40,2	1,1	1,2

Fonte: WTO.

Tabela 2.3 Principais hospedagens usadas por residentes australianos em viagens domésticas, 1985-86 e 1993-94.

Acomodações usadas (porcentagem do total de noites)	**1985-86**	**1993-94**
Casa/apartamento de amigos e parentes	44	46
Hotel/*motel*[7]	16	19
Casas/apartamentos alugados	7	7
Áreas (estacionamento) para *trailers*	13	8
Outros	20	20
Total de noites (%)	100	100

Fonte: Australian Bureau of Tourism Research.

O padrão de hospedagem usado em viagens domésticas no Reino Unido indica que a permanência em *trailers* (21%) foi a categoria mais popular de hospedagem usada em todas as férias em 1995, seguida de hotéis/motéis (21%) e hospedagem em casa de amigos e parentes (19%) (British Tourist Authority/English Tourist Board, 1996).

[7] Observe que o termo *motel* tem um significado diferente em português, ou seja, é um tipo de hotel à beira-estrada. (N.T.)

Oferta futura de hospedagem

Os fatores que influenciam a oferta futura de hospedagem são discutidos em detalhe no capítulo O Futuro do Turismo: Questões do Milênio, sobre o destino do turismo, mas é importante enfatizar determinados pontos nessa conjuntura. Primeiramente, o sucesso futuro na oferta de estabelecimentos de hospedagem dependerá de uma abordagem bem focalizada e direcionada de desenvolvimento e *marketing*. As empresas precisarão procurar ou mesmo criar esses "nichos" de mercado e desenvolver instalações e serviços adequados para satisfazer à demanda dos consumidores. Além disso, à medida que os turistas tornarem-se mais complexos em relação aos hábitos de compra, a expectativa de padrões mais altos de atendimento e qualidade de produto será cada vez maior, embora a demanda de custo-benefício contiue. Os fornecedores de hospedagem que estiverem aptos a responder rapidamente a mudanças no mercado, na sociedade e na divisão de trabalho/lazer, por meio de novas tecnologias e estratégias eficazes de recursos humanos, poderão colher os benefícios do crescimento previsto no turismo internacional e doméstico.

Meios de transporte

O setor de transportes da indústria do turismo cobre uma variedade de serviços em meios de transporte fluviais, aéreos e terrestres, incluindo viagens em ônibus panorâmico de turismo, trem, carro particular, táxi, carro alugado, bicicleta, avião, navio para cruzeiros marítimos, *ferry*[8] e embarcações de pequeno porte. Vimos no capítulo Turismo: a Maior Indústria do Mundo que, ao longo da história, crescimento turístico significou avanço dos meios de transporte. Isso se aplica ainda hoje, tendo em vista as vantagens da tecnologia aeronáutica, dos navios de passageiros, da melhoria das rodovias, dos trens de alta velocidade, que possibilitam viagens mais rápidas, confortáveis e convenientes. As viagens aéreas dominam o cenário do turismo internacional, embora os carros particulares sejam o meio de transporte mais popular de turismo doméstico, em decorrência da flexibilidade, da liberdade e do custo-benefício. À medida que os turistas domésticos e internacionais tornarem-se mais experientes e complexos em relação aos hábitos de viagem, o setor de transportes terá de responder com uma oferta mais ampla de opções de viagem, usando os veículos de pas-

[8] Um tipo de balsa para transporte de passageiros e mercadorias.

sageiros mais recentes e fornecendo os mais altos padrões de atenção aos clientes. A concorrência entre as diferentes formas de transporte turístico e interna também está contribuindo para o surgimento de um setor de transportes nacional cuja abordagem é mais centrada no cliente. É importante lembrar que os meios de transporte em geral são a parte prazerosa das viagens como um todo e não apenas uma forma de sair de casa para passar as férias em algum lugar. A exaltação das crianças em um vôo fretado para uma destinação de férias de verão ou o prazer dos aposentados em uma excursão em ônibus panorâmico é um bom exemplo.

O setor de transportes inclui não apenas os serviços fornecidos aos turistas, mas também a infra-estrutura correspondente dos meios, como rodovias, áreas de serviço de rodovias expressas, terminais de *ferry*, aeroportos e estações de trem. A maior parte dessa infra-estrutura é fornecida por órgãos públicos ou parcerias entre os setores público e privado. À medida que a demanda de viagens cresceu, vários terminais de meios de transporte transformaram-se em um complexo em que se oferecem vários serviços, dentre eles *catering*, câmbio de moedas, negócios, lojas de varejo e instalações de entretenimento.

Viagem aérea

O rápido crescimento no turismo internacional desde o fim da Segunda Guerra Mundial aliou-se intimamente à expansão de serviços oferecidos em viagens aéreas. Os avanços da tecnologia aeronáutica foram responsáveis pelo aumento da capacidade das aeronaves e pelo desenvolvimento de aviões mais velozes. Esses dois fatores, combinados com a demanda cada vez maior de viagens aéreas em geral, permitiram que as companhias aéreas reduzissem os preços e estimulassem o crescimento de serviços programados e viagens com todos os serviços incluídos para destinações de média e longa distância. A desregulamentação das viagens aéreas, primeiramente conseguida nos Estados Unidos e prevista para ser concluída em 1997 na Europa, aumentou a concorrência entre companhias aéreas e ajudou a manter as tarifas baixas em uma rede de rotas em expansão. Paralelamente ao crescimento dos serviços aéreos, houve o rápido desenvolvimento da infra-estrutura correspondente, necessária para atender às necessidades dos turistas de negócios e lazer, bem como o tráfego de vôo, incluindo terminais de aeroporto e pistas de decolagem e aterrissagem. London-Heathrow, o aeroporto mais ativo do mundo, sozinho, é responsável pelo fluxo de 50 milhões de passageiros por ano.

As companhias aéreas internacionais procuraram dominar ainda mais os mercados globais por meio de aquisições e alianças estratégicas com outras companhias aéreas. A British Airways, por exemplo, ao tentar concretizar seu sonho de tornar-se a maior companhia aérea do mundo, estabeleceu vínculos com a Qantas para abocanhar um espaço na região da Ásia/Pacífico, a TAT (uma transportadora doméstica francesa) e a Deutsche BA e, no momento, está negociando uma aliança com a American Airlines.

Tipos de serviços aéreos

Por motivos estatísticos, a Associação Internacional de Transporte Aéreo (Internacional Air Transport Association – IATA) classifica os serviços aéreos em uma das seguintes categorias:

1. Domésticos
2. Internacionais programados
3. Internacionais fretados

Os serviços domésticos correspondem a viagens dentro de um país, enquanto os serviços internacionais representam viagens entre diferentes países. Os serviços programados são os oferecidos com base em horários e rotas predefinidas e concessão do governo. Esses serviços são oferecidos independentemente do número de passageiros e são usados em particular por viajantes de negócios, os quais podem pagar mais pela maior conveniência e flexibilidade oferecida. Vários governos ainda hoje financiam as companhias aéreas nacionais – por exemplo, a Air France –, embora haja uma mudança da propriedade estatal para a operação do setor privado ou pelo menos parcerias entre os setores público e privado.

Os serviços aéreos fretados envolvem o atendimento a uma indústria de pacote de férias em expansão e no momento representam uma porcentagem significativa de tráfego de passageiros em vários países em que os setores de turismo *outbound* (para o estrangeiro) estão estabelecidos. Na verdade, a venda apenas de assentos é o que mais cresce no setor de viagens aéreas. Embora alguns pacotes de férias incorporem serviços aéreos programados, a maioria usa vôo fretado, chamado de viagem fretada com todos os serviços incluídos (ITC – inclusive *tour by charter*). Em geral, os serviços fretados são mais baratos do que os vôos programados porque a meta das operadoras é preencher o máximo possível de assentos – elas freqüentemente oferecem o vôo, se for possível garantir um número mínimo de passageiros, estratégia conhecida como fator de carga de equilíbrio. Além de esse fator ser em geral alto, entre 85 e 90%, é somente acima desse número que a operadora começará a lucrar.

No ano comercial de 1995, as companhias aéreas da IATA transportaram um total de 1,107 bilhão de passageiros em seus serviços programados, dos quais 352 milhões correspondem a vôos internacionais e 755 milhões a serviços domésticos (International Air Transport Association, 1996). O crescimento do número de passageiros em serviços internacionais programados foi 6,6% superior ao de 1994, mas, nos vôos domésticos, apenas 2,5%. O tráfego de passageiros em vôos fretados internacionais aumentou 17,7% entre 1994 e 1995, reflexo principalmente do aumento da demanda por pacotes de férias para destinações longínquas.

Transporte ferroviário

À medida que a estrada de ferro foi a forma predominante de transporte coletivo nas sociedades ocidentais industrializadas até o surgimento do carro particular no início do século XX e da introdução posterior dos serviços aéreos, é surpreendente como os serviços ferroviários deixaram de ser usados tão rapidamente. É verdade que o transporte ferroviário de passageiros e cargas ainda tem um importante papel a ser desempenhado em alguns países desenvolvidos e que é a principal forma de viagem de longa distância para pessoas que vivem nos países emergentes. Nas sociedades ocidentais, as viagens de trem continuam ocupando uma pequena parcela das estatísticas dos meios de transporte do turismo doméstico da maioria dos países. Do ponto de vista do turismo internacional, entretanto, as viagens de trem não conseguem competir com outras formas de viagem em decorrência do fluxo intenso de turistas aos lugares em que vão usufruir suas férias.

A queda geral da demanda de viagens turísticas de trem não é apenas uma conseqüência da maior popularidade do carro particular e do surgimento das viagens aéreas. Essa queda decorre também da abordagem governamental a viagens de trem, abordagem essa que varia consideravelmente em diferentes regiões do mundo. Se compararmos as viagens de trem no Reino Unido e na França, por exemplo, veremos que não houve investimentos em material rolante, sinalização e modernização dos trilhos na rede de transporte ferroviário do Reino Unido. Dessa forma, a demanda por viagens turísticas de trem diminuiu acentuadamente. O governo francês, por sua vez, investiu uma quantia considerável de fundos públicos no sistema ferroviário, e seu "carro-chefe" TGV (*train de grande vitesse*)[9] pôde, dessa forma, oferecer um serviço de alta velocidade ao redor do país. Como o sistema ferroviário francês é muito usado para viagens turísticas, o

[9] Trem de alta velocidade. (N.T.)

TGV é considerado uma alternativa viável aos serviços aéreos domésticos para viagens de negócios dentro do país. No Japão, há uma situação similar – o conhecido trem-bala liga as cidades mais populosas. Uma exceção notável ao pobre desenvolvimento da rede ferroviária do Reino Unido é o serviço Eurostar, que liga Londres a Paris, Bruxelas e outras cidades maiores da Europa pelo Eurotúnel, oferecendo um serviço de alta velocidade a viajantes de negócios e lazer. Até o momento, entretanto, a linha de alta velocidade entre Londres e o Eurotúnel está apenas no estágio de planejamento e provavelmente só funcionará no início do século XXI. A UE aprovou recentemente planos de desenvolvimento de uma rede integrada de transportes (veja o capítulo Turismo Europeu, sobre o turismo europeu, para obter mais detalhes sobre essa rede).

Embora tenha havido grande esforço de países como a França, a viagem turística internacional de trem tornou-se um produto de "nicho de mercado", atendendo às necessidades de duas categorias particulares de viajantes – jovens que compram bilhetes com desconto, em geral em viagens longas, e pessoas mais velhas, as quais têm poder aquisitivo para pagar o luxo das viagens nostálgicas nas notáveis jornadas mundiais em estrada de ferro; por exemplo, o percurso Veneza–Simplon Expresso do Oriente, a rota que atravessa a Sibéria e os trens turísticos nas Montanhas Rochosas, na América do Norte.

Embarcações de passageiros

Da mesma forma que o transporte ferroviário foi a forma de viagem de superfície predominante até o período em que houve dois desenvolvimentos gêmeos, ou seja, o crescimento do número de carros particulares e a introdução de serviços aéreos, as embarcações de passageiros eram a forma mais popular de transporte fluvial para viagens internacionais de longa distância até a metade do século XX. Os serviços oferecidos em embarcações de passageiros sofreram um impacto de 1950 em diante, ano em que os serviços aéreos foram introduzidos. Empresas como a P&O, Union-Castle Line e Cunard cancelaram seus serviços nos Estados Unidos, na África do Sul e no Extremo Oriente; essas rotas seriam atendidas por um tipo de serviço mais acessível e barato, os serviços aéreos programados.

Quando os navios de passageiros deixaram de ser usados, a indústria de embarcações de passageiros foi obrigada a diversificar, optando por navios para cruzeiros marítimos. Hoje, os cruzeiros significam desfrutar um pouco de um tempo de revitalização. Dentre as principais destinações do mundo estão o mar do Caribe, o mar Mediterrâneo, o mar Báltico, o Extremo Oriente e a Australásia. Contraditoriamente, a introdução dos mesmos serviços aéreos que sinalizaram a extinção da indústria internacional de embarcações de passageiros impulsionou os cruzeiros quando foram criadas as viagens de avião-navio, nas quais os turistas incluem um vôo fretado ou programado para um porto no itinerário de seu cruzeiro marítimo ou a partir dele. Embora, no passado, os cruzeiros tendessem a ser privilégio de aposentados ricos e famosos, atualmente essa indústria oferece produtos adequados a todas as idades e orçamentos. A entrada de operadoras de viagens no mercado de massa e de navios mais modernos no setor de cruzeiros anunciou uma nova era de pacotes a preços de barganha.

Em várias partes do mundo, os *ferries* oferecem serviços baratos e confiáveis em cruzeiros marítimos de curta extensão. Lugares tão diversos quanto as ilhas gregas, o porto de Hongkong, as Terras Altas (*Highlands*) e as ilhas escocesas, o mar Adriático e o litoral do mar Báltico, todos dependem de serviços de *ferry-boat* para viagens diárias e negócios turísticos. Nos lugares em que a concorrência é acirrada entre operadoras de *ferry*, como na travessia de curta extensão no Canal da Mancha, a tecnologia dos navios tem sido inovada consideravelmente com a introdução de aerodeslizadores (*hovercrafts*), de embarcações de hidrofólio e de embarcações de hidrofólio a jato de passageiros para concorrer com a nova geração de navios de passageiros mais rápidos. A inauguração do Eurotúnel em 1994 aumentou ainda mais a concorrência entre serviços de travessia do canal. Além disso, para operar os navios mais rápidos, as empresas de *ferry* responderam a esse desafio oferecendo preços reduzidos, melhor atendimento ao cliente e ótimas lojas e instalações de entretenimento a bordo.

Transporte rodoviário

O transporte rodoviário no setor de transportes do turismo abrange viagens em carro particular, ônibus e ônibus panorâmicos de turismo (*coaches*), táxi e carro alugado. A viagem em carro particular é a forma mundialmente predominante, em especial para turismo doméstico e viagens dentro do continente. A flexibilidade, o conforto e a conveniência são bem maiores e não podem ser comparados com outras formas de transporte, mas os impactos ambientais são consideráveis. O grande número de carros particulares nas regiões industrializadas densamente povoadas do mundo, em especial na Europa, em alguns países do Extremo Oriente, na América do Sul e nos Estados Unidos, aumentou sensivelmente o uso de carros em férias longas, em viagens curtas e em excursões diárias recreacionais. Isso gerou problemas de poluição, erosões, perda de espaço para estacionamentos e congestionamento em várias destinações turísticas populares, especialmente em cidades históricas, estações de veraneio litorâneas e parques nacionais, nos quais os veículos em geral prejudicam a ótima atmosfera que originalmente atraiu os turistas. Governos centrais e locais estão tentando minimizar o impacto dos veículos por meio de uma variedade de técnicas, dentre elas transporte público, pedágios e calçadões.

As viagens de ônibus de turismo são uma forma de viagem turística totalmente benéfica ao meio ambiente, pois os ônibus transportam mais turistas em serviços programados e traslados e podem ser meio de transporte em uma viagem com todos os serviços incluídos – por exemplo, uma viagem de ônibus de turismo à região alpina do Tirol, na Áustria. A desregulamentação das viagens de ônibus de turismo, ocorrida nos Estados Unidos em 1982 e mais recentemente na Europa, liberalizou o mercado de viagens de ônibus e ofereceu aos viajantes mais opções de operadoras. No caso da Europa, a legislação da UE permite que uma operadora de ônibus de turismo de qualquer país membro ofereça serviços desse tipo de transporte em qualquer outro país da UE.

Atrações turísticas

As atrações turísticas têm um papel importante a ser desempenhado no turismo mundial, à medida que, geralmente, são o elemento que mais motiva os viajantes, ativando, portanto, os vários componentes da indústria do turismo. O escopo do setor de atrações turísticas é imenso; logicamente, qualquer lugar que tenha o poder de atrair turistas pode ser considerado uma atração. Além disso, uma atração talvez não seja um lugar ou recurso imediatamente identificável, mas pode ser assim considerada dependendo da percepção geral de um visitante, que consegue diferenciá-la de uma variedade de mananciais e imagens. A popularidade atual de Londres como destinação turística entre visitantes jovens do mundo inteiro é um bom exemplo; esses jovens não são atraídos principalmente pelas atrações "tradicionais", como o Parlamento (Houses of Parliament), o Palácio de Buckingham e o Big Ben, mas pela imagem da capital, real ou não, como um lugar "excelente" para ouvir uma boa música e viver bons momentos.

As atrações turísticas têm muitas extensões. Várias atrações internacionalmente famosas, como a ponte Golden Gate em São Francisco, a Praça Vermelha em Moscou e o Centro Cultural Georges Pompidou em Paris, são nomes familiares em muitos guias turísticos, cuja recomendação é de que devem ser visitados. Os turistas domésticos viajam dentro do próprio país para visitar várias atrações, algumas das quais gratuitas e outras, não. Em geral, são visitas diárias ou parte de uma viagem de férias de longa ou curta duração. Distintas atrações de ampla extensão, como os parques temáticos e as casas nobres rurais (*stately homes*), provavelmente terão uma área regional de recursos. Em nível local, as atrações atendem às necessidades de recreação, instrução, entretenimento e estímulo de numerosos tipos de visitantes, de crianças pequenas a membros de grupos organizados.

As atrações turísticas são fornecidas tanto por empresas comerciais quanto por não comerciais. Vários prédios históricos, áreas de reserva natural ou de vida selvagem, museus e monumentos antigos, por exemplo, estão sob os cuidados de órgãos públicos e grupos voluntários, os quais aspiram à preservação e à conservação de partes vitais do patrimônio do país e, ao mesmo tempo, oferecem instalações aos turistas. No Reino Unido, por exemplo, o Departamento de Cultura, Comunicações e Esportes (ex-Departamento do Patrimônio Nacional) ajuda a garantir a preservação e a administração do patrimônio do país para gerações futuras de visitantes por meio de controles estatutários, subsídios e outros tipos de financiamento. Além disso, patrocina o evento Heritage Open Days, ocasião em que o público tem livre acesso aos prédios que normalmente não são abertos ou, em geral, cobram uma taxa de entrada. Empresas privadas procuram gerar lucros oferecendo uma série de atrações construídas com um determinado propósito, como os parques de diversão, as instalações de entretenimento e os parques temáticos. Talvez a mais conhecida dentre essas empresas seja a Disney Corporation, precursora do conceito de parque temático nos Estados Unidos e no momento com operações na Europa e no Extremo Oriente.

As atrações nem sempre são permanentes. Muitas destinações turísticas, em nível local, regional, nacional e internacional, hospedam eventos especiais como forma de incrementar o turismo ou de atender a diferentes tipos de evento, como a celebração de um aniversário ou a apresentação de um espetáculo musical. Na verdade, áreas em que não há o mínimo necessário de atrações construídas ou naturais em geral concentram-se na apresentação de vários tipos de eventos dirigidos a diferentes segmentos de mercado, desenvolvendo uma estratégia conhecida como estratégia direcionada a eventos. Várias destinações ao redor do mundo são famosas em decorrência dos eventos que apresentam; por exemplo: o Carnaval do Rio de Janeiro, a Maratona de Boston e as apresentações teatrais da Sexta-feira da Paixão em Oberammergau (Alemanha), para citar alguns.

Tipos de atração turística

As atrações turísticas em geral são classificadas em uma das seguintes categorias:

- atrações naturais; e
- atrações construídas pelo homem.

Em nível internacional, tanto o número quanto a variedade de atrações naturais são imensos, englobando, dentre outras coisas, montanhas, rios, desertos, banquisas (*icebergs*), florestas, lagos, vales e, talvez o mais importante de tudo, do ponto de vista do turismo, as praias e o mar.

Voltando na história, é possível ver claramente que atividades turísticas mais antigas eram estimuladas por atrações e recursos naturais. Nos séculos XVIII e XIX, as destinações que contavam com estações de águas começaram a atrair uma quantidade considerável de visitantes e os balneários litorâneos começaram a ganhar popularidade, originalmente em decorrência da natureza saudável da água do mar. Se levarmos em consideração o poder de atração de determinados lugares e recursos naturais, como o Grand Canyon, as cataratas de Vitória ou o monte Fuji, será fácil nos esquecermos da importância do clima como um fator que atrai turistas. Para muitas pessoas que vivem nas planícies do norte da Europa, cujo clima é temperado, o principal estímulo para suas viagens de férias é o clima quente, daí o fluxo mais intenso dentro da Europa de turistas de países como Alemanha, Holanda e Reino Unido para destinações na costa do Mediterrâneo.

Há vários tipos e extensão de atrações construídas pelo homem. Muitas não foram originalmente construídas para atrair visitantes. Ao contrário, são simplesmente produto do desenvolvimento histórico e cultural; por exemplo, igrejas, castelos, catedrais, monumentos e até mesmo antigas áreas industriais. Embora o número e a variedade de atrações construídas pelo homem sejam grandes, é possível agrupá-las em uma determinada quantidade de temas para análise, por exemplo:

- *Atrações históricas*: instalações que descrevem eventos históricos por meio da recreação e exibição de artefatos e *memorabilia*; por exemplo, Williamsburg, nos Estados Unidos, e Jorvik Viking Centre, no Reino Unido.
- *Museus e monumentos antigos*: atrações existentes principalmente para preservar coleções históricas e comemorar eventos passados, mas que são visitadas por turistas; por exemplo, o Louvre em Paris, o Stonehenge em Wilshire, no Reino Unido, e o British Museum em Londres.
- *Parques temáticos*: atrações que oferecem aos visitantes uma experiência emocionante em um ambiente temático, ou seja, construído com um determinado propósito, o qual comporta passeios a cavalo, passeios de bicicleta, outros tipos de entretenimento, lanchonetes, restaurantes e lojas; por exemplo, o Disneyworld, na Flórida, e o De Efteling, na Holanda.
- *Entretenimento*: casas noturnas, discotecas, salas de concertos, teatros, estádios e teatros líricos, entre outros, que oferecem uma variedade de oportunidades de diversão aos visitantes; por exemplo, o Free Trade

Hall de Nova York, o Sydney Opera House e as discotecas na Espanha e outras estações de veraneio no Mediterrâneo.

- *Instalações esportivas e eventos*: podem ser um ótimo estímulo ao turismo; por exemplo, os locais em que ocorre o Grande Prêmio de Fórmula Um e os Jogos Olímpicos de verão e inverno.
- *Conjunto de lojas comerciais e de áreas de lazer*: *shopping centers*, complexos varejistas fora da cidade e centros de cidades históricas freqüentemente atraem visitantes; por exemplo, o enorme complexo varejista no Metro Centre, no nordeste da Inglaterra, e as ruas inusitadas de Chester, no Reino Unido.
- *Áreas de vida selvagem*: abrangem zoológicos, atrações litorâneas e jardins botânicos; por exemplo, o Busch Gardens e o Sea World na Flórida.

Além dessas atrações permanentes, os eventos podem compor uma parte importante da imagem de uma destinação turística e da combinação de atrações oferecidas aos turistas. Os eventos, em sua maioria, podem ser considerados uma atração "construída pelo homem", tendo em vista que é apresentado com um objetivo particular, em um período predeterminado e em um local exato. Não devemos nos esquecer, entretanto, de que vários eventos naturais podem ser igualmente influentes como um motivador do turismo, por exemplo, o maravilhoso pôr-do-sol no Grand Canyon e a migração de gnus nas planícies da África.

Questões do setor de atrações turísticas

Os principais fatores que afetam o futuro das atrações turísticas são discutidos detalhadamente no capítulo O Futuro do Turismo: Questões do Milênio, sobre o futuro do turismo, mas é importante evidenciar aqui numerosas questões fundamentais. O setor de atrações sempre será o principal motivador no turismo internacional e doméstico; atrações naturais e construídas pelo homem continuarão a ser o estímulo da maioria das viagens turísticas. Entretanto, tendo em vista a natureza um tanto quanto dinâmica e responsiva do setor, isso quer dizer que as atrações, por si, e a forma pela qual são planejadas e gerenciadas vão evoluir constantemente em resposta a mudanças na demanda dos consumidores. É bom enfatizar que essas mudanças afetarão tanto as atrações construídas pelo homem quanto as naturais. Seja qual for o tipo ou lugar de uma atração, a expectativa dos visitantes será ter uma experiência estimulante, acolhedora, que respeite todos os tipos de cultura e o meio ambiente e, além disso, ofereça um alto padrão de atendimento ao cliente. Ademais, assim como em muitas outras áreas turísticas, as novas tecnologias tendem a desempenhar um papel significativo na forma pela qual as atrações são gerenciadas, operadas e promovidas aos visitantes no futuro.

Intermediários do turismo

O termo "intermediários do turismo" aplica-se a todos os indivíduos ou organizações que planejam viagens em nome de uma outra pessoa, oferecendo um vínculo entre os clientes e os fornecedores de produtos e serviços para viagens, como mostrado na Figura 2.3.

Figura 2.3 A posição dos intermediários no setor de viagens.

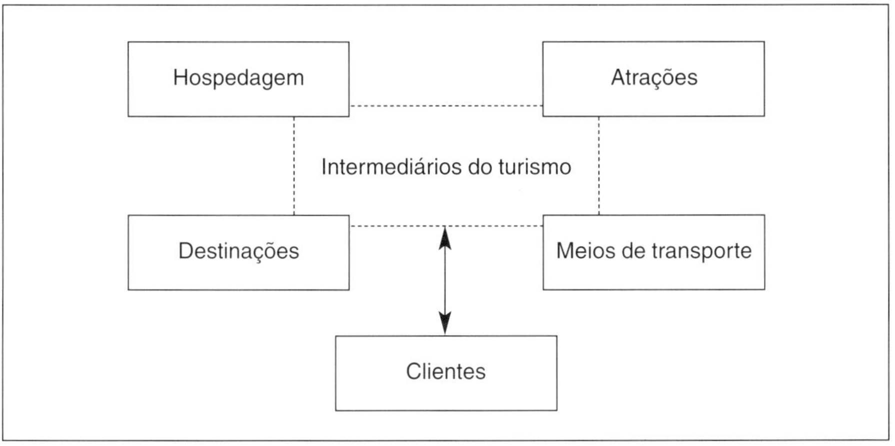

Os fornecedores de produtos e serviços para viagens, indicados na Figura 2.3, abrangem várias empresas que operam nos principais setores da indústria do turismo e incluem hotéis e outros fornecedores de hospedagem, empresas de transporte, atrações turísticas e organizações de *marketing* das destinações turísticas. Os intermediários estabelecem uma ligação direta ou indireta com esses fornecedores a fim de satisfazer às necessidades de seus clientes. A maioria dos intermediários opera no mundo comercial, e seu lucro provém dos serviços oferecidos aos clientes, serviços sobre os quais eles cobram uma taxa ou aplicam uma porcentagem preestabelecida de receitas de vendas, conhecida como comissão. A natureza extremamente diversificada da indústria do turismo internacional nos faz supor que há uma série de organizações que planejam viagens em nome de outras pessoas, incluindo empresas de transporte, organizadores de conferências, executivos, líderes de grupos de jovens, instituições religiosas, clubes e associações de esporte, instituições de caridade e líderes de grupos comunitários. No entanto, em termos de volume de vendas, os dois intermediários mais importantes na indústria internacional do turismo de longe são os agentes de viagens e as operadoras de viagens.

Ao observador acidental, a diferença entre agentes e operadoras de viagens pode parecer pequena. Isso não é uma surpresa, tendo em vista o nível de colaboração e integração no setor de viagens, tema ao qual devemos voltar posteriormente neste capítulo. Na realidade, entretanto, cada categoria tem papéis e funções específicos no turismo internacional, como veremos na explicação apresentada nos parágrafos seguintes.

O papel dos agentes de viagens

Podemos considerar os agentes de viagens o ramo de varejo da indústria do turismo, os quais atuam como intermediários entre clientes e uma série de fornecedores de viagens, conhecidos como principais (veja a Figura 2.4).

Figura 2.4 O papel dos agentes de viagens.

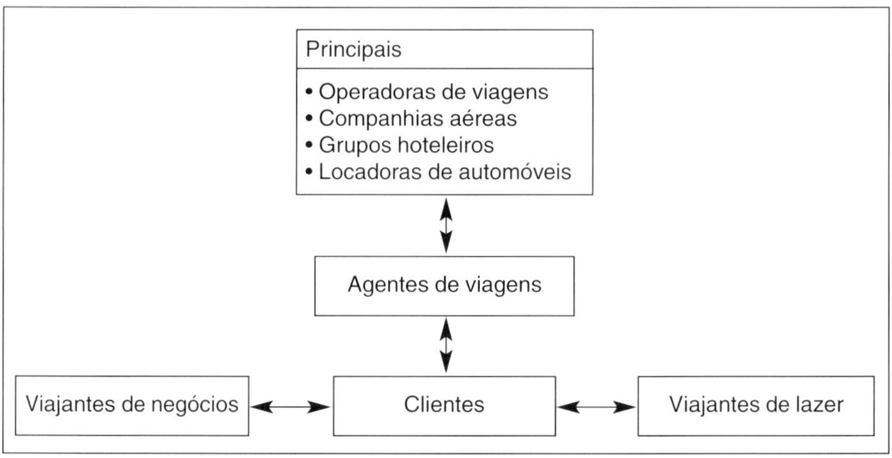

Da mesma forma que as lojas de roupas vendem produtos aos clientes, as agências de viagens vendem seus "produtos" a varejo ao público em geral. Na verdade, o termo "agência de turismo"[10] é comumente usado como referência

[10] O termo em inglês é *travel shop*, cuja tradução literal seria loja de viagens. No Brasil, chamamos essas lojas de agências de turismo. (N.T.)

aos estabelecimentos de agência de viagens. Entretanto, uma das maiores diferenças entre esses dois tipos de ponto-de-venda de viagens a varejo é que, diferentemente das lojas de roupa varejistas, as agências de viagens não compram para estocar, mas, ao contrário, reagem aos desejos dos clientes antes de entrar em contato com os principais.

Como a Figura 2.4 indica, as agências de viagens em geral atuam em nome de duas partes no momento em que começam a empreender seu trabalho. Elas oferecem um conjunto de serviços aos clientes em nome dos quais organizarão a viagem. Esses clientes podem ser tanto viajantes de negócios quanto de lazer, sozinhos ou em grupo. As agências atuam também como agentes das empresas que fornecem produtos para viagens. Dependendo da agência de viagens, os principais poderão ser:

- operadoras de viagens;
- companhias aéreas;
- empresas de ônibus de turismo;
- hotéis;
- locadoras de automóveis;
- empresas de serviços de *ferry*;
- linhas de cruzeiro marítimo; e
- teatros.

As relações comerciais entre agentes de viagens e principais em geral são controladas estritamente por contratos da agência. Dependendo da natureza do negócio, a agência de viagens negociará os contratos com cada operadora de viagens, companhia aérea, empresa de serviços de *ferry*, linha de cruzeiro marítimo, grupo hoteleiro, locadora de automóveis etc. com o qual ou a qual for conduzir o negócio. Esses contratos escritos incluirão detalhes sobre vários pontos, como procedimentos contábeis, políticas de reembolso e cancelamento, procedimentos para emissão de passagens e outros documentos de viagem, taxas de comissão, responsabilidades sobre os prospectos, tramitação de reclamações, treinamento e apoio promocional. O pagamento das comissões que os agentes ganham dos principais em geral é expresso em porcentagem das vendas e varia de acordo com o produto que está sendo vendido e com a política de comissão do principal. Em termos gerais, as taxas de comissão variam de 10%, para a maioria dos pacotes de férias, a no máximo 40% para serviços como locação de automóvel e venda de seguro de viagem.

Embora a venda de férias no exterior seja a principal atividade de grande parte dos agentes de viagens, muitos oferecem uma gama de produtos e serviços relacionados com viagem, incluindo seguro de viagem, câmbio, reserva de ingressos para teatro, bilhetes de trem, excursões em ônibus de turismo, passagens aéreas, locação de automóvel, cruzeiros, solicitação de vistos e passaporte.

O conjunto de serviços para organizar uma viagem de lazer domina o trabalho da maioria das agências, mas algumas podem ter um especialista ou até mesmo um departamento de viagens de negócios, atendendo exclusivamente às necessidades de clientes corporativos. Há também algumas agências, conhecidas como agências especializadas em viagens de negócios (*business house agencies*), que trabalham exclusivamente com esses serviços. As necessidades dos viajantes de negócios são um tanto quanto diferentes das necessidades dos viajantes de lazer, à medida que com freqüência precisam viajar às pressas e usar serviços programados, em vez de serviços fretados. Entretanto, isso significa que o valor de seus negócios é usualmente mais alto que o dos turistas de lazer, pois têm de esforçar-se mais para assegurar e manter dignos os seus hábitos.

Os agentes de viagens que vendem passagens aéreas em nome das agências das principais agências de viagens do mundo precisam da autorização da Associação Internacional de Transporte Aéreo (IATA), órgão de negociação internacional que representa os interesses de mais de 80% (acima de 200 empresas) das companhias aéreas mundiais. Visto que as companhias aéreas, dentre as quais se incluem transportadoras como a British Airways, Korean Air, Indian Airlines, Iberia, KLM Royal Dutch Airlines e USAir, pagam comissões apenas para agentes de vendas aprovados pela IATA, a licença concedida por essa associação é um artigo raro. Os agentes de viagens devem atender a determinados critérios de aprovação para que a licença possa ser emitida, critérios esses que cobrem assuntos como segurança dos estabelecimentos em que as agências estão sediadas, qualificação dos funcionários e estabilidade financeira.

Operadoras de viagens

Diferentemente dos agentes de viagens, os quais vendem férias e uma série de outros produtos para viagem, as operadoras na verdade montam os componentes de uma viagem de férias, isto é, recursos de viagem, hospedagem, instalações, traslados, excursões e outros serviços. Se considerarmos que os agentes de viagens são o ramo varejista da indústria do turismo internacional, as operadoras podem ser comparadas aos atacadistas, visto que compram em grande quantidade dos fornecedores de serviços de viagem, como os hoteleiros e as companhias aéreas, dividem esse volume em pacotes gerenciáveis e colocam o produto acabado – as viagens com todos os serviços incluídos – à venda por meio dos agentes de viagens ou diretamente para o consumidor. A Figura 2.5 mostra o papel das operadoras e sua posição como intermediárias entre os fornecedores de produtos para viagem e os agentes. Essa figura mostra também que algumas operadoras lidam diretamente com os clientes, em vez de venderem por meio dos agentes. Essa prática em geral restringe-se a operadoras de viagens especializadas e a um número pequeno de operadoras de "venda direta", as quais propagam que vendem seus produtos a preços reduzidos em virtude de não pagarem nenhuma comissão aos agentes.

Há quatro principais tipos de operadora de viagens na indústria do turismo internacional:

Figura 2.5 A posição das operadoras de viagens.

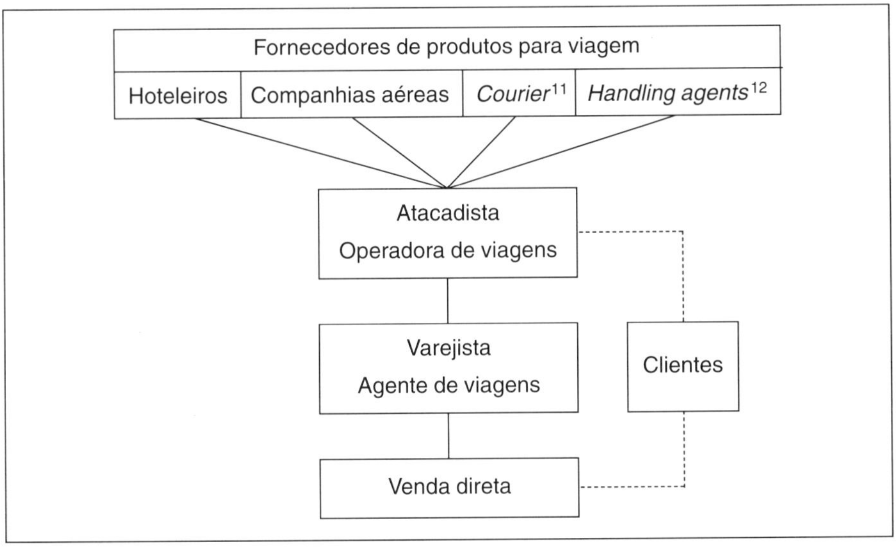

- *Operadoras de mercado de massa*: empresas que vendem grande volume de produtos "agrupados", principalmente para destinações no exterior, a preços baratos (veja o estudo de caso da Thomson, na p. 76).
- *Operadoras especializadas*: empresas que se concentram em um deter-

[11] Atendente contratado para planejar uma viagem ou funcionário de uma agência de viagens que serve como guia aos turistas. (N.T.)

[12] Agentes que trabalham em nome e para uma companhia aérea na área de tráfego ou assistência técnica. (N.T.)

minado segmento de mercado, por exemplo, aposentados, um país ou uma destinação em particular, uma atividade ou um tipo específico de turismo; são exemplos: turismo cultural, turismo de negócios ou férias que incluem prática de esporte.

- *Operadoras domésticas*: empresas que fornecem uma série de produtos dirigidos às necessidades dos residentes do próprio país.
- *Operadoras de viagens para turistas estrangeiros*: empresas que se especializam no fornecimento de férias e outros serviços de viagem somente a turistas estrangeiros em visita a um país.

Contrariamente à crença popular, as operadoras de viagens na indústria do turismo internacional, em sua maioria, não são grandes organizações multinacionais, mas pequenas e médias empresas que atendem às necessidades de mercados especializados. Independentemente do tamanho de sua operação, todos os negócios de operação de viagens estão envolvidos em atividades similares para atingir suas metas de desenvolvimento e fornecimento de produtos para viagem que satisfaçam às necessidades dos clientes. Dependendo do tipo de operadora, algumas dessas atividades serão desempenhadas por funcionários do escritório central da empresa, enquanto o restante será delegado a funcionários no exterior. As atividades principais são:

- pesquisa de mercado;
- desenvolvimento de produtos;
- contratação;
- *marketing*;
- produção e distribuição de prospectos;
- reservas;
- apoio a vendas;
- administração; e
- atendimento ao cliente.

Essas atividades estão amplamente relacionadas com as etapas que uma operadora segue quando está desenvolvendo seus produtos para viagem. O papel da *pesquisa de mercado* é fundamental para ajudar a empresa a determinar os principais elementos de seus produtos e a identificar oportunidades de mercado. As informações de uma pesquisa de mercado encontram-se em várias fontes internas e externas, incluindo a quantidade de vendas anteriores, questionários sobre a satisfação do consumidor, relatórios de analistas, dados sobre tendências da indústria, estatísticas oficiais e análise de programas concorrentes. O *desenvolvimento de produtos* usa os dados da pesquisa de mercado para determinar a estrutura geral de um programa de viagens e para detalhar esse programa precisamente, como sua capacidade geral, as destinações e os hotéis a serem usados e o tipo de plano de viagem a ser aplicado. Depois de combinar esses detalhes, a equipe pode começar a negociar *contratos* com fornecedores de hospedagem, meios de transporte, guias e outros serviços relacionados com viagem. A equipe de *marketing* usará uma variedade de técnicas promocionais para informar o público em geral e os intermediários no setor de viagens sobre a existência do produto e seus principais recursos. As grandes empresas de operação de viagens em geral desenvolvem uma carteira de produtos direcionados a diferentes segmentos de mercado; por exemplo, jovens, "famílias de ninho vazio", grupos com interesses especiais e famílias em geral. O *prospecto* ou *folheto* tem um papel vital na venda dos produtos da operadora de viagens e é a principal ferramenta de vendas da empresa. A distribuição será cuidadosamente monitorada para garantir que os pontos-de-venda cujos lucros forem os mais altos recebam a maior quantidade de prospectos. Assim que os prospectos concretizarem alguma venda, a equipe responsável pelas *reservas* registrará as reservas dos agentes de viagens ou do público em geral. O *apoio a vendas* – por exemplo, material para ser colocado em pontos-de-venda, treinamento e visitas de familiarização dos funcionários – é oferecido para a negociação de viagens a fim de estimular as vendas. A seção de *administração* da operadora de viagens lidará com uma série de tarefas, dos aspectos financeiros e legais ao recrutamento e treinamento de funcionários. A função de *atendimento ao cliente* está relacionada com tramitação de consultas, reclamações e em geral auxílio ao público em relação a qualquer tipo de problema que ocorrer.

Questões relacionadas com os intermediários do setor de viagens

O capítulo O Futuro do Turismo: Questões do Milênio avalia em detalhe o futuro dos intermediários no setor de viagens e os principais fatores que tendem a afetar seu desenvolvimento. O óbvio, entretanto, é que, tendo em vista seu papel como o "canal" que liga clientes a fornecedores de produtos e instalações de viagem, os intermediários desse setor têm uma função fundamental a desempenhar no que diz respeito a influenciar, informar e reagir a avanços futuros no turismo internacional. A posição intermediária do agente e do operador de viagens faz subentender que seu sucesso tenderá a espelhar os altos e baixos no turismo internacional em geral; períodos de atividade econômica favorável vai lhes apresentar oportunidades de negócio identificáveis que podem ser aproveitadas, e vice-versa. O setor permanecerá altamente competitivo, e o sucesso virá para as empresas mais responsivas às flutuações no cenário do turismo internacional e que estão aptas a predizer e a explorar em benefício próprio mudanças na demanda dos consumidores.

Estudo de Caso: Thomson Travel Group

Introdução

O Thomson Travel Group faz parte da International Thomson Organisation, cujos interesses não estão relacionados apenas com o setor de viagens, mas também com editora de livros e petróleo. O Thomson Travel está entre as empresas líderes mundiais de viagens de lazer e férias, com 4,8 milhões de turistas e receitas de vendas de 1,5 bilhão de libras (dados contábeis de 1995). Sua meta mais ampla é desenvolver e manter posições significativas de liderança em todos os seus mercados fornecendo, para isso, alta qualidade, preços competitivos, serviços de viagem aérea de lazer e de férias. Dentre as empresas pertencentes ao Thomson Travel Group, estão:

- *Thomson Tour Operations* (TTO) – uma das maiores operadoras do mundo de viagens aéreas que prestam todos os serviços.
- *Portland Holidays* – uma divisão da TTO especializada em venda direta de viagens que incluem todos os serviços.
- *Britannia Airways* – principal companhia aérea de lazer na Europa.
- *Lunn Poly* – a maior agência varejista de viagens com todos os serviços incluídos, no Reino Unido.
- *The Holiday Cottages Group* – a maior agência do Reino Unido de aluguel de chalés ou *cottages* na Grã-Bretanha.

As receitas de vendas dos componentes do grupo em 1995 são apresentadas na Tabela 2.4.

Tabela 2.4 Receitas de vendas das empresas do Thomson Travel Group, 1995.

Empresa	Receita de vendas de 1995 (em milhões de libras)
Thomson Tour Operations	1.277,3
Britannia Airways	605,5
Lunn Poly	118,4
Holiday Cottages Group	17,6
Corporações e outras	5,0
Total	2.023,8

História

Em 1965, lorde Thomson, um homem de negócios canadense, deu o primeiro passo em direção à criação do Thomson Travel Group ao adquirir a Universal Sky Tours, Britannia Airways e Riviera Holidays. Em 1974, quando então a operadora mais importante, Clarkson, fracassou em pleno pico da estação de férias, a Thomson Holidays herdou a invejável posição número 1 e até hoje a mantém. A cadeia de agências de viagens Lunn Poly, com 60 pontos-de-venda, foi adquirida em 1972 e o Thomson Travel Group tornou-se ainda mais forte com a fundação da Portland Holidays, em 1979, hoje a principal operadora de vendas diretas no Reino Unido. Em 1988, o Horizon Travel Group foi adquirido; dessa forma, a Orion Airways e a Horizon Holidays entraram no Thomson Group, mais as marcas HCI, Wings, OSL e Blue Sky pertencentes à Horizon, bem como o Horizon Travel Centres. Em 1989, a Thomson Tour Operations foi estabelecida como a nova empresa de operação de todos os programas da Thomson e da Horizon. No verão de 1991, todos os produtos e marcas foram realinhados para serem operados separadamente, mas com o emblema da Thomson. Apenas a Portland continua a operar como uma empresa distinta.

Thomson Tour Operations (TTO)

Essa é a empresa mais conhecida do Thomson Travel Group, responsável pela maior participação no mercado do Reino Unido de pacotes de férias no exterior. Sua missão é "*Ser a líder em termos de qualidade, lucro e volume da indústria de operações de viagens turísticas fora do Reino Unido*". As metas específicas da TTO são:

1. Formar a melhor equipe de pessoas da indústria para trabalhar para a empresa.

2. Fornecer a todos os funcionários um ambiente de trabalho desafiador, recompensador e seguro.

3. Assegurar que a qualidade dos produtos e serviços seja a melhor e que seja percebida como a melhor pelos turistas, fornecedores e agentes de viagens e por todos os principais concorrentes.

4. Operar de acordo com uma base de custo mais baixa, de qualidade pela qualidade, que a dos principais concorrentes.

5. Ser a líder do mercado em termos de tamanho no setor de negócios de viagem com todos os serviços incluídos fora do Reino Unido.

6. Atingir um nível mais alto de lucratividade em comparação a todos os principais concorrentes para assegurar a viabilidade do negócio a longo prazo.

7. Pôr em prática todas as tarefas com a devida responsabilidade em favor das comunidades nas quais a empresa atua e do meio ambiente.

Estrutura empresarial da TTO

- *Departamento de marketing*. O trabalho do departamento de *marketing* da TTO é identificar e planejar, tendo em mente o atendimento das necessidades dos turistas; em outras palavras, fornecer as férias certas, ao preço certo, à pessoa certa. Nesse departamento, os funcionários estão envolvidos com criação de produtos, atendimento ao cliente, produção de prospectos, execução de pesquisa de mercado e assessoria de imprensa.
- *Departamento do exterior*. Esse departamento, relacionado principalmente com operações fora do Reino Unido, coordena as operações no estrangeiro de todas as férias. Suas responsabilidades abrangem a contratação de todos os tipos de hospedagem, o fornecimento de serviços de alto padrão aos clientes durante a permanência nas estações de veraneio e a manutenção e melhoria do padrão da hospedagem e dos serviços oferecidos. A equipe de aviação providencia os planos de vôo iniciais com base nos requisitos de capacidade, isto é, no número de feriados/férias previstos para venda e na quantidade necessária de aviões.
- *Serviços de recursos humanos*. Essa seção é dividida em dois departamentos, um que atende aos funcionários do Reino Unido e outro que lida com funcionários no estrangeiro. As principais atividades do departamento de pessoal no exterior incluem planejamento dos níveis de preenchimento de vagas, recrutamento, avaliação de cargos, administração de salários e benefícios e relações com os funcionários. A tarefa do pessoal do Reino Unido é assessorar os gerentes da forma mais eficaz possível no recrutamento de funcionários com a devida qualidade. Isso poderá ser feito com base em sucessão interna, transferência ou recrutamento externo. O treinamento e o desenvolvimento dos funcionários são também responsabilidade do departamento de pessoal.
- *Departamento de vendas*. Um dos principais objetivos do departamento de vendas da TTO é manter excelentes relações com agentes de viagens a fim de criar oportunidades de vendas. Isso é feito por meio da força de vendas da agência, que fornece informações sobre vendas e o mercado aos agentes, bem como instruções aos funcionários da agência sobre produtos e procedimentos. Outra responsabilidade desse departamento

é coordenar uma equipe de *merchandising* que visite os principais agentes regularmente para verificar o estoque e a visibilidade dos prospectos no local em que estiverem expostos.

- *Divisão de sistemas*. Os funcionários nessa seção fornecem serviços de computação a todas as áreas da empresa. O sistema de reserva *viewdata*[13] para agentes de viagens (TOP) é reconhecido como o padrão da indústria de viagens do Reino Unido. Há também um sistema de transferência automática de fundos para pagamentos provenientes dos agentes. Os sistemas de computação da Thomson permitem manter, alterar e atualizar todas as informações sobre negócios e férias. Além disso, controlam todas as reservas em mais ou menos 28 mil terminais de agentes de viagens ao redor do país.
- *Departamento financeiro e jurídico*. As responsabilidades desse departamento abrangem o trabalho com o departamento de *marketing* no que diz respeito à determinação de preço de cada programa, a preparação de orçamentos, relatórios sobre os resultados reais em relação aos orçamentos e análise de qualquer tipo de variação. Esse departamento lida com todas as transações financeiras, incluindo controle de crédito e pagamentos a fornecedores de hospedagem e companhias aéreas. Os assuntos administrativos e jurídicos da empresa também são responsabilidade desse departamento.

O futuro da Thomson Tour Operations (TTO)

No início de 1991, o diretor-gerente da TTO estabeleceu a pauta da empresa para a década de 1990. Ele ressaltou os seguintes pontos como forma de assegurar que a Thomson permanecesse a número 1:

- diversificação;
- confiabilidade;
- qualidade;
- custo-benefício;
- eficiência;
- pessoas; e
- meio ambiente.

[13] Sistema interativo para transmissão de texto e gráficos de um banco de dados para um terminal. (N.T.)

Se a TTO assegurará ou não sua posição como número 1 ao longo da década de 1990 é uma questão que temos de esperar para ver, tendo em vista o ambiente terrivelmente competitivo das operações de viagens ao exterior.

(Essas informações foram cordialmente fornecidas pela TTO.)

Pontos para discussão e análise

1. Quais são as vantagens e desvantagens das várias e diferentes empresas de operações na estrutura do Thomson Travel Group?
2. Quais são os principais concorrentes da TTO?
3. O que você acha da diversificação da empresa no mercado de auto-serviço do Reino Unido?
4. Quais são as principais ameaças externas e oportunidades que o Thomson Travel Group terá de enfrentar nos próximos cinco anos?

Globalização e integração na indústria do turismo internacional

Ao longo de sua relativamente breve história, as organizações que operam na indústria do turismo internacional procuraram fazer planos informais com outras empresas como forma de expandir seus negócios e fornecer melhores produtos e serviços aos viajantes. À medida que a concorrência intensificou-se, as empresas tiveram de procurar expandir suas operações e o âmbito de influência por meio de fusões, aquisições e alianças mais formais com parceiros dessa indústria. As companhias aéreas internacionais são um excelente exemplo dessa tendência; como vimos anteriormente neste capítulo, a British Airways aventurou-se em uma estratégia de globalização por meio de alianças com várias companhias aéreas do mundo, incluindo a Qantas e a American Airlines, como parte de sua visão de tornar-se a líder na indústria internacional de companhias aéreas.

A globalização é uma das tendências que mais crescem no desenvolvimento do turismo internacional. Impulsionada por motivações econômicas e políticas, as maiores operadoras comerciais no turismo procuram expandir suas empresas, aumentar a participação de mercado e, finalmente, adquirir o domínio mundial no próprio setor industrial. A globalização é mais evidente nos setores de companhias aéreas e hoteleiro, nos quais as corporações multinacionais colhem os benefícios das economias de escala e a eliminação da concorrência por meio de uma operação em nível global. As companhias aéreas do mundo inteiro serviram como instrumento para o estabelecimento de sistemas de reserva computadorizados de venda de passagens aéreas e uma série de outros produtos relacionados com viagem, como reserva de hotéis, locação de automóvel e seguro de viagem. Esses sistemas, por exemplo, o Sabre, Galileo, Worldspan e Amadeus, facilitaram o avanço das corporações multinacionais em direção à globalização de suas operações.

O sinal mais visível da globalização da indústria do turismo internacional é o crescimento, em tamanho e influência, das corporações multinacionais, às vezes chamadas de corporações transnacionais. No turismo, essas corporações operam comercialmente além das fronteiras nacionais e procuram maximizar seus retornos de parcerias e alianças globais. Além disso, são mais comuns nos setores de companhias aéreas, hotéis e operadoras de viagens da indústria do turismo internacional, nos quais se beneficiam da economia de escala técnica, operacional e financeira. A proporção de operações dessas corporações também lhes permite tirar plena vantagem da computadorização, mas é na área de influência política e econômica que elas ceifam as maiores vantagens, especialmente nas nações desenvolvidas.

Além da apreensão geral de que o *modus operandi* das corporações multinacionais conduz a um turismo padronizado e homogeneizado, há várias preocupações específicas sobre o trabalho dessas corporações no desenvolvimento do turismo, particularmente no Terceiro Mundo, por exemplo:

- Grande porcentagem dos benefícios econômicos do turismo retorna aos países de origem dessas corporações.
- Como o escritório central e a estrutura de poder dessas corporações estão em países ocidentais democratizados, elas parecem distantes e insensíveis às necessidades dos governos e residentes nativos.
- A prioridade das preocupações ambientais e socioculturais talvez seja baixa nessas corporações.
- Em geral a população local tem poucas oportunidades de alcançar posições de responsabilidade dentro das organizações; as posições em que a responsabilidade é maior são atribuídas a funcionários provenientes do país de origem dessas corporações.
- O significativo poder de barganha das corporações multinacionais permite que elas negociem taxas de hospedagem e de outros serviços turísticos talvez não tão vantajosas para as empresas locais.

O estudo de caso da Thomson (apresentado anteriormente) demonstra que há uma integração vertical considerável na indústria de viagens do Reino Unido, isto é, uma única empresa detém o controle sobre outras empresas que estão em diferentes níveis na cadeia de distribuição. O Thomson Travel Group possui a Thomson Tour Operations, a cadeia de agências de viagens Lunn Poly e a Britannia Airways, principal companhia aérea de vôos fretados da Europa. A integração horizontal, quando as empresas em níveis idênticos na cadeia de distribuição ou no mesmo setor da indústria fundem-se voluntariamente ou são objeto de uma oferta pública de aquisição, também ocorre na indústria do turismo; por exemplo, uma cadeia de hotéis que adquire um hotel independente ou um grupo de atrações turísticas que aumenta sua carteira de produtos por meio da fusão com uma empresa concorrente.

Os vínculos estreitos entre empresas na indústria do turismo tendem a gerar produtos e serviços melhores aos viajantes, mas existe a apreensão de que se desenvolvam monopólios e as opções dos consumidores diminuam, a menos que os governos monitorem esses vínculos cuidadosamente.

O papel do setor público no turismo internacional

Os governos e outros órgãos do setor público passaram a se envolver com o turismo por vários motivos. O Capítulo 5, sobre os impactos do turismo, indica que são os benefícios econômicos do turismo, como criação de empregos, receitas de exportações, geração de riquezas, reurbanização, receitas tributárias, os principais motivadores do interesse do setor público por essa indústria. Alguns países estão percebendo que o turismo pode também vir acompanhado de muitos benefícios políticos e sociais – por exemplo, melhoria da qualidade de vida dos residentes, imagem favorável no cenário mundial e promoção de uma identidade nacional. Em relação aos impactos negativos do turismo, o setor público com freqüência se incumbe de ser o guardião de ambientes, culturas e comunidades nacionais e locais potencialmente expostos a agressões.

Órgãos públicos nacionais, regionais e locais desempenham um papel significativo no turismo internacional, tanto direta quanto indiretamente. O envolvimento direto abrange o fornecimento de infra-estrutura, serviços de informações e algumas atrações e instalações turísticas, como centros de lazer e prédios e museus históricos. O significado do papel indireto do setor público no turismo, entretanto, é grande. A meta dos órgãos públicos é fornecer um clima econômico favorável e estabelecer políticas de turismo de acordo com as quais o setor comercial da indústria do turismo possa operar com êxito. Os órgãos públicos, além disso, cumprem uma função tanto de coordenação quanto promocional e regulamentar na provisão de turismo, procurando preservar os recursos físicos e socioculturais que atraem os turistas às destinações. A Figura 2.6 mostra como essas responsabilidades são administradas na organização do turismo do setor público no Japão. Essa figura mostra também que o Departamento de Turismo do Japão é responsabilidade do ministro dos Transportes, por meio do Departamento de Políticas de Transporte. Os governos locais e regionais reportam-se ao Departamento de Turismo, o qual tem as divisões de planejamento e promoção de viagens.

Figura 2.6 Organização do turismo do setor público no Japão.

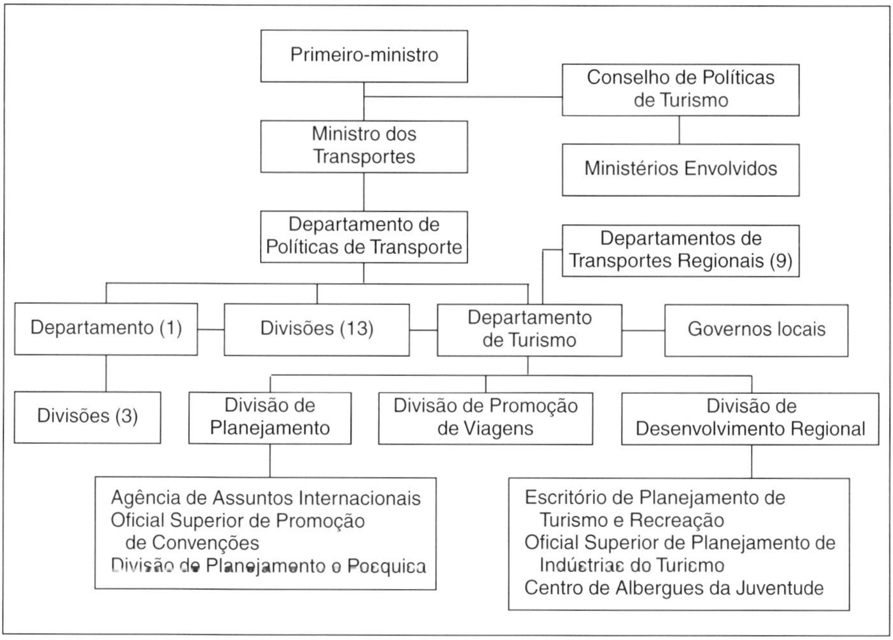

Fonte: JNTO.

Funções dos órgãos públicos de turismo

Embora as funções dos órgãos de turismo do setor público variem de nação para nação, qualquer país cuja indústria do turismo seja significativa e estabelecida tende a ter um departamento governamental distinto, conhecido como Organização de Turismo Nacional (OTN) e/ou órgãos públicos que efetivam as várias funções mostradas na Figura 2.7.

Figura 2.7 As funções de uma organização de turismo nacional típica.

Essa figura indica que uma organização de turismo nacional típica tem quatro áreas principais de responsabilidade sob a direção de um diretor-presidente, as quais abrangem vários departamentos. As funções empreendidas pela Organização de Turismo Nacional e outros órgãos públicos regionais e locais incluem:

- *Estabelecimento de políticas de turismo*. Esse geralmente é o ponto de partida do envolvimento do governo no turismo, quando estabelece políticas e prioridades em relação ao desenvolvimento do turismo. O capítulo Planejamento e Desenvolvimento do Turismo, sobre o planejamento e desenvolvimento do turismo, cobre amplamente a formulação de políticas de turismo.
- *Promoção das destinações turísticas*. Essa é a função mais importante da organização de turismo nacional, que será responsável, entre outras coisas, por pesquisa de mercado, planejamento de *marketing*, atividades co-

merciais relacionadas com viagem e produção de material promocional.

- *Provisão de infra-estrutura.* Tanto independentemente quanto em parceria com o setor privado, determinados órgãos públicos fornecem fundos para várias melhorias de infra-estrutura que estão direta ou indiretamente associadas com o turismo; por exemplo, planos de rodovias, sistemas de ferrovias e terminais de aeroportos e meios de transportes.
- *Instalações turísticas.* Os departamentos governamentais e órgãos públicos às vezes têm a responsabilidade de manter atrações e instalações turísticas, como museus, parques, castelos, casas históricas, monumentos antigos, parques e florestas nacionais, áreas litorâneas e galerias.
- *Serviços de informações turísticas.* As organizações de turismo nacionais freqüentemente coordenam a disposição de serviços de informações turísticas aos visitantes, serviços esses fornecidos por órgãos públicos regionais e locais.
- *Legislação e regulamentação.* Os governos decretam uma ampla variedade de legislações e regulamentações relacionadas direta ou indiretamente com a indústria do turismo, direcionadas, por exemplo, a saúde e segurança, proteção ao consumidor, registro de hospedagens e atrações, exigências de passaporte e visto, licenciamento de agências de viagens, treinamento de guias turísticos e restrições a meios de transportes.
- *Fundos de desenvolvimento.* Alguns governos fornecem, por exemplo, subvenções, empréstimos, concessões tributárias e redução de tarifas, como incentivo ao desenvolvimento do turismo.
- *Serviços de assessoria e treinamento.* Vários órgãos públicos nacionais, regionais e locais fornecem ou facilitam a provisão de serviços de assessoria empresarial e treinamento como forma de elevar os padrões na indústria do turismo.

As funções exatas empreendidas e o grau de envolvimento público dependerão da importância atribuída à indústria pelo governo em questão. À medida que a contribuição do turismo à economia de uma nação crescer e as receitas do turismo aumentarem, os fundos públicos disponíveis ao desenvolvimento do turismo tenderão a aumentar a quantidade e a variedade de funções que podem ser efetivadas.

O estudo de caso a seguir, sobre a Japan National Tourist Organisation, indica as responsabilidades e atividades de uma organização de turismo nacional principalmente com a promoção de viagens a seu país a pessoas residentes em outros países.

Estudo de Caso: Japan National Tourist Organisation

Introdução

A Japan National Tourist Organisation (JNTO) foi estabelecida em 1959 de acordo com a lei japonesa e subseqüentemente reorganizada em 1964, 1979, 1983 e 1985. A JNTO é uma organização sem fins lucrativos que trabalha sob a direção do Ministério dos Transportes e tem duas metas principais:

- a promoção de viagens ao Japão a estrangeiros; e
- o fornecimento de informações a cidadãos japoneses sobre como viajar seguramente para o exterior.

A fim de atingir suas principais metas, a JNTO está comprometida com o empreendimento das seguintes atividades de acordo com a lei japonesa:

1. Fazer campanhas publicitárias para estimular visitas de turistas estrangeiros ao Japão.
2. Operar centros de informações turísticas para atender a visitantes estrangeiros.
3. Fornecer informações a japoneses que viajarão para o exterior sobre como viajar seguramente.
4. Conduzir investigações e pesquisas sobre aspectos pertinentes ao turismo internacional.
5. Executar atividades relacionadas com as mencionadas anteriormente.

A estrutura original da JNTO era a International Tourist Association (ITA), estabelecida em 1931 como órgão promocional de viagens ao Japão. A Guerra do Pacífico testemunhou a dissolução da ITA e sua sucessão em 1955 pela Japan Tourist Association (JTA), que deu lugar à Japan Nation Tourist Association (JNTA), em 1959. Em 1964, a JNTA foi dividida em duas organizações hoje existentes, a JNTO e a JTA. Esta última promove o turismo doméstico no Japão.

Estrutura da JNTO

A estrutura organizacional da JNTO é mostrada na Figura 2.8

O conselho administrativo, que investiga e delibera assuntos relacionados à operação das atividades da JNTO, consiste em 26 membros escolhidos entre especialistas em turismo internacional no Japão, os quais são nomeados pelo presidente da JNTO e dependem da aprovação do ministro dos Transportes do Japão. A JNTO mantém seis departamentos em seu escritório central em Tóquio e 41 escritórios nas principais cidades do mundo (veja a Tabela 2.5).

Figura 2.8 Estrutura organizacional da Japan National Tourist Organization (JNTO).

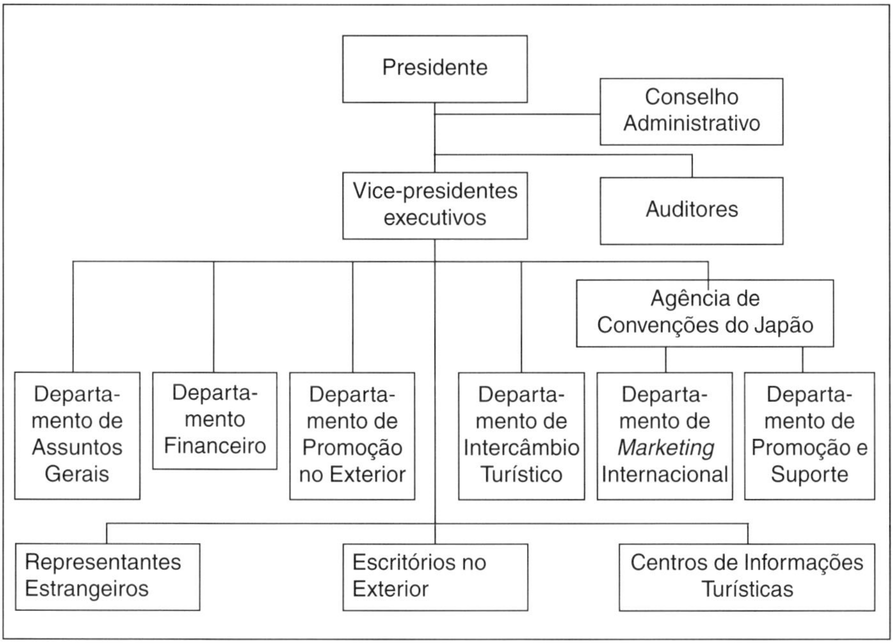

Fonte: JNTO.

As responsabilidades desses seis departamentos do escritório central são:

- *Assuntos gerais*. Responsabilidade pelas funções administrativas da JNTO, incluindo assuntos jurídicos, de pessoal, de treinamento de funcionários, de relações públicas internas e de coordenação geral da organização. Além disso, gerenciamento de planos de *marketing* de longo alcance e projetos de prioridade, execução e análise de pesquisas de mercado, publicação de periódicos e coleta de dados estatísticos sobre o turismo internacional.
- *Finanças*. Supervisão da formulação de orçamentos, solicitação de subsídios do governo, contratação, atividades de aquisição e informações sobre liquidações financeiras ao governo japonês.
- *Promoção no exterior*. Responsabilidade pela administração e supervisão do trabalho dos escritórios da JNTO no exterior, assessoria de imprensa a jornalistas em viagem, participação em feiras e exposições comerciais de turismo e implementação de atividades de *marketing* associadas em conjunto com a indústria de viagens do Japão.

- *Intercâmbio turístico.* Responsabilidade pela melhoria dos serviços de recepção de visitantes estrangeiros no Japão, administração de centros de informações turísticas e condução do concurso nacional de guias-intérpretes. Desde a emenda da lei da JNTO, esse departamento oferece também informações aos viajantes japoneses sobre como viajar com segurança para o exterior.
- *Agência de Convenções do Japão.* Responsabilidade pela promoção de convenções e incentivos ao turismo. Essa agência consiste em dois departamentos. O departamento de *marketing* internacional administra atividades de *marketing* e promocionais para estimular visitantes a freqüentar convenções no Japão; por exemplo, coleta e análise de informações de *marketing*, atração de convenções para o Japão, propaganda e relações públicas. O departamento de promoção e suporte gerencia atividades como treinamento de programas a funcionários que se ocupam de obrigações relacionadas com convenções, fornecimento de informações e recomendações a organizadores de reuniões internacionais no Japão e apoio a programas turísticos para participantes estrangeiros que freqüentam convenções no Japão.

Tabela 2.5 Escritórios da Japan National Tourist Organization (JNTO) no exterior.

Escritório	Países e territórios administrados
Nova York Chicago San Francisco Los Angeles	Estados Unidos e países da América Central e no mar do Caribe
Toronto	Canadá
São Paulo	Países da América do Sul
Londres	Reino Unido, Irlanda, Dinamarca, Suécia e países da África que falam a língua inglesa
Paris	França, Espanha, Portugal, Bélgica, Luxemburgo e países da África que falam a língua francesa
Genebra	Suíça, Itália, Grécia, países na ex-Iugoslávia e o Oriente Médio
Frankfurt	Países da Europa, exceto os cobertos por outros escritórios europeus
Bangcoc	Países do sudeste da Ásia, exceto os cobertos pelo Escritório de Hongkong
Seul	Coréia
Sydney	Austrália e Nova Zelândia

Fonte: JNTO.

Os escritórios no exterior implementam, sob a direção do escritório central de Tóquio, várias atividades de promoção do turismo, incluindo serviços de informações sobre viagens, assessoria de imprensa, participação em feiras e exposições e propaganda nas principais publicações comerciais sobre consumo e viagens. Áreas distantes dos escritórios da JNTO no exterior são cobertas por uma rede de representantes, que fornece informações sobre viagens ao Japão e distribui prospectos turísticos. Esses representantes encontram-se nas principais cidades da América do Norte, América do Sul, Europa, Ásia e Oceania.

Atividades da JNTO

A JNTO empreende um amplo programa de atividades promocionais e de desenvolvimento de produtos, o qual pode ser resumido nos seguintes tópicos:

- *Promoção geral.* A JNTO está comprometida com uma variedade de atividades promocionais dirigidas a consumidores e ao comércio de turismo, como propaganda, relações públicas, assessoria de imprensa, seminários sobre o comércio de viagens, visitas de familiarização, feiras de promoção regionais, exposições no exterior e um serviço de informações por meio de seus 14 escritórios no estrangeiro e de sua rede de representantes. A JNTO estabeleceu recentemente um serviço de informações na internet.
- *Promoção de convenções e incentivos ao turismo.* A Agência de Convenções do Japão, um departamento especializado da JNTO, é responsável por divulgar o Japão como uma destinação para sediar convenções internacionais e um país que incentiva o turismo. Seus membros empreendem análises de pesquisas de mercado sobre como aumentar a porcentagem de convenções internacionais no Japão, sediar exposições comerciais estrangeiras e organizar programas de treinamento para funcionários que trabalham nesse setor da indústria do turismo do Japão.
- *Cooperação internacional.* A JNTO mantém estreitas relações de trabalho com os seguintes principais órgãos de turismo: WTO, East Asia Travel Association (EATA), PATA, American Society of Travel Agents (ASTA) e a Confederação de Organizações Turísticas da América Latina (Cotal). Além disso, trabalha individualmente com vários países, de forma bilateral, para aumentar o tráfego de turistas estrangeiros.
- *Serviços de recepção a visitantes estrangeiros.* A JNTO invariavelmente trabalha para melhorar, expandir e otimizar os serviços de recepção a visitantes estrangeiros. A meta é melhorar a quantidade e a qualidade dos servi-

ços de informações turísticas, facilitar qualquer possível problema de idioma, promover o entendimento mútuo e a amizade entre visitantes estrangeiros e japoneses, criar um turismo internacional ainda melhor em áreas locais e reduzir os custos de viagem em benefício dos turistas estrangeiros.

- *Projeto de intercâmbio de turismo internacional.* Essa iniciativa da JNTO iniciou-se em 1995 com o objetivo de promover a entrada de turistas estrangeiros no Japão por meio do apoio e desenvolvimento de programas de intercâmbio entre a população do Japão e a de outros países. Temas específicos incluem intercâmbio entre cidades coligadas, entre escolas e profissional.
- *Projeto de desenvolvimento do turismo no Japão.* Esse projeto foi criado para explorar as possibilidades de desenvolvimento de novos produtos turísticos sob o co-patrocínio da JNTO e de escritórios de turismo locais no Japão. Seu principal objetivo é estimular a entrada de turistas estrangeiros em determinadas regiões do Japão e, dessa forma, distribuir os benefícios econômicos e sociais do turismo internacional no país o mais amplamente possível.
- *Atividades para turistas japoneses no estrangeiro.* Desde 1979, a JNTO incumbiu-se de oferecer serviços aos japoneses a fim de assegurar que eles não enfrentem problemas em viagens ao exterior. Esses serviços incluem recomendações e assistência em assuntos como segurança, etiqueta e costumes tanto para viajantes japoneses quanto para a indústria de viagens em geral.
- *Pesquisa e estatísticas.* A JNTO estabeleceu um conselho de *marketing* para investigar um maior refinamento de suas atividades-alvo de *marketing*, particularmente parcerias entre os setores público e privado da indústria do turismo. Para esse e para outro trabalho promocional, a organização depende grandemente de numerosos dados estatísticos, incluindo levantamentos sobre viagens de visitantes estrangeiros no Japão e a pesquisa denominada Overseas Visitors Japan Travel Survey, que se concentra nas impressões e nos interesses dos visitantes depois que eles viajam pelo país. A JNTO também coleta e analisa dados estatísticos sobre as tendências e previsões do turismo ao redor do mundo.
- *Atividades de consignação.* A JNTO em geral é encarregada por organizações estrangeiras de empreender várias atividades relacionadas com turismo, incluindo instruções sobre programas de treinamento, trabalho promocional, desenvolvimento de redes de informações e produção de material de relações públicas.

Orçamentos e fontes de receitas

O orçamento da JNTO para o ano financeiro de 1995 foi de 3,3 bilhões de ienes (34,7 milhões de dólares), dos quais 2,4 bilhões de ienes (25,4 milhões de dólares) foram subsídios do governo (veja a Tabela 2.6).

Tabela 2.6 Orçamentos anuais da Japan National Tourist Organization (JNTO), 1994 e 1995.

Item	**1994**	**1995**
Receitas (em milhares de dólares)		
Subsídios do governo	24.500	25.381
Fundos do governo	0	0
Contribuições	3.815	4.082
Concurso nacional de guias–intérpretes	364	461
Vários	4.442	4.698
Total	33.121	34.622
Despesas (em milhares de dólares)		
Promoção do turismo no estrangeiro (incluindo despesas com pessoal no exterior)	15.499	16.196
Auxílio promocional	1.328	1.034
Promoção de convenções	1.710	1.800
Recepção de visitantes estrangeiros	2.030	2.359
Serviços a turistas japoneses no estrangeiro	304	325
Estatísticas e pesquisa	120	126
Concurso nacional de guias-intérpretes	371	387
Gerenciamento (excluindo despesas com pessoal no exterior)	11.142	11.683
Reserva	747	749
Total	33.251	34.707

Fonte: JNTO.

(*Essas informações foram cordialmente fornecidas pela JNTO.*)Organizações e empresas japonesas envolvidas com turismo, como a Japan Railways, a Japan Airlines, prefeituras, a Japan Hotel Association e o setor de agência de viagens, receberam contribuições no valor de 392 milhões de ienes (4,1 milhões de dólares). Os fundos da JNTO destinados a serviços a turistas estrangeiros no Japão consistem em capital do governo e em contribuições da indústria do turismo japonesa.

Pontos para discussão e análise

1. Fundamente o papel desempenhado pela JNTO no crescimento do turismo do Japão desde o início da década de 1960.

2. Na sua opinião, quais problemas a JNTO tenderá a enfrentar quando estiver lutando globalmente por visitantes internacionais?

3. Que influência a JNTO tem sobre o desenvolvimento de produtos turísticos japoneses?

4. Como a JNTO está trabalhando para melhorar as instalações do Japão para os turistas estrangeiros?

Órgãos internacionais e associações de classe

Os órgãos internacionais e as associações de classe, cujo papel a desempenhar no que diz respeito a influenciar políticas e práticas turísticas em nível global é fundamental, praticam *lobby* em nome da indústria do turismo em geral e de setores diferentes, tendo por objetivo apresentar uma imagem positiva do turismo internacional a políticos, ao público e a outros negócios. As corporações turísticas multinacionais operam comercialmente além das fronteiras nacionais e procuram maximizar seus retornos de parcerias e alianças globais. Em algum lugar neste livro investigaremos os papéis desempenhados por numerosos órgãos públicos no campo do turismo, incluindo a European Travel Commission e a UE (no capítulo Turismo Europeu) e a Association of British Travel Agents (ABTA) e a Association of Independent Tour Operators (AITO), no capítulo Turimo no Reino Unido. A parte final deste capítulo investiga o trabalho de duas organizações globais, a World Tourism Organisation (WTO) e o Conselho Mundial de Viagens e Turismo (World Travel and Tourism Council – WTTC).

Estudo de Caso: Organização Mundial do Turismo (WTO)

Introdução

A Organização Mundial do Turismo (World Tourism Organisation – WTO), estabelecida em 1975, é o principal órgão internacional no campo do turismo global. Sediada em Madri, com um total de 77 funcionários em 1997, a WTO é a sucessora da International Union of Official Travel Organisations (IUOTO), fundada em 1947. A associação da WTO compreende 134 governos do mundo mais 328 membros afiliados entre operadoras privadas e governos regionais e locais.

A WTO é a única organização intergovernamental aberta ao setor de operações, o qual abrange companhias aéreas, grupo de hotéis e operadoras de viagens. Essa união entre os setores público e privado estimula uma abordagem prática a questões estratégicas que afetam a indústria do turismo internacional.

Missão da WTO

A WTO oferece a governos e à indústria um fórum para o estabelecimento de estruturas e de padrões globais do mundo do turismo e, portanto, para a consolidação de uma das indústrias do mundo de crescimento mais rápido. Sua declaração de missão é a seguinte: *"Desenvolver o turismo como um meio fundamental de promover a paz e o entendimento internacionais, o desenvolvimento econômico e o comércio internacional"*.

Atividades da WTO

A fim de atingir sua missão, a WTO empreende um programa de trabalho de amplo alcance, que pode ser categorizado nas seis principais áreas seguintes:

1. *Cooperação em prol do desenvolvimento.* Como órgão executivo do Programa de Desenvolvimento das Nações Unidas (United Nations Development Programme – UNDP), a WTO oferece conselhos técnicos e assistência a governos sobre numerosas questões do turismo, incluindo planos-mestres de turismo, desenvolvimento de indicadores ambientais, sistemas de classificação de hotéis e avaliações de investimentos. Os projetos variam de seminários de treinamento de curta duração sobre assuntos como instrução, *marketing* e promoção em turismo ao desenvolvimento de estratégias de longo prazo; um exemplo recente é o plano-mestre de turismo do Líbano, com um orçamento de 700 mil dólares.
2. *Estatísticas e pesquisa de mercado.* A WTO, o maior centro internacional de coleta, análise e divulgação de dados turísticos de mais de duzentos países e territórios mundiais, monitora e analisa as tendências do turismo ao redor do mundo e objetiva a longo prazo padronizar a coleta e divulgação de estatísticas do turismo internacional. Além disso, produz uma série de publicações sobre o turismo internacional, incluindo o *Yearbook of Tourism Statistics, Compendium of Tourism Statistics, Travel and Tourism Barometer* e *Monographs and Forecasts of Tourism Trends.*
3. *Instrução e treinamento.* A WTO tem uma estrutura estratégica para a organização de instrução e treinamento em turismo, incluindo cursos de

instrução dirigidos a educadores e programas de aprendizagem de curta duração a distância, e uma rede de 14 centros educacionais e de treinamento no mundo inteiro. Seu objetivo é contribuir com a discussão sobre padrões curriculares de cursos na área de turismo.

4. *Ambiente e planejamento*. A WTO está trabalhando em direção ao desenvolvimento sustentável do turismo por meio da introdução de medidas práticas, como o estabelecimento de indicadores ambientais de avaliação de impactos turísticos, participa de fóruns como o Fórum Global, realizado no Rio de Janeiro, e dos seminários Globe, no Canadá, e é a principal força no desenvolvimento de uma marca de turismo ambiental e culturalmente responsável.
5. *Qualidade do desenvolvimento turístico*. Bem-estar e proteção, liberalização das viagens, assuntos de segurança e o Acordo Geral sobre Tarifas e Comércio (General Agreement on Tariffs and Trade – GATT) refletem as questões de amplo alcance e interconectadas relacionadas com a melhoria de qualidade dos serviços turísticos. A WTO, afora seu trabalho para remover barreiras ao turismo, está estimulando a liberalização do comércio no setor de serviços turísticos.
6. *Comunicações*. Além de trabalhar como uma unidade de publicações e contato com a imprensa, a divisão de comunicações da WTO procura melhorar a imagem e elevar a credibilidade do turismo internacional como um setor econômico importante. Paralelamente a isso, ajuda os países membros a aperfeiçoar seus meios de comunicação e empreende um trabalho direcionado a auxiliar os turistas a entender o impacto que podem exercer sobre as regiões turísticas.

A Figura 2.9 mostra como essas seis áreas de trabalho da WTO estão refletidas na estrutura, nas atividades administrativas e na representação regional da organização.

Em uma época em que a previsão é de que o crescimento no turismo internacional continue, o trabalho da WTO vai se tornar cada vez mais importante no que se refere a ajudar o turismo a atingir todo o seu potencial como principal atividade econômica e social. Para se preparar para o futuro, o secretário-geral da WTO publicou um boletim sobre as tendências atuais no turismo mundial na reunião do Conselho Executivo da organização em Manila, em maio de 1997. Esse boletim foi revisto por um grupo de trabalho especial, de alto nível, que reúne especialistas dos setores público e privado da indústria do turismo. Esses especialistas apresentaram recomendações em relação ao futuro da WTO, debatidas no Fórum Global de Turismo, em Istambul, em setembro de 1997. O secre-

Figura 2.9 Estrutura da World Tourism Organisation (WTO).

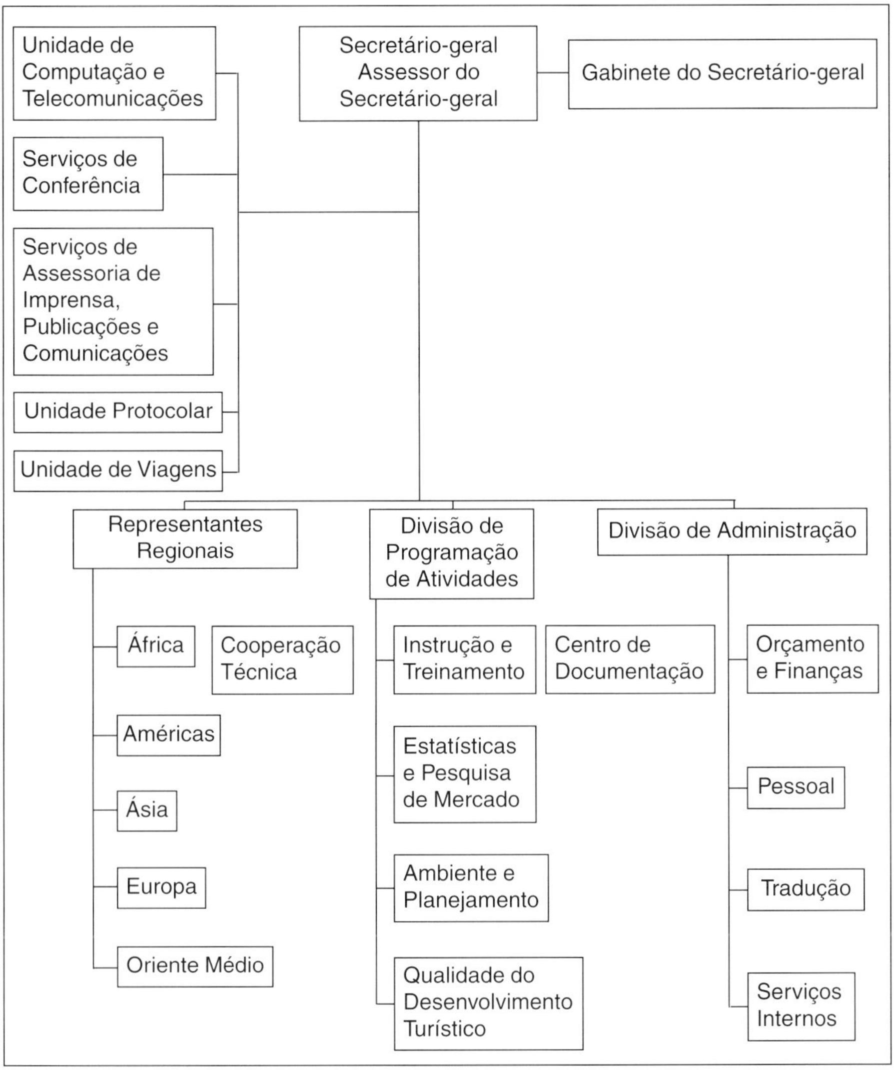

tário-geral acredita que a WTO deve mudar, mordernizar-se e adaptar-se, se quiser manter seu papel proeminente como defensora do turismo internacional. (*Essas informações foram cordialmente fornecidas pela* WTO.)

Pontos para discussão e análise

1. Se você fosse solicitado a fazer comentários sobre o futuro papel da WTO no turismo internacional, o que recomendaria?
2. Você prevê algum conflito entre as atividades empreendidas pela WTO e as iniciativas turísticas de seus países membros?
3. Que importância você atribui ao papel dos membros afiliados da WTO?
4. Como a WTO pode ajudar o turismo a atingir a meta de desenvolvimento sustentável em nível global?

Estudo de Caso: Conselho Mundial de Viagens e Turismo (WTTO)

Introdução

O Conselho Mundial de Viagens e Turismo (World Travel and Tourism Council – WTTC) é uma aliança de mais de 85 diretores-presidentes de todos os setores da indústria internacional de viagens e turismo, incluindo o de hospedagem, *catering*, transportes, entretenimento, recreação e uma série de serviços relacionados com viagem. Estabelecido em 1990, a meta do WTTC é trabalhar com governos para conseguir exercer um amplo impacto econômico no setor mundial de viagens e turismo, promovendo:

- a importância econômica do setor de viagens e turismo e seu potencial de gerar empregos;
- mercados de viagem e turismo abertos e competitivos;
- o desenvolvimento sustentável;
- a eliminação de barreiras ao crescimento.

O WTTC e seus membros empreendem missões de alto nível, apresentam propostas e engajam-se em discussões sobre planos de ação com decisores do governo. O trabalho do WTTC tem o apoio de uma pesquisa conduzida pelo WEFA Group, empresa internacional de planejamento. Essa pesquisa tem por objetivo determinar o tamanho total do setor de viagens e turismo e sua contribuição para a economia mundial, regional e nacional com base no sistema de contabilidade nacional das Nações Unidas. O WTTC estabeleceu, também, vários centros de pesquisa para fornecer informações e apoio a decisores e à indústria do turismo em assuntos relacionados a ambiente, tributação e recursos humanos – por exemplo, o World Travel and Tourism Environment Research Centre (WTTERC), estabelecido em 1991 e sediado em Oxford, no Reino Unido. Outros projetos de pesquisa fizeram uma investigação sobre instrução e treinamento em turismo na

Europa, Ásia-Pacífico e América Latina, liberalização do transporte aéreo e segurança dos viajantes.

Organização do WTTC

O WTTC é dirigido por um comitê executivo de quinze membros, que se reúne duas vezes por ano para coordenar diretrizes e chegar a um acordo sobre estratégias de ação. Operações diárias são implementadas pelo presidente do WTTC e uma pequena equipe de funcionários residentes em Londres, Bruxelas e Nova York. Vários membros do conselho são familiares na indústria global de viagens e turismo, entre eles:

- Holiday Inn Worldwide
- American Airlines
- The Hertz Corporation
- KLM Royal Dutch Airlines
- Hilton International
- Accor SA
- Cunard Line
- British Airways empresa pública limitada
- Abercrombie and Kent
- The Thomas Cook Group

Todos os membros do WTTC são convidados a uma reunião geral anual na qual os membros do comitê executivo apresentam relatórios de desenvolvimento e uma pauta para um plano de ação.

A visão do milênio da WTTC

Ao longo de 1996, o WTTC remodelou sua pauta de diretrizes básicas para melhorar o alvo e criar uma nova plataforma estratégica de ação. Essa pauta foi publicada com o título *Travel and Tourism Millennium Vision* (World Travel and Tourism Council, 1996b), um documento desenvolvido para concentrar a atenção dos governos mundiais e de órgãos relevantes sobre a importância econômica das viagens e do turismo em nível internacional e ao mesmo tempo promover a determinação de diretrizes dos setores público e privado. Nesse relatório, o WTTC identificou quatro prioridades básicas que estimularão os governos, em cooperação com o setor privado, a atrelar o dinamismo econômico da indústria de viagens e turismo. Essas prioridades da Visão do Milênio são as seguintes:

1. Tornar as viagens e o turismo uma prioridade em termos de desenvolvimento econômico estratégico e geração de empregos.
2. Seguir a direção de mercados abertos e competitivos.
3. Perseguir o desenvolvimento sustentável.
4. Eliminar barreiras ao crescimento.

Como essa lista indica, o WTTC acredita que os governos internacionais devem atribuir alta prioridade ao potencial de geração de empregos e desenvolvimento econômico do setor de viagens e turismo e ser instigados a incluir a indústria em seus programas mais representativos de geração de empregos, promoção das exportações e estimulação de investimentos. O WTTC estima que a indústria gerou 250 milhões de empregos no mundo inteiro em 1996 e pode empregar em torno de 385 milhões de pessoas por volta de 2006 (WTTC, 1996b). Além disso, o Conselho propõe que as contas satélite nacionais de viagens e turismo sejam estabelecidas de forma que toda a importância econômica da indústria seja reconhecida. O WTTC acredita que o avanço em direção a mercados abertos e competitivos de viagens e turismo será acelerado pela implementação do Acordo Geral sobre Comércio em Serviços (GATS – General Agreement on Trade in Services), maior liberalização do transporte aéreo e desregulamentação da indústria de telecomunicações. O WTTC também é adepto da crença de que, para a indústria do turismo florescer, deve desenvolver-se de forma sustentável, respeitando o meio ambiente do planeta, povos e culturas. O Conselho propõe uma estrutura de diretrizes ao desenvolvimento sustentável com base na Agenda 21 e o encorajamento de iniciativas em relação ao meio ambiente por parte da indústria de viagens e turismo, como o programa Green Globe[14] (veja o respectivo estudo de caso no capítulo Impactos Turísticos). Em 1995, o WTTC, a WTO e o Earth Council divulgaram um relatório comum (WTTC, 1995), o qual identifica as dez principais áreas a seguir, cuja ação sobre a sustentabilidade de empresas de viagens e turismo é prioritária:

1. Minimização de desperdícios
2. Rendimento, economia e gerenciamento de energia
3. Gerenciamento de recursos fluviais
4. Gerenciamento do desperdício de água
5. Substâncias perigosas

[14] Criado com base nas recomendações da Agenda 21 do Encontro da Terra, que teve lugar no Rio de Janeiro, em 19 de junho de 1992, esse programa define parâmetros de desenvolvimento sustentado, equilíbrio ambiental e proteção da natureza a serem respeitados pelos diversos agentes econômicos que operam na área de viagens e turismo. (N.T.).

6. Meios de transporte
7. Planejamento e gerenciamento do uso da terra
8. Envolvimento de funcionários, clientes e comunidades em questões do meio ambiente
9. Projeto de sustentabilidade
10. Parcerias em prol do desenvolvimento sustentável

A Visão do Milênio do WTTC estimula também a eliminação de barreiras ao crescimento na indústria internacional de viagens e turismo por meio da expansão e modernização da infra-estrutura principalmente dos aeroportos, de sistemas de controle de tráfego aéreo e procedimentos de autorização de partida entre fronteiras. O Conselho defende ainda uma forma de tributação inteligente para uma indústria cujas contribuições a economias nacionais são significativas e cujos investimentos em recursos humanos são cada vez maiores, incluindo instrução e treinamento.

(*Essas informações foram cordialmente fornecidas pelo* WTTC.)

Pontos para discussão e análise

1. Em que o trabalho do WTTC difere e complementa o trabalho da WTO?
2. Na sua opinião, os principais objetivos comerciais do quadro de associados do WTTC são compatíveis com o desejo de promover um desenvolvimento sustentável do turismo?
3. Qual seria a melhor forma de os temas da Visão do Milênio do WTTC serem levados a cabo?
4. Como a mudança em direção a mercados mais abertos e competitivos ajuda os membros do WTTC?

Resumo do capítulo

Este capítulo concentrou-se na demanda da indústria do turismo internacional, explorando as inter-relações dos vários setores entre si com base em um modelo estrutural simplificado, o qual demonstrou que os componentes essenciais da indústria do turismo são as destinações, os estabelecimentos de hospedagem, os meios de transporte e as atrações. Os agentes e as operadoras de viagens, conhecidos como intermediários, oferecem pacotes ou vendem esses componentes essenciais a varejo aos viajantes, respectivamente. Vimos que as destinações têm um papel crucial no turismo internacional, à medida que são o ponto de convergência de várias atividades turísticas e, em geral, a principal motivação de viagem; a forma pela qual essas destinações são planejadas, gerenciadas e promovidas é fundamental para o sucesso da indústria do turismo. Este capítulo demonstrou que o turismo internacional é essencialmente uma empresa do setor privado, embora governos e outras instituições públicas exerçam um importante papel consultivo, regulamentar e promocional, em especial por meio das OTNS. Ressaltamos a natureza dinâmica dos diferentes setores dessa indústria e até que ponto a integração, em suas várias formas, está concentrando recursos em um número cada vez maior de organizações e corporações multinacionais. Este capítulo foi concluído com uma análise do papel e do significado de órgãos internacionais e associações de classe e de sua importante representatividade na prática de *lobby* em nome dessa indústria quando ambos procuram maximizar sua influência política.

Questões para discussão

1. Por que o planejamento e o gerenciamento das destinações turísticas são fundamèntais ao futuro do turismo internacional?
2. Quais serão as principais questões com as quais o setor de hospedagem e *catering* vai deparar nos próximos dez anos?
3. Quais são as vantagens e desvantagens que a integração vertical do turismo apresenta a operadoras de viagens e aos viajantes?
4. Como o papel dos governos e de órgãos públicos na área de turismo tende a mudar nos próximos 25 anos, em nível nacional e internacional?
5. Tendo em vista o rápido desenvolvimento de novas tecnologias, o agente de viagens a varejo tem futuro nas sociedades ocidentais?

Referências e outras leituras

- British Tourist Authority/English Tourist Board. *Tourism Intelligence Quarterly*, Londres, *4* (17), BTA/ETB 1996.
- Holloway, J.C. *The Business of Tourism*. 4ª ed. Harlow (Reino Unido), Longman, 1994.
- International Air Transport Association. *Annual Report 1996*. Genebra, IATA, 1996.
- Japan National Tourist Organisation. *Tourism in Japan 1996-97*. Tóquio, JNTO, 1996.
- Lickorish, L. *Developing Tourism Destinations*. Harlow (Reino Unido), Longman, 1991.

- Van Harssel, J. *Tourism: An Exploration*. 3ª ed. Prentice-Hall International, 1994.
- World Travel and Tourism Council. *Agenda 21 for the Travel and Tourism Industry*. Londres, WTTC, 1995.
- _______ . *Progress and Priorities 1996*. Londres, WTTC, 1996a.
- _______ . *Travel and Tourism Millennium Vision*. Londres, WTTC, 1996b.

Turismo europeu

Visão geral do capítulo

Este capítulo explora as principais questões referentes ao desenvolvimento e ao significado do turismo para a Europa, a principal destinação do mundo do turismo internacional, investiga as recentes mudanças políticas na Europa e avalia como a indústria do turismo precisa responder aos novos desafios oferecidos. Uma análise da estrutura da indústria do turismo da Europa é seguida de uma pesquisa sobre o papel particular da União Européia (UE) no turismo, levando em conta as medidas mais recentes da UE que afetam essa indústria. Este capítulo é concluído com uma avaliação dos fatores que provavelmente influenciarão a futura posição da Europa dentro da indústria do turismo global.

Principais tópicos

- A estrutura política e econômica em transformação da Europa
- Fluxo de turistas na Europa
- A estrutura da indústria do turismo da Europa
- O papel da UE no turismo
- O futuro do turismo na Europa

Introdução

A rica diversidade arquitetural, lingüística e cultural, aliada à riqueza de atrações naturais, torna o continente europeu a principal destinação turística do mundo para o turismo internacional. Resultados preliminares da Organização Mundial do Turismo (World Tourism Organisation – WTO) revelam que em torno de 347 milhões de viagens turísticas internacionais foram feitas para a Europa ou dentro desse continente em 1996, totalizando para a região um volume de rendimentos provenientes de viagens internacionais de 214 bilhões de dólares (WTO, 1997). O turismo desempenha um papel significativo na economia da maioria das nações européias – prova disso são os vários países que dependem sobremaneira do turismo de entrada para garantir seu bem-estar econômico – por meio da geração de empregos, criação de riquezas e desenvolvimento econômico (veja a Tabela 3.1).

Tabela 3.1 O turismo na economia de terminados países europeus, 1994.

País	*Rendimentos provenientes do turismo como porcentagem de*		
	PIB	*Exportação de mercadorias*	*Exportação de serviços*
Áustria	6,70	29,30	44,98
Croácia	11,80	33,50	62,26
Chipre	23,48	177,08	64,01
França	1,84	10,46	27,04
Alemanha	0,50	2,55	17,34
Grécia	5,04	44,49	42,39
Malta	23,58	41,74	63,90
Espanha	4,16	29,82	64,21
Reino Unido	1,42	7,44	25,10

Fonte: Adaptação do autor de dados da WTO.

Essa tabela ilustra a variação notável na importância econômica do turismo para determinados países europeus. Esses dados estatísticos da World Tourism Organisation (WTO, 1996b) mostram que, em uma das extremidades do espectro, os rendimentos do turismo são responsáveis por quase um quarto do produto interno bruto (PIB) das ilhas Chipre e Malta do Mediterrâneo em 1994, embora a Alemanha e o Reino Unido, no norte da Europa, tenham registrado valores de apenas 0,5 e 1,42%, respectivamente. Quando as estatísticas da contribuição do turismo para as exportações totais de serviços são examinadas, entretanto, até mesmo os países europeus que não dependem tanto da contribuição econômica do turismo exibem porcentagens significativas – por exemplo, a Alemanha, 17,34% e o Reino Unido, 25,10%. A Tabela 3.1 mostra que os rendimentos do turismo perfazem mais ou menos dois terços de todas as exportações de serviços na Croácia, nas ilhas de Chipre e Malta e na Espanha, enfatizando ainda mais a importância econômica da atividade do turismo nesses países do sul da Europa.[1]

[1] A metodologia adotada pela WTO ao compilar as estatísticas fornecidas na Tabela 3.1 difere da usada por governos nacionais e outros órgãos públicos, os quais, em geral, citam números bem mais altos do que os que foram mostrados. De acordo com dados do Eurostat, por exemplo, a Espanha tinha uma balança de pagamentos de turismo positiva

A despeito desses indicadores econômicos estimulantes, tendo por base um único país, é óbvia a indicação de que o domínio da Europa dos mercados de turismo mundiais está em queda, uma conseqüência da concorrência global acirrada, aliada a um grau de complacência de determinados países europeus no que se refere à sua abordagem ao turismo e seus benefícios econômicos em potencial. Dados da WTO (1997) mostram que a participação da Europa nas entradas de turistas internacionais diminuiu 10,5% entre 1975 e 1996, enquanto sua participação nos rendimentos, no mesmo período, sofreu uma queda de 12,7%. Essas reduções significativas, atribuídas à concorrência cada vez maior em nível global, particularmente de destinações emergentes na Ásia Oriental e no Pacífico Sul, estão exercendo um sério impacto no futuro desenvolvimento do turismo em várias destinações européias.

Contudo, a Europa ainda pode gabar-se de ter seis das dez principais destinações em termos de entrada de turistas internacionais (WTO, 1997). Em 1996, a França era a principal destinação turística no mundo, seguida pela Espanha, que ultrapassou os Estados Unidos pela primeira vez. Os países europeus detêm ainda as posições 2–6 na tabela que agrupa os dez principais vencedores, após os Estados Unidos.

A face mutável da Europa

Depois de avaliar as mudanças políticas recentes na Europa, e seus impactos na indústria do turismo, é importante determinar exatamente o que queremos dizer com o nome "Europa". A definição de Europa, do ponto de vista *geográfico*, é relativamente direta: a Europa pode ser considerada a extremidade ocidental do conjunto de terras da Eurásia, estendendo ao leste aos montes Urais, a oeste, à República da Irlanda e Portugal, ao norte, aos países escandinavos e, ao sul, ao mar Mediterrâneo. Mesmo dentro dessa noção da Europa, entretanto, há severas diferenças geográficas, por exemplo, climáticas, territoriais e de acessibilidade a determinados países, o que oferece tanto oportunidades como dificuldades ao desenvolvimento do turismo e, portanto, é responsável pela grande diversidade do cenário do turismo europeu atualmente.

A diversidade *cultural* da Europa é um dos maiores ativos do ponto de vista turístico. A Europa não transmite uma única identidade cultural, mas uma infi-

---

de 14,644 milhões de euros em 1994, o que atribui ao turismo uma porcentagem estimada do PIB de 8,5 a 9% (Eurostat, 1996).

nidade de idiomas, tradições e gêneros musicais e vários estilos arquitetônicos e uma gastronomia variada, os quais funcionam como um ímã para atrair turistas internacionais e nacionais. A preservação dessa identidade cultural, na noção de uma união de estados federais na Europa, está entre as grandes discussões da parte final da história européia do século XX.

Talvez a abordagem mais útil para definir o nome "Europa", do ponto de vista da indústria do turismo, seja investigar a *imagem* da Europa por parte de viajantes em perspectiva. Para esses viajantes de longe, por exemplo, dos Estados Unidos e do Extremo Oriente, a Europa em geral é percebida como uma entidade única, em vez de vários países individuais. A percepção que eles têm da Europa é de um conjunto de capitais internacionalmente conhecidas, entrelaçadas com várias atrações naturais que transpõem fronteiras nacionais. Em relação aos próprios europeus, a imagem que eles têm do continente será moldada por vários fatores, não apenas pelo regime político sob o qual estão vivendo e a prosperidade econômica de seu país. Restrições a viagens no passado aos cidadãos que viviam nos países do antigo bloco comunista do Leste Europeu, paralelamente aos baixos níveis de renda e acesso restrito aos meios de comunicação, contribuíram para a visão limitada e estreita da "Europa". Muitos olham com inveja para os vizinhos dos países prósperos da Europa Ocidental, tendo em vista que seus habitantes continuam a viajar ao redor do continente por motivo de negócios ou lazer, auxiliados pelos recentes avanços dos meios de transporte, como o Eurotúnel e os serviços de trem de alta velocidade que cruzam a Europa. Vários europeus ocidentais acham que o nome "Europa" corresponde aos 15 países membros da UE. A entrada da Áustria, Suécia e Finlândia em 1995 e o desejo de muitos países do antigo bloco do Leste Europeu de ingressar na UE servem para reforçar essa percepção.

Desenvolvimentos políticos e econômicos recentes na Europa

A história política da Europa no fim do século XX foi de conflito e divisão. No passado, a principal divisão política ocorreu entre os Estados socialistas do Leste Europeu e as democracias capitalistas da Europa Ocidental. O mapa político da Europa foi refeito desde a queda do Muro de Berlim em 1989, um dos mais significativos eventos na história européia (veja a Figura 3.1).

Esse mapa mostra as fronteiras nacionais dos países da Europa e reflete as quatro importantes mudanças políticas a seguir:

- A quebra da barreira entre a Alemanha Oriental e a Ocidental.
- A expansão da UE.

Figura 3.1 A nova Europa.

Estados membros da UE (em 1¼ janeiro de 1995) 1 Sérvia 2 Bósnia e Herzegovina 3 Montenegro 4 Macedônia Não está na escala

- A dissolução da União Soviética e a formação da Federação Russa.
- As mudanças na antiga Iugoslávia.

A guerra na antiga Iugoslávia praticamente dizimou a indústria do turismo da área e funciona como uma lembrança desagradável da fragilidade do turismo internacional quando há ameaças políticas. A expansão da UE é abordada com mais detalhes posteriormente neste capítulo. A seção seguinte avalia as conseqüências da democratização dos países que formavam a "cortina de ferro" da Europa Oriental no cenário do turismo europeu.

A ascensão dos países do Leste Europeu

Praticamente, não há dúvidas de que as duas principais mudanças políticas que repercutiram por toda a Europa desde o fim da década de 1980, ou seja, a queda do Muro de Berlim em 1989 e a transformação da antiga União Soviética na Federação Russa (Comunidade de Estados Independentes – CEI), anunciaram uma nova era no desenvolvimento do turismo europeu. Considerado paralelamente à facilidade gradativa de controle do Estado em países como Bulgária, Hungria, Polônia e Romênia, nos anos recentes, existe potencial de expansão maciça na indústria de viagens e turismo entre o leste e o oeste da Europa. Além disso, o turismo tem sido visto por muitos dos países que formavam o bloco do leste como parte essencial tanto de seu desenvolvimento quanto de sua reestruturação econômica à medida que caminham para uma economia totalmente democrática e de mercado livre. Contudo, há alguma preocupação em relação a se o potencial de turismo oferecido pela abertura dos países do leste pode ser plenamente alcançado, em termos tanto do turismo de entrada em um país quanto do turismo de saída de um país de leste a oeste. Essa preocupação é aprofundada nas seções seguintes deste capítulo.

Perspectivas do turismo de entrada no leste

Os países que formavam o bloco do leste refletiam um valor de alto interesse na mente dos viajantes da Europa Ocidental e de outras regiões mais distantes. Os turistas provenientes dos países de economia de mercado livre do oeste europeu são apontados dentre aqueles que primeiramente "espreitaram a cortina de ferro". Os países que até agora desestimularam o turismo de entrada com o pretexto de influências potencialmente corruptas estão por fim se dando conta de que o estímulo de uma indústria de turismo estável pode desempenhar um papel importante no processo de mudança da economia industrial para a de serviços. O turismo é considerado uma fonte fundamental de moeda estrangeira, um provedor de empregos e, talvez, mais importante ainda, uma forma de melhorar a imagem sem dúvida pobre de muitos dos países do antigo bloco do leste. No entanto, há vários obstáculos ao desenvolvimento do turismo de entrada, entre eles:

- *Infra-estrutura inadequada.* Serviços como os de transporte, telecomunicações e utilidade pública são pouco desenvolvidos em determinadas regiões, o que dificulta as viagens turísticas para e dentro dos países do antigo bloco do leste.
- *Imagem pobre.* A economia de vários países estruturou-se na engenharia pesada e na indústria de manufatura, o que deu lugar a imagens sem dúvida implacáveis de paisagens industrializadas e poluídas.
- *Diretrizes de turismo governamentais parcamente desenvolvidas.* Vários países contam apenas com políticas e estruturas rudimentares de turismo do setor público e, portanto, a respectiva abordagem ao desenvolvimento e marketing turístico acaba sendo incomum.
- *Estabelecimentos de hospedagem ruins.* Muitas regiões não têm o nível de hospedagem aceito pelos turistas do oeste europeu.
- *Escassez de atrações e instalações de entretenimento.* Embora vários países tenham áreas altamente pitorescas, as atrações e instalações de entretenimento de alta qualidade construídas pelo homem são poucas.
- *Padrões baixos de serviço.* Os níveis de atendimento ao cliente em hotéis, restaurantes e outros pontos-de-venda turísticos não têm consistência. Alguns hotéis e restaurantes localizados em centros urbanos oferecem um padrão de serviço comparável aos do oeste europeu, enquanto outros, localizados em bairros suburbanos, em geral estão abaixo da expectativa.
- *Situação econômica desanimadora.* Os países que enfrentaram o ônus da dívida ao longo da história e custos cada vez maiores da mudança para uma economia de mercado livre consideram difícil justificar investimentos no desenvolvimento do turismo.
- *Poucos produtos novos.* Há pouca inovação nos produtos turísticos oferecidos por vários países do bloco do Leste Europeu.
- *Pesquisa de mercado insuficiente.* Estruturas governamentais parcamente desenvolvidas para o turismo resultaram na falta de dados confiáveis de pesquisa de mercado que pudessem ser usados como base em planejamentos futuros.
- *Mercados de capitais mal desenvolvidos.* A economia dos países do antigo bloco socialista restringiram o acesso a mercados de capitais para o financiamento de melhorias futuras do turismo.

A fim de alcançar plenamente o indubitável potencial de desenvolvimento turístico, os países do antigo bloco do leste precisarão criar parcerias entre o setores público e privado para dirigir a atenção para esses fatores restritivos. Trabalhando individualmente ou como parte de iniciativas articuladas, esses países vão requerer apoio considerável e *know-how* em turismo dos países da Europa Ocidental. O papel da UE será fundamental no que diz respeito a ajudar esses países a investir em infra-estrutura, treinamento, melhorias no comércio de viagens, pesquisa de mercado, *marketing* e estruturas governamentais. O desejo por parte de muitos países do antigo bloco de ingressar na UE provavelmente antecipará a mudança em direção a indústrias de turismo que atendam plenamente às necessidades dos viajantes tanto do leste quanto do oeste da Europa.

Perspectivas do turismo de saída para o oeste

Da mesma forma que os turistas da Europa Ocidental têm curiosidade de visitar os países até então "fechados" do bloco do leste, há considerável interesse entre os europeus orientais de viajar para o oeste. Durante as antigas ditaduras comunistas, as viagens aos países da Europa Ocidental eram severamente restringidas. Essas restrições, aliadas aos níveis de renda disponível, tornaram as viagens turísticas aos países do leste vizinhos uma norma. Pouquíssimas pessoas tinham o privilégio de viajar para os países democratizados da Europa Ocidental.

Poder-se-ia argumentar que a abertura dos países da Europa Oriental exercerá pouca influência sobre a possibilidade de a maioria dos residentes viajar para o oeste. É bem verdade que várias das barreiras físicas às viagens foram facilitadas, mas o poder aquisitivo da maioria dos trabalhadores não aumentou marcadamente. Os preços praticados por companhias aéreas, hotéis e outras empresas de turismo para viagens à Europa Ocidental estão além do alcance daqueles cuja renda está na média e abaixo da média. A curto prazo, as viagens do leste para o oeste provavelmente ainda serão prerrogativa de um grupo relativamente pequeno e privilegiado de indivíduos com renda acima da média.

Fluxo de turistas europeus

A Europa é a principal destinação turística do mundo para o turismo internacional, em termos tanto de entrada de turistas quanto de recebimentos. Dados da WTO (1996a) mostram que a Europa era responsável por justamente menos de dois terços de todas as entradas de turistas internacionais em 1995 (veja a Tabela 3.2).

Uma análise dos números da Tabela 3.2 demonstra que a participação da Europa no total de entradas internacionais em 1995 foi de 59,5%, valor esse que corresponde a 51% do total de rendimentos do turismo no mundo inteiro.

Tabela 3.2 Entradas e rendimentos turísticos internacionais, 1994-95.

	Entradas turísticas (em milhares)		*Alteração porcentual*		*Rendimentos turísticos (em milhões de dólares)*		*Alteração porcentual*	
	1994	*1995*	*95/94*	*94/93*	*1994*	*1995*	*95/94*	*94/93*
No Mundo	546.269	567.033	3,8	5,4	346.703	371.682	7,2	10,4
África	18.477	18.800	1,7	0,7	6.530	6.915	5,9	8,5
Américas	107.176	111.944	4,4	3,0	95.084	95.239	0,2	4,8
Ásia Oriental/Pacífico	76.973	83.624	8,6	10,6	61.990	69.349	11,9	18,7
Europa	329.819	337.240	2,3	5,1	174.811	189.820	8,6	11,0
Oriente Médio	9.875	11.041	11,8	10,0	5.129	6.653	29,7	6,8
Ásia Meridional	3.949	4.384	11,0	11,0	3.159	3.706	17,3	13,1

Fonte: WTO.

Embora esses números pareçam estimulantes à primeira vista, é necessário observar que a taxa de crescimento da Europa de entradas internacionais entre 1994 e 1995 foi de apenas 2,3%, 1,5 ponto porcentual abaixo da média mundial de 3,8%. Além disso, a participação da Europa tanto em entradas internacionais quanto em rendimentos diminuiu continuamente desde a década de 1960, como mostram os dados da Tabela 3.3.

Tabela 3.3 Porcentagem regional de entradas e rendimentos turísticos, 1960-94.

	1960	**1970**	**1980**	**1990**	**1994**
África					
Entradas	1,1	1,5	2,6	3,3	3,4
Rendimentos	2,6	2,2	2,6	2,0	1,9
Américas					
Entradas	24,1	23,0	21,6	20,6	20,3
Rendimentos	35,7	26,8	24,6	26,6	18,8
Ásia Oriental/Pacífico					
Entradas	1,0	3,0	7,4	11,6	14,0
Rendimentos	2,9	6,1	8,4	14,9	17,5
Ásia Meridional					
Entradas	0,3	0,6	0,8	0,7	0,7
Rendimentos	0,5	0,6	1,5	0,8	0,7
Europa					
Entradas	72,5	70,5	65,6	62,1	60,1
Rendimentos	56,8	62,0	59,5	53,8	50,0
Oriente Médio					
Entradas	1,0	1,4	2,1	1,7	1,5
Rendimentos	1,5	2,3	3,4	2,0	1,1

Fonte: WTO.

A Tabela 3.3 mostra que a participação da Europa nas entradas de turistas internacionais diminuiu de um valor tão alto quanto 72,5% em 1960 para 60,1% em 1994. Da mesma forma, a participação do continente em rendimentos provenientes do turismo internacional caiu de 62% em 1970 para 50% em 1994, predominantemente em decorrência do rápido crescimento do turismo na Ásia Oriental e no Pacífico. Em perspectiva, a WTO prevê que a Europa, embora continue a manter sua posição como a principal destinação mundial do turismo internacional, experimentará a taxa de crescimento mais lenta de todas as regiões do mundo. As estimativas da WTO das taxas médias de crescimento anual na entrada de turistas entre 1990 e 2000 são as seguintes (WTO, 1995):

- Europa 2,7%
- Média mundial 3,8%
- Oriente Médio 4%
- Américas 4,6%
- África 5%
- Ásia Meridional 6,1%
- Ásia Oriental/Pacífico 6,8%

É difícil apontar com precisão uma única razão para explicar o significativo e contínuo declínio da participação da Europa no turismo internacional desde a década de 1960. É possível ressaltar vários fatores negativos do lado da oferta que contribuíram para a situação, como problemas ambientais (por exemplo, proliferação de algas no mar Adriático e a devastação causada pelo incidente nuclear em Chernobil), percepção de que determinados países na Europa são caros, falta de coesão industrial em promoções turísticas, cidades superlotadas, treinamento inadequado de funcionários, infra-estrutura de transporte mal desenvolvida e convulsões políticas. Contudo, as mudanças na natureza da demanda por produtos turísticos são bem significativas; a melhoria dos níveis de renda disponível e do padrão de vida da maioria dos europeus permitiu um número maior de viagens a destinações distantes fora da Europa no principal período de férias e o aumento subseqüente da demanda por viagens mais curtas, freqüentes e próximas de casa. Outro fator importante são as atitudes comparáveis de governos nacionais em relação ao desenvolvimento e à promoção do turismo. Com notáveis e raras exceções, os governos de várias destinações distantes que estão ansiosas por desfrutar os benefícios econômicos do turismo estão investindo pesadamente em promoção e desenvolvimento de produtos, enquanto vários países europeus estão diminuindo seus investimentos públicos em promoção turística ou delegando responsabilidades ao setor privado. O trabalho da Australian Tourist Commission (ATC), realçado no segundo estudo de caso do capítulo Marketing do Turismo, serve para ilustrar quão eficaz pode ser uma organização de promoção do turismo financiada pelo setor público.

Turismo doméstico e de entrada

O grosso da atividade do turismo na Europa consiste em viagens feitas pelos cidadãos no próprio país ou em visitas a outras destinações européias. Aos turistas que visitam outros países da Europa, há um padrão distinto de viagem – dos países altamente urbanizados, densamente povoados e mais frios do norte às destinações mais quentes no sul da Europa, em particular ao redor da bacia do Mediterrâneo. Alemanha, França e Reino Unido, por exemplo, são os principais mercados de origem de países turísticos como Espanha, Grécia e Portugal, os quais dependem amplamente da receita proveniente do turismo para sua prosperidade econômica (veja a Tabela 3.4).

Tabela 3.4 Balança de pagamentos do turismo nos países membros da UE, 1994.

País	*Créditos (em milhões de euros)*	*Débitos (em milhões de euros)*	*Balança (em milhões de euros)*
Bélgica*	4.333	6.509	–2.176
Dinamarca	2.677	3.021	–344
Alemanha	8.927	34.930	–26.003
Grécia	3.272	942	+2.330
Espanha	18.116	3.472	+14.644
França	20.801	11.623	+9.178
Irlanda	1.515	1.351	+164
Itália	20.004	10.176	+9.828
Luxemburgo*	4.333	6.509	–2.176
Holanda	4.027	7.867	–3.840
Áustria	9.963	7.035	+2.928
Portugal	3.430	1.430	+2.000
Finlândia	1.100	1.323	–223
Suécia	2.379	4.106	–1.727
Reino Unido	13.052	18.689	–5.637

*União Econômica entre Bélgica–Luxemburgo.

Fonte: Adaptação do autor de dados estatísticos do Eurostat.

Em relação à Tabela 3.4, é interessante observar que, exceto a Irlanda, os únicos países membros da UE que exibem uma balança de pagamentos positiva localizam-se no sul da Europa, ao passo que os que exibem o maior déficit localizam-se no norte da Europa. Isso reforça ainda mais a idéia de que há uma migração de turistas do norte para o sul da Europa, o que faz com que a receita dos países mais frios do norte da Europa seja abocanhada pelas destinações mais quentes do Mediterrâneo.

Embora a grande maioria da atividade turística européia resulte de viagens feitas pelos próprios europeus, o turismo de entrada de visitantes provenientes de países fora da Europa também contribui significativamente para a atividade econômica. Isso se deve, em parte, aos gastos *per capita* por parte dos visitantes estrangeiros, os quais tendem a ser maiores que os dos turistas do próprio país. A Tabela 3.5 apresenta dados estatísticos sobre os principais mercados de turismo de entrada da Europa, mostrando o número total de visitantes de 1990 a 1995. Além disso, essa tabela mostra que os Estados Unidos são evidentemente o mercado estrangeiro dominante da Europa, com 8,7 milhões de visitantes em 1995. Esse domínio dos Estados Unidos é reforçado quando os valores das despesas são examinados; do total de gastos de 22,16 bilhões de euros (44,32 bilhões de dólares) de todos os mercados estrangeiros cobertos pela European Travel Commission (ETC), 14,1 bilhões de euros (28,2 bilhões de dólares) foram gastos por visitantes dos Estados Unidos (European Travel Commission, 1996). Os valores da Tabela 3.5 também indicam os principais mercados

Tabela 3.5 Principais mercados da Europa de turismo de entrada.

Mercado	Visitantes em 1990	Visitantes em 1995
Estados Unidos	7.530.000	8.700.000
Japão	1.219.000	1.88.000
Canadá	1.513.000	1.600.000
Austrália	505.000	543.500
Brasil	284.000	500.000
Outros países da América Latina	195.000	320.000
Argentina	128.000	290.000
Hongkong	84.000	215.000
África do Sul	152.000	170.000
Israel	145.000	150.000
México	155.000	150.000
Coréia	45.000	130.000
Índia	110.000	128.000
Nova Zelândia	88.000	82.000
Cingapura	49.000	56.000
Tailândia	32.000	56.000
Taiwan	40.000	44.000

Fonte: European Travel Commission, 1996.

de crescimento do turismo de entrada na Europa. Entre esses mercados, incluem-se Japão, Coréia, Hongkong, Tailândia, Brasil, Argentina e outros países da América Latina.

Variações regionais no turismo europeu

Os países das sub-regiões do oeste e sul da Europa, por exemplo, Espanha, Grécia, França, Itália e Portugal, são as destinações turísticas mais populares. Dados estatísticos da WTO (1996a) indicam que essas duas regiões são responsáveis por quase dois terços do total de 337 milhões de entradas de turistas na Europa em 1995, embora haja evidência de uma queda do crescimento em decorrência da saturação do mercado de determinadas áreas e da supervalorização da moeda em alguns países. O leste e o centro da Europa ficam em segundo lugar no que se refere às destinações mais populares, beneficiando-se tanto dos fluxos de turistas da Europa Ocidental quanto de turistas provenientes de lugares distantes. Em 1995, o norte da Europa atraiu aproximadamente 10% do total de turistas que visitaram a Europa, enquanto o Mediterrâneo oriental foi a sub-região que cresceu mais rapidamente em termos de entrada de turistas nacionais e recebimentos.

A estrutura da indústria do turismo da Europa

A indústria do turismo na Europa é altamente fragmentada. Sua porcentagem de pequenas e médias empresas é muito alta. A Comissão Européia estima que um pouco menos da metade das pessoas empregadas na indústria do turismo trabalha no setor de hotéis e *catering* (4 milhões) e que 95% dos empregadores nesse setor são empresas muito pequenas com nove funcionários ou menos (Comissão Européia, 1994). A indústria do turismo da Europa é dominada por empresas privadas, as quais operam de acordo com um ambiente empresarial, em maior ou menor grau, regulado por órgãos públicos locais, regionais, nacionais, internacionais e europeus. A Comissão Européia refere-se à natureza "horizontal" do turismo europeu, que consiste em numerosos setores industriais interconectados cujas operações ultrapassam as fronteiras nacionais. A complexidade da estrutura da indústria do turismo da Europa é demonstrada na Figura 3.2, a qual realça vários fatores-chave dessa indústria, incluindo o seguinte:

1. A Europa concorre diretamente com outras regiões do mundo para aumentar a porcentagem de entradas de turistas internacionais.

2. Corporações internacionais, por exemplo, companhias aéreas, locadoras de automóveis e grupos de hotéis, operam além das fronteiras continentais e talvez tenham interesses em várias regiões do mundo.
3. Órgãos dos setores público e privado trabalham em parceria e isoladamente para oferecer os componentes essenciais da indústria do turismo da Europa.
4. Empresas comerciais, incluindo agentes de viagens e operadoras de viagens, oferecem os canais de distribuição para os produtos turísticos europeus, tanto no próprio país em que estão sediadas quanto internacionalmente. As empresas alemãs, dentre elas TUI, NUR e LTU, atualmente dominam a indústria de operação de viagens do mercado de massa da Europa.
5. Uma série de órgãos do setor público, incluindo a Comissão Européia, a ETC (veja o estudo de caso da ETC posteriormente neste capítulo) e as organizações de turismo nacionais (OTNS), procura influenciar o planejamento, o desenvolvimento, a regulamentação e a promoção do turismo europeu nacional e internacionalmente.

Figura 3.2 Estrutura da indústria do turismo da Europa.

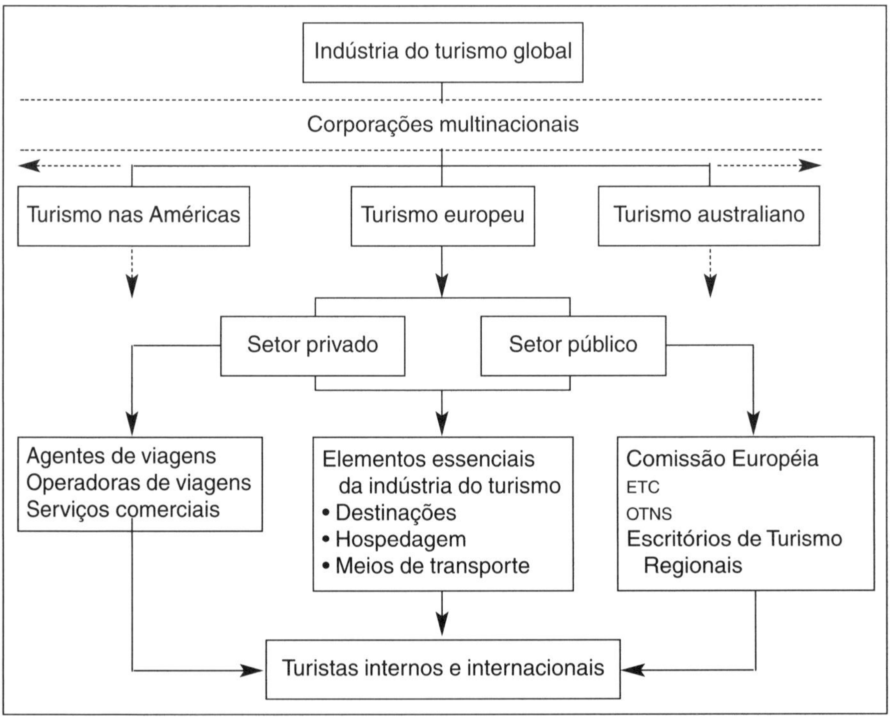

6. Os vários componentes da indústria do turismo da Europa tentam satisfazer às necessidades dos turistas internos e internacionais.

As seções seguintes deste capítulo investigam questões importantes nos diversos setores da indústria do turismo da Europa, iniciando-se pelo setor de transportes.

Transporte

Os meios de transporte na Europa são fornecidos por numerosas empresas públicas e privadas e as diferenças nos níveis de investimentos públicos em transporte entre os diferentes países europeus são notáveis. Historicamente, tanto a infra-estrutura de transporte (rodovias, ferrovias, canais e aeroportos) quanto os serviços de transporte na maioria dos países da Europa foram financiados por fundos públicos. A provisão de uma rede de transporte público integral era considerada uma parte fundamental da política social de um país. Embora essa situação ainda possa ser vista em determinados países da Europa, mudanças políticas e ideológicas recentes foram responsáveis pela desregulamentação cada vez maior dos serviços de transporte, cenário em que as responsabilidades estão sendo transferidas de órgãos públicos para operadoras privadas. Na maioria dos casos, entretanto, projetos de infra-estrutura de transporte são financiados por fundos públicos ou são iniciativas de parceria entre os setores público e privado, e talvez tenham aumentado em decorrência da subvenção de fundos estruturais da UE.

Avanços na tecnologia de transporte estão sempre oferecendo aos viajantes de lazer e negócios na Europa serviços novos ou atualizados e viagens mais rápidas a seus destinos. A concorrência é crescente entre os vários setores da indústria de transportes – rodoviário, ferroviário, aéreo e hidroviário/marítimo – para oferecer aos turistas de lazer e negócios instalações e serviços de alta qualidade. Há concorrência tanto dentro quanto entre os setores de transporte; a concorrência entre diferentes empresas de ônibus de turismo para oferecer viagens panorâmicas ao redor das maiores cidades da Europa é um bom exemplo disso, ao passo que a concorrência entre os serviços de trem Eurostar e as companhias aéreas na rota Londres–Paris exemplifica a concorrência entre diferentes setores da indústria de transportes. As viagens aéreas expandiram-se rapidamente na Europa – sete companhias aéreas européias para transportar 10 milhões de passageiros em 1993 (veja a Figura 3.3).

Figura 3.3 Principais companhias aéreas européias em volume de passageiros, em 1993.

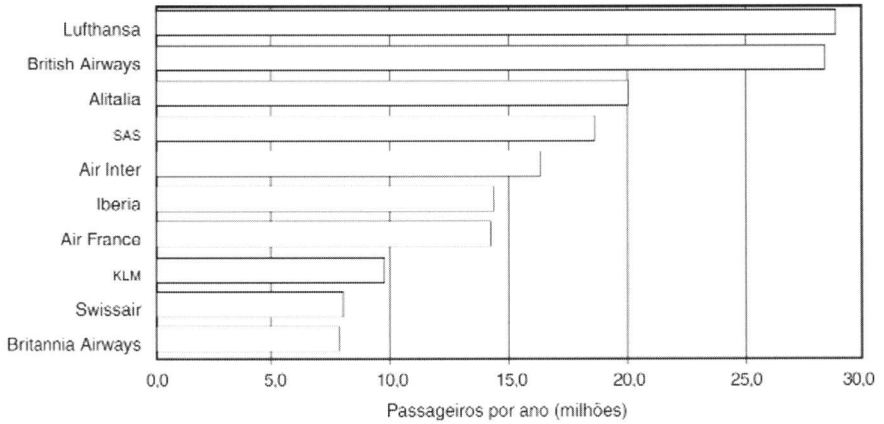

Fonte: International Air Transport Association (IATA).

Embora várias melhorias nos serviços de transporte na Europa não tenham sido planejadas para atender às necessidades do turismo, os aperfeiçoamentos que surgem invariavelmente produzem benefícios indiretos aos turistas. Por exemplo, o uso de fundos da UE para modernizar os sistemas rodoviários nos países membros menos desenvolvidos como parte de estratégias de desenvolvimento econômico regional torna essas áreas mais acessíveis aos turistas, cujos gastos fornecem receitas extras bem-vindas a essas regiões; determinadas partes da República da Irlanda, Grécia e Espanha são bons exemplos.

Rede de transportes transeuropéia

A política de 1992 de transporte comum na UE tem por meta reduzir as disparidades ainda existentes entre os diferentes modos de transporte na Europa, principalmente por meio de uma divisão eqüitativa dos custos e de medidas para promover concorrência saudável, maior respeito pelo meio ambiente e melhor integração entre diferentes modos de transporte. A ênfase encontra-se sobre o desenvolvimento sustentável de serviços de transporte, mas a redução da poluição sonora, atmosférica e da água é vista como prioridade. Em uma decisão tomada em setembro de 1996, o Parlamento Europeu e o Conselho da União Européia firmaram formalmente as diretrizes para o estabelecimento de uma rede de transportes transeuropéia, a ser implementada gradativamente até

Figura 3.4 Proposta de desenvolvimento das ferrovias do Reino Unido como parte da rede de transportes transeuropéia.

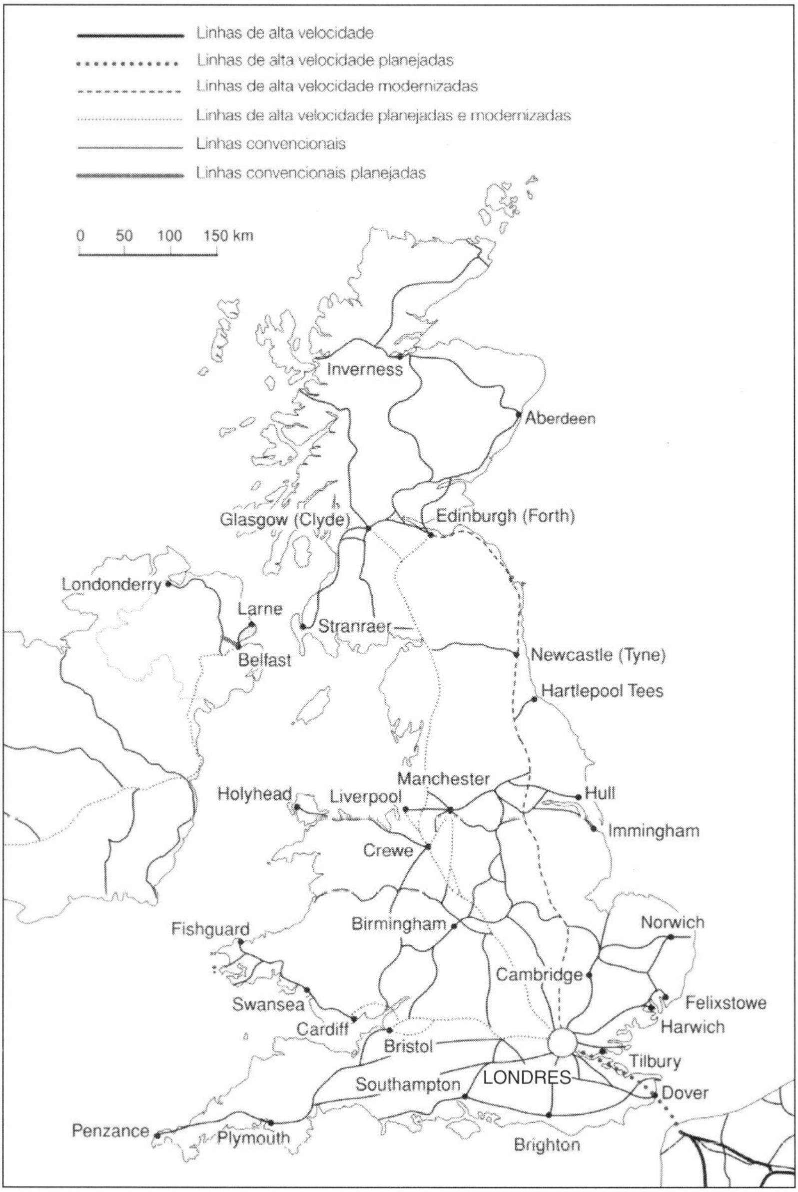

Fonte: Comissão Européia.

2010. Essa proposta procura integrar as redes dos transportes terrestre, marítimo e aéreo de todos os países membros da UE, de acordo com mapas publicados. A Figura 3.4 mostra o plano delineado de desenvolvimento dos serviços ferroviários no Reino Unido como parte da rede transeuropéia. Mapas semelhantes foram produzidos para cada um dos 15 países membros da UE, detalhando propostas para ferrovias, rodovias e aeroportos.

O mapa da Figura 3.4 mostra que a parte do Reino Unido na rede ferroviária transeuropéia concluída consistirá em três tipos de linha: uma linha de alta velocidade entre Londres e o Eurotúnel para a velocidade de 250 km/h e superior, uma série de linhas de alta velocidade modernizadas, projetadas para velocidades da ordem de 200 km/h, e várias linhas convencionais ao redor da Inglaterra, do País de Gales, da Escócia e da Irlanda do Norte.

O objetivo da rede transeuropéia é funcionar como uma estrutura geral de referência projetada para estimular os países membros, em colaboração com a UE, a implementar projetos de interesse comum, interesse esse que visa garantir coesão, interconexão e integração da rede, incluindo acesso a países vizinhos. A rede tem os seguintes objetivos específicos:

- Assegurar a mobilidade sustentável de pessoas e mercadorias dentro da UE de acordo com as melhores condições sociais e de segurança possíveis.
- Contribuir para o fortalecimento da coesão econômica e social na UE.
- Oferecer aos usuários infra-estrutura de alta qualidade sob termos econômicos aceitáveis.
- Incluir todos os modos de transporte, observando suas vantagens comparativas.
- Encorajar a integração entre diferentes formas de transporte.
- Unir as principais áreas metropolitanas e regiões da UE.
- Poder conectar-se às redes dos membros da Associação Européia de Livre Comércio (EFTA – European Free Trade Association), dos países da Europa central e do leste e dos países do Mediterrâneo.

A rede transeuropéia abrange infra-estrutura de transporte, para incluir redes rodoviárias, ferroviárias e canais internos, portos marítimos e portos fluviais internos, gerenciamento de sistemas de tráfego e de sistema de navegação.

A modernização e a melhoria de instalações e serviços de transporte nos anos anteriores à conclusão da rede em 2010 gerarão benefícios incontestáveis no que diz respeito à atividade turística. De particular interesse serão as melhorias na rede rodoviária transeuropéia, tendo em vista a predominância dos automóveis particulares para viagens turísticas na Europa. Essa rede consistirá em auto-estradas e outras rodovias de alta velocidade preexistentes, novas ou a serem modernizadas, as quais:

- desempenharão um importante papel no tráfego de longa distância, ou
- desviarão os principais centros urbanos para as rodovias identificadas pela rede, ou
- fornecerão interconexão com outros modos de transporte, ou
- ligarão regiões periféricas, sem saída para o mar ou totalmente cercadas de terra às partes centrais da UE.

As prioridades estabelecidas para o desenvolvimento da rede de transportes transeuropéia incluem a conclusão de alguns trechos das principais rodovias, o que fornece infra-estrutura para conexões entre regiões periféricas e centrais da UE e uma ótima combinação e integração de vários modos de transporte.

Liberalização do setor de transportes na Europa

A política da UE no setor de serviços de transporte é estimular o fornecimento de serviços por meio da desregulamentação. Embora medidas para a desregulamentação das viagens em ônibus de turismo, em transportes fluviais internos e em transportes marítimos na Europa tenham sido usadas em alguns momentos, é a desregulamentação dos serviços aéreos da Europa que se provou a medida mais controversa de todas. A meta é desmantelar as práticas restritivas que impedem a livre concorrência nos países membros, mas isso resultou em tarifas substancialmente mais altas que a de outras partes do mundo em que não há nenhuma regulamentação, mais notavelmente nos Estados Unidos. A etapa final da liberalização do transporte aéreo, em andamento em 1997, incluía:

- a introdução de uma única licença de transporte aéreo que cobrisse os países membros da UE;
- o estabelecimento de condições de acesso em toda a UE a rotas aéreas para transportadoras; e
- tarifas de passagem (incluindo a possibilidade de a Comissão Européia intervir para refrear práticas injustas).

Várias outras iniciativas foram adotadas para assegurar que a liberalização essencial não fosse impedida por fatores paralelos. Isso abrange sistemas de reserva, alocação de espaço de tempo de aterrissagem e decolagem nos aeroportos, esquemas de recusa de compensação de abordagem, padrão de boas condições de navegação para as aeronaves e reconhecimento mútuo entre os países membros de licença aos tripulantes.

Desde 1993, todas as regras ou acordos bilaterais compartilhados desapareceram por completo. Regras de determinação de preços foram gradativamente atenuadas e tarifas aéreas mais baratas passaram a ser mais amplamente oferecidas. Novos serviços foram e continuam sendo introduzidos à medida que o acesso torna-se maior. Os conhecidos direitos "*fifth freedom*" foram pela primeira vez concedidos restritivamente em 1990. Esses direitos permitem que uma empresa de transporte aéreo carregue passageiros entre países membros diferentes daquele que emitiu a licença. Por exemplo, vôos do país A podem fazer escala no país B, desembarcar e embarcar passageiros e prosseguir para o país C. Desde 1993, entretanto, os direitos *fifth freedom* foram concedidos sem restrição, permitindo livre acesso a todas as rotas dentro da UE. Restrições à grande cabotagem, isto é, direito de uma transportadora licenciada em um país membro de operar em outro país ou entre dois outros países membros, estavam previstas para serem liberadas em 1997. O resultado desse processo deve ser melhores opções, maior flexibilidade e tarifas mais baixas, em benefício de todos os turistas de lazer e negócios.

A desregulamentação das viagens aéreas na Europa contribuirá para um crescimento já previsto da demanda por serviços aéreos domésticos e internacionais até 2010. A International Air Transport Association (IATA) estima que o número total de passageiros para a Europa, assim como dentro do continente e a partir dele, mais que duplicará, de 366 milhões em 1993 para 773 milhões em 2010 (IATA, 1996). Os serviços internacionais programados, de acordo com a previsão, apresentarão a melhor taxa média de crescimento anual de 5,1% no mesmo período, seguida pela taxa de tráfego doméstico de 3,9% e de serviços internacionais fretados, com crescimento de 3,6%.

Hospedagem

A diversidade de culturas, história e arquitetura dentro dos países da Europa está refletida na ampla variedade de hospedagens em oferta a turistas de negócios e lazer. Em geral, os hotéis são o tipo mais comum de hospedagem para férias e viagens de negócios, mas há várias outras formas de hospedagem disponíveis, incluindo *self-catering apartments*, albergues da juventude, estabelecimentos *bed & breakfast*, áreas para *trailer*, *campings*, pousadas e aldeias turísticas, para citar apenas alguns. Até mesmo dentro do próprio setor de hotéis há uma ampla variedade de produtos em oferta; seja esse tipo de hospedagem um hotel rural (*country house hotel*) isolado no País de Gales, um hotel no centro de Bruxelas que faz parte de uma cadeia multinacional ou um arranha-céu agitado em uma estação litorânea na Espanha, obviamente as exigências dos diferentes setores do mercado refletirão uma ampla variedade de produtos.

A rica diversidade européia é responsável por um setor de hospedagem altamente fragmentado, no qual não há um mercado único a todas as nações européias nem um alto grau de internacionalização. As cadeias de hotéis são uma característica comum no cenário de hospedagem em várias destinações do norte da Europa. Dentre elas, ressaltam-se Accor, Granada/Forte, Holiday Inn/Bass, Inter-Continental Hotels, Queens Moat Houses, Sol Hotels e Hilton International. As corporações multinacionais cujos escritórios centrais localizam-se nos Estados Unidos ou no Extremo Oriente, bem como as próprias empresas européias, consideram a Europa uma região importante para desenvolver ainda mais os hotéis tendo por base vários fatores, entre eles:

- Expansão de viagens de negócios em conseqüência da introdução do Mercado Comum Europeu após 1992.
- O surgimento de novos mercados de turismo nos países do antigo bloco do Leste Europeu.
- Previsões de crescimento positivas no turismo internacional.
- Fim da recessão em vários países europeus.

Dados sobre o número de hotéis e de estabelecimentos semelhantes nos 15 países membros da UE são mostrados na Tabela 3.6, os quais indicam que houve um excesso de 177 mil estabelecimentos em 1994, oferecendo um total geral de mais de 8,3 milhões de leitos.

Além disso, a Tabela 3.6 demonstra as variações porcentuais de não residentes que usam estabelecimentos em diferentes países da Europa, o que indica a importância do turismo de entrada para os países aos quais esses dados dizem respeito. Por exemplo, os valores de 76 e 75% da Grécia e da Áustria, respectivamente, indicam grande número de turistas estrangeiros; daí a importância do turismo na economia global desses países. Paradoxalmente, a pequena porcentagem de não residentes que usam hospedagens na Alemanha, Suíça e Finlândia ilustra o significado econômico relativamente limitado do turismo nesses países, situação essa cujo resultado é uma contribuição pouco significativa do turismo para o PIB.

Segmentação de mercado e estabelecimento da marca no setor de hospedagem da Europa

As empresas hoteleiras na Europa procuraram expandir suas operações por meio do desenvolvimento e da promoção de produtos direcionados, identificando viajantes de lazer e negócios como mercados distintos com exigências bem diferentes. A crescente concorrência e a necessidade de maximizar a oferta de estabelecimentos de hospedagem levaram os hotéis a desenvolver produ-

Tabela 3.6 Hotéis e estabelecimentos semelhantes na UE, 1994.

	Número de hotéis etc.	Leitos (em milhares)	Pernoites (em milhões)	Porcentagem absorvida por não residentes
Total	177.835	8.363	1.770	11
Bélgica	1.980	105	28	48
Dinamarca	565	99	25	43
Alemanha	37.307	1.387	314	11
Grécia	7.604	508	54	76
Espanha	10.063	1.053	175	60
França	20.057	1.193	252	38
Irlanda	977	60	–	–
Itália	34.547	1.723	275	37
Luxemburgo	373	14	3	88
Holanda	1.726	138	56	32
Áustria	18.402	650	92	75
Portugal	1.728	202	34	60
Finlândia	951	106	14	25
Suécia	1.855	174	35	19
Reino Unido	39.700	949	414	44

Fonte: Eurostat.

tos e serviços para "nichos" de mercado e a fazer alianças com outros fornecedores de instalações e produtos turísticos – por exemplo, atrações turísticas, operadoras de viagens e fornecedores de serviços de transporte. Um dos melhores exemplos do conceito de segmentação de mercado e estabelecimento subseqüente da marca é demonstrado pela ascensão do grupo de hotéis francês Accor, o qual tem uma ampla carteira de produtos alavancados para as necessidades de uma variedade de segmentos de mercado, entre eles:

- *Sofitel*: hotel de luxo, 4 estrelas, alavancado para as necessidades dos viajantes de negócios internacionais.
- *Novotel*: hotel 3 estrelas, de nível médio, principalmente designado para viajantes de negócios durante a semana e para famílias, nos fins de semana.
- *Mercure*: hotel 3 estrelas que se distingue dos hotéis convencionais e oferece um alto padrão de atendimento personalizado.
- *Ibis*: hotel 2 estrelas de tarifas econômicas que oferece hospedagem simples e *catering* básico a um preço razoável.
- *Formule 1*: hotel de tarifas econômicas que oferece hospedagem básica, "sem frescuras".
- *Hotelia*: hotel semi-residencial destinado ao mercado de aposentados.

O sucesso do Accor, que, de uma cadeia de hotéis nacionais, transformou-se em uma empresa de viagens multinacional por meio de aquisições, expansão direcionada e desenvolvimento da marca, fez com que outras empresas seguissem seu exemplo. A segmentação de mercado e o estabelecimento do produto são estratégias vistas como a forma mais eficaz de os grupos de hotéis europeus manterem ou expandirem sua participação de mercado e, em alguns casos, até mesmo criar novos mercados.

Atrações turísticas

Na Europa, as atrações consideradas destinações turísticas são tanto construídas pelo homem quanto naturais. As primeiras consistem em instalações construídas com um determinado propósito para os turistas – por exemplo, parques temáticos – e em instalações que, embora não originalmente desenvolvidas como atrações, chamam a atenção dos turistas – estão nesse grupo catedrais, castelos e prédios históricos, como a Abadia de Westminster, em Londres, o Palácio de Versalhes, em Paris, e o Kremlin, em Moscou. Visitantes do mundo inteiro são atraídos pela beleza pitoresca e pelas características naturais da Europa: por exemplo, os Alpes, o mar Mediterrâneo, os fiordes noruegueses, os Pirineus e as Terras Altas (*Highlands*) da Escócia, para citar algumas. O gerenciamento da maioria das atrações culturais e artísticas nos países europeus, bem como seus monumentos antigos e prédios históricos, é confiado a organizações públicas, cuja meta é preservar o patrimônio do país e ao mesmo tempo oferecer instalações aos turistas domésticos e internacionais. As operadoras comerciais oferecem uma série de atrações construídas com um determinado propósito, incluindo parques temáticos, instalações de entretenimento, parques de diversão e instalações de lazer. Várias destinações européias hospedam eventos especiais como forma de atrair visitantes e simultaneamente atingir outros objetivos – por exemplo, apresentar um evento musical ou esportivo ou celebrar uma data nacional.

Parques temáticos na Europa

Embora o conceito de parque temático tenha-se originado nos Estados Unidos, por meio do trabalho da Disney Corporation em suas estações na Califórnia e na Flórida, a Europa pode gabar-se de uma variedade de parques temáticos, predominantemente localizados perto dos centros mais povoados nas regiões industrializadas do norte do continente (veja a Figura 3.5). Essa figura indica que o fenômeno Disney espalhou-se dos Estados Unidos para a Europa com a inauguração em 1993 da Disneylândia Paris, originalmente chamada de Eurodisney.

Figura 3.5 Freqüência anual em determinados parques temáticos europeus, 1995 (em milhões).

Assim como todos os parques temáticos, os europeus precisam modernizar suas instalações e serviços constantemente a fim de permanecerem competitivos. Os passeios cheios de tensão e ansiedade continuam populares, enquanto experiências sofisticadas como animações eletrônicas e "realidade virtual" gerada por computador mantêm várias atrações na vanguarda das novidades.

Papel do setor público no turismo europeu

A Figura 3.2 mostrou que organizações do setor público desempenham as duas seguintes funções principais no turismo europeu:

- Quando trabalham isoladas ou em parceria com operadoras comerciais, oferecem uma variedade de instalações, produtos e serviços aos turistas; por exemplo, atrações turísticas, serviços de informações turísticas, prédios históricos, instalações de lazer e serviços de transporte.
- Essas organizações procuram influenciar e regulamentar o planejamento, o desenvolvimento e a promoção do turismo por meio de órgãos como a UE, a ETC e as OTNS.

O papel da UE no campo do turismo é examinado em detalhes adiante neste capítulo. Os dois estudos de caso seguintes, que descrevem a Cyprus Tourism Organisation (CTO) e a ETC, investigam o trabalho de uma OTN específica da Europa e uma organização financiada pelo setor público responsável pela promoção mundial de todo o continente europeu como destinação turística.

Estudo de Caso: Cyprus Tourism Organisation (CTO)

Introdução

A meta declarada da Cyprus Tourism Organisation (CTO) é *"...a organização e a promoção do turismo na República de Chipre, utilizando todas as possibilidades disponíveis"* (Relatório Anual da CTO, 1994). Para atingir suas metas, a organização envolveu-se em um programa de amplo alcance de planejamento, regulamentação, inspeção e *marketing* do produto turístico de Chipre. A CTO foi estabelecida e opera de acordo com as cláusulas da lei da CTO de 1969-85, as regulamentações de 1970 (Estrutura e Condições de Atendimento) e as regulamentações de 1970-94 (Administração e Finanças).

Estrutura da CTO

O gerenciamento diário da CTO é responsabilidade do diretor-geral, o qual se reporta a um conselho de administração composto por nove membros provenientes de empresas comerciais e do setor público que têm interesse pelo turismo de Chipre. A CTO emprega 125 funcionários e tem quatro departamentos, além do gabinete do diretor-geral, os quais cobrem administração, promoção, organização do turismo (planejamento) e serviços turísticos (veja a Figura 3.6).

O escritório central da CTO situa-se em Nicósia e há três escritórios regionais distribuídos em várias partes da ilha, os quais oferecem informações turísticas e serviços de inspeção. Em 1994, a CTO tinha escritórios em Londres, Frankfurt, Paris, Estocolmo, Atenas, Milão, Zurique, Bruxelas, Amsterdã, Viena, Nova York e Tóquio. Em Tóquio, a organização é representada pelo consultor comercial do Ministério do Comércio, Indústria e Turismo.

Funções administrativas da CTO

O departamento administrativo da CTO está envolvido com inúmeras atividades, incluindo a secretaria do Conselho de Administração e os principais comitês da organização. Além disso, está envolvido com assuntos jurídicos e relacionados com o quadro de funcionários e com as funções financeira e de contabilidade da CTO.

Planejamento e desenvolvimento do turismo de Chipre

A função de planejamento da CTO inclui a preparação de planos para projetos de infra-estrutura, a aprovação de projetos arquitetônicos de hotéis, a realização de pesquisas, a preparação de estudos e a coordenação geral do desenvolvimento turístico da ilha. Seu trabalho nos últimos anos concentrou-se em várias prioridades, incluindo uma estratégia de desenvolvimento de golfe, um plano mestre de turismo náutico, um estudo de paisagismo e apresentação de lugares arqueológicos e um projeto piloto sobre a Campanha do Blue Flag[2] Europeu. Muita atenção foi dada ao estímulo do agroturismo (turismo alternativo/integrativo) na ilha de Chipre, incluindo o fornecimento de um plano de incentivos para a apropriação e restauração de *village houses* para serem usadas por turistas. O departa-

[2] *Blue flag*, no original, um tipo de íris azul ou violeta. (N.T.)

Figura 3.6 Estrutura da Cyprus Tourism Organisation (CTO).

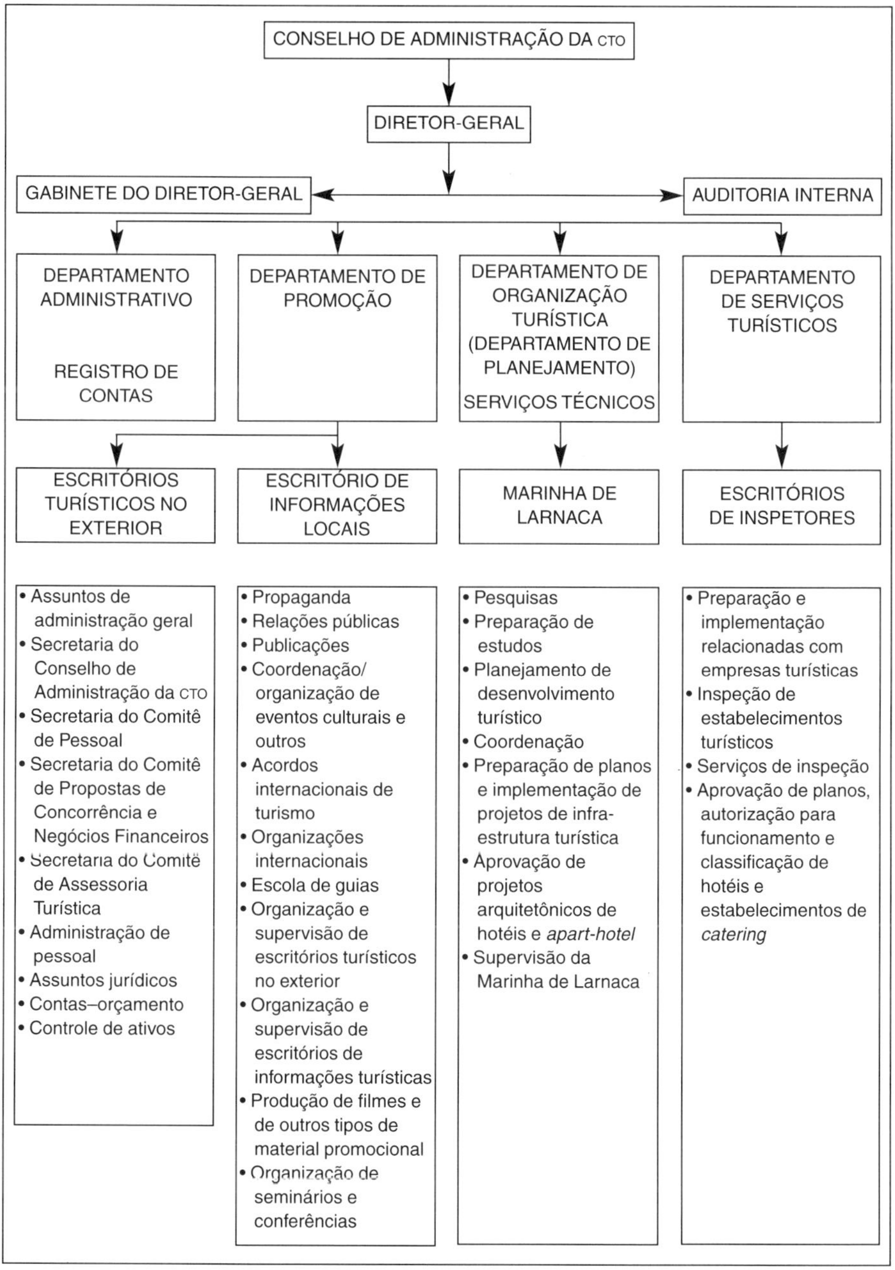

mento de planejamento, além disso, empreende pesquisas sobre aspectos operacionais do produto proveniente do agroturismo, como o estabelecimento de sistemas centrais de reserva e a formulação de uma estratégia de *marketing*.

Vendendo o produto turístico de Chipre

A CTO introduz e coordena uma política agressiva para vender o turismo de Chipre no mundo inteiro. O principal objetivo da política de *marketing* do momento é atrair turistas cujas despesas *per capita* sejam altas. A organização tem por meta, ainda, atingir outros importantes objetivos, como a promoção de uma imagem positiva de Chipre, o desenvolvimento do turismo de inverno e do turismo com uma atração específica, bem como a promoção de viagens para conferências e de viagens de incentivo. O esforço de *marketing* da CTO é também alavancado para a diversificação a fim de seguir a direção oposta à confiança excessiva em um único setor do mercado.

Para atingir seus objetivos de *marketing*, a CTO empreende numerosas atividades promocionais, não apenas direcionadas aos consumidores, mas também ao comércio de viagens internacional. A seguir é apresentada uma lista das atividades mais importantes:

- *Propaganda*. Inclui propaganda televisiva nos principais mercados da Alemanha, Suíça, Reino Unido e França.
- *Eventos de viagens de negócios*. Todos os escritórios da CTO no exterior organizam e participam de uma série de eventos, incluindo exposições comerciais, recepções e coletivas de imprensa, além de eventos de treinamento para agentes de viagens e organizadores de conferência.
- *Cooperação com operadoras de viagens*. A CTO empreende propaganda e outras atividades promocionais em conjunto com as operadoras de viagens e companhias aéreas que atendem a seus principais mercados.
- *Viagens de hospitalidade e familiarização*. A CTO recebe visitas à ilha de numerosos profissionais do setor de turismo, incluindo jornalistas, redatores de turismo, operadoras de viagens, agentes de viagens, organizadores de conferência, equipes de rádio e televisão e personalidades famosas.
- *Participação de feiras na ilha de Chipre*. A CTO participa de muitos eventos na ilha como forma de promover o turismo doméstico.
- *Publicações*. Para atender à sua estratégia de diversificar o mercado, a CTO está sempre aumentando sua lista de publicações distribuídas no exterior – por exemplo, novos prospectos em russo, hebraico, checo, húngaro e polonês.

Regulamentação e supervisão de empresas turísticas

A CTO procura regulamentar o desenvolvimento turístico por meio da implementação de leis pertinentes e de regulamentações que governam a operação de empresas turísticas, cobrindo:

- hotéis e outros estabelecimentos de hospedagem;
- agências de viagens;
- estabelecimentos de *catering* e entretenimento; e
- guias turísticos.

De acordo com a legislação atual, planos de construção de novos estabelecimentos de hospedagem ou a ampliação de propriedades preexistentes, bem como sua classificação, devem ser aprovados em primeiro lugar pelo Comitê de Hotéis da CTO e, por último, pelo conselho de administração. A CTO publica o *Cyprus Hotel Guide*, o qual relaciona todos os estabelecimentos registrados e os respectivos preços. Em 1994, havia 390 agências de viagens licenciadas na ilha de Chipre e, durante o mesmo ano, mais ou menos 206 autorizações foram emitidas a guias turísticos profissionais de acordo com a legislação pertinente. Em relação aos estabelecimentos de *catering* e entretenimento, a CTO examina assuntos como aprovação de planos, classificação e reclassificação de estabelecimentos, preços cobrados e outras questões operacionais. O treinamento de profissionais da indústria do turismo na ilha de Chipre é oferecido tanto por organizações privadas quanto por públicas. O Ministério da Educação opera departamentos de treinamento em hotelaria nas escolas técnicas de Limassol, Pafos, Pólis, Larnaca, Paralimni e Nicósia, ao passo que o Cyprus Higher Hotel Institute oferece cursos de gerenciamento de hotéis.

(*Essas informações foram cordialmente fornecidas pela* CTO.)

Pontos para discussão e análise

1. Como o trabalho da CTO ajuda a fornecer instalações e serviços de alta qualidade ao turistas estrangeiros?

2. Quais os problemas que a CTO enfrenta quando está concorrendo à sua participação no mercado turístico internacional.

3. Como a CTO procura influenciar e regulamentar o desenvolvimento turístico na ilha?

4. Que atividades promocionais a organização executa para aumentar o número de visitantes?

Estudo de Caso: European Travel Commission (ETC)

Introdução

A European Travel Commission (ETC) é a organização responsável pela promoção mundial da Europa como destinação turística. Estabelecida em 1948, primeiramente como parte da Organização Européia de Cooperação Econômica (atualmente Organização para a Cooperação e o Desenvolvimento Econômico – OCDE) e depois como uma organização voluntária e autônoma, a ETC opera em todos os principais mercados, incluindo Estados Unidos, Canadá, México, América Latina (Brasil e Argentina), Japão/Ásia e Austrália/Nova Zelândia. A ETC nunca opera em lugares da Europa em que seus países membros estão concorrendo entre si. A comissão empreende três principais atividades:

- Relações públicas
- Propaganda dirigida aos consumidores
- Promoção de negócios

Pesquisas de mercado anteriores determinam precisamente as opções de atividades empreendidas nos principais mercados estrangeiros da ETC e ajuda a alocar orçamentos.

Membros da ETC

Até o momento, 26 países europeus pertencem à ETC, entre os quais os países membros da UE (exceto a Holanda), a Noruega, a Islândia, a Suíça, Mônaco, Malta, Chipre, Turquia, Bulgária, Croácia, República Tcheca, Hungria, Polônia e Eslovênia. Os membros da ETC são os diretores de cada OTN responsável pela promoção turística. Eles elegem um presidente do Conselho, dois vice-presidentes do Conselho, um Comitê de Direção e um Comitê de Planejamento, todos com revezamento de dois anos. Um grupo de trabalho de pesquisa regularmente troca informações e identifica segmentos de mercado a serem investigados e novos produtos a serem testados. Uma unidade executiva pequena, permanentemente provida de auxiliares, assegura a coordenação geral do trabalho da comissão. A Figura 3.7 mostra a estrutura da ETC e como suas funções de trabalho estão inter-relacionadas.

Figura 3.7 Estrutura da European Travel Organisation (ETC).

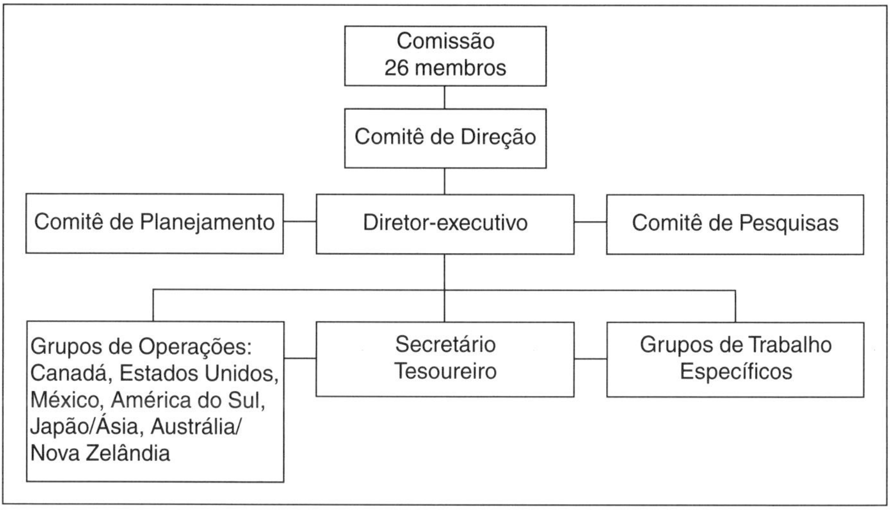

Operações no estrangeiro

Os representantes das OTNs que operam nos vários e longínquos mercados reúnem-se para formar uma sede local e eleger o presidente do conselho. Eles determinam um programa de atividades conjuntas para a promoção da Europa no ano seguinte, propõem um orçamento e procuram apoio da indústria turística local. A promoção abrange a Europa inteira, mesmo que haja poucos mercados nos quais todas as OTNs membros tenham representação. O programa de atividades promocionais aprovado é submetido aos membros da ETC na Europa, os quais se encontram duas vezes ao ano em uma assembléia geral. Depois que o orçamento geral da organização é aprovado, eles alocam um orçamento a cada um dos cinco mercados estrangeiros da ETC (relacionados no parágrafo anterior). Em seguida, aprovam ou modificam os programas propostos e revêem atividades passadas.

Todo o grupo de operações no exterior deve contratar serviços de uma agência de promoções ou relações públicas, que será também responsável por aumentar o apoio da indústria turística local, tanto financeiro quanto "em espécie". Um dos pontos fortes da ETC é que seus custos operacionais são baixos e, dessa forma, a comissão pode alocar a maior parte dos próprios fundos para suas atividades no estrangeiro.

Financiamento da ETC

A comissão é inteiramente financiada pelas contribuições de seus membros, as quais são calculadas segundo um conjunto de critérios de acordo comum. Apoio financeiro adicional para campanhas específicas é levantado no exterior. O apoio de longo prazo é prova de sua credibilidade nesse campo. O patrocínio da indústria turística local significa que o capital de implantação da ETC é anualmente duplicado, triplicado ou até mesmo quadruplicado – por exemplo, de 1 milhão de euros para aproximadamente 4 milhões de euros em 1995.

O orçamento global da ETC destinado à promoção e à pesquisa em 1995 elevou-se para 3.519.604 euros (4.223.524 dólares), distribuídos como mostrado na Tabela 3.7. Como a tabela indica, os Estados Unidos receberam o maior valor de capital de implantação dos fundos da ETC e geraram a maior quantidade de representantes da OTN e da indústria turística local no país. Isso se explica pelo fato de os Estados Unidos serem, de longe, o principal mercado da Europa de turistas estrangeiros – a Europa recebeu ao redor de 8,7 milhões de visitantes dos Estados Unidos em 1995 (European Travel Commission, 1996).

Tabela 3.7 Orçamentos da ETC em 1995 para mercados externos (em euros).

Mercado	Capital de implantação	Representantes da OTN	Indústria local	Outras fontes	Total
Estados Unidos	485.000	504.166	1.516.666	—	2.505.832
Canadá	97.200	340.000	41.000	30.000	508.200
América Latina	43.750	51.000	6.500	30.000	131.250
Japão	9.972	—	—	—	9.972
Austrália	68.050	41.000	51.800	157.400	318.250
Pesquisa	41.500	4.600	—	—	46.100

Fonte: European Travel Commission, 1996.

Atividades relacionadas da ETC

Além de sua função principal como estimulante da promoção mundial da Europa como uma destinação turística internacional, a ETC oferece ainda um fórum para que os superintendentes do turismo europeu reúnam-se regularmente e troquem idéias. Desde seu estabelecimento, essa conferência deliberativa fechada permitiu que a ETC se posicionasse em relação a várias medidas percebidas como potencialmente prejudiciais à indústria do turismo. A comissão está sempre em contato com todos os órgãos nacionais e internacionais que trabalham em turismo, incluindo os seguintes:

- *União Européia (UE).* A ETC participou recentemente das conferências sobre o Livro Verde no futuro do turismo na UE (Comissão Européia, 1995b) e expôs ao Eurostat a diretriz estatística proposta para assegurar que a provisão cubra tanto a demanda quanto a oferta.
- *World Tourism Organisation (WTO).* A ETC regularmente participa de reuniões da Comissão Européia da WTO para deliberar sobre a questão de defender a liderança da Europa no turismo mundial. Como vice-presidente dos membros afiliados da WTO, a ETC serviu como meio para iniciar o estudo da WTO publicado em 1994 sobre os orçamentos e as atividades promocionais de administrações turísticas nacionais.
- *Organização para a Cooperação e o Desenvolvimento Econômico (OCDE).* Por meio do European Tourism Action Group (ETAG), a ETC oferece apoio ao trabalho empreendido pelo Comitê de Turismo da OCDE de coleta e publicação de dados estatísticos do turismo. Os dirigentes da OCDE regularmente participam como observadores de uma reunião anual dos superintendentes de pesquisa da ETC.

A comissão estabelece elos estreitos com várias outras organizações de turismo importantes, incluindo o Conselho de Mundial de Viagens e Turismo (World Travel Tourism Council – WTTC), a Pacific Asia Travel Association (PATA) e a Canadian Tourism Commission.

(*Essas informações foram cordialmente fornecidas pela ETC.*)

Pontos para discussão e análise

1. De que forma a ETC pode diminuir a perda de participação de mercado da Europa como uma destinação turística internacional?
2. Como a comissão pode minimizar o conflito com o trabalho promocional empreendido por seus países membros?
3. Por que a pesquisa de mercado e a coleta de informações são tão importantes para as atividades da ETC?
4. Qual é a tendência de mudança do trabalho da ETC nos próximos 25 anos?

O papel da União Européia no turismo

A indústria do turismo tem e continuará tendo uma importância significativa na consecução dos objetivos mais amplos da UE (Comissão Européia, 1996b). Suas principais contribuições para essas metas de longo alcance são que o turismo

- gera empregos e riqueza e se tornará cada vez mais importante nesse sentido;
- gera empregos rapidamente e a custos relativamente baixos;
- oferece oportunidades de emprego a grupos variados, como mulheres e jovens, o que pode ser de alguma forma uma circunstância desfavorável;
- ajuda a realizar a coesão econômica e social e, em geral, oferece às regiões menos desenvolvidas e periféricas oportunidade real de progredir em termos econômicos;
- pode contribuir para a proteção e otimização do meio ambiente natural e cultural;
- une os europeus, quebra barreiras e consolida a identidade e visão européias.

O interesse da UE pelo turismo como o principal setor econômico é crescente, tendo em vista sua capacidade de gerar riqueza e empregos em todos os países membros. A importância econômica exata do turismo é difícil de avaliar, mas, de acordo com estimativas, representa 5,5% do PIB da UE – Espanha e França atingem quase o dobro desse valor, e Grécia, Irlanda e Portugal alcançam um valor abaixo da média (Comissão Européia, 1994). Segundo estimativas da citadas pelo Eurostat (1996), o turismo na UE representou 40,6% do mercado de turismo internacional em termos de entradas e 40,7% em termos de recebimentos em 1995. A classificação de vários dos países membros da UE é alta na tabela de categorização das principais destinações internacionais. Em 1995, a França foi a destinação mais popular do mundo no que se refere a entradas internacionais e a segunda em termos de recebimentos, seguida da Espanha. A Itália e o Reino Unido classificaram-se, respectivamente, em quarto e em sexto lugar em termos de entradas internacionais. Dentre os sete principais classificados em ganhos no turismo mundial em 1995, depois dos Estados Unidos, França, Itália, Reino Unido, Áustria e Alemanha mantiveram sua posição de liderança em receitas, representando um terço de todos os rendimentos do turismo mundial (Eurostat, 1996). A quantidade total de empregos gerados no turismo nos países membros da UE é estimada em 9 milhões, valor esse responsável por aproximadamente 6% do total de empregos da UE, em termos de empregos diretamente ligados a atividades e produtos turísticos (Comissão Européia, 1995b).

É importante lembrar que a contribuição do turismo para o desenvolvimento dos países membros da UE está além dos benefícios econômicos. A UE reconhece também o importante papel social do turismo, em particular no contexto de uma "Europa popular" e em relação ao desenvolvimento social de pessoas jovens. Além disso, o turismo poderá ajudar a realizar a convergência cultural, à medida que ajudar a difundir a consciência sobre as diferentes culturas européias e, dessa forma, contribuir para o desenvolvimento do respeito pelas diferentes formas de viver dos europeus. A UE acredita também que o turismo pode ser um meio útil de aplicação de técnicas de desenvolvimento sustentável, com o objetivo de preservar e respeitar o meio ambiente no qual a indústria do turismo opera. De acordo com a Comissão Européia em um relatório sobre medidas da Comunidade que afetam o turismo (Comissão Européia, 1996a),

> ...a atividade turística e seus benefícios não podem ocorrer em um ambiente natural, rural, construído ou cultural degradado e/ou poluído. É também evidente que o desenvolvimento do turismo, se for implementado de uma forma sustentável, oferece benefícios de longo prazo a comunidades locais.

As seções seguintes deste capítulo examinarão a estrutura da UE e as medidas específicas adotadas ou propostas para estimular o desenvolvimento do turismo.

Estrutura da UE

A UE é um grupo exclusivo de 15 países membros, os quais se reuniram para salvaguardar a paz, promover o desenvolvimento econômico e fomentar o progresso social na Europa. O Tratado de Roma, assinado em 1957 pelos seis países fundadores da Comunidade Econômica Européia (CEE), estabelece a estrutura legal da UE. Esse tratado foi alterado pela lei de unificação da Europa (*Single European Act*) em 1996, ao passo que o Tratado de Maastricht incorporou alterações posteriores. Entre os seis países membros originais estavam França, Itália, Alemanha Ocidental, Bélgica, Holanda e Luxemburgo. O número de membros aumentou para nove em 1973, quando Irlanda, Reino Unido e Dinamarca entraram. Em 1981, Grécia tornou-se o décimo país membro, seguido por Espanha e Portugal em 1986. Os países que se uniram mais recentemente foram Áustria, Finlândia e Suécia, os quais se tornaram membros da UE em 1995. Esse crescimento da UE é mostrado em forma de diagrama na Figura 3.8. Outros países, principalmente do antigo bloco do Leste Europeu, estão tentando tornar-se membros da UE, na esperança de regenerar sua economia e melhorar a qualidade de vida de seus cidadãos.

A UE incorpora várias instituições interligadas, a mais importante das quais, em termos legislativos, é a Comissão Européia, o Conselho de Ministros e o Parlamento Europeu:

- *Comissão Européia*. A comissão apresenta propostas a leis européias e assegura que políticas e práticas da UE sejam seguidas pelos países membros. Além disso, a comissão desempenha uma função semelhante à do serviço público no Reino Unido, com a exceção de que de fato apresenta propostas de legislação. Qualquer nova proposta de lei da UE ou regulamentações passa da Comissão Européia ao Parlamento Europeu para discussão e, em seguida, ao Conselho de Ministros para aprovação ou reprovação. A comissão é composta de vários departamentos distintos, conhecidos como diretorias-gerais (DGs). O departamento mais relacionado com questões turísticas é o DG XXIII, embora o trabalho de muitos outros DGs tenha uma relação pertinente com a indústria; por exemplo, o DGV II lida com assuntos de transporte, o DGC VI supervisiona o desenvolvimento regional e o DG IV coordena o trabalho sobre política de concorrência (veja a Tabela 3.8).

Figura 3.8 Crescimento da União Européia (UE).

1958 = 6 Países Membros
- França
- Itália
- Alemanha Ocidental
- Bélgica
- Holanda
- Luxemburgo

1973 = 9 Países Membros
- Irlanda
- Reino Unido
- Dinamarca

1981 = 10 Países Membros
- Grécia

1986 = 12 Países Membros
- Espanha
- Portugal

1995 = 15 Países Membros
- Áustria
- Finlândia
- Suécia

- *Parlamento Europeu.* A Comissão Européia é que propõe que os debates e emendas legislativas do Parlamento Europeu sejam examinados. Atualmente, o Parlamento é formado por 626 membros, diretamente eleitos a cada cinco anos pelos países membros. Os assentos parlamentares são divididos entre os países membros de acordo com o tamanho do país. A sede do Parlamento localiza-se em Bruxelas e Estrasburgo.
- *Conselho de Ministros.* O Conselho, que decide sobre todas as leis que estabelecem políticas para a UE, consiste em ministros do governo dos 15 países membros, os quais são responsáveis pelo respectivo parlamento e representam interesses nacionais nos assuntos em discussão – por exemplo, comércio, agricultura e política social. Todos os países membros revezam-se a cada seis meses na presidência do Conselho, posição em que determinam a pauta e presidem as reuniões.

A Figura 3.9 mostra como essas três instituições da UE interagem no processo de estruturação da legislação da UE. De acordo com a figura, a Comissão Européia encaminha uma proposta inicial de legislação para avaliação. Os membros

Tabela 3.8 Principais Diretorias-Gerais (DGs) da Comissão Européia e suas relações com o turismo.

Diretoria-Geral	**Exemplos de responsabilidade pelo turismo**
DG I (Relações Externas)	Assistência aos países do antigo bloco do Leste Europeu em termos de iniciativas de desenvolvimento do turismo.
DG III (Mercado Interno)	Liberdade de locomoção dos viajantes.
DG IV (Concorrência)	Política de concorrência relacionada com meios de transporte e assuntos turísticos.
DG V (Emprego, Questões Sociais e Instrução)	Programas de treinamento destinados à indústria do turismo; livre movimento de mão-de-obra.
DG VI (Agricultura)	Projetos de turismo rural subordinados ao programa LEADER.
DG VII (Meios de Transporte)	Políticas marítimas, terrestres e aéreas.
DG VIII (Desenvolvimento Internacional)	Assistência a projetos de desenvolvimento turístico em países emergentes.
DG XIII (Telecomunicações etc.)	Projetos de Tecnologia da Informação (TI) que se concentram em turismo em países membros da UE; por exemplo, sistemas de informações globais (SIGS).
DG XVI (Política Regional)	Projetos turísticos que estimulam o desenvolvimento regional e a coesão social.
DG XXIII (Empresas etc.)	Unidade de Turismo.

do Parlamento Europeu têm, então, a oportunidade de fazer comentários sobre a proposta e sugerir emendas, antes de o Conselho de Ministros discutir a proposta e determinar que forma ela deverá tomar. Nessa etapa, os ministros tomam nota também dos pontos de vista dos parlamentos nacionais. Para tornar-se uma lei da UE, é provável que a proposta, finalmente, exija leis e regulamentações para ser aprovada pelos parlamentos nacionais dos países membros.

Figura 3.9 Como a legislação da UE é concebida.

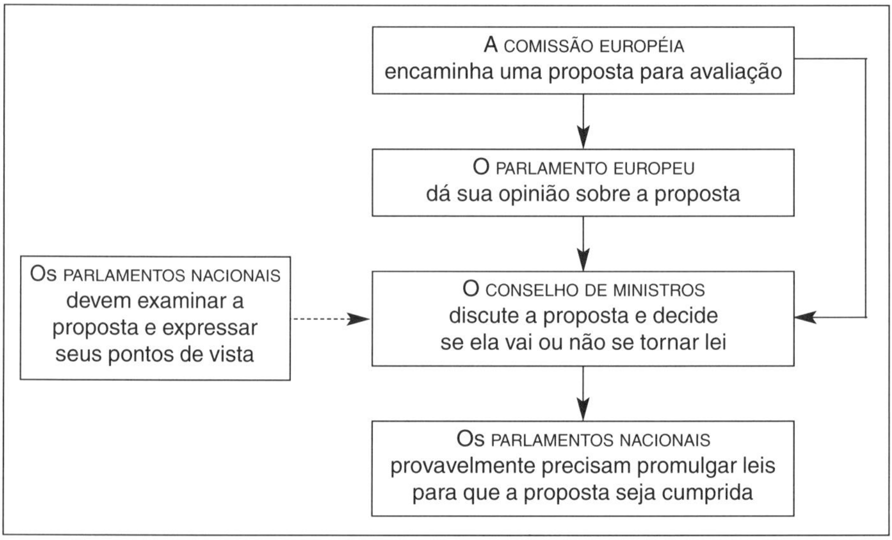

Medidas turísticas na UE

O título desta seção deliberadamente evita usar a palavra "política" em relação aos assuntos turísticos da UE. Embora vários comentaristas refiram-se a uma política de turismo dentro da UE, é discutível se de fato existe uma política como essa. É verdade que, desde o fim da década de 1980, a importância do turismo tem sido cada vez mais patrocinada pelos países membros, pelo Conselho de Ministros e pela Comissão Européia, mas suas atitudes estão longe de conceder ao turismo o *status* de uma "competência" ou determinados poderes políticos dentro da estrutura estratégica da UE, ao contrário de outras áreas mais estabelecidas como meio ambiente e transporte. No princípio de seu desenvolvimento, a então Comunidade Européia (CE) considerou o turismo principalmente um problema de cada um dos países membros. Por esse motivo, o Tratado de Roma não confere nenhum poder específico ao Conselho de Ministros no campo do turismo.

Todavia, uma "política turística", *per se*, tornou-se quase uma realidade com a inclusão no Tratado de Maastricht, em 1992, do reconhecimento de que, pela primeira vez, medidas no campo do turismo deveriam ser incluídas no plano de ação da UE. A intenção é de que essa ação nos campos mencionados no artigo 3º, que abrange o turismo, seja perseguida com base nas provisões existentes no tratado. Essa divergência significativa reflete maior conscientização sobre os seguintes três fatores principais:

1. A importância econômica do turismo para o crescimento e a geração de empregos na UE.
2. A capacidade de adesão ao princípio de fornecimento de subsídios, situação em que é necessária uma ação que abranja toda a comunidade nessa área fora de sua competência exclusiva.
3. A necessidade de uma determinada coerência e vínculo nesses três domínios associados – turismo, assuntos relacionados com os consumidores e patrimônio natural/cultural.

A primeira declaração do Tratado de Maastricht estabelece ainda que, tendo em vista que o turismo é uma esfera referida no artigo 3º, a questão de introduzir um direito de propriedade ao turismo no tratado deveria ser examinada na conferência intergovernamental que seria realizada em 1996. Com base nas conclusões dessa conferência, a Comissão Européia submeteria um relatório sobre o papel do turismo na UE para que o Conselho de Ministros examinasse.

Vamos agora avaliar o desenvolvimento das medidas e ações da UE em relação ao turismo, partindo das três principais iniciativas que estão diretamente relacionadas com o turismo, ou seja, o Ano Europeu do Turismo (European Year of Tourism – EYT), o plano de ação da comunidade para auxiliar o turismo e o recente programa "*philoxenia*" (hospitalidade). Em seguida, examinaremos as várias medidas da UE que influenciam diretamente o turismo e as viagens, em maior ou menor grau.

Ano Europeu do Turismo (EYT)

As primeiras iniciativas empreendidas pela UE no campo do turismo foram o estabelecimento e a promoção do EYT em 1990. Esse programa de eventos, que se estendeu a toda a comunidade, objetivava promover o perfil do turismo dentro dos países membros, em particular dentre os jovens. O programa, adotado pelo Conselho de Ministros em 1988, tinha os seguintes principais objetivos:

1. Preparar os países para o estabelecimento de uma comunidade européia sem fronteiras.
2. Desenvolver o papel de integração do turismo para criar um "Europa popular".
3. Evidenciar a importância econômica e social do turismo no desenvolvimento regional e na geração de empregos.

Os temas específicos do EYT, estabelecidos pelo Conselho de Ministros, foram os seguintes:

- Promover um maior conhecimento entre os cidadãos da comunidade sobre as culturas e os estilos de vida de outros países membros.
- Estimular o escalonamento das férias.
- Desenvolver novas destinações turísticas.
- Criar novas formas de turismo e alternativas ao turismo de massa.
- Promover o turismo dentro da comunidade e atrair para a Europa turistas de países que não pertencem à UE.

Davidson (1992) relata que a iniciativa do EYT enfrentou numerosas dificuldades, não apenas um orçamento limitado (acima de 8 milhões de euros) e tempo insuficiente de planejamento e desenvolvimento da equipe. Apesar desses inconvenientes, o EYT obteve alguns resultados notáveis, incluindo o estímulo à formação de vínculos mais estreitos entre os que trabalham na indústria altamente fragmentada do turismo, o intercâmbio de experiências entre os países membros, maior cooperação transnacional no campo do turismo e a distinção da riqueza e da diversidade do "produto" turístico europeu.

Plano de ação da comunidade para auxiliar o turismo

O Conselho das Comunidades Européias determinou em julho de 1992 que deveria haver uma ação que abrangesse toda a comunidade para fortalecer o turismo e encorajar a cooperação entre todas as operadoras públicas e privadas dessa indústria. A execução desse plano de ação para auxiliar o turismo estava programada para começar em 1º de janeiro de 1993, com um orçamento de 18 milhões de euros. A Comissão Européia foi incumbida de apresentar relatórios anuais sobre as medidas adotadas.

A decisão de desenvolver um plano de ação enfatizou a importância econômica, ambiental e cultural do turismo e a necessidade de conseguir uma cooperação maior entre os setores público e privado nos assuntos turísticos em nível nacional, regional e local. O plano de ação incluiu medidas para fortalecer a abordagem horizontal ao turismo na UE e políticas nacionais e para melhorar a qualidade e a competitividade dos serviços turísticos oferecidos dentro dos países membros.

As áreas específicas de prioridade e as medidas correspondentes incluídas no plano de ação são as seguintes:

1. Aperfeiçoamento do conhecimento da indústria do turismo e garantia de maior consistência nas medidas da UE
   - Desenvolvimento de estatísticas sobre turismo pela UE.
   - Estudos detalhados destinados a melhorar o conhecimento sobre o turismo como uma atividade, avaliação do impacto das políticas da UE para auxiliar o turismo, previsão de novos tipos de turismo e preparação de estratégias adaptadas para acompanhar o ritmo da demanda.
   - Conferência de profissionais do turismo com a UE.

2. Escalonamento das férias
   - Apoio ao estabelecimento de uma estrutura internacional cujo propósito seria o intercâmbio de informações e a monitoração de atividades governamentais e da indústria do turismo.
   - Apoio a medidas destinadas à coordenação de ações e estratégias para encorajar o uso de infra-estrutura e instalações turísticas fora da alta estação.

3. Medidas transnacionais
   - Apoio à cooperação entre regiões fronteiriças.
   - Apoio a iniciativas transnacionais que contribuem para a melhoria das informações turísticas, em particular as que usam novas tecnologias.
   - Desenvolvimento de cooperação turística com a Europa central e do leste e a região do Magreb (países do norte da África) por meio da transferência de *know-how* em treinamento e implementação de estratégias de promoção, bem como em *marketing* e criação de empresas turísticas de médio e pequeno porte.
   - Apoio à cooperação turística e técnica no contexto de parcerias entre pequenas cidades.
   - Apoio a projetos piloto destinados à cooperação entre os setores público e privado para o desenvolvimento de regiões turísticas tradicionais em áreas rurais em decadência e menos desenvolvidas.

4. Turistas como consumidores
   - Apoio a iniciativas que melhoram as informações dos turistas e sua proteção, em áreas em que existam sistemas de classificação, sinalização de trânsito, sistema *time-share*, excesso de reserva e procedimentos de compensação.

5. Turismo cultural

- Apoio a iniciativas de desenvolvimento de novos itinerários de turismo cultural na Europa, em cooperação com os países membros e regiões e órgãos públicos locais envolvidos, e divulgação de informações sobre esses itinerários por meio de prospectos e outras publicações.
- Apoio ao intercâmbio de experiências na área de técnicas de administração de visitantes.
- Promoção e assistência no uso de redes européias que permitam que operadoras de turismo e instituições culturais troquem experiências, especialmente no que se refere a distinguir o valor do patrimônio cultural.

6. Turismo e meio ambiente

- Apoio a iniciativas cujo objetivo é informar e aumentar a consciência dos turistas e fornecedores de serviços sobre a interação entre o turismo e o meio ambiente, principalmente por meio da criação de um prêmio europeu ao meio ambiente.
- Apoio a projetos piloto inovadores destinados a reconciliar o turismo e a proteção ambiental em nível local ou regional, em especial áreas litorâneas e montanhosas, parques e reservas naturais – por exemplo, mediante guias turísticos.
- Apoio ao desenvolvimento de redes envolvendo intercâmbios transnacionais de experiências, incluindo experiências com problemas ambientais e suas possíveis soluções por meio da administração dos visitantes nos próprios locais.
- Apoio a iniciativas que estimulam formas de turismo que respeitam o meio ambiente.

7. Turismo rural

- Apoio a iniciativas de parceria entre operadoras locais, regionais, nacionais ou da Europa como um todo para facilitar o intercâmbio de experiências e a transferência de práticas saudáveis por meio da organização de visitas, seminários, intercâmbio entre especialistas e desenvolvimento de planos piloto transnacionais, principalmente na área de treinamento profissional.
- Melhoria das informações e melhor acesso a operadoras rurais a vários planos de assistência da UE disponíveis ao turismo rural, em especial por meio da publicação de documentos para circulação em massa e da publicação de um guia destinado a operadoras.
- Estímulo à melhoria da qualidade da oferta de turismo rural e apoio a medidas para facilitar o acesso ao turismo em um ambiente rural.

8. Turismo social

- Compartilhamento de informações dentro da UE entre parceiros dos setores público e privado no que se refere aos vários métodos usados nos países membros para estimular determinadas categorias de turistas a tirar férias.
- Apoio à coordenação entre os países membros de medidas destinadas à eliminação de barreiras ao desenvolvimento do turismo para os fisicamente incapacitados e ao intercâmbio de informações sobre esse assunto.

9. Turismo destinado a jovens entre 15 e 18 anos de idade

- Uma investigação executável sobre o estabelecimento de associações com "carteiras da juventude".
- Apoio a pesquisas sobre a necessidade de criar uma rede de intercâmbio em relação às "aulas européias" (viagens escolares para alunos de vários países membros).

10. Treinamento

- Divulgação de informações entre os jovens sobre recursos turísticos e a profissão.
- Apoio a avaliações em andamento para preparar perfis profissionais para a indústria e melhoria de informações entre as partes sobre as qualificações conseguidas em vários países membros.
- Estímulo à participação de empresas turísticas e de seus funcionários em programas de treinamento e avaliações da UE.
- Apoio a projetos de coordenação transnacionais entre universidades, escolas de turismo, profissionais do turismo ou órgãos públicos pertinentes, especialmente para treinamento nas áreas do turismo rural, cultural e ambiental.
- Apoio a redes destinadas a melhorar a qualidade do treinamento profissional a fim de aumentar a qualidade dos serviços turísticos.

11. Promoção no Terceiro Mundo

- Estimular avaliações circunscritas em projetos piloto para promover a Europa como uma destinação turística no mercado dos países distantes, particularmente no dos países da América do Norte e no do Japão, cujo crescimento tende a exercer um impacto sobre o turismo em direção à UE.

As prioridades estabelecidas no plano de ação do turismo de 1993-96 permitiram que o DG XXII, o departamento da Comissão Européia responsável pelo turismo, autorizasse uma série de projetos piloto, em particular nas áreas de turismo rural, cultural e social, treinamento profissional e meio ambiente. Os resultados de determinados projetos são revistos em um relatório da Comissão

Européia (Comissão Européia, 1995a). Os projetos foram implementados em vários países membros e englobaram uma ampla variedade de temas turísticos – por exemplo, cruzeiros culturais no mar Báltico, itinerários sobre Mozart na Europa, potencial de novas tecnologias no turismo cultural, instrução e treinamento na Europa sobre gerenciamento do turismo sustentável, criação de uma rede européia de *campi* de turismo e a familiarização de jovens na Grécia que estejam seguindo a carreira de turismo. Os projetos, embora limitados em termos de aplicação a todos os setores da diversificada indústria turística européia, possibilitaram a estruturação de pesquisas e desenvolvimento adicionais concernentes ao turismo nos países membros da UE, estruturação essa que teve início com a criação do programa *philoxenia* de assistência ao turismo europeu.

Programa *philoxenia* de assistência ao turismo europeu

Em abril de 1996, a Comissão Européia apresentou a proposta de um primeiro programa multianual para auxiliar o turismo europeu, previsto na época para ter início em 1º de janeiro de 1997 e durar quatro anos. Essa proposta fundamenta-se diretamente no trabalho do plano de ação de 1993-96 da comunidade para ajudar o turismo e confirma o interesse cada vez maior na importância econômica, social e cultural do turismo mostrado pelo Parlamento Europeu, pelo Comitê Econômico e Social e, mais recentemente, pelo Comitê das Regiões, entre outros. O nome atribuído a essa proposta é incomum – "*philoxenia*", cujo significado é o oposto de xenofobia – e, segundo funcionários na Comissão Européia, a tradução mais livre seria "hospitalidade". Esse programa integra os resultados da conferência Commission Green Paper sobre o papel da UE no campo do turismo (Comissão Européia, 1995b), apresentada e discutida no Fórum sobre o Turismo Europeu em dezembro de 1995.

O principal objetivo do programa *philoxenia* é estimular a qualidade e competitividade do turismo europeu no sentido de contribuir para o crescimento e a geração de empregos (Comissão Européia, 1996b). Para assegurar uma abordagem direcionada e um conjunto de ações coerente, esse objetivo é subdividido em quatro objetivos intermediários e sete objetivos imediatos, como mostrado na Tabela 3.9.

Como a tabela indica, o programa *philoxenia* tem, dentro de sua meta geral, os quatro seguintes objetivos imediatos:

- Melhorar o conhecimento na área de turismo.
- Melhorar o ambiente legislativo e financeiro do turismo.
- Aumentar a qualidade do turismo europeu.
- Aumentar o número de turistas de países do Terceiro Mundo.

Tabela 3.9 Modelo do programa *philoxenia*.

Objetivo principal	Objetivos intermediários	Objetivos imediatos	Ações
Estimular a qualidade e a concorrência do turismo europeu a fim de contribuir para o crescimento e a geração de empregos.	A. Melhorar o conhecimento na área de turismo.	1. Desenvolver informações sobre turismo.	• Sistema estatístico europeu para o turismo. • Pesquisas, estudos e análises internas/de campo.
		2. Coletar informações sobre turismo provenientes de outras fontes.	• Rede européia de pesquisas e documentação sobre turismo.
		3. Facilitar a avaliação de medidas da comunidade que afetam o turismo.	• Estabelecimento de vigilância legal e financeira.
	B. Melhorar o ambiente legislativo e financeiro do turismo.	1. Fortalecer a cooperação entre os países membros, a indústria e outros depositários.	• Organização e acompanhamento de reuniões habituais (reuniões técnicas/temáticas, mesas-redondas, fóruns europeus).
	C. Aumentar a qualidade do turismo europeu.	1. Promover o turismo sustentável.	• Rede de iniciativas locais. • Sistemas de gerenciamento favoráveis ao ambiente. • Prêmio Europeu.
		2. Remover obstáculos ao desenvolvimento do turismo.	• Identificação de obstáculos e desenvolvimento de respostas apropriadas.
	D. Aumentar o número de turistas de países do Terceiro Mundo.	1. Promover a Europa como destinação turística.	• Apoio a várias campanhas promocionais anuais.

Cada uma dessas metas tem objetivos imediatos e ações correspondentes, como descrito na Tabela 3.9. Se observarmos o objetivo intermediário C, "aumentar a qualidade do turismo europeu", por exemplo, o primeiro objetivo imediato correspondente é a promoção do turismo sustentável. As ações necessárias para atingir esses objetivos são:

1. Oferecer apoio a uma rede de iniciativas locais alavancadas no gerenciamento sadio do turismo.
2. Oferecer apoio à implementação de sistemas de gerenciamento que respeitem o meio ambiente no setor de hospedagem de turistas.
3. Organização de um prêmio europeu ao turismo e meio ambiente (a cada dois anos).

Outras ações correspondentes no programa são mostradas na Tabela 3.9.

Até o momento, o programa *philoxenia* ainda estava para ser aprovado. O exame da proposta fez parte da conferência intergovernamental em 1996, na qual, além de outros assuntos da UE, o Conselho de Ministros avaliou o futuro papel da UE no campo do turismo.

Medidas da UE com efeitos diretos sobre o turismo

Afora as medidas diretas que afetam o turismo nos países membros, há várias medidas, ações e diretrizes da UE cujo efeito sobre o setor de turismo e viagens, em maior ou menor grau, é indireto. O mais importante inclui o seguinte:

- *O mercado comum.* O propósito da criação do mercado comum na Europa desde 1° de janeiro de 1993 foi fornecer uma área sem fronteiras internas na qual fosse autorizado o livre movimento de mercadorias, pessoas e serviços. Dessa forma, o mercado comum estabeleceu um ambiente favorável ao crescimento do comércio que promete promover o turismo dentro da UE e encorajar a criação de uma destinação turística comum aos turistas externos à UE.
- *Controles nas fronteiras entre os países membros da UE.* O Artigo 7° do Tratado da Comissão Européia sobre o estabelecimento do mercado interno atende à necessidade de abolir os controles nas fronteiras dos países membros em relação ao movimento de mercadorias, serviços, capital e pessoas, facilitando, dessa maneira, as viagens.
- *Proteção aos consumidores.* As diretrizes da UE em assuntos como regulamentação de pacotes de férias, venda a distância, segurança contra incêndios em hotéis, *time-share*, qualidade da água destinada ao banho e classificação dos estabelecimentos de hospedagem procuram oferecer aos viajantes proteção física e financeira quando ocorre algo errado.

- *Mercadorias isentas e não isentas de impostos alfandegários.* As propostas iniciais da Comissão Européia de abolir as restrições alfandegárias a mercadorias compradas nos países da UE provaram-se controversas. Em vez disso, as autorizações de isenção de impostos alfandegários aumentaram continuamente. Tendo em vista que as vendas isentas de impostos são uma importante fonte de receitas para as transportadoras, tem havido resistência à sua abolição.
- *Liberalização de viagens aéreas.* A adoção de medidas da UE a respeito da desregulamentação de companhias aéreas, cuja conclusão estava prevista para 1997, tem por objetivo criar um "campo nivelado" no qual a concorrência em toda a UE possa jogar. Isso tende a tornar mais flexível o sistema de zonas de impostos, a aumentar o uso de aeroportos regionais e, mais provavelmente, abaixar as tarifas aéreas.
- *Fundos estruturais.* Esses fundos contribuem significativamente para o desenvolvimento do turismo na UE e procuram atingir os objetivos de coesão econômica e social. A assistência concentra-se nas regiões subdesenvolvidas da UE (Objetivo 1), nas afetadas pelo declínio da indústria (Objetivo 2) e naquelas que estão relacionados com o desenvolvimento rural (Objetivo 5b). Essas regiões são consideradas áreas em que a aplicação de fundos estruturais é prioritária (European Agricultural Guarantee and Guidance Fund – EAGGF (Fundo de Reserva e Orientação da Agricultura Européia); European Social Fund – ESF (Fundo Social Europeu); European Regional Development Fund – ERDF (Fundo Europeu de Desenvolvimento Regional)).

Da mesma forma que essas medidas influenciam indiretamente o turismo, há várias outras iniciativas da UE relacionadas com a restauração que devem incluir o turismo em seu escopo – por exemplo, LEADER, REGIS, RECHAR, RESIDER, KONVER e PESCA. Há também numerosos programas de instrução e treinamento em que projetos relacionados com o turismo provavelmente serão eleitos, principalmente o LEONARDO e o SÓCRATES.

Questões futuras referentes ao turismo na Europa

Não há praticamente nenhuma dúvida de que a participação da Europa no mercado do turismo internacional provavelmente continuará a diminuir a curto prazo. A resposta da Europa ao crescimento de produtos turísticos de alta qualidade em outras regiões do mundo é sempre caracterizada por um produto de baixa qualidade oferecido a um preço superior de uma maneira indiferente.

Numerosos problemas relacionados com os padrões de qualidade de produtos e serviços exigem ações tanto imediatas quanto de longo prazo, se houver interesse em reaver participação de mercado. Os problemas da Europa no que se refere ao desenvolvimento e à promoção do turismo foram causados por uma série de fatores, entre eles:

- Investimentos insuficientes em infra-estrutura.
- Coordenação ineficaz da indústria do turismo, cuja fragmentação é enorme.
- Complacência de organizações turísticas dos setores público e privado.
- Falta de reconhecimento por parte dos governos da importância da indústria do turismo.
- Investimentos insuficientes em treinamento.
- Uso limitado de planejamento estratégico no desenvolvimento do turismo.
- Controles de desenvolvimento negligentes que acabam provocando impactos ambientais e socioculturais negativos.

A questão que deve ser considerada por todas as organizações e indivíduos que tenham interesse no futuro do turismo europeu é "como a indústria pode refrear a redução de sua participação no mercado do turismo internacional". Não há quase nenhuma dúvida de que as condições de crescimento do turismo em nível global são cada vez mais favoráveis; níveis educacionais mais altos, direito a férias de longa duração, população amadurecida, melhor acesso a novas tecnologias, avanços nos meios de transporte e desregulamentação de mercados globais, para citar apenas algumas, todas essas condições apontam para o crescimento de entradas de turistas internacionais e recebimentos a curto e a longo prazo. Para concorrer eficazmente com as regiões turísticas que estão surgindo no mundo inteiro, a indústria do turismo da Europa deverá:

- Adotar uma abordagem de parceria entre os setores público e privado no que diz respeito a desenvolvimento e *marketing*.
- Desenvolver produtos de alta qualidade direcionados a segmentos de mercado identificáveis.
- Enfatizar sobremaneira questões de planejamento estratégico a fim de reduzir os aspectos ambientais e socioculturais nocivos do turismo.
- Aumentar os investimentos do setor público a fim de assegurar uma abordagem coordenada ao desenvolvimento e à promoção do turismo.
- Oferecer maiores oportunidades de treinamento.
- Apoiar o grande número de empresas de médio e pequeno porte que operam na indústria do turismo da Europa.
- Promover o perfil da indústria local, regional, nacional e internacionalmente.

A futura ampliação da UE irá se concentrar em *seu* papel no desenvolvimento e estímulo do turismo. Entretanto, tendo em vista a natureza altamente fragmentada da indústria e seu domínio por parte de empresas privadas, provavelmente a influência da UE sobre o turismo permanecerá no nível estratégico, concentrando-se em questões como proteção ao consumidor, desenvolvimento sustentável e cooperação fortalecida entre os países membros e os setores da indústria.

Resumo do capítulo

Este capítulo ressaltou o ambiente de negócios cada vez mais competitivo da indústria do turismo da Europa no fim do século XX e alvorecer do novo milênio. Vimos que a participação da Europa nas entradas de turistas mundiais diminuiu rapidamente desde a década de 1960 e a previsão da WTO sugere que a tendência desse declínio está fadada a continuar nos próximos anos. Vários países de destinação turística, como aqueles do sudeste da Ásia, do Pacífico Sul e das três Américas, estão ganhando participação no mercado de entrada de turistas internacionais por oferecer infra-estrutura, produtos e instalações de alta qualidade. Investigamos os avanços políticos e econômicos recentes na Europa e seu impacto sobre o desenvolvimento do turismo, levando em consideração tanto a direção leste–oeste quanto a oeste–leste. Com a ajuda de estudos de caso, este capítulo evidenciou a estrutura complexa da indústria do turismo da Europa e a diversificação de seus setores. Finalmente, abordamos a questão do futuro do turismo europeu, sugerindo que há várias melhorias de curto e longo prazo na qualidade de produtos e serviços que necessitam de atenção imediata.

Questões para discussão

1. Quais são, na sua opinião, as três etapas mais importantes que a indústria do turismo da Europa deve seguir para ajudar a deter o declínio de sua participação no turismo internacional?

2. A diversidade geográfica da Europa é um ponto positivo ou um obstáculo ao desenvolvimento bem-sucedido do setor de turismo?

3. Avalie de forma fundamentada o papel da UE na área de turismo.

4. Qual seria a melhor forma de a UE dar seqüência à causa do turismo como uma força de coesão econômica e social?

Referências e outras leituras

- Davidson, R. *Tourism in Europe*. Londres, Pitman, 1992.
- Comissão Européia. *Tourism Customers in Central and Eastern Europe: Perspectives of Development*. Bruxelas, Comissão Européia, 1993.
- _______ . *Background Report – Tourism Policy in the EU*. Bruxelas, Comissão Européia, 1994.
- _______ . *Community Action Plan to Assist Tourism – Sample Studies and Pilot Projects*. DG XXIII. Bruxelas, Comissão Européia, 1995a.
- _______ . *The Role of the European Union in the Field of Tourism – Commission Green Paper*. Bruxelas, Comissão Européia, 1995b.
- _______ . *COM (96) 29 Final*. Bruxelas, Comissão Européia, 1996a.
- _______ . *COM (96) 168 Final*. Bruxelas, Comissão Européia, 1996b.
- European Travel Commission. *Annual Report 1995*. Bruxelas, ETC, 1996.
- Eurostat. *Tourism in the European Union: Key Figures 1994–1995*. Bruxelas/Luxemburgo, Eurostat, 1996.

Turismo no Reino Unido

Visão geral do capítulo

Este capítulo investiga o desenvolvimento e o significado da indústria do turismo ao longo da história na economia do Reino Unido, utilizando estatísticas nacionais e dados sobre essa indústria para explorar questões atuais que merecem atenção. Examinamos os principais componentes da indústria do turismo do Reino Unido e como eles interagem nos setores público, privado e sem fins lucrativos. O papel particular de organizações públicas envolvidas no turismo do Reino Unido é considerado em detalhe, principalmente a função de escritórios de turismo[1] e órgãos públicos no desenvolvimento do turismo. Concluímos este capítulo com uma avaliação das questões-chave que a indústria do turismo do Reino Unido terá de enfrentar a curto e a longo prazo.

Principais tópicos

- Desenvolvimento histórico do turismo do Reino Unido
- Significado da indústria do turismo do Reino Unido
- Estrutura da indústria
- Análise dos setores da indústria
- Turismo do setor público
- Questões futuras da indústria do turismo do Reino Unido

[1] O termo original é *tourist boards* ou *tourist bureau*, que seriam escritórios de turismo que representam um país e cuidam da divulgação do turismo usando para isso todos os recursos de comunicação disponíveis. (N.T.)

Introdução

O povo britânico em geral demonstra uma atitude ambígua em relação ao turismo. Por um lado, os britânicos sempre foram excelentes viajantes internacionais; na verdade, vários dos marcos no desenvolvimento turístico global resultam dos esforços autênticos dos desbravadores do Reino Unido (veja a Figura 4.1). Por outro, sempre demoraram para reconhecer que o turismo é uma indústria preponderante por natureza, que contribui significativamente com a economia do Reino Unido e ajuda a retratar uma imagem positiva do país ao redor do mundo. Essa indústria é vista por muitos como "algodão-doce", embora o valor total do turismo na economia do Reino Unido tenha sido de 38 bilhões de libras em 1995 (British Tourist Authority, 1996a).

Figura 4.1 Marcos no desenvolvimento do turismo do Reino Unido.

1752	O dr. Richard Russell publicou *Concerning the Use of Sea Water*, o que aumentou a popularidade das estações litorâneas do Reino Unido.
1830	Introdução das estradas de ferro.
1841	Thomas Cook organizou sua primeira excursão de Leicester a Loughborough.
1851	Cook organizou viagens à Exposição Internacional em Londres.
1866	Cook organizou sua primeira excursão à América.
1871	A lei de feriado bancário (*Bank Holiday Act*) criou quatro feriados públicos anuais.
1901	A lei Factory concedeu a mulheres e jovens seis dias de férias por ano.
1903	As "Trust Houses" abriram uma cadeia de hotéis na Grã-Bretanha.
1936	A primeira colônia de férias no Reino Unido foi introduzida por Billy Butlin em Skegness.
1938	Introdução das férias com a lei Pay Act.
1949	Vladimir Raitz, da Horizon, ofereceu o primeiro "pacote de férias" de viagem aérea para o exterior.
1965	Lorde Thomson deu o primeiro passo em direção à criação do Thomson Travel Group.
1969	O desenvolvimento da lei de turismo (*Tourism Act*) estabeleceu os escritórios de turismo da Inglaterra, do País de Gales e da Escócia, além da British Tourist Authority (BTA).
1970	Foi introduzido o avião a jato (jumbo) Boeing 747.
1974	A principal operadora de viagens do Reino Unido, a Clarkson, entrou em falência.
1986	O número de pacote de férias do Reino Unido atingiu 10 milhões pela primeira vez.
1991	A empresa turística Intasun fechou as portas.
1992	Foi criado o Departamento do Patrimônio Nacional (Department of National Heritage).
1994	Foi aberto o Eurotúnel.
1995	A Grã-Bretanha recebeu o recorde de 24 milhões de visitantes estrangeiros, os quais gastaram, no total, mais de 12 bilhões de libras.

Este capítulo apresenta uma visão geral do significado e da estrutura da indústria do turismo do Reino Unido, a começar de seus avanços ao longo da história até a análise de questões e tendências futuras. Além disso, há vários estudos de caso que demonstram a importância dos vários setores da indústria do turismo.

O desenvolvimento do turismo do Reino Unido ao longo da história

Desde os tempos remotos, as pessoas viajam pela Grã-Bretanha por negócios, estudos e religião e para lutar nas guerras. Entretanto, foi somente no século XVIII que a estrutura que agora vemos como a indústria do turismo britânica começou a ser erguida. Pequenas estações de águas como Cheltenham, Leamington Spa e Buxton foram freqüentadas pela alta sociedade, que ia para lá experimentar as propriedades saudáveis das águas salinas. Balneários à beira-mar, incluindo Brighton, Margate e Blackpool, ganharam popularidade em decorrência das estradas de ferro do século XIX em diante; o primeiro serviço de trem de passageiros foi inaugurado em 1830 entre Manchester e Liverpool. Daí se seguiu uma expansão maciça da rede ferroviária, principalmente para atender aos centros industriais, embora tenha tido também a capacidade de facilitar o acesso de pessoas provenientes dos centros urbanos a várias estações de águas britânicas à beira-mar; Brighton teve um sucesso notável ao receber 132 mil visitantes na Segunda-Feira da Páscoa em 1862.

A Revolução Industrial, propulsora do desenvolvimento das estradas de ferro, também foi responsável pelos avanços introduzidos nas redes rodoviárias e fluviais do Reino Unido. Além disso, fez nascer nos trabalhadores o desejo de fugir da rotina rigorosa e dos ambientes em geral insalubres para relaxar e se divertir na pureza relativa da zona rural e costeira.

As férias, instituídas em 1938 com a lei Pay Act, estimularam o turismo de massa no Reino Unido – 80% dos trabalhadores receberam o direito a férias pagas em 1945. As colônias de férias floresceram imediatamente antes da deflagração da Segunda Guerra Mundial. A primeira foi inaugurada por Billy Butlin em 1936 em Skegness. Dois anos depois, duzentas colônias aproximadamente já ofereciam "pacotes" de férias independentes a 30 mil pessoas por semana. No início da década de 1950, dois terços de todas as férias domésticas foram tiradas nas estações litorâneas e a maioria dos turistas usou ônibus de turismo ou trem para chegar a seu destino. O fim dessa década assistiu ao estabelecimento da British Travel Association, predecessora da British Tourist Authority (BTA), que estimulou o desenvolvimento de hotéis e estações de turismo.

A década de 1960 pode ser registrada como o período em que o turismo do Reino Unido amadureceu. O governo aprovou a lei de desenvolvimento do turismo (Development of Tourism Act) em 1969, estabelecendo os escritórios de turismo da Inglaterra, do País de Gales e da Escócia, além da BTA, que foi incumbida de promover toda a Grã-Bretanha a visitantes estrangeiros. Três elementos fundamentais pós-Segunda Guerra Mundial na sociedade do Reino Unido, isto é, o desenvolvimento do avião a jato, o crescimento dos "pacotes de férias" ao estrangeiro e a multiplicação do número de carros particulares, envolveram amplamente o cenário do turismo doméstico no Reino Unido.

O avião a jato e o pacote de férias para o exterior

Vimos no capítulo Turismo: a Maior Indústria do Mundo que os avanços da tecnologia aeronáutica durante a Segunda Guerra Mundial estimularam o desenvolvimento dos pacotes de férias ao estrangeiro da década de 1950 em diante. O trabalho pioneiro de Vladimir Raitz, da Horizon Holiday, no início da década de 1950, gerou impactos de longo alcance no cenário do turismo doméstico e internacional durante vários anos. Desse início tímido, a indústria de pacotes de férias passou a atrair mais empresários, os quais ajudaram o setor de viagens a crescer continuamente nas décadas de 1960, 1970 e 1980 até a posição de 1994, cujo total de pacotes de férias ao exterior vendidos aos britânicos foi de 15,1 milhões (veja a Figura 4.2).

Em face dessa concorrência maciça de operadoras de viagens a países fora do Reino Unido e de outros continentes, a indústria do turismo nacional na Grã-Bretanha assistiu a uma queda em sua participação em pacotes de férias de longa duração vendidos aos britânicos, embora o crescimento das férias de curta duração no Reino Unido sempre tenha tido sucesso.

Multiplicação do número de carros particulares

A maior quantidade de carros particulares depois da Segunda Guerra Mundial concedeu aos indivíduos a liberdade e a flexibilidade de usar seu tempo de lazer. As pessoas passaram a viajar para lugares mais distantes e a explorar áreas rurais e costeiras da Grã-Bretanha. O número de carros particulares nas rodovias britânicas ascendeu acentuadamente de 2,3 milhões em 1950 para 11 milhões em 1970. Em 1997, esse número saltou para mais de 21 milhões de veículos. Apesar de essa ascensão ter indubitavelmente gerado benefícios a indivíduos e famílias, ressaltou várias questões que merecem atenção. Primeiramente, a tendência crescente dos

Figura 4.2 Crescimento da quantidade de pacotes de férias adquiridos por residentes do Reino Unido.

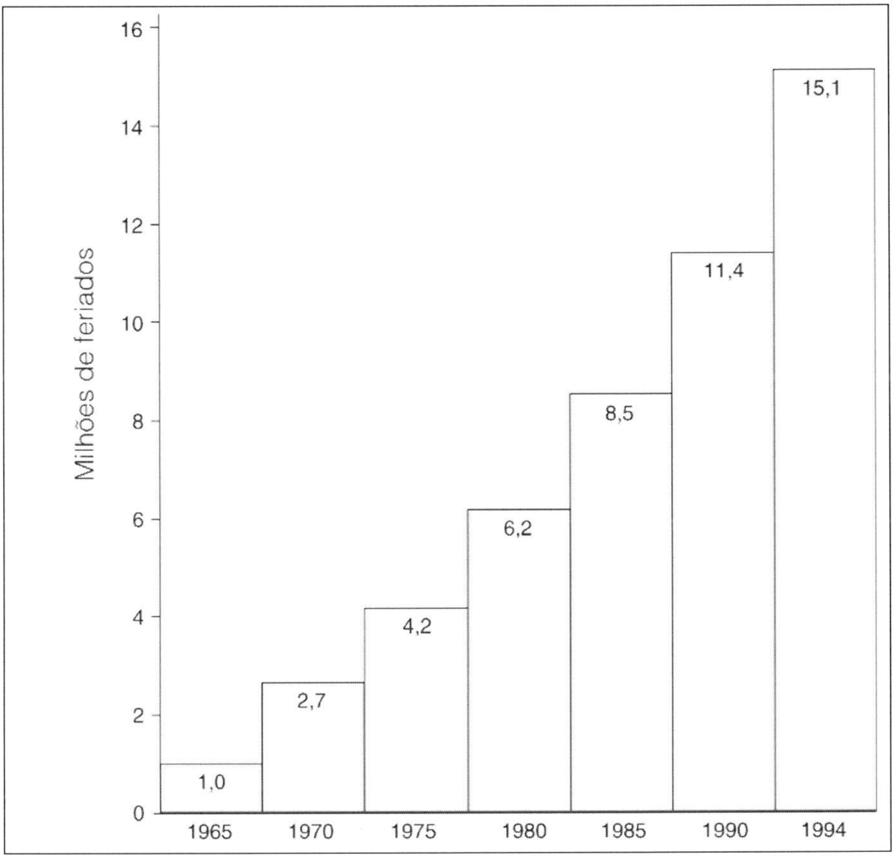

Fonte: ABTA Information Bureau.

carros particulares foi responsável pela queda da demanda por determinados tipos de transporte público tradicionais. De acordo com os dados publicados em *Insights* (English Tourist Board, 1993), o uso de trens para viagens turísticas diminuiu de 48% em 1951 para apenas 8% em 1990. As estatísticas referentes às viagens em ônibus de turismo no mesmo período mostram uma tendência similar – queda de 28% em 1951 para 9% em 1990. Essa queda da demanda por trens e ônibus de turismo fez com que determinados serviços fossem cortados e, no caso das ferrovias, linhas sem lucratividade fossem fechadas. Quem vivia em áreas rurais distantes da Grã-Bretanha foi particularmente afetado pela redução dos serviços oferecidos e pela perda de opções de planos de viagem.

A segunda conseqüência da multiplicação do número de carros particulares no Reino Unido foi o aparecimento de problemas ambientais associados, como poluição, congestionamento e perda de espaço para a construção de rodovias. Esses problemas são particularmente delicados em várias cidades históricas britânicas e na maioria das áreas rurais pitorescas. Em diversos parques nacionais e áreas de beleza natural exuberante,[2] por exemplo, o volume de carros está prejudicando a paisagem e o hábitat de animais selvagens e, portanto, destruindo, na maioria das vezes, o que os visitantes desejam admirar. Esses problemas deram origem a reivindicações para banir os carros de determinadas áreas ou de controlá-los rigidamente. Cidades históricas populares, como Canterbury, Cambridge e York, introduziram medidas como o "*park and ride*",[3] aluguel de bicicletas e esquemas de cobrança para ajudar a aliviar os problemas. Os administradores do Peak District National Park estimularam o uso de transporte público por meio de uma parceria com as operadoras de ônibus e trem locais.

O significado da indústria do turismo do Reino Unido

O turismo é uma das principais indústrias britânicas, digno de uma arrecadação de aproximadamente 38 bilhões de libras para a economia do Reino Unido (British Tourist Authority, 1996a), quantia essa distribuída da seguinte maneira:

- 12,775 bilhões de libras (34%) – pernoites por parte de residentes do Reino Unido
- 12,092 bilhões de libras (32%) – visitantes estrangeiros no Reino Unido
- 10,056 bilhões de libras (26%) – residentes do Reino Unido em excursões diárias
- 3,025 bilhões de libras (8%) – tarifas de transportadoras para visitantes estrangeiros no Reino Unido

O turismo no Reino Unido gera emprego para 1,5 milhão de pessoas, 6% de todos os empregos na economia, e é responsável por 5% do PIB. Afora esses benefícios econômicos, o turismo, além de um importante papel social a ser cumprido em comunidades rurais, desempenha uma função fundamental na restauração urbana e contribui para a prosperidade regional. Dessa forma, sua

[2] No original, o termo correspondente é AONBS, *Areas of Outstanding Natural Beauty*. (N.T.)

[3] Esquema segundo o qual os turistas estacionam o carro e utilizam outros meios para prosseguir a viagem. (N.T.)

atuação é fundamental para evidenciar a imagem das grandes e pequenas cidades e dos vilarejos em toda a Grã-Bretanha, e isso ajuda a sustentar seu papel proeminente em relação a assuntos globais.

Contribuição do turismo para a criação de riqueza

A indústria do turismo do Reino Unido gera renda e riqueza para uma série de indivíduos e instituições, como órgãos públicos, empresas, acionistas do setor privado, órgãos voluntários e governo nacional. Do ponto de vista internacional, o turismo contribui para a balança de pagamentos do Reino Unido, na qual é considerado um item "imperceptível", ao lado de itens como bancos, operações de embarque de mercadorias e seguros. Em 1994, o turismo foi responsável por menos de um terço de todas as exportações da indústria de serviços do Reino Unido (British Tourist Authority/English Tourist Board, 1996). Uma análise comparativa do valor do turismo do Reino Unido em relação a outras exportações principais mostra que o turismo gera mais receitas que, por exemplo, a indústria têxtil e derivados do petróleo, além do seu valor de exportação de aproximadamente metade do valor da indústria química do Reino Unido.

Do ponto de vista local, a receita gerada pelo turismo é aumentada por um importante conceito conhecido como efeito multiplicador. Pesquisas mostraram que a quantia gasta pelos visitantes em uma área circula novamente na economia local e de fato vale mais que seu valor nominal. Por exemplo, se um visitante gastasse 100 libras em um hotel de uma cidadezinha cujo mercado é pequeno, essa quantia poderia valer 100 x 1,3 (o multiplicador do hotel para essa área), isto é, um total de 130 libras. Nesse exemplo, 1,3 é meramente uma ilustração, tendo em vista que o efeito multiplicador varia de um país para outro e entre diferentes setores industriais (veja o capítulo Impactos Turísticos para obter uma explicação mais detalhada sobre o conceito do efeito multiplicador).

A importância dos turistas estrangeiros para a Grã-Bretanha

A despeito da crescente concorrência de outras destinações do mundo e dos períodos de recessão recentes, a Grã-Bretanha tem sido bem-sucedida em atrair um número cada vez maior de turistas estrangeiros. Como a Figura 4.3 mostra, em 1995 o número de turistas na Grã-Bretanha bateu o recorde.

O lucro total proporcionado por turistas estrangeiros na Grã-Bretanha também aumentou continuamente no mesmo período (veja a Tabela 4.1).

Além da receita para a balança de pagamentos britânica, os turistas estrangeiros contribuem de outras formas, por exemplo:

- A entrada de turistas em uma determinada área ajuda a criar ou a manter empregos, aumentando, portanto, o poder aquisitivo do assalariado na localidade e melhorando a economia local.
- O dinheiro gasto em hospedagem, alimentação, transporte, diversão, atrações e lazer gera lucros, os quais são usados para criar mais negócios para as empresas.
- O turismo de entrada oferece benefícios governamentais, tendo em vista que os turistas estrangeiros pagam impostos sobre valor adicionado e outras taxas quando da compra de vários produtos e serviços, como bebidas alcoólicas, cigarro, gasolina, hospedagem e suvenires.

Figura 4.3 Visitantes estrangeiros na Grã-Bretanha, 1981-95.

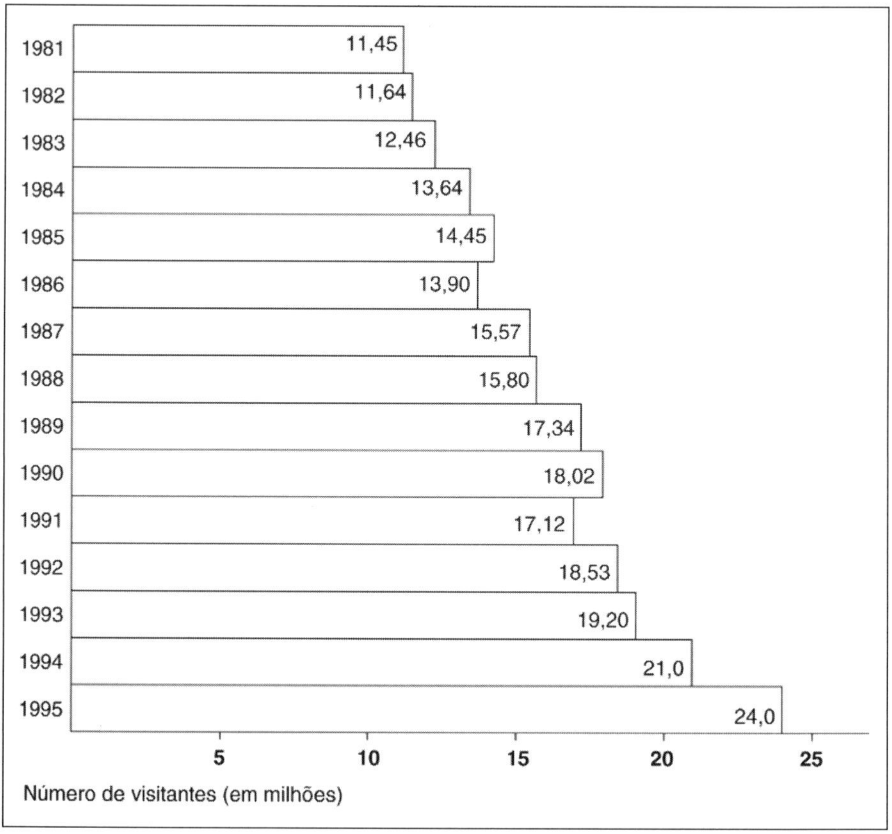

Fonte: Relatórios Anuais da BTA/ETB .

Tabela 4.1 Gastos por parte de turistas estrangeiros na Grã-Bretanha, 1981-95.

Ano	Gastos totais (em milhões de libras)
1981	2.970
1982	3.188
1983	4.003
1984	4.614
1985	5.442
1986	5.553
1987	6.260
1988	6.184
1989	6.945
1990	7.748
1991	7.386
1992	7.891
1993	9.354
1994	9.919
1995	12.092

Fonte: Relatórios Anuais da BTA/ETB; *National Facts of Tourism*, BTA.

- Os gastos por parte dos turistas estrangeiros em transporte público e instalações de lazer ajudam a manter os custos baixos para a população local, que se beneficia também de numerosas utilidades fornecidas tanto aos turistas quanto aos habitantes.
- A receita proveniente de turistas estrangeiros pode ser transformada em melhorias ao meio ambiente local e, portanto, melhorar a qualidade de vida de todos.
- Os teatros britânicos e a arte em geral beneficiam-se do dinheiro gasto pelos turistas estrangeiros.
- A receita proveniente de turistas estrangeiros ajuda a preservar prédios históricos e a conservar áreas cujo significado ambiental é especial.
- A reputação internacional de eventos culturais e esportivos poderá ser mantida se conseguirem atrair grande quantidade de turistas estrangeiros.

Empregos no turismo do Reino Unido

A capacidade do turismo de criar empregos é um de seus principais benefícios econômicos e, em geral, o motivo mais importante pelo qual os órgãos públicos investem no turismo no Reino Unido. Dados do *Tourism Intelligence Quartely* (British Tourist Authority/English Tourist Board, 1996) mostram que o total de empregos em indústrias relacionadas com o turismo na Grã-Bretanha em setembro de 1995 foi de 1.545.300, quantidade essa distribuída da seguinte forma:

- *Pubs*, bares, casas noturnas e clubes licenciados 389.300
- Hotéis e outros tipos de hospedagem turística 340.900
- Restaurantes, cafés e *snack bars* 338.200
- Esportes e outras atividades recreacionais 318.300
- Bibliotecas, museus e outras atividades culturais 83.900
- Agências e operadoras de viagens 74.900

O emprego nessas categorias, além dos autônomos na indústria do turismo, foi responsável por mais ou menos 6% de toda a mão-de-obra empregada no Reino Unido. O Conselho Mundial de Viagens e Turismo (World Travel and Tourist Council – WTTO), usando uma definição mais ampla da indústria do turismo, estimou que a quantidade de empregos resultantes de viagens e turismo no Reino Unido seria de 3,03 milhões ou 11,7% de sua força de trabalho em 1996, quantidade essa cuja expectativa é que aumente para 3,34 milhões de trabalhadores (12,2% da força de trabalho) em 2006 (World Travel and Tourism Council, 1996). Estima-se que, para cada cargo direto na indústria do turismo do Reino Unido, metade de um cargo indireto é criada em algum lugar na economia (British Tourist Authority/English Tourist Board, 1996). Isso pode ser ilustrado se examinarmos o exemplo de uma família que viaja em um *trailer* para uma estação litorânea no Reino Unido. Afora os beneficiários diretos das férias, por exemplo, o proprietário do estacionamento para *trailers*, outras empresas não diretamente associadas com o turismo vão se beneficiar – vejamos, postos de gasolina, lojas, comerciantes e bancos.

A estrutura do turismo do Reino Unido

A indústria do turismo do Reino Unido tem uma estrutura complexa, com vários setores fragmentados, os quais fornecem produtos, serviços e utilidades tanto para viajantes de lazer quanto de negócios. Desde as agências de viagens localizadas nas principais ruas da cidade, operadoras de ônibus turísticos e atrações turísticas a hoteleiros, escritórios de turismo e locadoras de automóveis, todos empenham-se para atender às necessidades dos turistas domésticos e estrangeiros. O turismo na Grã-Bretanha é sustentado por milhares de pequenos negócios, um número pequeno de empresas grandes de renome e numerosos órgãos governamentais federais e locais para ajudar a indústria na Europa e em nível nacional, regional e local.

A abordagem mais comum para examinar a estrutura do turismo do Reino Unido é identificar os setores nos quais essa indústria consiste, como escritórios de turismo, operadoras de viagens, companhias aéreas e fornecedores de hospedagem, e observar as funções e o papel de cada um na indústria como um todo. Entretanto, uma abordagem como essa não compreende os motivadores e os objetivos subjacentes das várias organizações nos setores dessa indústria. Por exemplo, uma atração turística é meramente um negócio cujos proprietários visam ao lucro ou seria um amplo propósito social e comunitário? A seção seguinte deste capítulo explora os objetivos distintos dos fornecedores de turismo dos setores privado, público e voluntário, antes de analisar detalhadamente os principais setores da indústria no turismo do Reino Unido.

Classificação do turismo do Reino Unido com base no objetivo organizacional

O estabelecimento de objetivos ou metas é um método essencial para o sucesso de todas as organizações que trabalham na indústria do turismo do Reino Unido. Os objetivos fornecem uma estrutura dentro da qual todos os recursos humanos, físicos e financeiros da organização podem ser usados da melhor forma possível. Os objetivos de cada uma das organizações diferem entre si e refletem a filosofia dos proprietários ou administradores, o tamanho da organização, seu estágio de desenvolvimento e se pertence ao setor da indústria do turismo comercial ou não comercial. Além disso, os objetivos serão desenvolvidos e refinados por todos os que têm algum interesse pela organização – às vezes chamados de "depositários", dentre eles:

- Clientes
- Proprietários
- Gerentes
- Funcionários
- Acionistas
- Conselheiros locais
- Sociedade
- População
- Membros (de um grupo especial ou associação)

Os clientes naturalmente vão se interessar pela qualidade do produto que receberão dos fornecedores de turismo e em saber se a organização oferece custo-benefício. Os proprietários e gerentes estarão alertas para assegurar que os objetivos sejam realistas e atingíveis e para oferecer uma recompensa por seus esforços, habilidades e conhecimento gerencial. As expectativas dos funcionários serão boas condições de trabalho e perspectivas em termos de promoção e crescimento, dentre outros, da organização. Os acionistas observarão os proprietários e/ou gerentes para que lhes forneçam um retorno sempre maior sobre o capital investido na organização. Os conselheiros, representando a comunidade local, ficarão atentos para observar se as instalações públicas estão sendo plenamente usadas, se os objetivos estão sendo atingidos e os fundos públicos estão sendo distribuídos com prudência. Os membros de um grupo ou associação vão querer se envolver ativamente na determinação e consecução dos objetivos. A sociedade tem, em maior ou menor grau, interesses nas metas e nos objetivos das organizações de turismo. Por exemplo, os benefícios das viagens rápidas, das diversões do momento e do acesso fácil a numerosas atividades e instalações precisam estar de acordo com os interesses mais amplos da sociedade, como a exploração social e ambiental, problemas de congestionamento e mudanças culturais em áreas expostas ao desenvolvimento turístico.

Objetivos comerciais

A indústria do turismo do Reino Unido é controlada principalmente pelas organizações privadas, cuja intenção é por natureza comercial. Alguns dos nomes mais conhecidos na indústria são empresas privadas – por exemplo, British Airways, Center Parcs, Thomas Cook, Swallow Hotels, Thomson Holidays e Alton Towers, para citar apenas alguns. O setor privado da indústria do turismo do Reino Unido consiste em organizações pequenas e grandes de propriedade individual ou pertencentes a grupos cujo principal objetivo é o lucro. Muitas pessoas da sociedade em geral investem nessas organizações e parte de sua renda depende dos lucros gerados por empresas turísticas comerciais. A maximização dos lucros é um objetivo importante para qualquer fornecedor comercial de turismo, à medida que ajuda a fornecer o capital que será investido na expansão dos negócios e, portanto, possibilita que os funcionários e a administração respondam melhor às necessidades dos clientes fornecendo os produtos e serviços que eles comprarão.

Embora a maximização de lucros seja o objetivo primário da maioria das empresas privadas, não é de forma alguma o único objetivo de todas as organizações de turismo comerciais. Numerosos pequenos negócios na indústria do turismo do Reino Unido estão sendo conduzidos por pessoas que trabalhavam em grandes empresas e frustraram-se com o alto nível de burocracia. Essas pessoas valorizam o maior controle que o *status* de autônomo oferece sobre seus negócios e prosperam ao tomarem suas próprias decisões. É provável que os operadores de algumas empresas turísticas não procurem maximizar totalmente os lucros, pois ficam contentes com o nível de lucratividade que lhes possibilita o estilo de vida que desejam; afinal de contas, para que trabalhar em uma indústria relacionada com férias e viagens e não ter tempo para se divertir!

Além dos objetivos de maximizar a receita, há várias outras metas correspondentes, até mesmo nas maiores empresas turísticas do Reino Unido. Por exemplo, a British Airways está comprometida a ser "...a melhor e mais bem-sucedida empresa na indústria de linhas aéreas" (British Airways, 1993). Para cumprir essa missão, a British identificou sete objetivos detalhados, os quais chama de meta e os quais espera de fato atender. São eles:

1. *Oferecer segurança e proteção* – ser uma companhia aérea que oferece segurança e proteção.
2. *Ser financeiramente robusta* – passar a imagem de um desempenho financeiro robusto e consistente.
3. *Ser o líder mundial* – assegurar uma participação de liderança no setor de viagens aéreas no mundo inteiro com presença marcante em todos os principais mercados geográficos.
4. *Oferecer atendimento e valor* – oferecer um nível de atendimento geral superior e custo-benefício em todos os segmentos de mercado nos quais concorre.
5. *Ser uma empresa direcionada para os clientes* – sobressair ao prever e responder rapidamente às necessidades dos clientes e a atividades da concorrência.
6. *Ser um bom empregador* – manter um ambiente de trabalho que atraia, retenha e desenvolva funcionários comprometidos que compartilhem do sucesso da empresa.
7. *Ser amistosa e prestativa* – desenvolver um relacionamento amistoso em relação à comunidade e ao meio ambiente.

Obviamente, o fortalecimento financeiro é o mais importante para a British Airways, mas esses objetivos evidenciam que a atenção da empresa apenas às finanças não será suficiente para que atinja sua missão global.

Objetivos não comerciais

O principal objetivo das organizações de turismo não comerciais, pertencentes aos setores público ou voluntário da economia do Reino Unido, em geral não é a maximização de lucros. Talvez pelo fato de terem sido desenvolvidas com base em objetivos sociais e comunitários mais amplos; a principal meta de uma atração turística desenvolvida no lugar de uma escavação arqueológica, por exemplo, provavelmente é oferecer uma experiência instrutiva e recreacional em benefício da população local. Há vários exemplos de organizações sem fins lucrativos que trabalham na indústria do turismo do Reino Unido.

Os órgãos públicos desempenham um papel fundamental no fornecimento de infra-estrutura e instalações aos turistas, bem como na divulgação de suas atrações tanto no mercado doméstico quanto no estrangeiro (veja a subseção a seguir para obter mais informações sobre o papel dos órgãos públicos no turismo do Reino Unido). O propósito dos escritórios de turismo nacionais, regionais e locais é estimular os turistas e ajudar seus associados a fornecer produtos e serviços de alta qualidade aos visitantes (veja o estudo de caso da British Tourist Authority a seguir). As instituições beneficentes que trabalham no turismo variam de grupos pequenos e locais, os quais visam proteger uma fonte de recursos natural ameaçada, grandes organizações como a National Trust, que protege mais de 600 mil acres (2.430 km^2) de costa litorânea, colinas e florestas na Inglaterra, no País de Gales e na Irlanda do Norte e acolhe mais de 11 milhões de visitantes todo ano em seus 400 prédios e jardins abertos ao público.

Embora a maximização de lucros não seja o objetivo principal das organizações não comerciais que operam na indústria do turismo do Reino Unido, a expectativa é de que aquelas que fazem parte do governo local ou são órgãos públicos do governo federal ofereçam custo-benefício e atinjam metas e critérios de desempenho estabelecidos. Vários órgãos públicos locais recrutaram funcionários do setor privado e implementaram práticas de gerenciamento desse setor para facilitar a consecução de seus objetivos. Da mesma forma, a meta de todos os grupos voluntários e instituições beneficentes é manter o custo o mais baixo possível e empenhar-se ao mesmo tempo para atingir seus objetivos sociais ou comunitários mais amplos. O estudo de caso a seguir, sobre o trabalho da British Tourist Authority, é um bom exemplo de organização financiada pelo setor público que tem uma série de objetivos comerciais e não comerciais.

Estudo de Caso: British Tourist Authority (BTA)

A British Tourist Authority (BTA) trabalha no setor não comercial do turismo do Reino Unido e é responsável pela promoção da Grã-Bretanha no estrangeiro como destinação turística. Seu papel central é ajudar a maximizar a contribuição do turismo de entrada para a economia britânica. Esse órgão foi estabelecido sob a lei de desenvolvimento do turismo de 1969 (Development of Tourism Act), paralelamente aos escritórios de turismo do País de Gales, da Inglaterra e da Escócia; o escritório da Irlanda do Norte foi estabelecido em 1948. Diferentemente dos escritórios de turismo nacionais, responsáveis por estimular o turismo em seu próprio país, a BTA está comprometida com a promoção de toda a Grã-Bretanha aos turistas estrangeiros.

O trabalho da BTA

Seus objetivos são:

- Maximizar o benefício para a economia oferecido pelos turistas estrangeiros que visitam a Grã-Bretanha e ao mesmo tempo trabalhar em parceria, no mundo inteiro, com organizações dos setores público e privado envolvidas na indústria e com o English Tourist Board (ETB), Scottish Tourist Board (STB) e Wales Tourist Board (WTB).
- Identificar as necessidades dos turistas na Grã-Bretanha, seja qual for sua origem, e estimular a melhoria da qualidade dos produtos e o uso da tecnologia para atendê-las.
- Espalhar o benefício econômico do turismo para a Grã-Bretanha mais amplamente e em especial nas áreas em que há potencial turístico e o nível de desemprego está acima da média.
- Estimular o turismo na Grã-Bretanha nos períodos fora da temporada.
- Assegurar que a BTA, ao perseguir seus objetivos, use os recursos, reduzindo ao máximo os custos.

Para atingir esses objetivos, a BTA empreende um programa de longo alcance de pesquisa de mercado e promoção de produtos nos principais países do mundo. Em vários aspectos, a BTA funciona como uma extensão dos escritórios de turismo nacionais no estrangeiro, reunindo informações sobre o mercado por meio de sua rede de escritórios e representantes no exterior. Essas informações sobre o mercado são retransmitidas aos escritórios de turismo nacionais e ajudam a desenvolver novos produtos e serviços para atender às necessidades dos visitantes estrangeiros por meio de alianças com operadoras comerciais e órgãos públicos locais. Dentre as iniciativas recentes da BTA estão o Festival de Artes e Cultura de 1995, que ajudou a estruturar a relação entre os turistas e as artes, campanhas para explorar o potencial do Eurotúnel direcionadas aos turistas estrangeiros, promoção da temporada de golfe no Reino Unido aos espanhóis e atividades de *marketing* conjuntas com empresas de viagens belgas. A BTA dirigiu numerosos métodos inovadores de divulgação de informações, como o guia de Londres em CD-ROM, serviços oferecidos por meio da internet e a introdução de informações via fax no Japão, na Austrália e nos Estados Unidos. Esse sistema permite que os consumidores e o comércio de viagens solicitem informações sobre a Grã-Bretanha durante 24 horas por meio de transmissão automática de fax.

Estrutura e operação da BTA

Além de cooperar intimamente com os escritórios de turismo nacionais e regionais da Grã-Bretanha, a BTA está interligada em rede com o comércio de viagens no exterior, meios de comunicação e estrangeiros que desejam visitar a Grã-Bretanha, como mostrado na Figura 4.4.

Figura 4.4 Rede da BTA.

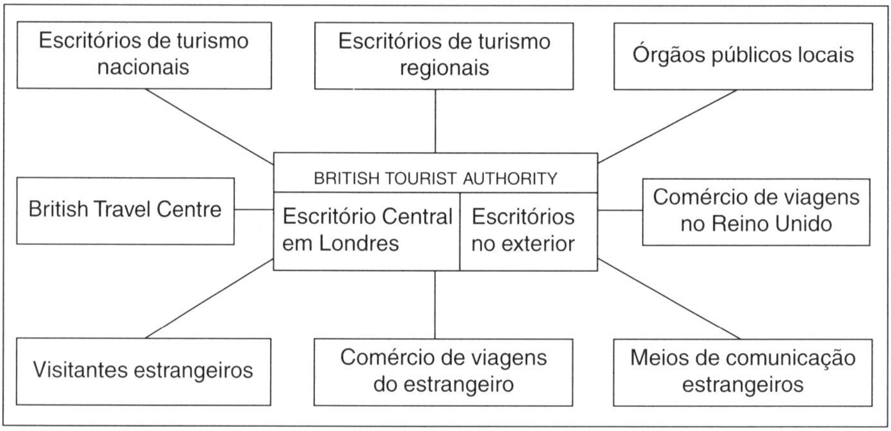

Afora o British Travel Centre, em Londres, a BTA opera uma rede de 40 pontos-de-venda no exterior, os quais atuam como centros de informações para visitantes que possivelmente viajarão para a Grã-Bretanha e transmitem informações sobre o mercado do país em que se encontram ao escritório central da BTA em Londres.

O papel da BTA de chamar a atenção da indústria do turismo para determinadas áreas é fundamental – por exemplo, o comparativamente alto imposto sobre valor adicionado (conhecido como VAT, *value added tax*) da Grã-Bretanha, o qual deve ser repassado ao consumidor, e efeitos semelhantes das Diretrizes Européias sobre Pacotes de Férias e Vendas a Distância (European Package Travel and Distance Selling Directive) sobre o turismo do Reino Unido —, pois ajuda a desenvolver novas parcerias entre os setores comercial e público dessa indústria.

A principal fonte de financiamento da BTA são os subsídios governamentais. No ano fiscal concluído em 31 de março de 1995, essa quantia foi de 33,2 milhões de libras, mais os 15 milhões de libras gerados por outras atividades comerciais, como a venda de propaganda e espaço publicitário para exposições no exterior. Vinte e um milhões de turistas estrangeiros visitaram a Grã-Bretanha em 1994, os quais injetaram mais de 9,9 bilhões de libras de receitas adicionais na economia, um crescimento de 6% em relação ao ano anterior (British Tourist Authority, 1996b). De acordo com uma pesquisa independente encarregada pela BTA, 757 milhões de libras desse valor foram diretamente atribuídos às suas atividades, quantia essa que, se comparada com os 33 milhões de libras de subsídios, iguala-se ao retorno de 23 libras gerados por libra gasta dos fundos públicos (British Tourist Authority, 1996b).

(*Essas informações foram cordialmente fornecidas pela* BTA.)

Pontos para discussão e análise

1. Avalie o papel desempenhado pela BTA na concorrência ao mercado de turistas internacionais.
2. Discuta a influência da BTA sobre a série de produtos em oferta na Grã-Bretanha.
3. Que impacto a tecnologia tende a ter sobre o futuro trabalho da BTA?
4. O que justifica o gasto de dinheiro do governo para financiar a BTA?

Classificação do turismo do Reino Unido por setor industrial

Depois de examinar as metas e os objetivos subjacentes de organizações comerciais e não comerciais do turismo do Reino Unido, vamos investigar a importância de vários setores da indústria. A forma pela qual os principais componentes da indústria do turismo do Reino Unido interagem é mostrada na Figura 4.5.

Como a Figura 4.5 mostra, a indústria do turismo do Reino Unido tem quatro elementos essenciais, denominados destinações, meios de transporte, hospedagem e atrações, fornecidos por uma variedade de organizações comerciais e não comerciais. As destinações turísticas, seja em uma pequena cidade no interior, seja no litoral ou na zona rural, são o ponto final da jornada de um viajante. Depois de viajar para seu destino, usando um dos vários meios de transporte existentes, o turista necessitará de algum lugar para ficar e de algo para fazer. Uma ampla variedade de fornecedores de hospedagem tem por meta satisfazer a primeira dessas necessidades, ao passo que as atrações naturais e construídas pelo homem oferecerão ao turista entretenimento durante sua estada. É importante lembrar que esses componentes essenciais não são necessariamente exclusivos entre si – por exemplo, as várias atrações oferecidas por uma estação litorânea como Blackpool servem para promover a cidade como uma destinação natural, e vice-versa. Da mesma forma, a atração Alton Towers oferece a seus visitantes a oportunidade de pernoitar no próprio hotel temático.

Figura 4.5 Estrutura da indústria do turismo do Reino Unido.

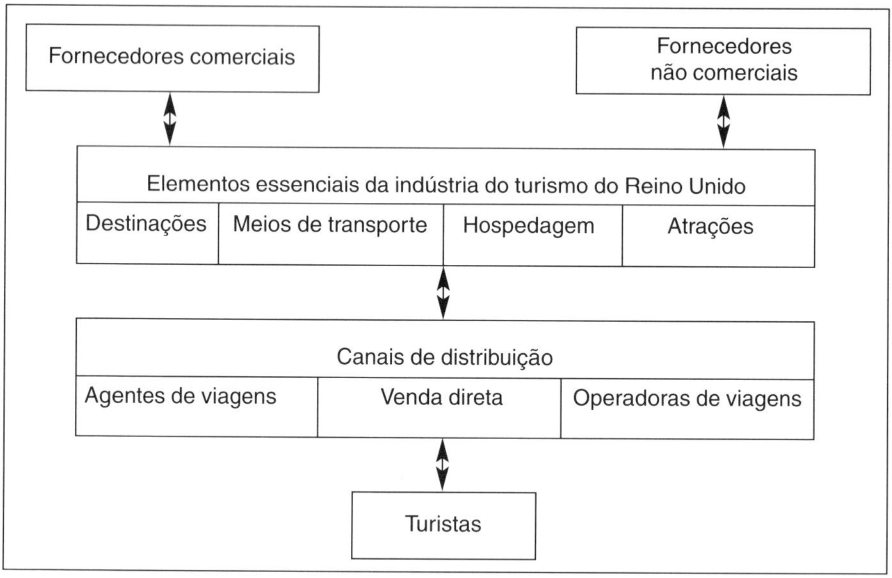

A Figura 4.5 demonstra também que esses elementos essenciais são disponibilizados aos turistas por meio de três canais principais de distribuição, isto é, diretamente ao público e por meio de intermediários como os agentes e as operadoras de viagens. Os produtos turísticos do Reino Unido, em sua grande maioria, são vendidos diretamente ao público – por exemplo, férias em hotéis, excursões de um único dia a determinadas atrações e passeios em ônibus panorâmico. Entretanto, grandes cadeias de hotéis vendem por meio de agentes de viagens e negociam taxas especiais com empresas de ônibus panorâmico e outras operadoras de viagens. Férias curtas em cidades britânicas são também vendidas por meio de agentes de viagens por empresas como a Superbreak e a Rainbow Holidays. Entretanto, agentes e operadoras de viagens com sede no Reino Unido, em sua maioria, especializam-se em vender férias no estrangeiro aos britânicos em vez de férias no Reino Unido.

Os fornecedores não comerciais mostrados na Figura 4.5 incluem uma série de órgãos locais e nacionais do setor público que promovem recursos aos turistas e ao mesmo tempo fornecem a infra-estrutura e a estrutura regulamentar dentro das quais as empresas turísticas comerciais operam. O papel do turismo do setor público é discutido posteriormente neste capítulo.

Destinações

As destinações em geral oferecem a motivação para uma viagem e são o alvo em vários componentes da indústria do turismo do Reino Unido. Examinemos o exemplo de um casal de aposentados que lê uma reportagem em um jornal de domingo sobre uma temporada nas ilhas escocesas. Provavelmente será a própria imagem da destinação turística que a princípio capturará a imaginação do casal, mas o casal dependerá de uma série de fornecedores para que suas necessidades sejam atendidas e sua experiência seja memorável enquanto estiver na Escócia – por exemplo, meio de transporte, algum lugar para ficar e comer, atrações e entretenimento. A atividade de atrair turistas às destinações é um ramo de negócios muito concorrido; uma passada de olhos nas páginas de qualquer jornal ou revista é suficiente para confirmar isso. Lugares tão distantes quanto Buxton e Bournemouth, Cardiff e Canterbury e Distrito dos Lagos e Dartmoor estão todos concorrendo a uma fatia dos gastos totais por parte de visitantes do Reino Unido e do estrangeiro. Os benefícios econômicos do turismo obviamente são a menina-dos-olhos de numerosas destinações nacionais, regionais e locais.

As destinações algumas vezes são temas de discussão entre os estudiosos do turismo do Reino Unido, à medida que não há nenhuma definição clara sobre o que de fato é uma "destinação". É possível argumentar que todo o Reino Unido é uma destinação turística, em particular aos visitantes estrangeiros. Cada um dos países no Reino Unido e as regiões conhecidas dentro deles são também destinações, da mesma forma como o são as pequenas e grandes cidades, as estações litorâneas, as áreas de beleza natural exuberante e as principais atrações turísticas. Uma dificuldade ainda maior em relação às destinações e seu papel no turismo do Reino Unido está relacionada com propriedade e controle. As acomodações, os estabelecimentos de hospedagem e as formas de entretenimento nas estações de turismo, em sua maioria, são fornecidos por operadoras privadas, ao passo que os órgãos responsáveis pela promoção das destinações são invariavelmente públicos – por exemplo, departamentos de turismo de um órgão local e escritórios de turismo nacionais. Do ponto de vista histórico, isso significa que os responsáveis pela divulgação de uma área tiveram pouco controle sobre a qualidade dos produtos turísticos e os padrões dos serviços oferecidos aos visitantes. Essa situação está mudando gradativamente, pois alguns escritórios de turismo e escritórios locais só concordam em trabalhar com empresas privadas que tenham sido inspecionadas e aprovadas.

Meios de transporte

Qualquer discussão sobre o desenvolvimento do turismo do Reino Unido invariavelmente necessitará de uma análise detalhada dos meios de transporte, tendo em vista que a indústria do turismo está fundamentalmente relacionada com o movimento de pessoas, seja para lazer ou negócios. Segurança, confiança, conforto, rapidez, conveniência e meios de transporte acessíveis, além de uma infra-estrutura de transporte adequada, são pré-requisitos para o desenvolvimento bem-sucedido do turismo. Os serviços de transporte do Reino Unido, em sua maioria, são fornecidos por operadoras privadas, como as operadoras de *ferry*, companhias aéreas e locadoras de automóveis. Vários projetos de infra-estrutura de transporte, entretanto, são iniciativas públicas – por exemplo, projetos de restauração de rodovias, construção de pontes e modernização de aeroportos. Temos visto uma quantidade cada vez maior de parcerias entre os setores público e privado em projetos de infra-estrutura de transporte no Reino Unido – por exemplo, a linha de trem de alta velocidade de interligação do Eurotúnel.

Os meios de transporte desempenham um papel econômico fundamental no turismo do Reino Unido por meio da criação de empregos e riqueza. Dados estatísticos citados no *Tourism Intelligence Quartely* (British Tourist Authority/English Tourist Board, 1996) mostram que as viagens dentro do Reino Unido são responsáveis por 8 e 17% dos gastos totais por parte dos visitantes estrangeiros e domésticos, respectivamente, em 1994, totalizando mais de 3 bilhões de libras para ambas as categorias de turistas.

O transporte de turistas do Reino Unido e visitantes estrangeiros na Grã-Bretanha pode ser dividido em transporte de superfície, marítimo e aéreo, cada um dos quais com características e estrutura distintas.

Transporte de superfície

O transporte de superfície ou terrestre inclui rodovias e ferrovias. O transporte rodoviário destinado ao turismo do Reino Unido é dominado por automóveis particulares. Mais de três quartos das férias de longa duração na Grã-Bretanha usaram esse tipo de transporte em 1995 (British Tourist Authority/English Tourist Board, 1996). Outros tipos de transporte de superfície menos amplamente usados no turismo são os ônibus comuns e os serviços de ônibus panorâmico (13%) e trens (7%). O número crescente de automóveis particulares e o maior acesso a meios de transportes privados fizeram com que o uso de automóveis para viagens turísticas aumentasse significativamente desde o início da década de 1950, em detrimento das viagens de trem e ônibus comuns/panorâmicos, meios esses que acabaram perdendo participação de mercado.

Embora o uso cada vez maior do automóvel particular para viagens turísticas tenha dado liberdade às pessoas para explorar as partes menos conhecidas da Grã-Bretanha, as quais não são bem servidas por transporte público, a preocupação em relação aos conseqüentes problemas ambientais é crescente. O congestionamento e a poluição em cidades históricas, aliados à erosão e ao congestionamento em áreas rurais populares, têm sido mais e mais responsáveis por reivindicações contra o uso de automóveis em algumas áreas ou de que o uso de carros seja controlado com rigor (veja anteriormente neste capítulo mais detalhes sobre o aumento da quantidade de automóveis particulares no Reino Unido).

Os trens, embora sejam um meio de transporte que respeita totalmente o meio ambiente, nos últimos anos perderam popularidade entre os turistas do Reino Unido. As viagens turísticas de trem hoje representam apenas 15% de seu índice em 1951. Contudo, há uma ou duas áreas de crescimento nas viagens turísticas de trem, em especial as férias de curta duração e as populares ferrovias com bitola estreita (apenas 60 cm entre os trilhos), particularmente no País de Gales. O número de férias de curta duração aumentou de 28 mil em 1980 para 135 mil em 1985 (English Tourist Board, 1993). Algumas operadoras exploraram com êxito o mercado de viagens "nostálgicas" introduzindo as viagens de férias em locomotivas a vapor – um exemplo é o percurso Veneza-Simplon pela Expresso Oriente –, as quais algumas vezes são fretadas para excursões especiais no Reino Unido.

As viagens de ônibus panorâmico englobam serviços oferecidos nas férias por empresas como a Shearings e Frames Rickards e serviços programados que interligam grandes e pequenas cidades operados pela National Express, ex-empresa estatal comprada em 1988 pela empresa que a administrava (veja a Figura 4.6).

Várias pequenas empresas de serviços de ônibus panorâmico oferecem programas de passeios e excursões ao mercado local e aos visitantes em férias na região. A flexibilidade e o custo-benefício tornam esse tipo de viagem popular no segmento de mercado de jovens e no de "aposentados".

Transporte marítimo

O transporte marítimo no turismo do Reino Unido é dominado pelas operadoras de serviços de *ferry* entre o Reino Unido e a Irlanda, a Escandinávia e o continente europeu, principalmente a França, a Bélgica e a Holanda. Aproximadamente 9% de todos os visitantes estrangeiros chegam ao Reino Unido de carro, usando os vários portos ao redor da costa. Entretanto, se examinarmos apenas os visitantes europeus na Grã-Bretanha, esse número sobe para 19% (English Tourist Board, 1993). A inauguração de serviços mais rápidos, freqüentes e confortáveis de travessia do Eurotúnel, os quais usam uma nova geração de "*superferries*", *hovercrafts* (aeroflutuantes) e hidrofólios, ofereceu aos turistas estrangeiros várias formas de viajar para o Reino Unido. Desde o início da década de 1990, as operadoras de *ferry*, cujo primeiro programa de passageiros abrangendo todo o verão data de 1995, alavancaram-se para enfrentar a atualmente acirrada concorrência no Eurotúnel. Elas procuraram concorrer em preço e na qualidade oferecida aos serviços, usando descontos e venda de produtos isentos de impostos e melhorando o *catering* nos principais pontos-de-venda.

Transporte aéreo

As viagens aéreas têm três componentes fundamentais na indústria do turismo do Reino Unido:

- viagens aéreas de passageiros provenientes do estrangeiro (de entrada ou *inbound*);
- viagens aéreas de passageiros residentes ao exterior (de saída ou *outbound*);
- viagens aéreas domésticas;

As viagens aéreas de entrada dirigem sua atenção ao número cada vez maior de turistas estrangeiros que optam por viajar para a Grã-Bretanha nas férias ou a negócios. Em torno de dois terços de visitantes estrangeiros viajam para a Grã-Bretanha de avião, em particular os de lugares muito distantes como Austrália, Extremo Oriente e Estados Unidos. As viagens aéreas ao exterior envolvem serviços programados e fretados que transportam os residentes para fora da Grã-Bretanha para lazer ou negócios. Três quartos de todos os pacotes de férias vendidos no Reino Unido usam o transporte aéreo para transportar os passageiros aos destinos escolhidos. Após a introdução das tarifas *off-peak* e *stand-by*[4] e de novos tipos de aeronave, como os aparelhos de decolagem e aterrissagem curta (short take-off and landing – STOL), as viagens aéreas domésticas de férias e negócios estão sendo avaliadas seriamente por um número cada vez maior de viajantes britânicos. Os aeroportos Heathrow e Gatwick, sozinhos, operaram 100 mil vôos domésticos em 1993.

Londres é a central de conexões das viagens aéreas no Reino Unido e atualmente é servida por cinco aeroportos:

[4] *Off-peak* e *stand-by* significam, respectivamente, tarifas especiais fora dos períodos de pico e tarifas de custo baixo oferecidas aos que se dispõem a aguardar um lugar até o último momento. (N.T.)

Figura 4.6 Rede National Express (cortesia da National Express).

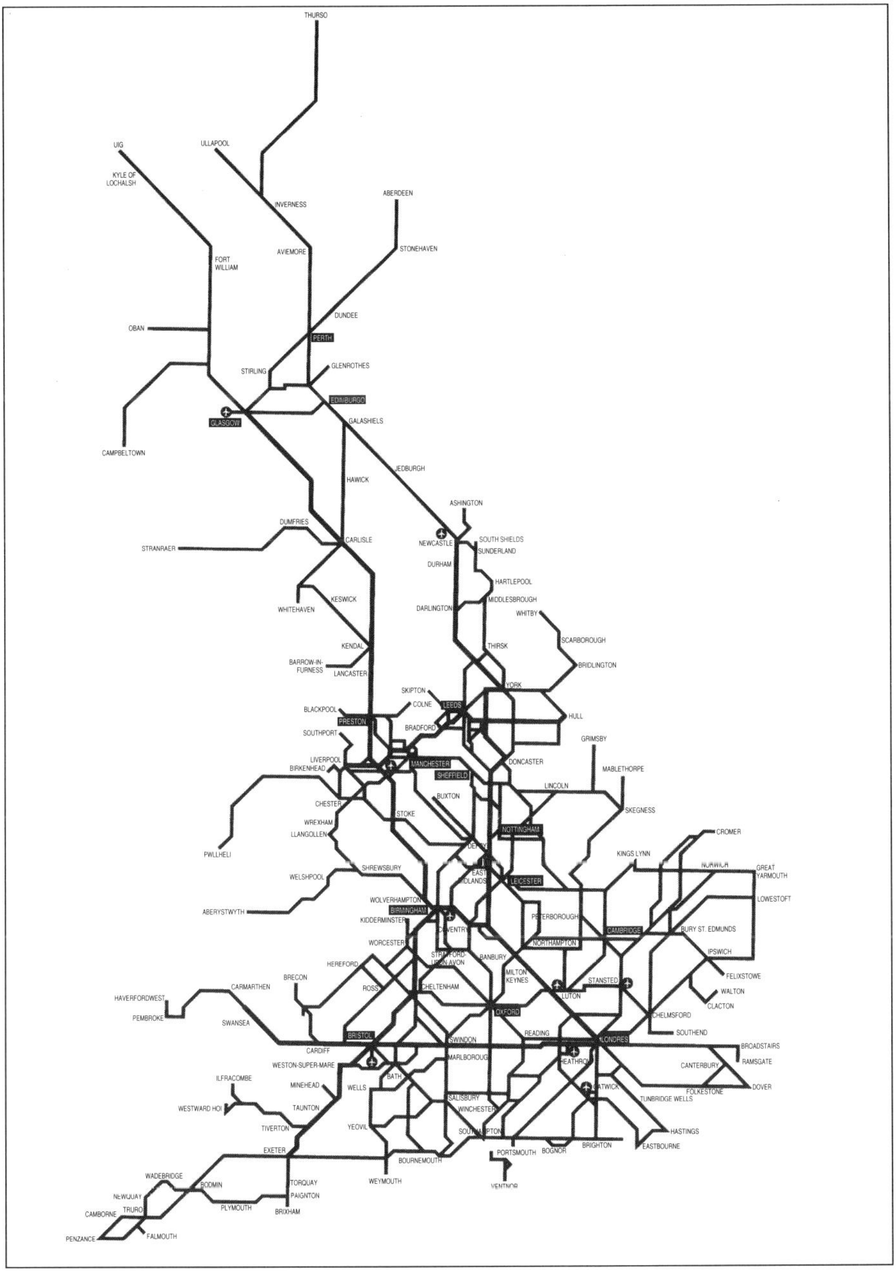

- Heathrow
- Gatwick
- Luton
- Stansted
- London City

Fora de Londres, há vários aeroportos regionais importantes no Reino Unido que servem aos mercados doméstico e internacional, como mostrado na Tabela 4.2.

Tabela 4.2 Os dez principais aeroportos do Reino Unido por número de passageiros, 1994.

Aeroporto	**Passageiros desembarcados**	**Porcentagem de passageiros em todos os aeroportos do Reino Unido**
London Heathrow	51.368.000	42,0
London Gatwick	21.045.000	17,2
Manchester	14.334.000	11.7
Glasgow	5.456.000	4,5
Birmingham	4.784.000	3,9
Stansted	3.256.000	2,7
Edinburgh	2.997.000	2,4
Newcastle	2.417.000	2,0
Aberdeen	2.163.000	1,8
Belfast International	2.039.000	1,7

Fonte: Civil Aviation Authority (CAA).

A expectativa é de que o número de passageiros de avião dobre nos próximos vinte anos, o que torna o debate entre expandir os aeroportos *versus* preservar o meio ambiente fundamental. No momento, alguns dos planos de expansão que estão sendo avaliados no Reino Unido são:

- Uma nova pista de decolagem e aterrissagem no aeroporto Manchester para atender a uma expectativa de processamento de 30 milhões de passageiros por ano em torno de 2005.
- Um quinto terminal para o Heathrow.
- Expansão da pista de decolagem e aterrissagem no aeroporto East Midlands.
- Um novo terminal para o aeroporto Liverpool.
- Modernização avaliada em vários milhões de libras no aeroporto Southampton.
- Um novo terminal para o aeroporto Bristol.
- Expansão do Gatwick.

É provável que haja discussões acaloradas sobre os benefícios econômicos que a expansão de aeroportos pode imprimir em uma área quando comparados com os prejuízos ambientais e sociais que essa expansão pode causar.

Problemas no setor de transportes do Reino Unido

A rápida ascensão das redes de transporte e da demanda por novos serviços e recursos foram responsáveis por pressões severas em vários aspectos do cenário de transportes no Reino Unido desde o surgimento do "turismo de massa" há mais de trinta anos. As tendências e os problemas apresentados a seguir são alguns dos itens mais importantes que provavelmente influenciarão os avanços no setor de transportes:

- *Impacto do Eurotúnel.* Embora ainda esteja em seus primeiros estágios de operação, já é possível ver com nitidez que o Eurotúnel exercerá um impacto considerável sobre o cenário de transportes do Reino Unido em duas áreas principais, isto é, na concorrência entre os serviços da Eurostar e as companhias aéreas em viagens a cidades européias próximas e na concorrência entre Le Shuttle e as operadoras de *ferry* no mercado de travessia de curta distância do canal.
- *Engarrafamentos.* A quantidade cada vez maior de carros particulares e a expansão de serviços aéreos continuarão a influenciar seriamente o movimento de turistas do Reino Unido e estrangeiros dentro da Grã-Bretanha. O uso irrestrito do carro particular está causando engarrafamentos e poluindo tanto as cidades pequenas quanto a zona rural. Os turistas estrangeiros consideram pobre o sistema de transporte de Londres quando comparado ao de outras cidades européias.
- *Privatização das ferrovias.* Com certeza isso reduzirá ainda mais alguns serviços de trem oferecidos no Reino Unido, em particular nas áreas rurais, muitos dos quais dependem da renda proveniente do turismo para ajudar a economia local.
- *Desregulamentação das companhias aéreas.* A desregulamentação da indústria de companhias aéreas da Europa, cuja conclusão estava prevista para 1997, aumentará mais e mais a concorrência entre transportadoras, o que gerará mudanças nas rotas e provocará a redução das tarifas.
- *Novas tecnologias.* Sistemas de Tecnologia da Informação (TI) permitirão novos métodos de pagamento, de seleção de rota e de reserva, bem como meios de transporte mais eficientes e rápidos.
- *Expansão de aeroportos e rodovias.* Essa tendência continuará a gerar conflito entre conservadores e desenvolvedores no que diz respeito à

perda de espaço e construções. Os tão alardeados problemas da modernização do aeroporto Manchester e da extensão da auto-estrada M3 em Twyford Down logo vêm à mente.

Hospedagem

O setor de hospedagem é uma importante fonte de renda no turismo do Reino Unido. Dados da BTA (1996a) mostram que os gastos em hospedagem por parte de visitantes domésticos e estrangeiros na Grã-Bretanha em 1995 ultrapassaram 8,8 bilhões de libras, representando 36% do total desses gastos. Isso tornou a hospedagem o maior setor individual de gastos turísticos em 1995, à frente dos gastos com refeições fora (24%), compras (19%), viagens dentro do Reino Unido (14%), entretenimento (4%) e serviços (4%). O setor de hospedagem é também um ótimo empregador. Dados estatísticos recentes (British Tourist Authority/English Tourist Board, 1996) indicam que a quantidade de empregos em hotéis e outros estabelecimentos de hospedagem turísticos na Grã-Bretanha foi de 340 mil em setembro de 1995, representando 22% de todo o emprego gerado na indústria do turismo. Se somarmos o número de autônomos, a estimativa é de que o número de empregos no setor de hospedagem beire os 400 mil.

O setor de hospedagem no Reino Unido é dominado por empresas comerciais, as quais oferecem uma ampla variedade de hotéis, hospedarias e hospedagem *self-catering*. Os únicos fornecedores de hospedagem não comerciais significativos são a Youth Hostels Association (YHA) na Inglaterra e no País de Gales, as associações da Escócia (SYHA) e Irlanda do Norte (YHANI), as universidades e faculdades e as instalações operadas por grupos religiosos. Uma análise da hospedagem usada pelos britânicos nas férias principais e de longa duração (quatro ou mais noites) no Reino Unido em 1995 mostra que, de modo geral, a hospedagem *self-catering* foi mais popular que a hospedagem que oferece serviços, embora o único tipo mais popular sejam os hotéis, responsáveis por 23% de todas as hospedagens usadas (British Tourist Authority/English Tourist Board, 1996). A estada na casa de amigos ou parentes é uma categoria significativa de hospedagem turística, cuja taxa correspondeu a 19% de todas as férias na Grã-Bretanha em 1995. Essa categoria, em geral referida como VFR (*visiting friends and relatives*), às vezes é ignorada como um elemento que contribui para a receita turística; como alguém que fica em casa de amigos ou parentes, sem pagar nada, pode ajudar o turismo de uma região? A resposta a essa pergunta é que o visitante, embora usufruindo de hospedagem gratuita, provavelmente gastará algum dinheiro em produtos e serviços no lugar em que está, como comida, entretenimento e transporte; portanto, contribuirá para a economia local. Na verdade, o simples fato de alguém não precisar pagar uma hospedagem pode muito bem servir de incentivo para que gaste mais em entretenimento e comendo fora.

Os turistas da Grã-Bretanha e os residentes do Reino Unido podem optar por uma ampla variedade de estabelecimentos, todos com o direito de ser classificados como "hospedagem". Há os hotéis dos centros urbanos, motéis, pensões em casa de fazenda, hotéis rurais (*country-house hotels*) e *cottages* em regime de auto-serviço, para citar apenas alguns. Para quem deseja algo ligeiramente diferente, a Landmark Trust especializou-se em hospedagem *self-catering* em ambientes incomuns, como faróis e antigas estações de trem!

A hospedagem do Reino Unido pode ser classificada de várias formas – por exemplo, comercial ou não comercial, estática ou móvel, urbana ou rural. Entretanto, a hospedagem é mais comumente classificada como um tipo com serviços incluídos ou *self-catering*, dependendo do nível de serviço oferecido. Como o próprio termo implica, a hospedagem com serviços incluídos abrange um tipo de serviço e o pernoite; por exemplo, refeições e administração interna. Nessa categoria, portanto, estão:

- Hotéis
- Motéis
- Hospedarias
- Estabelecimentos *bed and breakfast*
- *Youth Hostels*
- Pensão em casa de fazenda

A hospedagem *self-catering* ou em regime de auto-serviço (*self-service*) abrange:

- *Cottages*
- *Villas* (casas de campo de luxo) e apartamentos
- Chalés e cabanas rústicas de madeira
- *Camping* e áreas para *trailers*
- Motocasas alugadas
- Casa ou apartamento para férias
- *Time-share*
- Barcaças usadas em canais
- Instituições educacionais
- Celeiros
- Intercâmbio

A distinção entre os tipos de hospedagem com serviços incluídos e *self-catering* não é tão clara como essa lista sugere; por exemplo, hoje é muito comum os estabelecimentos *self-catering*, particularmente se fizerem parte de um complexo, oferecerem aos visitantes a opção de comprar comida e refeições prontas. Alguns têm até mesmo restaurantes, cafés e *snack bars*.

Hospedagem com serviço incluído

Os hotéis são o tipo mais comum de hospedagem que oferece serviços na Grã-Bretanha. O estudo anual English Hotel Occupancy Survey (EHOS), encarregado pelos escritórios regionais de turismo, define os hotéis da seguinte forma:

> Hotel é um estabelecimento com cinco ou mais quartos que não se autoclassifica como albergue ou casa de pensão e não está relacionado como uma acomodação que oferece apenas pernoite e café da manhã *[bed & breakfast]*.

Usando essa definição, as estatísticas da BTA/ETB mostram que há 52 mil hotéis na região que compreende Inglaterra, País de Gales, Escócia e Irlanda do Norte (Confederation of British Industry, 1994). Embora a coleta de dados sobre a quantidade de estabelecimentos de hospedagem seja sempre difícil, tendo em vista que diferentes regiões utilizam critérios de classificação distintos, a estimativa é de que, além desses 52 mil hotéis, haja aproximadamente 20 mil estabelecimentos, dentre hospedarias, pensão em casa de fazenda, casa de pensão e *bed & breakfast*. A maioria desse total agrupado de 72 mil estabelecimentos é dirigida pelos próprios proprietários, os quais, em geral, moram no local. Vários hotéis de grande porte no Reino Unido são dirigidos por grupos de hotéis, como o Swallow Hotels e Queens Moat Houses, os quais se beneficiam de "economias de escala" em termos de compra, recrutamento e *marketing*. Os dez principais grupos no Reino Unido, em 1994, classificados por número de quartos, são mostrados na Tabela 4.3.

Tabela 4.3 Os dez principais grupos de hotéis no Reino Unido, 1994.

Grupo	Hotéis no Reino Unido	Quartos no Reino Unido
Forte (adquirido pelo Granada, em 1996)	344	30.362
Mount Charlotte Thistle Hotels	112	14.288
Queens Moat Houses	100	10.332
Hilton UK	40	8.440
Swallow Hotels	35	4.379
Accor UK	29	4.338
Holiday Inn Worldwide	24	4.210
Stakis Hotels	33	4.056
Country Club Hotel Group	78	4.000
Jarvis Hotels	46	3.680

Fonte: Caterer and Hotelkeeper, 1994.

Hospedagem *self-catering*

Esse tipo de hospedagem no Reino Unido abrange todos os edifícios alugados para férias, colônias de férias, centros e albergues da juventude *self-catering*, todos os tipos de hospedagem em *trailers*, casa de férias (campo ou praia) e barcos (exceto cruzeiros). Usando essa definição, os dados estatísticos da BTA/ETB mostram que a hospedagem *self-catering* foi usada em 52% de todas as férias de longa duração na Grã-Bretanha em 1992, em comparação aos 31% correspondentes ao tipo de hospedagem com serviços incluídos (British Tourist Authority/English Tourist Board, 1996). Vários turistas apreciam a liberdade e o custo-benefício que todas as formas de hospedagem *self-catering* podem oferecer, ao passo que as famílias com filhos pequenos e/ou parentes mais velhos consideram-nas particularmente convenientes e flexíveis.

A hospedagem *self-catering* no Reino Unido pode tomar várias formas. As antigas colônias de férias, agora chamadas de centros e aldeias de férias, transformaram várias de suas acomodações em *self-catering* nas décadas de 1970 e 1980 em resposta à demanda dos consumidores. Os líderes de mercado no Reino Unido são Warner's, Butlin's, Haven and Pontin's, os quais, juntos, são responsáveis por aproximadamente 20% de todo o turismo doméstico no Reino Unido. Desde meados da década de 1980, o Butlin's investiu 100 milhões de libras na modernização de seus cinco centros de férias, os quais acolhem, individualmente, mais de 1,5 milhão de visitantes todo ano. A empresa atualmente está aventurando-se na renovação de suas acomodações de tarifas econômicas. A meta do Center Parcs é uma clientela mais abastada em suas aldeias de férias na Floresta de Sherwood, em Elveden e em Longleat, no Reino Unido.

Os *cottages* em regime de auto-serviço em todo o Reino Unido são populares entre os grupos sociais AB mais ricos, os quais apreciam as áreas rurais das várias propriedades e a conveniência de poder fazer reservas por meio de uma das diversas agências especializadas em hospedagem *self-catering*; por exemplo, Blakes, English Country Cottages, Hoseasons, Wales Holidays e Country Cottages, na Escócia. A National Trust e a Forestry Commission oferecem hospedagem *self-catering* em toda a Grã-Bretanha em casas, cabanas rústicas, choupanas (*lodges*) e *cottages*.

A hospedagem *self-catering* é uma forma de turismo que está se tornando cada vez mais comum nas fazendas no Reino Unido. Estimulados pelos subsídios e assessoria do Ministério da Agricultura e outros departamentos governamentais, vários fazendeiros e proprietários de terras transformaram as casas de fazenda em estabelecimentos de hospedagem. Esse tipo de hospedagem é popular entre as famílias e, do ponto de vista dos proprietários, dá menos trabalho que as empresas de *bed & breakfast* em casa de fazenda.

Time-share é um tipo de hospedagem *self-catering* que envolve a compra de tempo, em geral em semanas escalonadas, em instalações de férias. Os adquirentes podem então usar anualmente essa propriedade ou instalação durante um período especificado ou optar por usar propriedades *time-share* em outros lugares do mundo. Embora as propriedades *time-share* geralmente sejam associadas com estações turísticas litorâneas, há várias no Reino Unido. Uma das primeiras foi construída nos bancos de areia de Loch Rannoch, na Escócia, em 1974. No Reino Unido, a maior parte da expansão das propriedades *time-share* ocorreu nas áreas rurais da Grã-Bretanha, como no Distrito dos Lagos, em North Yorkshire, nas Terras Altas (*Highlands*) da Escócia e na Cornualha. Da mesma forma que as *villas* ou residências de luxo, *cottages* e cabanas rústicas em regime de auto-serviço, apartamentos em estações turísticas litorâneas e centros urbanos também são oferecidos no sistema *time-share*.

As opções de *camping* e *trailers* são excelentes para os turistas que procuram hospedagem *self-catering* por um bom preço. Os *trailers* foram usados em 23% de todas as viagens turísticas na Grã-Bretanha em 1995 – 4% corresponderam a *camping* (British Tourist Authority/English Tourist Board, 1996). Os proprietários de várias áreas de *camping* e *trailers* fizeram um investimento de monta nos últimos anos para fornecer aos clientes melhores opções de instalação, como piscinas, salas de ginástica, instalações de entretenimento e refeições, almejando principalmente o segmento de mercado de famílias e jovens. Os *trailers* de turismo são particularmente populares entre os grupos de faixa etária mais alta, muitos dos quais são membros do Caravan Club ou do Caravan and Camping Club of Great Britain.

Esquema de classificação de hospedagem

A lei de desenvolvimento do turismo de 1969 (Development of Tourism Act) instituiu a classificação e graduação obrigatórias dos hotéis britânicos, mas foi somente em 1987 que os escritórios de turismo da Inglaterra, da Escócia e do País de Gales introduziram um esquema viável, o qual tem o apoio da maioria dos fornecedores de hospedagem. Mas esse sistema de classificação, que se baseia em coroas (*crowns*), foi totalmente voluntário, diferentemente de vários países europeus que implementaram esquemas obrigatórios para manter e melhorar os padrões oferecidos. Esse esquema classificou os estabelecimentos de hospedagem de acordo com um padrão aceitável em um desses seis níveis:

- *Listed* (classificação mais baixa)
- Uma Coroa
- Duas Coroas

- Três Coroas
- Quatro Coroas
- Cinco Coroas

Os estabelecimentos foram classificados apenas de acordo com as instalações e os serviços que oferecem. Durante 1990, época em que o Esquema de Classificação de Coroas (Crown Classification Scheme) tinha mais de 16 mil estabelecimentos inscritos entre a Inglaterra, a Escócia e o País de Gales, esse sistema foi aprimorado para incluir uma avaliação subjetiva de qualidade, para que os estabelecimentos pudessem ser classificados em:

- Aprovados
- Recomendados
- Altamente recomendados

A quarta categoria, "de luxo", foi introduzida para identificar particularmente o tipo de hospedagem de alto padrão. A introdução das graduações de qualidade baseou-se na premissa de que um luxuoso hotel de cinco coroas em um centro urbano pode oferecer excelentes instalações aos hóspedes, mas um péssimo atendimento ao cliente. Um pequeno albergue, por sua vez, pode ter instalações mínimas, mas uma acolhida que poderia "pôr no chinelo" qualquer hotel de primeira classe. As graduações de qualidade, introduzidas primeiramente pelo Scottish Tourist Board (STB), poderiam ser aplicadas a estabelecimentos com qualquer número de coroas ou a uma propriedade com a classificação *"listed"*. O English Tourist Board (ETB) adotou um esquema semelhante para a classificação de hospedagens *self-catering* com base em "chaves" (*key*), em vez de "coroas". Por volta de 1990, mais de 10 mil casas/apartamentos para férias receberam esse tipo de classificação.

No momento em que este livro está sendo escrito, os escritórios de turismo do Reino Unido estão discutindo com representantes da indústria do turismo e organizações automobilísticas a introdução de um novo sistema de classificação baseado em estrelas, em vez de em coroas, a fim de simplificar esse esquema até certo ponto complexo que vários turistas domésticos e estrangeiros têm dificuldade de entender. É provável que o ETB adote a classificação baseada em estrelas, mas os escritórios de turismo da Escócia e do País de Gales ponderam que as características que distinguem suas acomodações não se ajustam a um esquema como esse.

Problemas no setor de hospedagem do Reino Unido

A hospedagem no Reino Unido, um dos principais setores do turismo, passou por dificuldades comerciais nos últimos anos, não apenas como resultado da crescente concorrência das destinações turísticas estrangeiras e da venda de pacotes de férias e vôos para fora do Reino Unido. Dentre os problemas e as tendências mais importantes que o setor de hospedagem do Reino Unido enfrentará estão:

- *Mudanças na demanda*. No Reino Unido, o crescimento da hospedagem *self-catering* à custa do setor que oferece serviços oferecerá oportunidades e desafios aos fornecedores de hospedagem.
- *Mudanças no mercado*. Algumas partes do Reino Unido demoraram a responder a mudanças na demanda de um público de viajantes cada vez mais informado. Em geral, as pessoas procuram hospedagem de alto padrão oferecida profissionalmente.
- *Desenvolvimento de produtos*. Os fornecedores de hospedagem precisarão modernizar continuamente seus produtos e introduzir novas instalações; por exemplo, salas de tratamento de saúde e de lazer e restaurantes temáticos.
- *Férias de curta duração*. A queda da demanda pelas tradicionais férias de duas semanas na Grã-Bretanha oferece aos fornecedores de hospedagem uma brecha para introduzirem produtos inovadores destinados a férias de curta duração com base em numerosos temas, como atividades e interesses especiais, esportes, patrimônio industrial e artes.
- Marketing *conjunto*. A integração entre fornecedores de hospedagem em uma região e empreendimentos de atração turística local continuarão a gerar negócios extras mutuamente benéficos. Exemplos incluem grupos de turismo centrados em fazendas, o consórcio de *marketing* Best Western e o grupo de hotéis Virgin.
- *Crescimento de "cadeias de hotéis"*. A expansão dos grupos de hotéis com vários proprietários continuará, e isso aprimorará as práticas de gerenciamento no setor de hospedagem do Reino Unido.
- *Novas tecnologias*. As empresas terão de ficar ombro a ombro com os avanços tecnológicos, particularmente em relação ao sistema de reserva, *marketing* e controle financeiro.
- *Treinamento*. Vários fornecedores de hospedagem precisarão investir mais significativamente em treinamento, em especial nas áreas de atenção ao cliente e idiomas estrangeiros, se quiserem maximizar o potencial de seus negócios.

Atrações turísticas

Diversas atrações turísticas da Grã-Bretanha resultam da geografia, história e cultura, como linha costeira, montanhas, museus, monumentos e edifícios históricos. Outras introduções mais recentes no cenário do turismo oferecem aos visitantes entretenimento e instrução, por exemplo, parques temáticos, estádios cobertos e redes de cinema. Ambos os tipos de atração delinearam significativamente a relativa popularidade das dez principais atrações gratuitas no Reino Unido e das que cobram entrada, como mostrado nas Tabelas 4.4 e 4.5, respectivamente.

Tabela 4.4 As dez principais atrações gratuitas no Reino Unido, 1995.

Atração	**Número de visitas**
Blackpool Pleasure Beach	7.300.000
British Museum	5.745.866
National Gallery, Londres	4.469.019
Stratchclyde Country Park, Motherwell	4.150.000
Palace Pier, Brighton	3.800.000
Funland and Laserbowl, Londres	2.500.000
Eastbourne Pier	2.300.000
Abadia de Westminster	2.245.000
Pleasure Beach, Great Yarmouth	2.000.000
York Minster	2.000.000

Fonte: ETB.

Tabela 4.5 As dez principais atrações no Reino Unido que cobram entrada.

Atração	**Número de visitas**
Alton Towers, Staffordshire	2.707.000
Madame Tussaud´s, Londres	2.703.283
Torre de Londres	2.536.680
Chessington World of Adventures, Survey	1.770.000
Science Museum, Londres	1.556.368
St. Paul´s Cathedral, Londres	1.500.000
Natural History Museum, Londres	1.442.591
Castelo de Windsor	1.212.305
Blackpool Tower	1.205.000
Thorpe Park, Surrey	1.166.000

Fonte: ETB.

Como as tabelas mostram, a Blackpool Pleasure Beach foi mais uma vez a atração turística mais popular do Reino Unido, com 7,3 milhões de visitantes. Em seu quarto ano de operação, o Alton Towers foi a atração paga mais popular, resultado de investimentos em novos passeios e em propaganda direcionada.

As atrações têm um papel fundamental na indústria do turismo do Reino Unido. Em geral são o único motivo mais importante pelo qual os turistas visitam um lugar e, dessa forma, servem como estímulo para outros setores da indústria do turismo, como o de hospedagem, *catering*, transportes e entretenimento. Diferentes pessoas têm diferentes idéias sobre o que constitui uma "atração"; uma pessoa que mora nas Midlands Oeste provavelmente considera o Drayton Manor Park um exemplo de atração turística. Os habitantes do sul da Inglaterra mencionariam o Thorpe Park ou o Chessington World of Adventures. Os que moram no País de Gales incluiriam St. Fagans ou Powys Castle em sua lista de atrações, ao passo que os residentes da Escócia tenderiam a mencionar Aviemore ou o museu Burrell Collection em Glasgow. Os que vivem na Irlanda do Norte com certeza colocariam o Giant's Causeway no topo de sua lista de atrações turísticas.

Embora todos esses exemplos famosos obviamente correspondam à definição de atração turística de qualquer pessoa, é importante lembrar que as atrações na Grã-Bretanha, em sua maioria, não são nomes familiares. Pequenos museus, galerias de artes, lojas/oficinas especializadas, instalações de lazer e atrações em fazendas, citando apenas algumas, são fundamentais para o bem-estar econômico de várias áreas do país. Juntas, formam a "sustentação" das atrações em uma localidade que estimulará os turistas a explorar e talvez a passar a noite nesse lugar. De acordo com a definição de "atração turística" do ETB, esses lugares deveriam ser promovidos à população local bem como aos turistas:

> Atração é uma destinação de excursão permanentemente estabelecida cujo principal objetivo é oferecer ao público entretenimento, curiosidades e instrução, e não essencialmente um ponto-de-venda varejista ou um ponto de encontro de eventos esportivos, teatrais e cinematográficos. Uma atração deve estar aberta ao público, sem que seja preciso reservá-la, nos períodos do ano anunciados, e deve estar qualificada para atrair visitantes de um único dia ou turistas, bem como os habitantes do próprio local.

Os exemplos de atração oferecidos no começo desta seção obviamente mostram que as atrações podem ser naturais ou construídas pelo homem. Vamos agora observar detalhadamente o papel que cada uma dessas categorias desempenha no cenário do turismo do Reino Unido.

Atrações construídas pelo homem

As atrações criadas especificamente para divertimento e instrução dos visitantes são inúmeras e diversas em toda a Grã-Bretanha. Eis alguns exemplos:

- Monumentos históricos
- Parques temáticos
- Atrações patrimoniais (legados naturais ou culturais)
- Instalações de entretenimento
- Centros esportivos e de recreação
- Atrações culturais

A Grã-Bretanha é célebre por abrigar variadíssimos *monumentos históricos*, os quais são um atrativo e tanto para os residentes do Reino Unido e visitantes estrangeiros. Os monumentos históricos, em sua maioria, pertencem ao poder público. Várias propriedades londrinas estão sob a administração do Historic Royal Palaces Agency, uma divisão do Departamento de Cultura, Comunicações e Esportes (antigo Departamento do Patrimônio Nacional). Diversos castelos e casas nobres rurais na Inglaterra e no País de Gales estão sob a proteção da National Trust, CADW e English Heritage, as quais administram os pontos turísticos e fornecem recursos aos visitantes.

Os *parques temáticos* foram um sucesso no Reino Unido desde a inauguração do Thorpe Partk em 1979. Baseados em um conceito desenvolvido primeiramente nos Estados Unidos, os parques temáticos oferecem aos visitantes uma ampla variedade de passeios e diversões permanentes em um ambiente temático ou em vários ambientes. Um único ingresso ou "passaporte" dá acesso a todas as instalações. Desde o fim da década de 1980, a maioria dos grandes parques temáticos do Reino Unido vem crescendo e modernizando constantemente suas instalações e os serviços oferecidos aos visitantes. Entretanto, há provas de que o mercado de parques temáticos está se tornando saturado em algumas partes da Grã-Bretanha, e isso tem sido responsável pelos descontos e pela introdução de outros incentivos por parte dos parques para que possam manter sua participação de mercado.

O termo *"patrimônio"* foi adotado por várias atrações turísticas que descrevem a forma de vida de um determinado período histórico. Diversas atrações acrescentaram a palavra "patrimônio" em suas instalações a fim de atrair ainda mais e mais visitantes e aumentar seu índice de visitas. Elas fazem parte de uma tendência geral de atrações temáticas no Reino Unido; por exemplo, o Jorvik Viking Centre em York e Tales of Robin Hood em Nottingham. Algumas partes da Grã-Bretanha desenvolveram atrações que celebram seu patrimônio industrial; por exemplo, Ironbridge Gorge em Shropshire e o museu Bit Pit no sul do País de Gales.

Instalações de entretenimento como casas noturnas, cassinos, discotecas, teatros, salas de concertos, estádios e teatros líricos, todas oferecem divertimento aos visitantes e aos habitantes de um determinado local. Estádios cobertos, como o NYNEX em Manchester, Birmingham NEC e Sheffield Arena, são os principais locais para concertos, atraindo pessoas de uma ampla área servida de recursos. O maior atrativo das destinações turísticas do Reino Unido é a grande quantidade de instalações de entretenimento oferecidas aos visitantes. Estações turísticas litorâneas como Rhyl, Blackpool e Brighton, por exemplo, atrairão turistas por sua variedade de shows ao vivo, concertos e opções de "vida noturna". As vilas e cidades menores também atrairão visitantes de um único dia de áreas próximas para divertirem-se em cinemas, teatros, casas noturnas e centros artísticos locais.

Além de serem populares para os próprios habitantes, os *centros esportivos e de recreação* também se somam aos atrativos das vilas e cidades no Reino Unido, ajudando a atrair visitantes noturnos e de um único dia. Centros de banhos de piscina e lazer oferecem aos visitantes instalações cobertas quando a temperatura está amena. O investimento em instalações esportivas e de lazer tem sido significativo no Reino Unido nos últimos anos: prova disso é a introdução de máquinas de fazer ondas, banheiras de hidromassagem, salas de tratamento de saúde, duchas e saunas em centros administrados por operadoras do setor público ou privado. Em nível nacional, as instalações esportivas e de recreação estão sendo usadas para ajudar a mudar a imagem de determinadas partes da Grã-Bretanha e a atrair maiores investimentos internos; por exemplo, o Don Valley Stadium em Sheffield e o National Cycling Center em Manchester são projetos de reurbanização.

Alguns lugares da Grã-Bretanha têm uma variedade de *atrações culturais* tanto para turistas do Reino Unido quanto internacionais. Vínculos com pessoas famosas, diversidade cultural, associação com as artes e a música, tudo isso é usado para construir a imagem de uma destinação turística e atrair turistas. Por exemplo, a cidade natal de Shakespeare, Stratford-upon-Avon, é um ímã tanto para residentes no Reino Unido quanto para os estrangeiros, ao passo que o prêmio Cardiff Singer of the World atrai turistas do mundo inteiro para o País de Gales. Os museus e as galerias há muito são lugares populares para visitas recreacionais e informativas. A Grã-Bretanha conta com um sem-número de museus de alta qualidade de importância nacional e internacional, como o British Museum, a Tate Gallery em St. Ives na Cornualha, o musel Burrell Collection em Glasgow, o National Museum of Wales em Cardiff e o National Museum of Photography, Film and Television em Bradford, para citar apenas alguns.

Atrações naturais

Há séculos as pessoas são atraídas pela beleza natural da zona rural da Grã-Bretanha, por sua linha costeira acidentada, montanhas imponentes e vales pitorescos. Muitas de nossas atrações naturais têm repercussão internacional e sobressaem por atrair turistas estrangeiros; por exemplo, o Distrito dos Lagos, Snowdonia, as Terras Altas (*Highlands*) da Escócia e o Giant's Causeway na Irlanda do Norte. As numerosas atrações naturais do Reino Unido são também a principal força motivadora dos viajantes de lazer domésticos, cuja presença ajuda a estruturar a grande variedade de instalações e atrativos turísticos ao redor da Grã-Bretanha. Um turista na Cornualha, por exemplo, a princípio será atraído por sua beleza bucólica, mas usará também outros serviços turísticos fundamentais, como hospedagem, transporte, *catering*, atrações construídas pelo homem e entretenimento. A área rural britânica é o principal recurso de lazer e turismo. De acordo com estatísticas do ETB, a estimativa é de que, por ano, aproximadamente 550 milhões de pessoas visitem a zona rural, um quarto das quais em julho e agosto. A Countryside Commission presume que 18 milhões de pessoas visitem a zona rural em um domingo ensolarado de verão. Em determinadas partes da Grã-Bretanha, a influência sobre a zona rural é tal que os visitantes correm o risco de prejudicar o meio ambiente para sempre e com certeza são culpados pelo despojamento da própria beleza que os atraiu originalmente.

É por esse motivo que foi atribuída a várias áreas pitorescas e frágeis uma classificação especial para ajudá-las a proteger o meio ambiente e a fornecer recursos para que o público possa usufruí-las. Dentre elas estão os parques nacionais e as áreas de beleza natural exuberantes (AONBS) mostrados na Figura 4.7.

A tarefa de supervisionar essas áreas protegidas na Inglaterra está nas mãos da Countryside Commission, cuja meta é preservar e realçar a beleza natural da zona rural inglesa e ajudar a oferecer à população melhores oportunidades de usufruí-la e apreciá-la. O Countryside Council do País de Gales tem função semelhante no principado.

Parques nacionais Os dez parques nacionais cobrem aproximadamente um décimo da área territorial da Inglaterra e do País de Gales (veja a Figura 4.7). Eles foram estabelecidos pela lei de parques nacionais e acesso à área rural de 1949 (National Parks and Access to the Countryside Act) – os parques Broads e New Forest são designações mais recentes e, dessa forma, não são parques nacionais, embora tenham uma posição semelhante. A palavra "nacional" não significa que os parques são propriedade do governo; a maioria das terras nas fronteiras dos parques nacionais é propriedade privada e em geral está apinhada de visitantes e carros. O Peak District National Park é um bom exemplo, o qual está localizado

Figura 4.7 Parques nacionais e áreas de beleza natural exuberante (AONBS) na Inglaterra e no País de Gales.

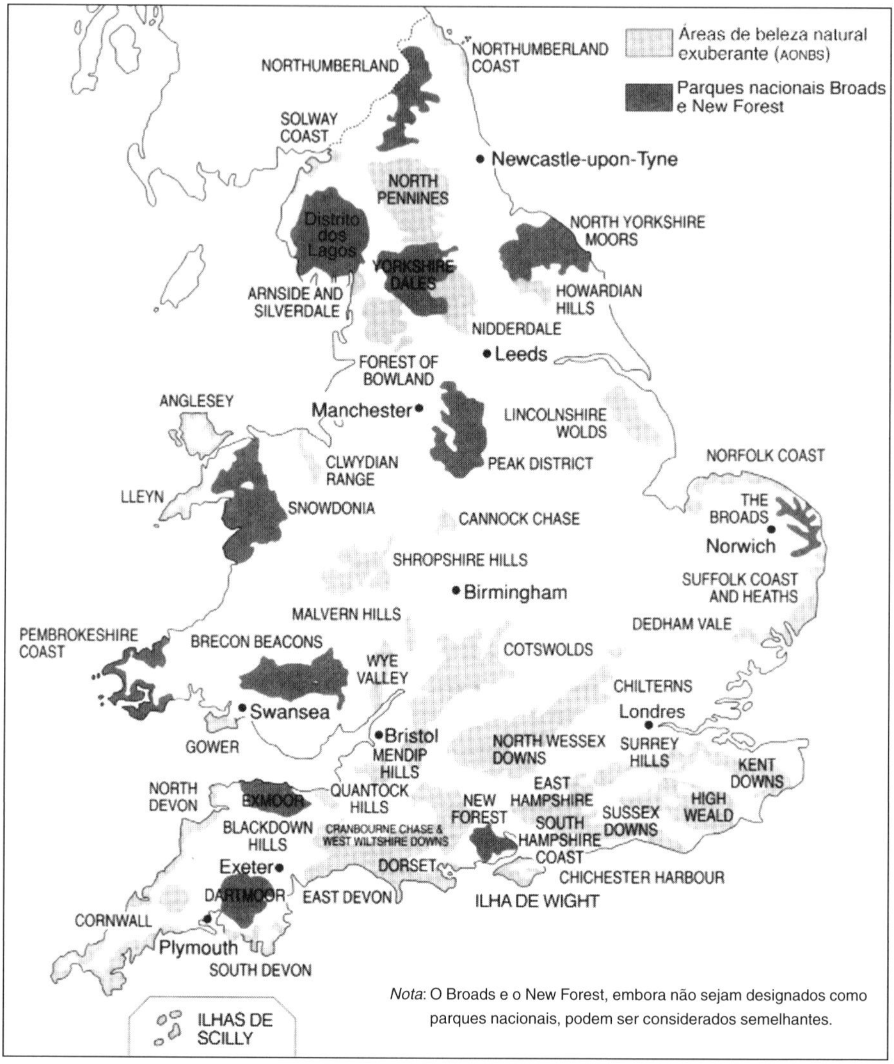

Nota: O Broads e o New Forest, embora não sejam designados como parques nacionais, podem ser considerados semelhantes.

entre as áreas metropolitanas de Sheffield e Manchester. O número total de visitantes dos parques nacionais é superior a 70 milhões em um ano comum.

Áreas de beleza natural exuberante (AONBS) Trinta e cinco das paisagens mais estimadas da Inglaterra são protegidas como AONBS, as quais abrangem desde o descampado selvagem das charnecas (os *moors* ingleses) dos Peninos do Norte e o bucólico cinturão verde de Surrey Hills ao vale profundo de Wye, o qual atravessa a fronteira com o País de Gales (há mais quatro AONBS exclusivas do País de Gales). As AONBS são destinações populares para os turistas, embora, diferentemente dos parques nacionais, não sejam designadas à recreação. A Countryside Commission propôs medidas enérgicas à administração dessas áreas e maior quantia de fundos para sua conservação. No total, as AONBS na Inglaterra cobrem em torno de 15% da paisagem.

Problemas nos setor de atrações no Reino Unido

As atrações no turismo do Reino Unido, uma indústria dinâmica altamente concorrida, têm de se adaptar sempre às mudanças na demanda, nas tendências e no estilo dos consumidores. Há vários problemas e questões que as empresas comerciais e não comerciais do setor precisarão examinar para manterem-se competitivas. Isso inclui:

- *A característica da experiência dos visitantes.* A rápida mudança do estilo de vida, do gosto e da moda implica que as atrações devem constantemente se adaptar às demandas de um mercado cada vez mais complexo que está procurando inovação, produtos de alta qualidade e níveis mais elevados de atendimento ao cliente.
- *Financiamento.* O financiamento continuará a ser um problema que restringirá a expansão futura do setor de atrações, em particular dos fornecedores do setor público. Os escritórios locais cujos orçamentos de serviços de lazer forem invariáveis e cada vez mais reduzidos vão ter de agir rapidamente em relação à viabilidade de seus recursos locais.
- *Bem-estar e segurança.* A crescente regulamentação por parte do governo e da União Européia (UE) forçará as operadoras a investir mais recursos na administração do bem-estar e da segurança de suas instalações.
- *Avanços tecnológicos.* Os avanços tecnológicos permitem que as atrações turísticas usem numerosos e complexos sistemas eletrônicos gerados por computador para produzir exposições, passeios e atrações de destaque altamente ativas. Bons exemplos podem ser encontrados no Techniquest, em Cardiff, no Jorvik Viking Centre, em York, e no Eureka! The Museum for Children, em Halifax.

- *Instalações "para todas as estações"*. Fundamentadas no sucesso de exemplos como Rhyl Suncentre, Butlin's Holiday Worlds e Center Parcs, as operadoras de atrações estarão de olho no desenvolvimento de mais instalações protegidas contra o clima peculiar do Reino Unido.
- *Influências dos meios de comunicação*. O poder dos meios de comunicação, em particular da televisão, no setor de atrações tem sido evidente desde meados da década de 1980, prova disso é o crescimento das atrações baseadas em programas ou personalidades da televisão, como os passeios *Last of the Summer Wine*, o país *Emmerdale* e o desenvolvimento do Granada Studios Tour com sua recreação no *set* de filmagem do *Coronation Street*.
- *Maior conscientização em relação ao meio ambiente*. As atrações baseadas em temas "alternativos" ou ecológicos ou que contribuem com os princípios sustentáveis em sua administração e funcionamento provavelmente encantarão o setor cada vez maior de pessoas no Reino Unido preocupadas com os problemas ambientais.

Agentes de viagens

O Reino Unido conta com um dos mais sofisticados setores de agências de viagens do mundo do turismo. Aproximadamente 7 mil agências de viagens são membros da Association of British Travel Agents (ABTA), a associação de classe que representa mais de 90% dos agentes e das operadoras de viagens do Reino Unido (veja o estudo de caso correspondente). As agências de viagens mais familiares, entre elas Lunn Poly, Going Places e Thomas Cook, fazem parte da ampla rede de varejistas desse setor, os quais têm centenas de agências sucursais espalhadas por todo o Reino Unido. A Lunn Poly, por exemplo, aumentou a quantidade de sucursais de 795 para 1995, tornando-se a primeira agência de viagens varejista do Reino Unido em termos de número de pontos-de-venda e rotatividade. A participação de mercado relativa das cinco principais cadeias de agências de viagens do Reino Unido em 1995 é mostrada na Figura 4.8, que ilustra que a Lunn Poly, parte do Thomson Travel Group, é a cadeia de agências de viagens líder no Reino Unido, detentora de 23,5% do mercado de viagens aéreas com todos os serviços incluídos (AIT – *air inclusive tour*), seguida pela Going Places e Thomas Cook. Essas três principais empresas são responsáveis por quase metade de todas as vendas aos britânicos de pacotes de férias que incluem viagens de avião.

Figura 4.8 Participação de mercado das cinco maiores cadeias de agências de viagens do Reino Unido, 1995.

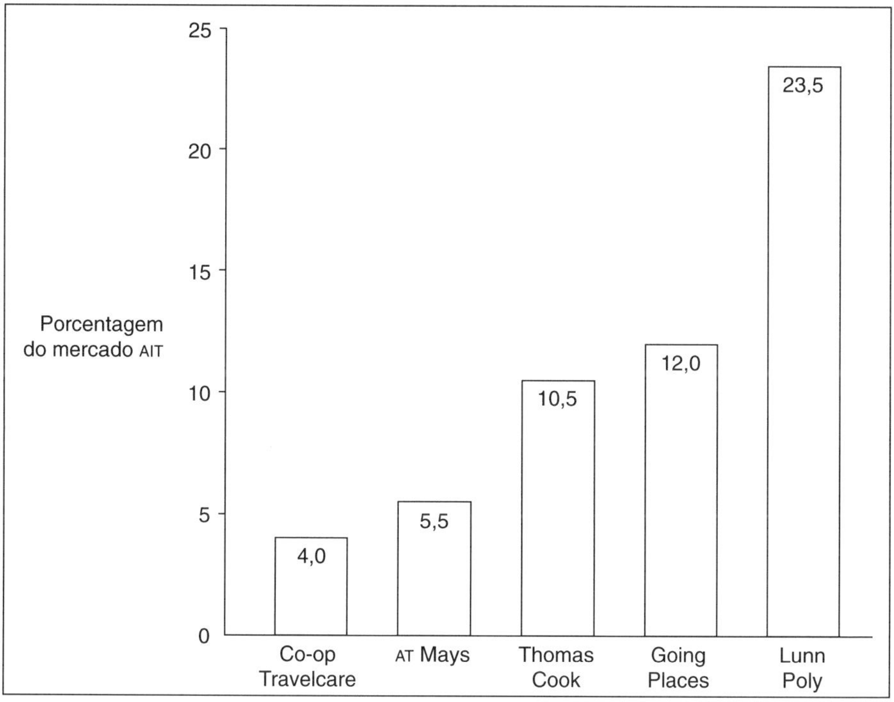

Fonte: Thomson Travel Group.

Função das agências de viagens

Vimos no Capítulo 2, sobre a estrutura e a organização da indústria do turismo internacional, que os agentes de viagens atuam como o ramo varejista dessa indústria, gerando receitas das comissões provenientes das vendas que eles conseguem fechar. Embora a maioria das pessoas associe as agências de viagens do Reino Unido com a venda de um determinado produto, isto é, pacote de férias para o exterior (também chamado de viagens com todos os serviços incluídos), uma análise do trabalho de um agente típico mostra que de fato ele oferece uma variedade maior de produtos e serviços, entre eles:

- Pacotes de férias ao exterior
- Férias de curta duração no Reino Unido
- Vendas "apenas de vôos"
- Reserva de ingressos para teatro

- Locação de automóveis
- Cruzeiros
- Bilhetes de trem
- Viagens e passagens de ônibus panorâmico
- Seguro de viagem
- Câmbio
- Solicitação de visto e passaporte

À medida que o mercado de viagens ao exterior tornar-se mais e mais competitivo, as agências de viagens vão procurar formas de aumentar sua renda proveniente da venda de produtos diferentes das tradicionais viagens com todos os serviços incluídos, talvez oferecendo uma forma mais personalizada de planejamento das férias e das viagens.

As agências de viagens do Reino Unido, em sua maioria, são membros da ABTA, associação essa que, de acordo com o que mostra o estudo de caso a seguir, está comprometida em defender os interesses de seus membros e ao mesmo tempo oferecer elevados padrões de atendimento aos viajantes do Reino Unido.

Estudo de Caso: Association of British Travel Agents (ABTA)

Introdução

A Association of British Travel Agents (ABTA), uma associação de classe que representa mais de 90% dos agentes e operadoras de viagens no Reino Unido, foi formada em 1950 com apenas 100 membros, época que coincidiu com o início de uma nova era para os viajantes britânicos, quando então a nova tecnologia aeronáutica e a maior liberdade pessoal ofereceram às pessoas meios de viajar para lugares longínquos. A viagem ao estrangeiro passou a ser vista como uma fuga momentânea da monotonia da Grã-Bretanha do pós-guerra e a rápida expansão das férias de mercado de massa começou a tomar forma. Hoje, no Reino Unido, as férias são a meta de vários milhões de viajantes internos e as viagens de negócios ainda continuam sendo um elemento fundamental em seu cenário de viagens. Nessa nossa sociedade de rápida transformação, a necessidade de facilitar as viagens é ponto pacífico, tendo em vista que em torno de 11 milhões de britânicos reservam pacotes de férias todo ano. Vários milhões também tirarão férias de curta duração ou férias no Reino Unido ou viajarão de trem ou *ferry* ou viajarão a negócios.

Metas da ABTA

A principal meta da ABTA é manter os elevados padrões de atendimento entre seus associados, bem como criar um ambiente de negócios o mais favorável possível para essa indústria. Os objetivos específicos da ABTA são:

1. Estabelecer uma organização que represente totalmente os agentes de viagens e as operadoras de viagens no Reino Unido.
2. Promover e desenvolver os interesses gerais dos membros da ABTA.
3. Estabelecer e manter códigos de conduta entre os membros e o público em geral, com o objetivo de que o *status* de membro da ABTA seja uma garantia de integridade, competência e alto padrão de atendimento.
4. Desestimular a concorrência desleal sem interferir de forma alguma em iniciativas e empresas baseadas em concorrência justa e razoável.
5. Promover relações amistosas com outros na indústria de viagens.
6. Oferecer meios de negociação e conexão com outros órgãos envolvidos com a expansão do setor de viagens no Reino Unido e no exterior.

Como a ABTA trabalha

A ABTA é um órgão auto-regulamentar dirigido por seus associados. Uma rede de conselhos e comitês, nomeada por agentes e operadoras de viagens membros, elaboram o mecanismo de formulação e cumprimento de políticas da ABTA e ajuda a assegurar que a associação permaneça em contato estreito com todos os seus associados. Além disso, a associação tem a função de instrução e treinamento realizada pela Travel Training Company (ex-ABTA National Training Board), empresa essa que funciona como conexão com órgãos de validação como o BTE e o City & Guilds para garantir que a indústria tenha programas de instrução e treinamento apropriados às suas necessidades.

Até o fim de 1993, a ABTA operou legalmente um tipo de acordo de "estabelecimento sindicalizado" conhecido como "estabilizador", que afirmava que os agentes de viagens da ABTA poderiam vender pacotes de viagens somente de operadoras que fossem membros da ABTA, e vice-versa. O estabilizador foi introduzido há vinte anos para salvaguardar o público contra agentes e operadoras inescrupulosos. Esse acordo foi desfeito em 1993 pelo fato de ter sido considerado uma prática restritiva e porque, pelo menos em teoria, a introdução da Diretriz de Pacotes de Férias (*Package Travel Directive*) da Comissão Européia tornou o estabilizador obsoleto.

Afiliação à ABTA

Aqueles aos quais foi concedido o direito de afiliação à ABTA têm de seguir regras estritas que regulam as práticas de negócio. Essas regras encontram-se no Código de Conduta da ABTA, documento que regulamenta todos os aspectos das relações entre os agentes e as operadoras de viagens e seus clientes, o qual foi preparado em conjunto com o Office of Fair Trading (OFT).

O Código de Conduta das Operadoras de Viagens especifica o padrão mínimo dos prospectos, exigindo que contenham descrições claras, abrangentes e precisas sobre as instalações e os serviços oferecidos. Esse código detalha as regras que governam as cláusulas de reserva nos prospectos no que se refere, por exemplo, ao cancelamento ou à alteração de viagens, férias ou outro plano de viagens por parte da operadora. Além disso, contém regras estritas sobre a forma de lidar prontamente com reclamações, bem como regulamentações a respeito das relações de negócio entre operadoras e agentes de viagens.

Da mesma forma, regras rígidas são aplicadas também aos agentes de viagens, os quais são regidos por um código de conduta próprio. O Código de Conduta dos Agentes de Viagens regula todos os aspectos das relações dos agentes de viagens com seus clientes, cobrindo sua responsabilidade em relação ao padrão de atendimento que oferecem e das informações passadas aos clientes. Além disso, o código especifica regras sobre as relações dos agentes com as operadoras de viagens.

Afora isso, os membros da ABTA têm de respeitar especificações financeiras precisas, supervisionadas pelo Departamento de Serviços Financeiros da ABTA, o qual verifica a avaliação de todos os membros pelo menos uma vez por ano.

Proteção e compensação aos viajantes

Além dos códigos de conduta, a ABTA procura proteger os interesses dos viajantes por meio do Departamento de Assuntos do Consumidor e de seu Esquema de Arbitragem.

Os funcionários do Departamento de Assuntos do Consumidor atendem aos clientes que fizeram reservas com uma operadora ou um agente de viagens registrado na ABTA e cuja reclamação sobre algum aspecto do serviço prestado é justificada. A ABTA investigará a reclamação e procurará compensar a situação sem apelar à justiça. Se a disputa não puder ser solucionada por conciliação, o cliente poderá encaminhar a reclamação ao Esquema de Arbitragem da ABTA, para a qual será cobrada uma taxa do cliente dependendo da quantia de que trata a reclamação. O Esquema de Arbitragem, administrado pelo Chartered Institute of Arbitrators, oferece ao cliente a oportunidade de ser compensado sem incorrer em altos custos legais.

Os agentes e as operadoras de viagens afiliados à ABTA têm de fornecer um título de dívida para proteger seus clientes se houver falência. Esse título pode ser de várias formas, mas em geral é uma apólice de seguro na quantia exigida pela ABTA ou um aval bancário. A proteção financeira oferecida pelo sistema de fiança permite que a ABTA faça o seguinte, se algum membro entrar em falência:

- Providencie o que for necessário para que os clientes cujas férias coincidirem com o momento da falência continuem usufruindo de suas férias tanto quanto foram originalmente planejadas.
- Reembolse os clientes cujas férias não iniciaram, situação em que o dinheiro pago pelas férias será devolvido ou serão feitos planos alternativos para que as férias prossigam.

(*Essas informações foram cordialmente fornecidas pela ABTA.*)

Pontos para discussão e análise

1. Que papel uma associação de classe como a ABTA desempenha na regulamentação da indústria do turismo?
2. Como a ABTA concilia suas metas potencialmente conflitantes de trabalhar em benefício de seus membros com os interesses do público em geral?
3. Como os membros da ABTA podem influenciar avanços futuros no mercado de turismo para outros países fora do Reino Unido?
4. Na sua opinião, os códigos de conduta em geral são suficientemente eficazes para influenciar as atividades dos membros das associações de classe?

Operadoras de viagens

O capítulo Estrutura e Organização da Indústria do Turismo Internacional, sobre a estrutura e organização da indústria do turismo internacional, mostrou-nos que as operadoras de viagens podem ser associadas aos "atacadistas", tendo em vista que elas compram a granel dos fornecedores de produtos e serviços de viagem, dividem essa quantidade em pacotes gerenciáveis e põem esses pacotes à venda aos viajantes em perspectiva. As operadoras do mercado de massa, em sua grande maioria, optam por vender por meio de agentes; portanto, o número de operadoras que vendem diretamente aos clientes é pequeno. No caso dos pacotes de férias ao exterior reservados pelos britânicos, 75% dos clientes usam os serviços oferecidos por agentes de viagens em vez de reserválos por meio das operadoras. Entretanto, numerosas operadoras de grande porte de "venda direta", como a Portland Holidays, e várias pequenas operadoras especializadas que preferem vender diretamente aos clientes divulgam seus pacotes de férias nos jornais e em outros meios de comunicação. As operadoras de venda direta evidenciam que, pelo fato de não precisarem pagar uma comissão ao agente, elas podem repassar essa economia ao cliente, o qual vai se beneficiar de um pacote de férias mais barato. Quanto mais especializado for o produto oferecido, maior a probabilidade de o cliente comprar diretamente de uma operadora; por exemplo, férias de inverno em uma estação de esqui ou passeios que incluem montanhismo.

Tipos de operadora de viagens no Reino Unido

A maioria das seiscentas operadoras de viagens do Reino Unido pode ser classificada de acordo com uma das seguintes categorias:

- Operadoras de mercado de massa
- Operadoras especializadas
- Operadoras domésticas
- Operadoras de viagens que oferecem todos os serviços de assistência a turistas estrangeiros (*incoming tour operators*)

Contrariamente à crença popular, as operadoras de viagens do Reino Unido são, em sua maioria, pequenas empresas especializadas em uma determinada destinação turística que explora um tipo de produto. Embora as grandes operadoras de mercado de massa dominem o mercado de pacotes de férias para o exterior, as pequenas empresas desempenham um papel vital ao oferecer aos clientes uma enorme variedade de produtos de férias e viagens nem sempre oferecidos pelas operadoras grandes.

Operadoras de mercado de massa As operadoras de mercado de massa abrangem alguns dos nomes mais bem conhecidos nessa indústria, como Thomson, Airtours e First Choice Holidays. As estatísticas da Thomson (Thomson Travel Group, 1996) estimam que, em 1995, essas três empresas, sozinhas, foram responsáveis por mais de 60% do mercado de viagens com todos os serviços incluídos ao exterior. Elas organizaram viagens aéreas com todos os serviços incluídos (AITS), em geral chamadas de pacotes de viagens, para em torno de 8,8 milhões de viajantes britânicos, durante 12 meses, até setembro de 1995 (Civil Aviation Authority, 1996), dominando, portanto, o mercado de turismo do Reino Unido para o exterior. A Tabela 4.6 apresenta uma visão mais ampla das cinco maiores operadoras de viagens do Reino Unido e sua participação de mercado relativa.

Tabela 4.6 As cinco principais operadoras de viagens no Reino Unido, 1995.

Operadora de viagens	Participação de mercado total (%)	Participação de mercado por meio de agentes (%)
Thomson Tour Operations	24	29,5
Airtours	15,5	18
First Choice	11,5	12,5
Cosmos/Avro	6,5	5,5
Iberotravel	4,0	4,5

Fonte: Thomson Travel Group, 1996.

Como essa tabela mostra, a Thomson é a líder no mercado de operadoras de viagens ao exterior, seguida pela Airtours e First Choice Holidays, que opera empresas como a Sovereign e Free Spirit. A Cosmos/Avro e Iberotravel são responsáveis por 10% do mercado que usa os agentes como intermediários. Houve muita incerteza na indústria de operação de viagens ao exterior nos últimos anos, seguida da infrutífera oferta pública de aquisição da Airtours pela Owner's Abroad (agora First Choice Holidays) em janeiro de 1993. Se a oferta pública não tivesse malogrado, principalmente por ter havido uma injeção de capital por parte de Thomas Cook, a indústria teria ficado com duas principais empresas, as quais controlariam quase dois terços de todas as vendas de pacote de férias. A quebra da Intasun em 1991 (junto com o restante do International Leisure Group, ILG) fortaleceu ainda mais a posição da Airtours no mercado em virtude de ter ganho a maioria dos clientes da Intasun.

Todas as três principais operadoras de viagens têm companhia aérea própria:

- A Thomson é proprietária da Britannia Airways.
- A Airtours opera sua companhia aérea sob o nome Airtours International.
- A First Choice Holidays é dona da Air 2000.

Esse é um exemplo de integração vertical na indústria de viagens do Reino Unido, tema que exploraremos em detalhes posteriormente neste capítulo.

Operadoras especializadas Há de fato centenas de pequenas operadoras de viagens especializadas na indústria de viagens do Reino Unido. Embora menos conhecidas do que as empresas de mercado de massa, atendem às necessidades do número cada vez maior de clientes que estão procurando a opinião de especialistas nesse assunto e flexibilidade nos planos de viagem. Algumas operadoras concentram-se na oferta de férias a determinadas destinações turísticas – por exemplo, a Paris Travel Service e a French Country Camping. Outras fornecem serviços a segmentos de mercado especiais; por exemplo, a PGL

Adventure Holiday direciona-se ao mercado de adolescentes e a Saga Holidays, ao de "aposentados". O interesse crescente pelas férias regulamentares e pelas pausas fizeram com que determinadas operadoras especializadas dirigissem sua atenção a atividades específicas, como as excursões a pé oferecidas pela Ramblers' Association e pela Susie Madron's Cycling for Softies, que organiza viagens de bicicleta com todos os serviços incluídos no continente europeu. Algumas operadoras especializam-se em turismo cultural, oferecendo excursões de história da arte à Itália, temporadas musicais em Viena e fins de semana de poesia em Cotswolds. Esses são apenas alguns exemplos dos vários tipos de produto de viagem oferecidos por operadoras especializadas, muitas das quais membros da Association of Independent Tour Operators (AITO), tema do estudo de caso apresentado a seguir.

Estudo de Caso: Association of Independent Tour Operators (AITO)

Introdução

A Association of Independent Tour Operators (AITO) é uma união de pequenas empresas de viagens especializadas do Reino Unido dedicadas ao fornecimento de produtos de qualidade, atendimento pessoal e opções aos clientes. A associação foi estabelecida em 1976, principalmente em resposta aos problemas que afetaram as pequenas empresas de viagens quando do súbito e crescente aumento das exigências de caução que se seguiu à falência de várias operadoras de viagens. Nos últimos anos, a AITO tem sido cada vez mais reconhecida como o porta-voz das operadoras pequenas ou especializadas, cujos pontos de vista raramente foram representados ou levados em consideração por aqueles que regulamentam a indústria de viagens. Os membros da AITO, em sua maioria, são pequenas empresas administradas pelo proprietário que oferecem um alto padrão de atendimento pessoal e são muito detalhistas.

A afiliação à AITO aumentou significativamente desde 1990, quando a associação introduziu um esquema próprio de obrigações, administrado pela AITO Trust Ltd. Atualmente, a AITO tem 150 empresas membros, cada uma das quais responsável pelo transporte de várias centenas a 200 mil passageiros. A maioria, entretanto, é responsável por 10 mil a 20 mil passageiros por ano. As empresas membros, juntas, transportaram 1,9 milhão de passageiros em 1995, o que concede à AITO um determinado grau de credibilidade na indústria de viagens. Dentre as empresas membros estão a Eurocamp, Explore Worldwide, Allez France Holidays e Cox & Kings Travel.

Metas da AITO

As metas declaradas pela AITO são as seguintes:

- Assegurar que o público possa reservar suas férias com as empresas membros da AITO com total confiança.
- Informar os membros sobre os problemas atuais e promover altos padrões e maior profissionalismo entre eles.
- Incitar as empresas membros e seus clientes a conscientizar-se dos problemas ambientais e a promover o turismo ambientalmente sustentável.
- Ajudar os membros a vender seus produtos mais eficazmente aos clientes.
- Garantir que os pontos de vista e problemas das pequenas operadoras de viagens especializadas sejam entendidos e que os interesses de seus clientes sejam protegidos.

O trabalho da AITO

O trabalho da AITO abarca uma ampla variedade de assuntos relacionados com viagem, entre eles:

- *Fórum social.* A AITO atua como um fórum para o intercâmbio de idéias e pontos de vista entre seus membros e a indústria em geral e promove reuniões regulares no Reino Unido e uma reunião anual no exterior para os membros, seus convidados e a imprensa da área de turismo.
- *Prática de lobby.* A AITO vem se tornando nos últimos anos cada vez mais importante como grupo lobista e como órgão formador de opinião respeitado que representa uma parte significativa do mercado de operação de viagens no Reino Unido. Seus pontos de vista foram seguidos por várias organizações governamentais, como a Comissão de Monopólios e Fusões (Monopolies and Mergers Commission – MMC), o Office of Fair Trading (OFT) e o Departamento de Indústria e Comércio.
- *Promoção e relações públicas.* A AITO esforçou-se para melhorar a imagem de suas empresas membros entre a imprensa e o público em geral. A associação organiza atividades com a imprensa para as empresas membros, lança dois importantes prospectos todo ano e promove vários almoços com a imprensa ao longo do ano. O guia informativo *Directory of Real Holidays* publicado pela AITO é uma de suas principais atividades de *marketing*. Esse guia relaciona todas as empresas membros e é distribuído ao público, à imprensa, às agências de viagens, aos escritórios responsáveis pelas normas comerciais, membros do Parlamento, membros do Parlamento Europeu e numerosos representantes da indústria de viagens e turismo. Há também o *Ski Directory* e o *Real*

Holidays, os quais estão expostos em mais de 400 agências de viagens independentes.

- *Órgão regulador*. Todos os membros da AITO comprometem-se a cumprir as normas de qualidade e o código de práticas de negócio da associação, os quais especificam normas básicas de qualidade de atendimento aos clientes, acuidade dos prospectos, segurança financeira e outros assuntos relacionados.
- *Serviços prestados aos membros*. A AITO assegura que seus membros mantenham-se atualizados em relação a todos os assuntos que possam afetá-los fornecendo informações, assessoria e registros de experiências passadas no que for necessário. Isso abrange material sobre assuntos como bem-estar e segurança, contratação e seguros.
- *Turismo alternativo*. A AITO envolveu-se, em 1990, na fundação da Green Flag International, uma empresa sem fins lucrativos estabelecida para estimular as operadoras de viagens a compreender a importância do turismo ambientalmente sustentável. Os princípios do "turismo alternativo ou verde" são promovidos nas publicações da AITO, que pretende continuar apoiando iniciativas relacionadas com o turismo e o ambiente.

Campanha por Agentes de Viagens Autênticos (CARTA)

Em junho de 1994, a AITO lançou uma nova iniciativa para unir operadoras de viagens independentes a agentes independentes, com o objetivo de criar um novo negócio para ambas as partes. Originalmente chamada de AITO 100 Club, essa iniciativa expandiu-se em junho de 1995 e recebeu um novo nome, Campaign for Real Travel Agents (CARTA). Até o momento, há 120 marcas de operadoras de viagens (85 empresas) e 442 agentes de viagens nesse programa. Todas as férias relacionadas na publicação *Guide to Real Holidays* da AITO podem ser reservadas por meio de um agente independente, o qual pode dar opinião sobre as opções e a disponibilidade de produtos e destinações. Esse guia foi idealizado para agências de viagens e a associação desenvolveu vários tipos de material para acompanhar a CARTA nos pontos-de-venda. O treinamento é um importante aspecto do programa CARTA, como forma de melhorar o vínculo entre operadoras e agentes. Relações públicas e propaganda local são usadas para aumentar a consciência dos clientes, e a campanha foi divulgada extensivamente na imprensa dirigida aos consumidores e ao comércio de viagens.

(*Essas informações foram cordialmente fornecidas pela AITO.*)

Pontos para discussão e análise

1. Analise criticamente o papel que AITO desempenha no setor de operações de viagens ao exterior da indústria do turismo do Reino Unido.
2. Quais benefícios a AITO oferece a seus membros?
3. Quão eficazes podem ser associações de classe como a AITO na prática de *lobby* em favor de mudanças?
4. Examine como a relação entre as operadoras de viagens e os agentes pode funcionar em benefício mútuo sob a iniciativa do programa CARTA.

Operadoras de viagens As operadoras de viagens domésticas no turismo do Reino Unido organizam férias, passeios e outros planos de viagem para o mercado interno. Provavelmente as mais conhecidas sejam as operadoras de ônibus de turismo, como Shearings e National Holidays, que oferecem produtos com bom preço alavancados principalmente para os grupos de terceira idade. Embora, em geral, o produto do turismo britânico não tenha sido explorado amplamente em "pacotes", o desenvolvimento de viagens de férias de curta duração para destinações do Reino Unido teve algum sucesso nos últimos anos. Empresas como a Superbreak e Rainbow Holidays foram responsáveis pela oferta de viagens breves das cidades ao campo por meio de agências de viagens. Vários escritórios de turismo e órgãos locais, ansiosos por aumentar a quantidade de visitantes, trabalharam com operadoras de viagens para divulgar suas destinações em prospectos e programas de turismo.

Grupos de interesse especial são bem servidos por operadoras domésticas. As férias regulamentares estão ganhando popularidade e operadoras, grandes e pequenas, estão surgindo para atender à demanda de serviços; por exemplo, a YHA Holidays e HF Holidays. As empresas que oferecem serviços e instalações especiais, que vão desde férias em olarias a passeios de balão, estão sendo cada vez mais procuradas por um público que deseja algo um tanto quanto diferente para fazer nos momentos de lazer.

Os grupos de hotéis e consórcios de *marketing* (por exemplo, Best Western Hotels) criaram e colocam à venda passeios domésticos durante algum tempo, geralmente em parceria com operadoras de ônibus de turismo. A concorrência que ascendeu no setor hoteleiro nos últimos anos, entretanto, forçou um número muito maior de hotéis a ampliar sua base de clientes, desenvolvendo passeios temáticos de curta duração, férias regulamentares e passeios especiais.

Operadoras de viagens que oferecem serviços a estrangeiros Esse tipo de operadora de viagem atende às necessidades de uma quantidade cada vez maior de turistas estrangeiros que escolhem a Grã-Bretanha como destinação de férias ou para viagens de negócio. Da mesma forma que normalmente vamos a uma agência de viagens para reservar nossas férias anuais ao exterior ou nossas viagens de negócios fora do país, os visitantes estrangeiros fazem o mesmo em seu país de origem quando desejam viajar para a Grã-Bretanha. Um agente de viagens no Japão, por exemplo, que tenha um cliente que deseja passar uma semana na Escócia, tem de entrar em contato com uma operadora de viagens para fazer todos os planos; essa operadora, que pode estar sediada no Japão ou na Escócia, é conhecida como uma operadora de viagens destinada a estrangeiros, visto que presta serviços aos visitantes estrangeiros na Grã-Bretanha.

Há aproximadamente trezentas operadoras de viagens do Reino Unido nesse país que se especializaram no segmento de mercado de viajantes estrangeiros. Algumas são um pouco mais que os agentes que trabalham com tráfego em nome ou para uma companhia aérea oferecendo serviços de traslado ou "boas-vindas" em nome de um agente ou de uma operadora. Outras, como a British Heritage Tours, a Frames Richards e a Evan Evans Tours, oferecem pacotes de férias completos no Reino Unido, os quais são vendidos por meio de agentes estrangeiros. Esses pacotes, sempre temáticos, abrangem viagens cujo tema são o patrimônio, os jardins ou os castelos britânicos. Aproximadamente 100 operadoras de viagens destinada a estrangeiros no Reino Unido são membros da British Incoming Tour Operators' Association (BITOA). Fundada em 1997, a BITOA é uma organização independente que objetiva fornecer um fórum para o intercâmbio de informações e idéias, seguir um código de conduta aprovado e agir como um grupo de pressão no relacionamento com outros órgãos no Reino Unido cujos interesses em assuntos turísticos sejam comuns.

Integração na indústria de viagens do Reino Unido

À medida que a concorrência entre as empresas intensificou-se no mercado de viagens a países fora do Reino Unido, as maiores agências de viagens fizeram alianças e fusões com outras empresas como forma de manter ou aumentar a participação de mercado e maximizar a lucros. Isso é mais comumente visto em suas relações de trabalho com operadoras de viagens. Por exemplo:

- A Thomson Holidays é proprietária da cadeia de agências de viagens Lunn Poly.
- A Airtours é dona da Going Places.
- A First Choice Holidays mantém uma aliança estratégica com as agências de viagens Thomas Cook.
- A Inspirations é proprietária da cadeia de agências de viagens AT Mays.

Esses são bons exemplos de integração vertical na indústria de viagens, quando uma empresa controla outras empresas que estão em diferentes níveis na cadeia de distribuição. Algumas das maiores operadoras de viagens também são proprietárias de companhias aéreas, o que lhes oferece controle ainda maior sobre as partes que compõem os pacotes de férias. Por exemplo, a Thomson é proprietária da Britannia Airways (veja a Figura 4.9).

Figura 4.9 Integração vertical no Thomson Travel Group.

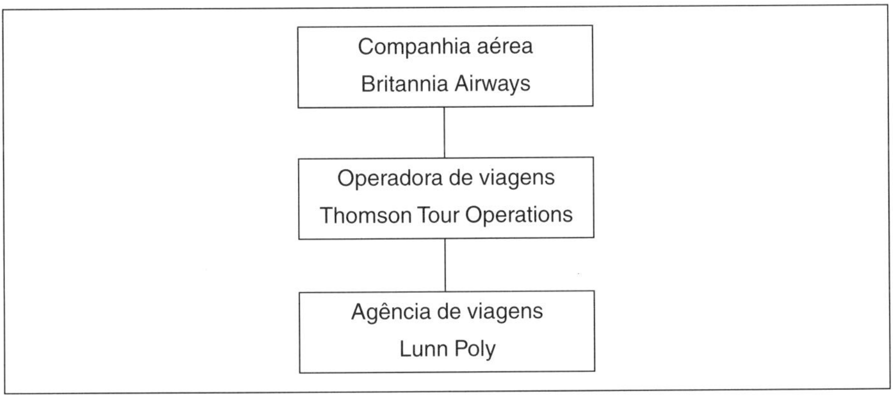

A integração horizontal ocorre quando empresas no mesmo nível na cadeia de distribuição ou no mesmo setor da indústria fundem-se voluntariamente ou são objeto de uma oferta pública de aquisição. No setor de companhias aéreas, por exemplo, a British Airways está procurando concretizar sua ambição de tornar-se a maior companhia aérea do mundo por meio de aquisições e fusões com outras operadoras, incluindo a American Airlines, Qantas e TAT, uma companhia aérea doméstica francesa. A British adquiriu também a antiga companhia aérea britânica de vôos fretados Dan Air e está de olho na companhia alemã Deutsche BA. A integração horizontal é igualmente comum no setor hoteleiro, no qual cadeias de hotéis como a Inter-Continental e Queens Moat Houses atingem economias de escala por meio do controle operacional e de *marketing* de numerosos hotéis independentes. A aquisição da Country Holidays, em 1994, e da Blakes Country Cottages e English Country Cottages, em 1995, pela Thomson Travel é um exemplo de que as principais operadoras de viagens estão ativamente envolvidas na integração tanto horizontal quanto vertical na indústria do turismo como forma de assegurar vantagens competitivas.

É cada vez maior a preocupação entre grupos de consumidores e o público em geral de que a detenção de propriedade por meio da integração vertical e horizontal seja contra o interesse público, à medida que isso pode restringir as opções e reduzir a concorrência na indústria. É por esse motivo que qualquer fusão de larga escala entre empresas de viagens e turismo nem sempre é referida à MMC, que atualmente está investigando o relacionamento entre operadoras de viagens e agentes no Reino Unido para descobrir se há práticas anticompetitivas.

Turismo do setor público

As seções anteriores deste capítulo ressaltaram o fato de a indústria do turismo do Reino Unido ser predominantemente um empreendimento do setor privado. As empresas, sejam grandes ou pequenas, almejam oferecer uma série de produtos e serviços turísticos a uma base de clientes diversa e obter lucro. Entretanto, não seria correto concluir que a indústria do turismo do Reino Unido não tem nenhum envolvimento público. Tanto o governo central quanto o local, mais uma hoste de "ramificações" de órgãos de responsabilidade pública, desempenham um papel fundamental no desenvolvimento e na promoção do turismo do Reino Unido (veja a Figura 4.10).

Figura 4.10 Estrutura do turismo do setor público, no Reino Unido.

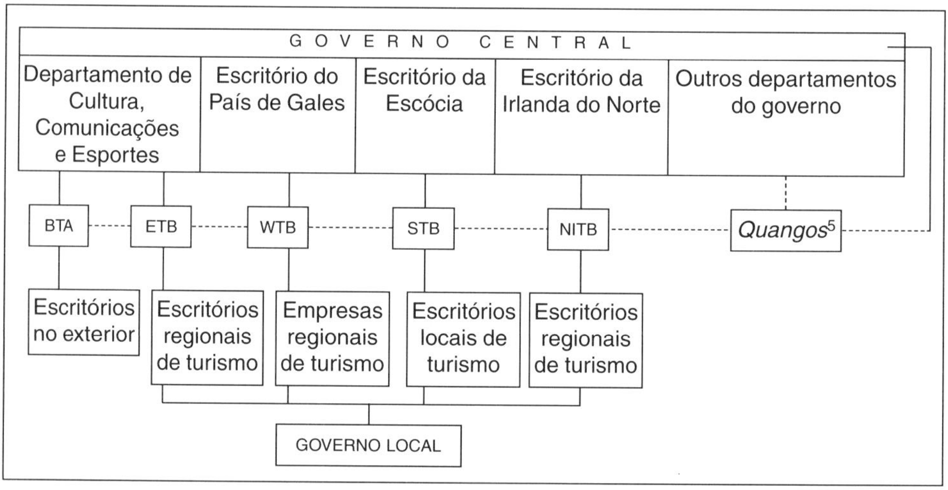

[5] *Quangos* são agências ou organizações que, embora financiadas pelo governo, atuam independentemente. Seu significado provém de *qua(si) n(on-)g(overnmental) o(rganization)*. (N.T.)

Como a figura indica, o governo central supervisiona a operação dos quatro escritórios nacionais de turismo, mais a BTA, por meio do Departamento de Cultura, Comunicações e Esportes (antigo Departamento do Patrimônio Nacional), do English Tourist Board (ETB), do Welsh Tourist Board (WTB), do Scottish Tourist Board (STB) e do Northern Ireland Tourist Board (NITB). Os escritórios nacionais, por sua vez, coordenam a própria estrutura regional e seu vínculo com departamentos de órgãos locais relacionados com assuntos turísticos. A BTA mantém uma rede de 40 pontos-de-venda no mundo inteiro (veja o respectivo estudo de caso anteriormente neste capítulo). As organizações não-governamentais quase autônomas (*quangos*) abrangem órgãos como Highlands and Islands Enterprise, Welsh Development Agency, Countryside Commission e as várias corporações de desenvolvimento distribuídas em todo o Reino Unido, todos os quais interessados no turismo, em maior ou menor grau. Enquanto o Departamento de Cultura, Comunicações e Esportes pode ser considerado o departamento governamental "de liga" em assuntos turísticos, outros departamentos, incluindo o Departamento do Meio Ambiente, o Departamento do Comércio e Indústria e o Ministério da Agricultura, estão envolvidos com atividades que transpõem o turismo do Reino Unido. Na verdade, há vários exemplos de como as políticas governamentais a seguir procuram oferecer uma estrutura sobre a qual o turismo possa prosseguir seu desenvolvimento:

1. *Política macroeconômica.* A indústria beneficia-se, acima de tudo, da estabilidade econômica, da inflação baixa e de taxas de juros baixas.
2. *Desregulamentação.* A iniciativa de desregulamentação por parte do governo concentrou-se especialmente na eliminação de regulamentos desnecessários no campo do turismo.
3. *Planejamento.* O sistema de planejamento pode contribuir com a capacidade da Grã-Bretanha de atrair investimentos para o turismo e com a capacidade da indústria de adaptar-se a mudanças da demanda. Os órgãos de planejamento locais devem observar com atenção as políticas de planejamento nacionais e regionais quando estiverem elaborando seus planos para que, dessa forma, suas políticas abranjam diretrizes de planejamento atualizadas do governo na área de turismo.
4. *Transporte.* A inauguração do Eurotúnel oferece uma oportunidade enorme para aumentar a quantidade de visitantes provenientes da Europa Ocidental, região essa responsável por 60% de nossos visitantes estrangeiros; recentemente, todos os aeroportos regionais do Reino Unido foram abertos às companhias aéreas americanas e do Reino Unido para vôos transatlânticos, oferecendo uma ótima possibilidade para a indús-

tria do turismo do Reino Unido nessas regiões.

5. *Comida e bebida*. Emendas nas leis de licenciamento de bebidas – extensão do horário de funcionamento, funcionamento aos domingos e introdução de certificados aos menores de idade – fortaleceram os atrativos dos *pubs* britânicos, uma das atrações turísticas mais notáveis para estrangeiros.
6. *Compras*. Tendo em vista que quase um quarto do montante gasto pelos turistas estrangeiros corresponde a compras, a liberalização do comércio aos domingos e a eliminação de restrições ao horário de funcionamento vão se somar às atrações turísticas.
7. *Ônibus londrinos*. Os compradores das empresas de ônibus londrinas terão de manter os ônibus vermelhos de dois andares nos itinerários no centro de Londres, garantindo que esse símbolo britânico mundialmente conhecido seja mantido.
8. *Imigração*. De acordo com o Citizen's Charter, os padrões de desempenho existem para minimizar o tempo durante o qual um visitante tem de aguardar para ser atendido por um oficial da imigração.
9. *Treinamento*. O turismo tem tudo a ver com a prestação de serviços, o que significa que o treinamento de funcionários é fundamental. No momento, há mais de quinhentas qualificações vocacionais nacionais, as quais abrangem 80% dos empregos, incluindo todas as áreas relacionadas com turismo e lazer. O governo fornece mais de 1,8 bilhão de libras de fundos públicos para treinamento, habilitação profissional e empreendimentos por meio de 82 centros de treinamento de funcionários (TECs) dirigidos por empregadores. Esses TECs trabalham com o ETB e os escritórios regionais de turismo para aplicar treinamento em turismo, incluindo o programa de atenção ao cliente denominado Welcome Host, o qual, no ano corrente, tem como alvo 60 mil participantes.
10. *Pequenas empresas*. A indústria do turismo é composta principalmente de pequenas empresas – por exemplo, mais de 70% dos hotéis e albergues têm 10 quartos ou menos. As pequenas empresas poderão se beneficiar dos vínculos comerciais que estão sendo estabelecidos – escritórios que oferecem todos os serviços (*one-stop shops*) em termos de apoio e assessoria em negócios vão se direcionar particularmente a empresas com potencial de crescimento. Outros programas de pequenas empresas oferecem consultoria, garantia de empréstimos e recomendações sobre a melhor prática de administração.
11. *Sustentabilidade*. O governo reconhece que o crescimento do turismo

pode ser sustentável apenas se for mantido um equilíbrio entre as necessidades dos visitantes e as necessidades do meio ambiente. Um cuidado especial deve ser dirigido aos lugares vulneráveis cuja popularidade pode prejudicar o próprio local ou a experiência do visitante. Órgãos públicos como o ETB e a Comissão de Desenvolvimento Rural oferecem idéias à indústria e apoio a projetos piloto para que esses princípios possam ser postos em prática.

12. *DNH*. O novo Departamento do Patrimônio Nacional, que conta com um ministro do Turismo, concede ao turismo um ótimo perfil e vincula-o explicitamente aos principais elementos dos atrativos turísticos, culturais e patrimoniais da Grã-Bretanha, os quais serão fomentados pelo financiamento substancial oferecido pela National Lottery.

13. *BTA*. A BTA ajuda a indústria a divulgar o produto turístico britânico no exterior. A BTA estava para receber, em 1998, 34,5 milhões de libras do governo, quantia à qual a indústria espera adicionar 15,5 milhões. A expectativa de gastos em *marketing* e informações no exterior é de 41 milhões de libras.

14. *ETB*. O ETB atua centralmente e por meio dos escritórios regionais para ajudar a indústria do turismo a identificar tendências de mercado e a planejar de acordo com o que for identificado; dessa forma, procura desenvolver padrões por meio da classificação de hospedagens e esquemas de graduação, assessoria em negócios e treinamento; e ajuda a indústria a pôr seus produtos à venda internamente. O ETB estava para receber, em 1998, 10 milhões de libras do governo, quantia à qual a indústria previa adicionar mais 2,8 milhões.

Embora esses exemplos (do Department of National Heritage, 1995) demonstrem que o patrocínio do governo ao turismo do Reino Unido abrange várias e diferentes áreas de orientação política, a lei de desenvolvimento do turismo de 1969 (Development of Tourism Act) ainda é a única parte da legislação governamental específica à indústria do turismo do Reino Unido. Há mais de 25 anos em vigência, essa lei tem quatro principais produtos:

1. O estabelecimento da British Tourist Board (BTA), do English Tourist Board (ETB), do Wales Tourist Board (WTB) e do Scottish Tourist Board (STB).
2. A introdução de subvenções da "seção 4" para o desenvolvimento turístico.
3. O estabelecimento de um esquema de subvenção para a expansão de hotéis.

4. Uma proposta de legislação para introduzir um esquema de registro obrigatório de estabelecimentos de hospedagem.

O NITB não foi incluído nessa lei porque foi já havia sido estabelecido em 1948 de acordo com uma outra legislação. Apesar de vários representantes da indústria acharem que já está mais que na hora de elaborar uma nova legislação sobre o turismo, o atual governo parece ser bem menos intervencionista. Como indica um recente boletim sobre o turismo emitido pelo governo (Department of National Heritage, 1995):

> O governo patrocina a indústria do turismo de três formas; procura garantir que o impacto de suas políticas sobre a indústria seja tanto quanto possível positivo; ajuda a dirigir tendências no funcionamento do mercado; e procura estabelecer uma estrutura estratégica para agir como catalisadores de uma ação e uma câmara de compensação de informações e exemplo de práticas saudáveis.

Escritórios de turismo nacionais no Reino Unido Os escritórios de turismo nacionais do Reino Unido (ETB, WTB, STB e NITB) procuram maximizar os benefícios econômicos do turismo no próprio país estimulando o desenvolvimento e marketing de produtos turísticos de alta qualidade. Eles próprios não se envolvem na administração diária das instalações turísticas, mas estabelecem a estrutura e a política de acordo com as quais organizações dos setores público e privado possam funcionar. Tomemos o exemplo do ETB, cujos objetivos são:

- Estimular o desenvolvimento do turismo inglês encorajando os britânicos a tirar férias na Inglaterra e fornecendo instalações mais modernas aos turistas em seu país.
- Desenvolver e divulgar o turismo com a cooperação estreita de escritórios regionais e nacionais de turismo, da BTA, de órgãos públicos locais e organizações do setor público e do setor privado.
- Aconselhar órgãos governamentais e públicos sobre todos os assuntos referentes ao turismo na Inglaterra.
- Maximizar a contribuição do turismo para a economia por meio da geração de riquezas e criação de empregos.
- Encorajar e estimular o desenvolvimento bem-sucedido dos produtos turísticos de alto padrão, os quais ofereçam custo-benefício.
- Fazer com que o turismo seja bem reconhecido como uma indústria para investimentos, emprego e desenvolvimento econômico por meio do fornecimento de informações e, quando apropriado, de assessoria e apoio financeiro.
- Produzir e divulgar informações sobre o turismo ao comércio e ao consumidor.

- Pesquisar tendências no turismo e exigências do consumidor para evidenciar necessidades e oportunidades de *marketing* e desenvolvimento e avaliar o desempenho passado, clientes em potencial e o impacto do turismo.
- Melhorar a posição e o desempenho da indústria encorajando e estimulando a adoção de métodos de negócio mais modernos e de tecnologia adequada e fornecendo programas educacionais e de treinamento.
- Assegurar que a marca e o patrimônio exclusivos da Inglaterra sejam reconhecidos e protegidos por meio da administração sensível do turismo.

Para atingir esses objetivos, o ETB está envolvido em um programa de trabalho de amplo alcance com órgãos públicos e empresas comerciais, o qual inclui:

- *Marketing*: diretamente ao consumidor e por meio do comércio de viagens, da produção de material de publicidade e do desenvolvimento de novos produtos.
- *Serviços de informações*: coordenação da rede de centros de informações turísticas e da atividade de pesquisa.
- *Desenvolvimento*: coordenação de políticas de desenvolvimento turístico nacionais e regionais e assessoria a iniciativas turísticas locais.

Ao contrário dos escritórios do País de Gales e da Escócia, o ETB não tem mais poderes para financiar projetos turísticos de acordo com a "seção 4" da lei de desenvolvimento do turismo de 1969, o que significa que sua capacidade de estimular novos investimentos e o desenvolvimento é extremamente limitada. O ETB sofreu mais um choque de financiamento em 1992, quando a alocação de fundos de 1993-94 aos escritórios de turismo foi publicada pelo governo; a subvenção do ETB foi cortada de 15,6 milhões em 1992-93 para 14,2 milhões de libras em 1993-94 e, em seguida, esse montante foi reduzido para 13,9 milhões em 1994-95 e 11,3 milhões de libras em 1995-96. Em 1996-97, a subvenção governamental ao ETB foi reduzida ainda mais – 10 milhões de libras. Esses cortes foram responsáveis pela perda de funcionários e pela redução do escopo das operações do escritório em nível nacional.

Escritórios regionais de turismo no Reino Unido

Embora parcialmente financiados por fundos públicos, os escritórios regionais de turismo do Reino Unido são em sua essência organizações comerciais afiliadas que fornecem uma série de serviços aos seus membros dos setores público e privado. Por exemplo, um escritório regional de turismo típico terá uma ampla variedade de membros, de hoteleiros, proprietários de restaurante e atrações turísticas a escritórios locais, pensões em casa de fazenda e estabelecimentos educacionais. Atualmente, há dez escritórios regionais de turismo na Inglaterra, após a extinção do Thames and Chilterns Tourist Board no início da década de 1990 e do East Midlands Tourist Board em 1996 (veja a Figura 4.11).

Vários dos escritórios regionais de turismo do Reino Unido operam como empresas privadas limitadas, o que indica a natureza comercial de seu trabalho. Para administrar as três regiões que lhe foram designadas, o WTB, por exemplo, estabeleceu empresas associadas, denominadas "North Wales Tourism" (Norte do País de Gales), "Mid Wales Tourism" (Centro do País de Gales) e "Tourism South Wales" (Sul do País de Gales). Na Inglaterra, o Yorkshire and Humberside Tourist Board foi incorporado em fevereiro de 1994 como uma empresa limitada por garantia.

Para identificar o papel que os escritórios regionais de turismo desempenham na indústria do turismo do Reino Unido, vamos analisar detalhadamente as principais responsabilidades dos escritórios regionais de turismo ingleses, os quais:

1. Ter um conhecimento verdadeiro sobre o turismo na região, as instalações e as organizações envolvidas na indústria do turismo.
2. Assessorar o escritório nacional nos aspectos regionais dos principais problemas de diretriz e fornecer informações sobre gerenciamento.
3. Investigações sobre serviços que possam ser atribuídos a promoções desenvolvidas nacionalmente e para fornecer material informativo.
4. Coordenar serviços de informações turísticas regionais como parte da rede nacional de centros de informações turísticas.
5. Manter relação estreita com órgãos de planejamento de políticas que afetam o turismo.
6. Conduzir uma campanha de relações públicas domésticas contínua com os órgãos locais, o comércio de viagens e o público da região, no sentido de assegurar que os problemas sejam entendidos e os objetivos regionais e nacionais sejam conhecidos; criar a consciência da necessidade de o turismo ser gerenciado em benefício dos residentes, bem como dos turistas.
7. Promover o turismo da região tanto em outras partes do país quanto no exterior.

A característica comercial das organizações turísticas regionais é evidenciada ainda mais pelos meios de que elas dispõem para gerar receita, o que inclui:

- Solicitar subvenção de fontes do governo central por meio do Departamento de Cultura, Comunicações e Esportes e dos escritórios do País de Gales, da Escócia ou do Norte da Irlanda.

Figura 4.11 Escritórios regionais de turismo na Inglaterra.

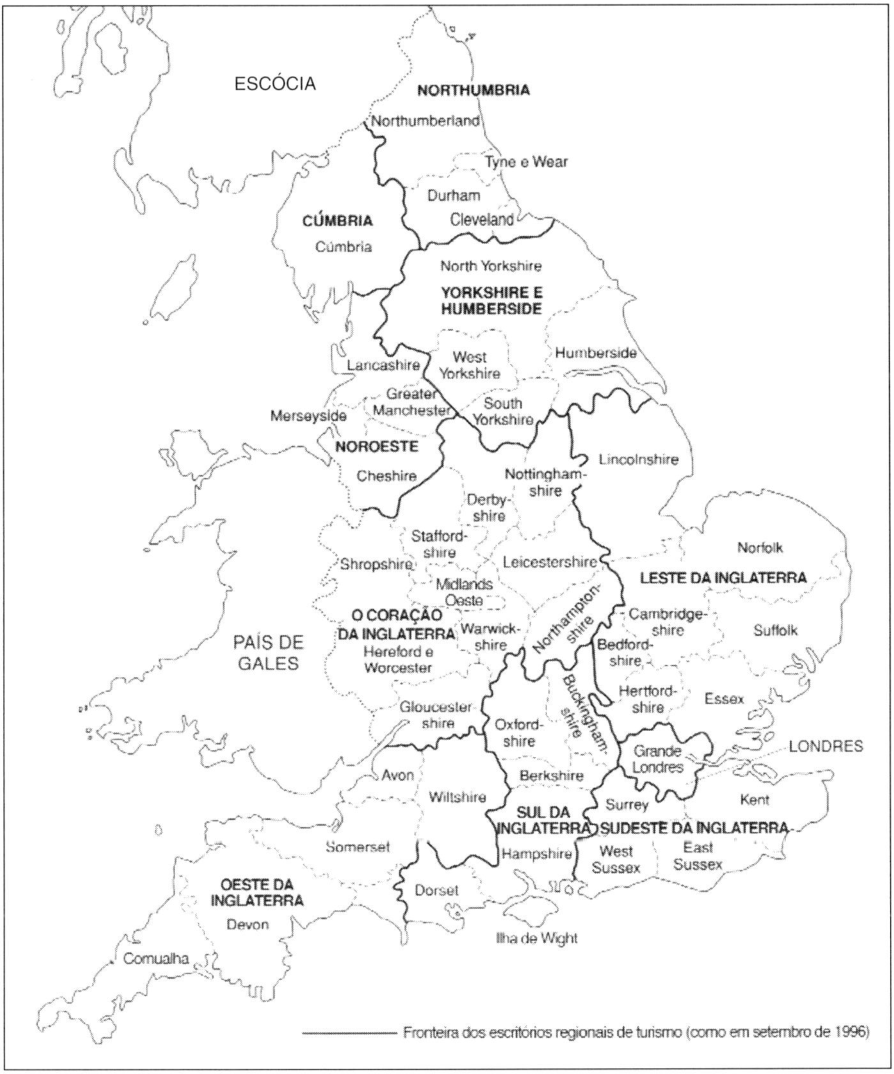

- Coletar subscrições de órgãos locais.
- Coletar subscrições de membros comerciais.
- Gerar receitas de vendas; por exemplo, vendendo espaço de propaganda em publicações regionais e alugando espaço em estandes de feiras e exposições.

Tomemos como exemplo o Yorkshire and Humberside Tourist Board, cuja renda para o ano findo em 31 de março de 1995 ultrapassou 2,2 milhões de libras, distribuídas da seguinte forma:

- Atividades de *marketing* 992.161 libras
- Subvenção do ETB 489.125 libras
- Serviços de desenvolvimento 225.455 libras
- Conselhos Municipais/Áreas Metropolitanas 198.090 libras
- Serviços de hospedagem 187.744 libras
- Subscrições de membros do setor privado 185.171 libras
- Conselho de Bairro 8.551 libras
- Vários 1.585 libras

Esses valores indicam obviamente que os escritórios regionais de turismo têm de se envolver em uma grande variedade de atividades comerciais para gerar receita e, dessa forma, apoiar as respectivas funções de *marketing* e desenvolvimento.

Órgãos locais e o turismo

Os órgãos locais desempenham um papel fundamental na operação e no desenvolvimento do turismo do Reino Unido. Direcionados pelos benefícios econômicos e sociais que o turismo pode gerar para uma determinada área, os conselhos locais em todo o Reino Unido estão investindo em instalações e serviços turísticos e ao mesmo tempo direcionando e impulsionando o *marketing* de suas destinações turísticas para os turistas britânicos e estrangeiros. Eles fornecem ou contribuem com grande parte da infra-estrutura "básica" e das instalações destinadas aos turistas, como:

- Parques e jardins
- Museus
- Centros de atividades ao ar livre
- Cursos de golfe
- Estacionamento para automóveis
- Teatros e centros artísticos
- Centros de esportes e lazer
- Serviços de transporte
- Piscinas
- Áreas para *trailers*

Na verdade, poderíamos afirmar que há poucos serviços de órgãos locais que, de certa forma, não contribuem com a indústria do turismo de uma determinada área e até recusam cobranças, manutenção dos prédios e controle do desenvolvimento. Vários conselhos apóiam o estabelecimento de grupos e associações de turismo locais que unam os setores público e privado. A lei Local Government de 1948 concede aos órgãos locais o poder de estabelecer serviços de informações e publicidade destinados aos turistas. Isso foi reforçado pela lei Local Government de 1972, que os autoriza a divulgar sua região para fins turísticos e fornecer instalações aos visitantes.

No momento, há poucos órgãos locais no Reino Unido que não estejam de alguma forma envolvidos ativamente na promoção de sua região aos turistas; lugares tão diversos quanto Barnsley e Bolton, Newark e Nottingham, Sheffield e Scunthorpe estão todos concorrendo a uma fatia do "bolo" da indústria do turismo. A proporção do envolvimento é muito variável, estendendo-se de órgãos compostos de uma única pessoa com a responsabilidade de promover o turismo a conselhos com departamentos distintos subordinados a um superintendente de turismo. Alguns órgãos locais consideram o turismo uma extensão natural de sua função de planejamento e abrigam a direção e os funcionários relacionados com o turismo nesse departamento. Os órgãos mais precavidos consideram o turismo parte do desenvolvimento econômico e, dessa forma, designam pessoas a essa área. Outros, ainda, vêem o turismo e particularmente o *marketing* e a promoção do turismo como uma atividade de relações públicas que se adapta muito bem à imprensa e ao departamento de relações públicas. Sem levar em conta a forma pela qual o turismo é organizado em um determinado órgão local, é óbvio que o turismo vai continuar sendo uma parte fundamental e cada vez maior do trabalho de conselhos locais no futuro.

O futuro do turismo do Reino Unido

Seções anteriores deste capítulo ilustraram que a indústria do turismo do Reino Unido tem sido feliz em atrair uma quantidade cada vez maior de visitantes estrangeiros para sua costa litorânea, os quais foram responsáveis pelo rendimento recorde de 12 milhões de libras em 1995 (British Tourist Authority, 1996a). Entretanto, a história recente do turismo no Reino Unido por parte dos residentes britânicos não é muito animadora. Dados do *Tourism Intelligence Quartely* (British Tourist Authority/English Tourist Board, 1996) mostram que a quantidade de férias longas (quatro ou mais noites) tiradas pelos britânicos no Reino Unido atingiu um pico na metade da década de 1970, representando 79% de todas as férias tiradas por residentes no Reino Unido. Desde essa época, houve um declínio constante na participação de mercado, até atingir 56% em 1995, um declínio médio anual de 1%. Esse declínio nas férias tiradas por britânicos no Reino Unido destoa completamente do crescimento contínuo das férias no exterior, as quais aumentaram de 27% para 44%, em relação a todas as férias longas, entre 1981 e 1995. Em 1995, em torno de 26 milhões do total de 59 milhões das férias tiradas pelos britânicos foram usufruídas no estrangeiro.

É contra essa posição obscura que devemos analisar o futuro da indústria do turismo do Reino Unido. A situação atual que a indústria está enfrentando é conseqüência de vários fatores inter-relacionados, entre eles:

- Concorrência de destinações turísticas no exterior e operadoras de viagens fora do Reino Unido.
- Redução do financiamento por parte do governo central.
- Mudança da natureza do mercado de férias.
- Falta de investimento "no produto turístico do Reino Unido".
- Investimentos insuficientes em infra-estrutura.
- Administração e treinamento de funcionários inadequados.

A Confederação de Indústrias Britânicas (Confederation of British Industry – CBI) apresentou a proposta de um plano de ação para a indústria do turismo do Reino Unido com seis temas principais (Confederation of British Industry, 1994):

1. *Qualidade e atendimento*: melhorar a reputação britânica internacional e nacionalmente no que se refere a custo-benefício, particularmente por meio do desenvolvimento do produto e da melhoria dos padrões de qualidade e atendimento; estimular redes e projetos de apoio mútuo vigoroso, em especial por meio de escritórios e empresas regionais e locais de turismo.
2. *Treinamento e planos de carreira*: melhorar o treinamento e os planos de carreira para a indústria do turismo, usando programas internos e estimulando e oferecendo apoio a programas públicos de instrução, treinamento e carreira.
3. *Marketing*: formar parcerias dinâmicas com a BTA e os escritórios de turismo no desenvolvimento e na divulgação do potencial do produto em nível nacional e local.
4. *Ambiente*: formar parcerias dinâmicas com comunidades locais para melhorar a qualidade do meio ambiente como um todo para os visitantes, assegurando, dessa forma, sustentabilidade.
5. *Investimentos no produto*: promover parcerias entre os setores público e privado para obter projetos de investimento maiores; por exemplo, explorar as oportunidades da National Lottery, em particular o Millenium Fund.
6. *Perfil público do turismo*: espalhar a mensagem de que o turismo é bom para os britânicos e para as comunidades locais e de que devemos promover, e não criticar, nosso patrimônio e cultura nacionais.

Defendendo a causa do turismo do Reino Unido dessa forma, a CBI espera que a indústria comece a investir mais significativamente em seus produtos e em sua infra-estrutura, produzindo, assim, uma cultura empresarial dinâmica que ajudará a reduzir o impacto das férias usufruídas no exterior sobre o turismo do Reino Unido.

Em um debate parlamentar sobre o turismo (Hansard, 1996), o secretário de Estado do Patrimônio Nacional ressaltou os seis pontos principais de trabalho do governo em relação ao turismo:

- Defender e promover o perfil da indústria.
- Melhorar a qualidade do produto.
- Desenvolver recursos humanos de classe mundial.
- Aumentar a concorrência.
- Tornar o *marketing* mais eficaz.
- Administrar o impacto do turismo.

Hansard observou que o governo trabalhou intimamente com a indústria e os escritórios de turismo em medidas que aumentassem a concorrência do turismo britânico e que o apoio governamental para indústria do turismo envolve muito mais do que apenas o fornecimento de fundos. Não há praticamente nenhuma dúvida, entretanto, de que as constantes reduções de subvenção ao turismo farão com que a concorrência em nível global por parte da indústria do turismo do Reino Unido torne-se ainda mais difícil.

Resumo do capítulo

Este capítulo fez um levantamento da estrutura da indústria do turismo no Reino Unido e analisou as principais questões relacionadas com sua operação e desenvolvimento. Vimos que o turismo contribui significativamente para a economia britânica, em termos tanto de criação de riquezas quanto de geração de empregos. O aumento do número de turistas estrangeiros no Reino Unido foi uma história de particular sucesso nos anos recentes, embora a concorrência selvagem das operadoras de viagens fora do Reino Unido esteja influenciando o número de viagens de férias dos britânicos no próprio país. A investigação sobre o papel do setor público no turismo do Reino Unido ressaltou a questão dos fundos reduzidos do governo destinados à indústria do turismo, o que está, contrariamente, afetando o trabalho influente dos escritórios nacionais de turismo. Este capítulo é concluído com uma análise do futuro do turismo do Reino Unido, sugerindo que parceiros da indústria, tanto do setor público quanto do privado, precisam trabalhar juntos para estimular o turismo doméstico, por meio de uma abordagem mais profissional, de treinamento aperfeiçoado, maiores investimentos em instalações e um trabalho de *marketing* mais imaginativo.

Questões para discussão

1. Na sua opinião, quais objetivos-chave e atividades devem ser incluídos na revisão de uma lei de desenvolvimento do turismo?
2. Que motivos poderiam ser antecipados para aumentar os fundos públicos destinados ao desenvolvimento do turismo no Reino Unido?
3. Como o papel dos órgãos públicos locais no desenvolvimento e *marketing* do turismo deveria mudar nos próximos dez anos?
4. Vários comentaristas importantes sobre o turismo no Reino Unido consideram que a omissão da palavra "turismo" do nome do novo Departamento de Cultura, Patrimônio e Esportes é significativa.
5. Avalie analiticamente o papel que a tecnologia desempenhará no futuro desenvolvimento do turismo no Reino Unido.

Referências e outras leituras

- British Airways. *Annual Report and Accounts 1992-93*. Londres, BA, 1993.
- British Tourist Authority. *National Facts of Tourism*. Londres, BTA, 1996a.
- _______ . *Annual Report and Accounts 1995*. Londres, BTA, 1996b.
- British Tourist Authority/English Tourist Board. *Tourism Intelligence Quartely*, Londres, 17 (4), 1996.
- Civil Aviation Authority. *ATOL Business*. 7ª ed. Londres, CAA, 1996.
- Confederation of British Industry. *A Wealth of Attraction*. Londres, CBI, 1994.
- Department of National Heritage. *Tourism: Competing with the Best*. Londres, DNH, 1995.
- _______ . *Success through Partnership: A Strategy for Tourism*. Londres, DNH, 1997.
- English Tourist Board. *Insights*. Londres, ETB, 1993.
- Hansard. *House of Commons Parliamentary Debates 25 November to 29 November 1996*. Londres, Stationery Office, 1996.
- Thomson Travel Group (1996). *Annual Report and Accounts 1995*.
- World Travel and Tourism Council. *United Kingdom Travel & Tourism Millennium Vision*. Londres, WTTC, 1996.
- Youell, R. *Leisure and Tourism*. 2ª ed. Harlow (Reino Unido), Longman, 1995.
- _______ . *Travel and Tourism*. Harlow (Reino Unido), Longman, 1996.

Impactos turísticos

Visão geral do capítulo

Este capítulo investiga as questões controversas relacionadas com os impactos turísticos tanto em nível internacional quanto nacional e local. Embora sejam os efeitos negativos do turismo os que em geral ganham manchete, descobrimos que o turismo também tem efeitos benéficos, não apenas nas áreas de geração de riqueza e criação de empregos. Observamos detalhadamente os impactos socioculturais e ambientais do desenvolvimento do turismo e, usando como apoio estudos de caso e exemplos tirados dessa indústria, investigamos formas de reduzir os efeitos adversos do turismo. Essas medidas principais são estabelecidas no contexto dos princípios do desenvolvimento sustentável do turismo, em particular a importância de respeitar as necessidades das comunidades locais e seu envolvimento no processo de tomada de decisões em relação ao turismo.

Principais tópicos

- Impactos econômicos do turismo
- Criação de empregos no turismo
- Os impactos socioculturais do turismo
- Os impactos ambientais do turismo
- Minimização dos aspectos negativos do turismo
- Princípios do turismo sustentável
- Envolvimento da comunidade no turismo
- Capacidade de carga
- Gerenciamento dos visitantes e do tráfego

Introdução

O estudo dos impactos do turismo, em particular seus efeitos ambientais e socioculturais prejudiciais, passou a ser visto como uma das questões mais controversas que rondaram a indústria no fim do século XX. Maior atenção está sendo dada ao desenvolvimento e à promoção do turismo de uma forma sustentável a longo prazo e que envolve comunidades locais no processo de tomada de decisões. Entretanto, são os benefícios econômicos do turismo que invariavelmente persuadem governos, áreas locais e operadoras comerciais a investir na indústria em um primeiro momento e a explorar todo o seu potencial de desenvolvimento. Além disso, é muito fácil generalizar os impactos do turismo doméstico e internacional; análises superficiais indicariam que todos os impactos econômicos são positivos e todos os efeitos ambientais e socioculturais são negativos. Contudo, essas declarações simplificam sobremaneira a complexidade do ambiente no qual o turismo opera. Junto com o turismo há uma série de benefícios e problemas, os quais afetam economias, ambientes, culturas e a interação social entre as comunidades. O turismo precisará empenhar-se por maximizar os benefícios econômicos dessa indústria e ao mesmo tempo minimizar seus impactos ambientais e socioculturais nocivos, se houver interesse em que o turismo prospere como a principal influência na economia mundial.

Neste capítulo, investigamos os efeitos que o turismo pode ter em nível internacional, nacional, regional e local, primeiramente fazendo uma análise de seus impactos econômicos.

Impactos econômicos do turismo

Vimos no capítulo Turismo: a Maior Indústria do Mundo que o turismo atualmente é a indústria que mais obtém ganhos provenientes de exportações no mundo inteiro, além de ser considerado por muitos a maior indústria do mundo. Essa afirmação justificável baseia-se principalmente no desempenho econômico e no potencial do turismo no que se refere à criação de empregos e receitas internacional, nacional, regional e localmente. Em nível global, dados do Conselho Mundial de Viagens e Turismo (World Travel and Tourism Council – WTTC) indicam que em 1997 o turismo gerou um rendimento de 3,6 trilhões de dólares e contribuiu com 10,7% do PIB mundial (World Travel and Tourism Council, 1996). Em nível nacional, o potencial e a contribuição do turismo em receitas–ganhos para economias nacionais são igualmente impressionantes; em 1995, os Estados Unidos obtiveram mais de 58 bilhões de dólares em rendimentos provenientes do turismo, ao mesmo tempo que o turismo dominava a atividade econômica em várias ilhas do Caribe, sendo responsável por mais de 90% do PIB em Anguila, 47% em Santa Lúcia e 87% em Antígua e Barbuda. O turismo, além disso, pode beneficiar economias regionais e locais, injetando receitas nas áreas rurais e urbanas, criando oportunidades de emprego, estimulando a criação de novas empresas com fins lucrativos e contribuindo para o investimento interno por meio da promoção de uma imagem positiva da área em questão.

A decisão tomada por qualquer governo de perseguir a estratégia de desenvolver seu potencial turístico é invariavelmente baseada nos impactos econômicos positivos dessa indústria. Órgãos públicos regionais e locais mostram essa mesma motivação em relação ao desenvolvimento do turismo, ao passo que as operadoras comerciais na indústria do turismo procuram também maximizar seus retornos econômicos. Os impactos econômicos do turismo podem ser divididos em duas categorias amplas, quais sejam:

- Geração de riqueza
- Criação de empregos

As nações desenvolvidas e emergentes estão cada vez mais de olho na indústria do turismo para que este exerça um impacto positivo sobre sua atividade econômica, contribuindo com o PIB, estruturando a balança de pagamentos do país e criando oportunidades de emprego. Os governos centrais, regionais e locais auferem diretamente do turismo por meio da arrecadação de receitas diretas e indiretas. As contribuições diretas abrangem impostos sobre viagens e tributação sobre lucros gerados por empresas turísticas. As fontes indiretas de receita incluem os vários impostos indiretos cobrados sobre produtos e serviços comprados por turistas.

Contribuição do turismo para o PIB

O desempenho econômico de um país pode ser avaliado por meio de uma análise do PIB, isto é, do valor total de todas as mercadorias e serviços produzidos mais as receitas líquidas provenientes do exterior. O estudo sobre a contribuição do turismo para o PIB de um país indica a importância do turismo em relação a outros setores da indústria. A contribuição para o PIB de um país que depender sobremaneira do turismo será relativa, e vice-versa. Uma análise do PIB de um determinado período demonstrará tendências na importância econômica do turismo, bem como sua taxa de crescimento comparada com a de outros setores da economia. A Tabela 5.1 fornece exemplos da contribuição do turismo para o PIB de determinados países, mais alguns detalhes sobre exportações.

Tabela 5.1 Indicadores econômicos do turismo em determinados países, 1994.

País	Rendimentos provenientes do turismo como porcentagem de		
	PIB	Exportação de mercadorias	Exportação de serviços comerciais
Brasil	0,36	4,42	39,20
Cuba	4,47	42,50	–
Gâmbia	6,51	71,43	30,86
Alemanha	0,50	2,55	17,34
Guadalupe	40,83	322,37	–
Irlanda	3,78	5,15	44,84
Malta	23,58	41,74	63,90
Nigéria	0,11	0,34	3,04
Estados Unidos	0,90	11,79	30,74

Fonte: Adaptação do autor de dados da World Travel Organisation (WTO).

Os dados incluídos na Tabela 5.1 demonstram claramente as variações na importância do turismo em diferentes países. O turismo tem uma importância relativa nos países cuja economia é principalmente industrial; na Alemanha, por exemplo, os rendimentos do turismo são responsáveis por 0,50% do PIB, 2,55% das exportações de mercadorias e 17,34% do total de exportações de serviços comerciais. Uma situação completamente inversa a essa são os rendimentos do turismo de Malta, cuja contribuição é de quase um quarto do total do PIB, mais de 40% das exportações de mercadorias e quase dois terços das exportações de serviços comerciais, o que demonstra o significado econômico do turismo para essa ilha do Mediterrâneo. As estatísticas da Tabela 5.1 também indicam como os países emergentes da África dependem diferentemente do turismo, ou seja, a contribuição do turismo para o PIB em Gâmbia e na Nigéria, respectivamente, é de 6,51% e 0,11%. Em relação aos Estados Unidos, esses dados mostram também que, embora sejam a principal nação do mundo em termos de rendimentos turísticos, sua indústria de turismo contribui com menos de 1% para o PIB total do país.

Em relação aos países cuja economia depende sobremaneira dos rendimentos do turismo, há sempre o risco da superdependência para com essa indústria, o que faz com que governos e operadoras comerciais fiquem vulneráveis à diminuição da demanda em decorrência de fatores internos e externos, como mudanças nas preferências e no estilo do consumidor, convulsões políticas, acidentes naturais, recessão econômica e flutuações nas taxas de câmbio. Os órgãos públicos, além de estarem atentos a esses possíveis problemas, devem procurar diversificar a economia, reduzindo, dessa forma, os fatores de risco associados com a superdependência para com uma única indústria.

Fatores que afetam a contribuição do turismo para o PIB

Bull (1991) identifica cinco fatores principais que determinam o papel do turismo em relação ao PIB (observe que Bull refere-se ao produto nacional bruto – PNB – e não ao PIB, embora haja pouca diferença em seu uso como uma medida da renda nacional). Os fatores que ele identifica são:

- *A reserva de recursos.* Recursos naturais, instalações construídas pelo homem, recursos humanos e financeiros, todos são pré-requisitos para o desenvolvimento bem-sucedido do turismo.
- *O nível de conhecimento técnico.* Em geral, os retornos econômicos do turismo tenderão a ser mais altos nos países em que os níveis de especialização técnica forem altos.
- *Estabilidade social e política.* À medida que o turismo é consumido no momento da produção, problemas reais ou percebidos na área de destino terão um efeito adverso sobre a quantidade de visitantes e, portanto, sobre os rendimentos do turismo.
- *Atitudes e hábitos.* O ponto de vista das comunidades locais em relação aos turistas e à propensão de cada um dos turistas de viajar influenciará diretamente o desenvolvimento do turismo.
- *Investimento.* O investimento governamental e comercial em projetos de expansão e itens mais "flexíveis" como promoção, treinamento e apoio empresarial afetará as taxas de crescimento do desenvolvimento do turismo.

Como esses fatores demonstram, tanto a demanda quanto a oferta do sistema de turismo têm um comportamento de acordo com o nível de contribuição da atividade do turística para o PIB de um país.

O turismo e a balança de pagamentos

Em termos simples, a balança de pagamentos é uma demonstração dos fluxos internacionais de valores monetários e de movimentos de capital para e de um determinado país. Os itens que aparecem em uma balança de pagamentos são classificados como "visíveis" ou "invisíveis"; os itens visíveis são bens tangíveis como carros, produtos elétricos e matéria-prima, ao passo que os invisíveis abrangem operações bancárias, seguros, transporte de mercadorias e turismo. O turismo tem um impacto maior sobre a posição da balança de pagamentos em vários países em desenvolvimento, particularmente nos que dependem sobremaneira dessa indústria. A "balança do turismo" de um determinado país consistirá em todos os rendimentos provenientes dos visitantes estrangeiros menos os pagamentos feitos pelos residentes em viagem ao exterior. Isso significa que os países que tiverem uma proporção significativamente maior de turistas provenientes de outro país, em contraposição aos residentes que viajam para o exterior, terão um superávit saudável na conta de turismo de sua balança de pagamentos. Em contraposição, o país em que os gastos dos residentes em viagens ao exterior forem maiores que a receita recebida de turistas estrangeiros apresentará um déficit em sua conta de turismo. Os exemplos da Espanha e da Alemanha na Figura 5.1 demonstram bem essa situação. Os dados mostram que a conta de turismo da balança de pagamentos da Espanha era positiva e crescente entre 1990 e 1994, ao passo que a balança de turismo da Alemanha estava em déficit no mesmo período. Os alemães gastaram uma quantia em viagens ao exterior maior do que a quantia que entrou no país proveniente do turismo estrangeiro. Os dados reais da Espanha mostram que sua balança de turismo em 1994 era de +14.644 euros, enquanto a da Alemanha era de –26.003 milhões de euros (Eurostat, 1996).

Figura 5.1 Contribuição do turismo para a balança de pagamentos na Espanha e na Alemanha, 1990-94.

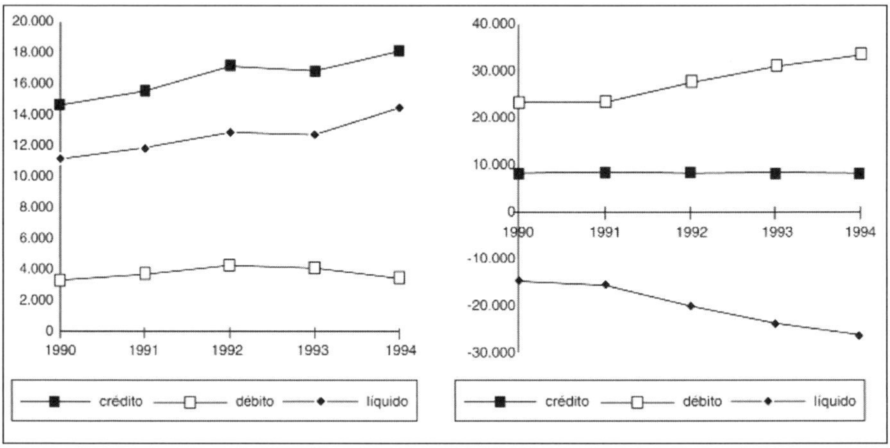

Fonte: Eurostat.

O conceito de multiplicador

O dinheiro gasto por turistas em uma destinação turística tem benefícios tanto diretos quanto indiretos. Obviamente, as empresas que oferecem instalações, como hotéis, atrações e operadoras de transporte, beneficiam-se diretamente dos gastos feitos pelos turistas, mas há também vários beneficiários indiretos, como lojas, postos de gasolina, bancos e uma variedade de outros negócios que fornecem produtos e serviços aos turistas. Tendo em vista que parte do dinheiro gasto pelos turistas em um determinado local circula e é gasto novamente na economia local, gerando, dessa forma, renda extra, o benefício econômico real para esse local é maior do que a quantia original gasta pelos turistas. A extensão de acordo com a qual o gasto original circula novamente na economia local para incrementar a renda geral é conhecido como multiplicador ou multiplicador de renda e pode ser explicado com a ajuda do exemplo a seguir. Um casal paga 200 libras para passar um fim de semana em um hotel litorâneo em Brighton; uma porcentagem das 200 libras recebidas pelo dono do hotel será paga aos funcionários, como salário, e aos fornecedores locais de produtos e serviços, permanecendo, portanto, na economia local. Os funcionários gastarão parte de seu salário nas lojas e em serviços locais, ao passo que os fornecedores terão de pagar salários e usarão serviços de empresas locais. Todos esses gastos locais criam renda extra, que circula e é retida pela própria economia local. Uma porcentagem das 200 libras originais gastas pelo casal provavelmente não ficará no local. Por exemplo, pagamentos a fornecedores nacionais de *catering* contratados ou fábricas de móveis distantes; essa perda de renda da economia local é conhecida como "vazamento".

Alguns pesquisadores mostraram que o valor preciso de um multiplicador de renda variará de uma destinação turística para outra e também entre diferentes setores da indústria do turismo. Uma pensão em casa de fazenda, por exemplo, provavelmente terá um multiplicador de renda maior do que um hotel pertencente a uma cadeia multinacional e localizado na zona central de uma metrópole. Isso se deve ao fato de a pensão em casa de fazenda apresentar uma probabilidade maior de comprar alimentos e outros serviços localmente, retendo, dessa forma, uma porcentagem mais significativa de sua renda na economia local. O hotel, em contraposição, usará uma série de fornecedores de fora como parte dos acordos de distribuição nacionais. Os dividendos pagos aos acionistas do hotel são também um vazamento da economia local, tendo em vista que eles moram longe da cidade. Em nível internacional, particularmente nos países emergentes, os governos que estão ansiosos por desenvolver indústrias de turismo sustentáveis a longo prazo devem adotar políticas que garantam que o máximo possível dos gastos feitos pelos turistas sejam repassados aos salários e ordenados das pessoas que residem no local e aos produtos e serviços produzidos localmente.

O conceito de multiplicador também pode ser usado para calcular o crescimento em potencial de uma série de fatores econômicos relacionados com a atividade turística, como emprego, receitas governamentais, importações e receitas de vendas.

O turismo e o desenvolvimento econômico

Há um interesse crescente no papel que o turismo pode desempenhar no desenvolvimento econômico em nível nacional, regional e local. Isso é evidente nas áreas urbanas e rurais tanto dos países desenvolvidos quanto dos emergentes. O turismo pode ser incluído como parte de uma proposta de desenvolvimento multifacetada, talvez como um esquema de reurbanização, ou como uma estratégia para deter a migração das zonas rurais. O turismo às vezes é usado como meio para apresentar uma imagem favorável de uma área em que está sendo empreendida uma mudança econômica estrutural.

O desenvolvimento do turismo promove uma ampla variedade de benefícios e custos econômicos, muitos dos quais podem ser atribuídos a variações na estrutura econômica das destinações turísticas e respectiva localização geográfica. A diferença mais óbvia pode ser vista entre os países desenvolvidos e os emergentes. Nos países emergentes, em geral os níveis de renda são baixos, a distribuição de riqueza é desigual, o índice de desemprego e subemprego é alto, o nível de desenvolvimento industrial é pouco significativo, a dependência do setor primário é excessiva e o número de proprietários estrangeiros de indústrias fabris e de serviços é grande.

Um dos principais atrativos do turismo como meio de desenvolvimento econômico repousa no crescimento rápido e contínuo da entrada de turistas internacionais em um país. É provável que a maior afluência nas sociedades ocidentais estimule a demanda por viagens turísticas internacionais a destinações muito distantes. As nações desenvolvidas provavelmente vão tirar maior proveito desse processo.

Emprego no turismo

A capacidade de o turismo criar empregos é um dos principais motivos de os governos e outros órgãos públicos encorajarem e estimularem o crescimento dessa indústria. Quando essa capacidade de gerar empregos é comparada com a do setor fabril, os empregos do setor de serviços na indústria do turismo são vistos como uma forma relativamente barata e fácil de oferecer oportunidades de emprego, à medida que os custos de capital preliminares, em geral, são consideravelmente menores. Entretanto, o que nem sempre é totalmente bem-vindo é o nível de obrigação contratual e investimento necessário para recrutar e treinar funcionários, cujo desempenho é fundamental para a apresentação de uma imagem positiva e profissional dessa indústria. A característica horizontal da indústria do turismo internacional, que abarca numerosos setores inter-relacionados, dificulta a coleta e a análise de dados sobre o emprego no turismo. Diferentes regiões do mundo usam diferentes métodos de coleta de dados e alguns setores do turismo não se encaixam no padrão de classificação industrial padrão (Standard Industrial Classification – SIC). Além disso, vários negócios turísticos são dirigidos pelo próprio proprietário e talvez não apareçam oportunamente nas estatísticas de emprego disponível. No entanto, do ponto de vista positivo, essa diversidade de fato significa que, no turismo, os empregos são criados em vários setores econômicos em todas as partes do mundo. O emprego direto no turismo abrange hotéis e outros tipos de hospedagem, operadoras de transporte, agências de viagens, atrações turísticas, departamentos governamentais e operadoras de viagens, para citar apenas alguns exemplos. O turismo tem também a capacidade de estimular a criação de oportunidades de emprego em setores não diretamente associados com essa indústria, como os exemplos a seguir indicam (World Travel and Tourism Council, 1996).

- *Empregos tradicionais em serviços turísticos*: abrangem empregos em companhias aéreas, hotéis, restaurantes, atrações turísticas, locadoras de automóveis e operadoras e agências de viagens.
- *Empregos em serviços turísticos governamentais*: incluem emprego em escritórios de promoção e informações turísticas, guias em parques nacionais ou monumentos, controladores de tráfego aéreo, funcionários de segurança e manutenção de auto-estradas e salva-vidas nas praias freqüentadas por turistas; além disso, incluem fiscais da alfândega e de imigração nas fronteiras e nos aeroportos.
- *Empregos em aplicação de capital em viagens e turismo*: no setor público, abrangem projetos e construção de auto-estradas, parques e aeroportos; no setor privado, abrangem emprego em desenvolvimento e construção de aeronaves, hotéis/estações turísticas, escritórios de empresas de viagens, cruzeiros marítimos e alguns restaurantes e lojas varejistas.
- *Empregos em produtos para viagem*: abrangem pessoas envolvidas com o fornecimento de produtos e serviços aos viajantes e a empresas desse setor e uma gama de profissões, desde reveladores de filme a contadores, tintureiros, açougueiros, sapateiros e letristas.

No nível internacional, o crescimento previsto do turismo, no início do novo milênio, criará mais empregos diretos e indiretos na indústria do turismo. O

WTTC estima que, por volta de 2006, o turismo gerará emprego para mais de 385 milhões de trabalhadores, o que representa 11,1% da força de trabalho global (veja a Figura 5.2).

Figura 5.2 Emprego no turismo mundial, 1988-2006.

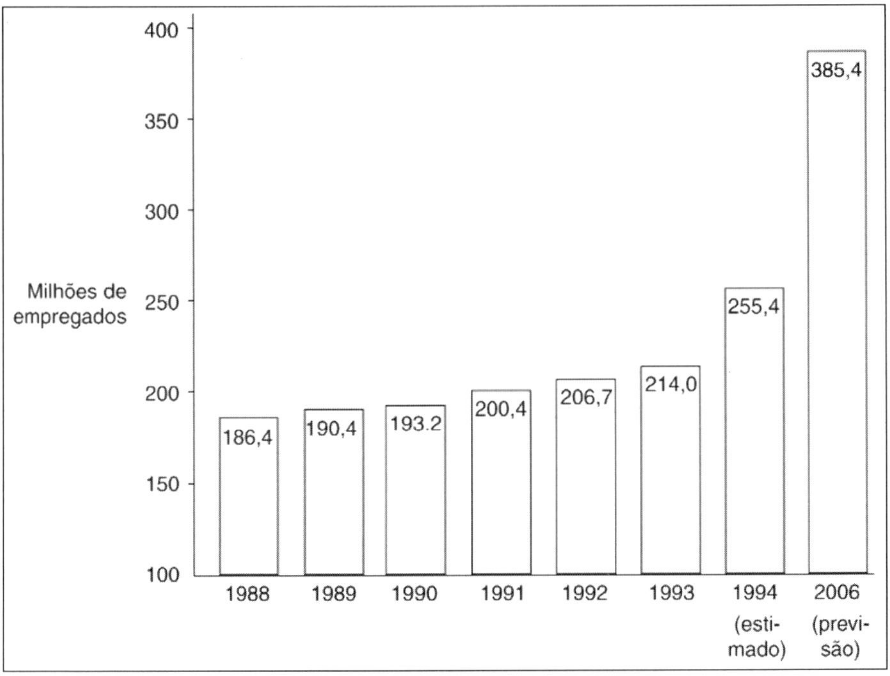

Fonte: WTTC.

Não surpreendentemente, são os países na região da Ásia/Pacífico que, de acordo com as previsões, experimentarão o crescimento mais rápido na criação de empregos no turismo, como mostram os dados da Tabela 5.2. Essa tabela demonstra com nitidez o domínio que as diferentes áreas da região terão em termos de crescimento na criação de empregos no turismo mundial. Na verdade, o WTTC estima que a região da Ásia/Pacífico será responsável por mais de 80% da criação de novos empregos no setor de viagens e relacionados com o turismo até 2006 (World Travel and Tourism Council, 1996).

Tabela 5.2 Crescimento regional do emprego em viagens e turismo, 1996-2006.

Região	**Outros empregos criados (em milhões)**	**Porcentagem de crescimento**
Nordeste da Ásia	74,62	69,5
Sudeste da Ásia	20,33	84,6
Sul da Ásia	16,24	45,6
América do Norte	4,95	27,3
Europa Oriental	4,16	26,0
África Negra (Sul do Saara)	2,93	22,3
União Européia	2,60	13,1
Oriente Médio	1,13	31,5
América Latina	1,11	15,1
Outros países da Europa Oriental	0,63	22,6
Oceania	0,48	23,1
Países e ilhas do Caribe	0,46	19,4
Norte da África	0,38	11,7

Fonte: WTTC.

Problemas de emprego na indústria do turismo

Vimos que o turismo é a principal força na criação de empregos no mundo inteiro. Contudo, há vários problemas relacionados com a natureza do turismo, muitos dos quais associados aos problemas de sazonalidade da indústria. O fato de o turismo, invariavelmente, poder oferecer somente trabalhos sazonais, em vez de empregos permanentes, significa que às vezes isso atrai funcionários não tão comprometidos com suas obrigações; esses funcionários consideram o emprego no setor de turismo um "quebra-galho" conveniente, e não uma oportunidade séria de carreira. Há poucos incentivos para que dediquem tempo e esforço para adquirir as habilidades e qualificações necessárias, o que resulta em uma força de trabalho geralmente carente de habilidades básicas na indústria de serviços. Além disso, em virtude do baixo salário e das condições de trabalho ineficientes em determinados setores da indústria, a qualidade e o *status* dos empregos no setor de turismo são sempre considerados baixos.

As operadoras governamentais e comerciais devem trabalhar juntas para interromper esse círculo vicioso e elevar o *status* dos empregos no turismo. Os órgãos públicos devem desenvolver estratégias de planejamento da força de trabalho que venham a representar a demanda e a oferta de empregos relacionados com o turismo e ofereçam incentivos a operadoras de turismo privadas a fim de que liberem os funcionários para treinamento em habilidades operacionais e gerenciais. Em países que dependem sobremaneira do turismo para seu bem-estar econômico, é necessário elaborar estratégias para reduzir essa superconfiança na criação de empregos, a fim de minimizar os problemas econômicos e sociais que possam surgir se a indústria do turismo entrar em recessão.

Impactos econômicos negativos do turismo

Ressaltamos os benefícios que o turismo pode gerar para a economia de países, regiões e áreas locais, mas a indústria ainda tem seus impactos econômicos negativos, como perda de mão-de-obra por parte das indústrias primárias tradicionais para os empregos aparentemente mais glamourosos do turismo. Esse padrão era visível no princípio do desenvolvimento do turismo em várias ilhas do Mediterrâneo e em destinações turísticas em terra firme, onde os trabalhadores abandonam o emprego na agricultura e na pesca para trabalhar em hotéis e restaurantes, gerando problemas de oferta de mão-de-obra nas indústrias primárias. Esses problemas ainda estão presentes em várias nações emergentes. Outro problema econômico associado ao turismo está relacionado com o aumento de preços nas destinações turísticas. Os residentes de algumas estações turísticas podem ser penalizados pelo fato de terem de pagar preços altos por produtos e serviços em períodos de pico da demanda turística. O aumento dos preços das terras pode também tornar ainda mais difícil a compra de propriedades em áreas turísticas, em particular por parte de casais jovens, por falta de poder aquisitivo. Esse problema é mais comum em áreas em que a quantidade de casas de férias é muito alta, o que tende a inflacionar o preço das casas. As comunidades também podem ficar em desvantagem quando as lojas e os fornecedores de serviços locais forem preteridos por pontos-de-venda de varejo que se adaptam especificamente às necessidades dos turistas, como as lojas de presentes e recordações de viagem e os cafés. Isso é em especial problemático em áreas rurais, onde a perda de instalações locais em geral significa ter de percorrer um longo percurso para chegar a um fornecedor alternativo mais próximo. A população local pode ter desvantagens ainda maiores por ter de contribuir com o custo de instalações e serviços turísticos que nunca usará; por exemplo, serviços de informações turísticas e atividades promocionais. O desenvolvimento de infra-estrutura e instalações para o turismo pode também desviar recursos de outros projetos de expansão, como a construção de hospitais e escolas. Nas áreas em que o turismo é substituído por outro tipo de atividade econômica, isso é chamado de "efeito de deslocamento".

A despeito desses impactos econômicos negativos do turismo, a indústria tem o potencial de oferecer benefícios econômicos significativos, como demonstra claramente o estudo de caso a seguir sobre os impactos econômicos do turismo na Austrália.

Estudo de Caso: Impactos econômicos do turismo na Austrália

Introdução

A Austrália depende sobremaneira da indústria do turismo como parte de um programa planejado de desenvolvimento econômico. Esse país experimentou um crescimento considerável em entrada de visitantes estrangeiros na década de 1990 – de 2,2 milhões em 1990 para 3,7 milhões em 1995 (veja as Tabelas 5.3 e 5.4) –, conseqüência da recuperação econômica global, do crescimento explosivo das viagens de turistas provenientes dos "Tigres Asiáticos", do interesse cada vez maior pelo meio ambiente e do *marketing* agressivo empreendido pela Australian Tourist Commission. A seguir, investigamos os detalhes dos impactos econômicos do turismo na Austrália e a tendência futura da demanda e das despesas.

Produto nacional bruto (PNB)

De acordo com as estimativas, a indústria do turismo contribuiu com 6,6% das despesas nacionais brutas australianas em 1993-94, das quais 75% (4,8% do PNB) podem ser atribuídas ao turismo doméstico.

Despesas do turismo doméstico

As despesas derivadas do turismo doméstico totalizaram 32,5 bilhões de dólares australianos em 1993-94, dos quais 19,0 bilhões foram atribuídos ao turismo noturno e 13,5 bilhões a despesas em viagens de um único dia. A quantia adicional de 3,8 bilhões de dólares australianos foi gasta domesticamente por turistas estrangeiros; por exemplo, em serviços de agência de viagens, traslados para e dos aeroportos internacionais e tarifas aéreas internacionais pagas para empresas de transporte aéreo australianas.

Tabela 5.3 Entrada de visitantes internacionais na Austrália, 1988-95.

Ano	Entrada de visitantes
1988	2.249.300
1989	2.080.300
1990	2.214.900
1991	2.370.400
1992	2.603.300
1993	2.996.300
1994	3.361.700
1995	3.725.800

Fonte: Australian Bureau of Statistics.

Tabela 5.4 Origem dos visitantes estrangeiros na Austrália, 1995.

Origem	*Entradas*	
Japão	782.700	
Outros países do nordeste da Ásia	496.100	
Hongkong		131.700
Coréia		168.000
Taiwan		152.000
Sudeste da Ásia	566.000	
Indonésia		135.000
Malásia		108.200
Cingapura		202.400
Tailândia		81.300
Nova Zelândia	538.400	
Reino Unido e Irlanda	365.300	
Outros países da Europa	386.700	
Estados Unidos	304.900	
Restante do mundo	285.700	
Total	3.725.800	

Fonte: Australian Bureau of Statistics.

Receitas de exportações

Em 1995-96, o turismo internacional na Austrália gerou receitas de exportações da ordem de 14,1 bilhões de dólares australianos, 16% a mais em relação a 1994-95. Isso foi responsável por 12,8% das receitas de exportações totais da Austrália (12,6% em 1994-95) e 63,1% de exportações de serviços (61,2% em 1994-95).

Emprego

Em 1993-94, o turismo foi responsável pela criação direta de emprego para 535,6 mil pessoas, 6,9% da força de trabalho total. Segundo as estimativas, por volta de 2003 o turismo oferecerá emprego a 658 mil pessoas.

Quantidade de noites e gastos por parte dos turistas estrangeiros

Em 1995, os visitantes estrangeiros passaram, no total, 79,9 milhões de noites na Austrália (7,9% a mais do que em 1994), uma média de 23 noites (24 noites em 1994). Os gastos efetuados por turistas adultos (de 15 anos de idade para cima) foram, em média, de 1.936 dólares australianos na Austrália (excluindo despesas com pacotes de viagem previamente pagos).

Turismo doméstico

Em 1995, os habitantes da austrália fizeram, no total, 59,7 milhões de viagens de pelo menos uma noite de duração dentro do próprio país e passaram, no total, 251,8 milhões de noites fora de casa.

Previsões de longo prazo

A Tabela 5.5 apresenta previsões sobre o significado econômico e do crescimento futuro na Austrália, de acordo com dados fornecidos pelo Australian Tourism Forecasting Council.

Tabela 5.5 Previsões a longo prazo sobre o turismo australiano.

Crescimento médio anual	**Previsão**	**Ano da previsão**	
Visitantes internacionais	8,8 milhões	2005	8,9% de 1995
Número de noites usufruídas pelos visitantes internacionais	154 milhões	2005	6,8% de 1995
Receitas de exportações do turismo	31 bilhões de dólares australianos	2005	8,8% de 1995
Viagens domésticas pelos visitantes domésticos	53,5 milhões	1998-89	1,9% de 1992-93
Número de noites usufruídas	238 milhões	1999-2000	2,0% de 1993-94

Fonte: Australian Tourism Forecasting Council.

(Essas informações foram cordialmente fornecidas pelo Departamento Australiano da Indústria, Ciência e Turismo.)

Pontos para discussão e análise

1. Que fatores, internos e externos à Austrália, provavelmente afetarão a realização das previsões de receitas de exportações do turismo?
2. Que fatores econômicos influenciarão o desempenho de empresas comerciais que trabalham na indústria do turismo australiana?
3. Que setores da indústria do turismo australiana provavelmente experimentarão o melhor crescimento na criação de empregos?
4. Segundo as previsões, o turismo doméstico esperava uma taxa de crescimento relativamente pequena no fim do século. Que medidas o governo australiano poderia implementar para elevar essa taxa de crescimento?

Impactos socioculturais do turismo

O impacto do turismo sobre a vida social e cultural das comunidades é uma das principais questões debatidas por pesquisadores, acadêmicos e outros comentaristas na área de turismo. Há um consenso de que, embora os efeitos ambientais negativos bem documentados do turismo possam ser significativamente reduzidos com planejamento e administração apropriados, as conseqüências socioculturais da atividade turística tendem a ser muito mais prejudiciais a longo prazo e algumas vezes necessitam de um período de várias gerações para serem erradicadas. Esse é o caso particularmente das nações emergentes, muitas das quais, cuja identidade cultural e cujas tradições são fortes, estão sendo descobertas pela primeira vez em sua história por meio de viagens turísticas. Infelizmente, a mesma preocupação em relação a conseqüências sérias como essas são poucas vezes enunciadas de forma concreta pelas operadoras da indústria do turismo, embora muitas hoje mencionem os efeitos sociais e culturais negativos do turismo em suas declarações de política e missão. Assim como todos os setores econômicos, o crescimento do turismo irá gerar impactos socioculturais tanto negativos quanto positivos, apesar de os efeitos prejudiciais sempre atraírem maior atenção. Embora seja importante evidenciar que vários dos problemas sociais e culturais associados com o crescimento do turismo provavelmente ocorreram de qualquer forma no decorrer do tempo, o passo desse crescimento sempre acelera sua expansão e atua como uma força poderosa de mudança, algumas vezes impossível de estancar.

Impactos socioculturais negativos do turismo

Se mal planejado, desenvolvido ou administrado, o turismo pode gerar numerosos impactos prejudiciais em nível local, nacional e internacional. Alguns dos mais importantes são os seguintes:

- *Superlotação*. A afluência de turistas na alta temporada força os habitantes locais a tolerar a inconveniência de ter de interromper sua rotina diária. Isso pode gerar ressentimento e hostilidade entre os visitantes e as comunidades locais, além de ser um problema particular de pequenas comunidades rurais nas quais sempre falta infra-estrutura e serviços na quantidade suficiente para atender à demanda dos turistas; alguns dos portos pesqueiros e aldeias da Cornualha e de Devon no Reino Unido são bons exemplos.
- *Distorção dos costumes locais*. Às vezes a identidade cultural de uma destinação turística é apresentada aos turistas de uma forma comercial e

estilizada – por exemplo, música e dança típicas –, e isso pode carecer de autenticidade.

- *Perda de idiomas nativos.* A grande quantidade de turistas que visita estações no estrangeiro por um longo período pode influenciar o idioma nativo. Em uma estação de mercado de massa como Benidorm em Costa Blanca na Espanha, é mais provável ouvir o idioma inglês ou alemão em hotéis, bares e restaurantes do que o espanhol.
- *"Efeito de demonstração".* Esse é o termo atribuído ao produto da mistura de pessoas de culturas amplamente diferentes em ambientes turísticos, efeito esse mais evidente nos países emergentes. Os residentes procuram simular os valores e aspiram aos bens materiais de seus visitantes mais abastados; isso pode dar margem a uma mudança irreversível nos valores sociais e políticos por parte da comunidade local, algumas vezes com conseqüências desestabilizadoras.
- *Perda de indústrias tradicionais.* Indústrias tradicionais como a pesca, a silvicultura, a mineração e a agricultura podem ser perdidas quando os trabalhadores são seduzidos por empregos na indústria do turismo. As indústrias de ofícios regionais podem ser perdidas se uma área turística substituir produtos locais por importados e por produtos turísticos produzidos em massa.
- *Segregação das comunidades.* As áreas turísticas que se tornam populares entre os visitantes podem desenvolver grandes comunidades de proprietários de casa de veraneio e expatriados, cuja possibilidade de pagar preços altos por uma residência ou um terreno tende a forçar a população local a mudar-se e talvez a alterar atividades políticas e culturais permanentemente.
- *Alteração de preceitos religiosos.* As empresas de turismo nas estações turísticas podem ignorar preceitos e costumes religiosos na ânsia de oferecer tudo o que os turistas desejam – por exemplo, lojas abertas no sabá judaico e cancelamento de festas religiosas.
- *Surgimento de problemas sociais.* O turismo pode funcionar como catalisador de uma variedade de problemas sociais e comportamentos anti-sociais. Os próprios turistas podem comportar-se inadequadamente, ao passo que a sedução do turismo pode aumentar aos poucos a criminalidade entre a população local, como fraudes, prostituição, turismo com apelo sexual, uso impróprio de drogas e vandalismo. O turismo acelera e exacerba várias das enfermidades sociais.

Os planejadores e as operadoras responsáveis pelo desenvolvimento do turismo precisam estar atentos aos possíveis prejuízos sociais e culturais que a indústria pode impingir sobre destinações turísticas e desenvolver estratégias para minimizar os problemas. Posteriormente, neste capítulo, analisamos como isso pode ser conseguido.

Impactos socioculturais positivos do turismo

À medida que várias das principais motivações para fazer viagens turísticas estão relacionadas com experiências sociais e culturais – por exemplo, conhecer pessoas diferentes e explorar atrações culturais –, pode-se dizer que a indústria é responsável por efeitos positivos sobre os viajantes nesse respeito. As comunidades locais também podem beneficiar-se dos impactos socioculturais do turismo de várias formas. Podem tirar proveito da mistura de pessoas com estilos de vida diferentes e formação cultural e lingüística diversa. Isso é conseguido mais eficazmente por meio dos tipos de turismo projetados para atrair visitantes e fazer com que tenham contato direto com a comunidade acolhedora e, dessa forma, experimentem o estilo de vida de seus anfitriões; por exemplo, determinados tipos de empresa de agroturismo, visitas de intercâmbio entre jovens, turismo em aldeias e povoados e programas de intercâmbio de famílias. O turismo pode contribuir ainda com a melhoria de qualidade de vida dos residentes das estações de turismo oferecendo-lhes um programa mais abrangente de eventos culturais e sociais elaborados principalmente para satisfazer às necessidades dos turistas, mas disponíveis às comunidades locais; por exemplo, *shows* ao vivo, peças de teatro e discotecas. A população local também pode se beneficiar das instalações de esportes e lazer financiadas pela receita turística. Outro aspecto sociocultural positivo do turismo é sua contribuição para a preservação de uma área de patrimônio cultural, ajudando, por exemplo, a manter as tradições culturais e a preservar lugares em que há patrimônio histórico. Finalmente, ajudando a manter um ambiente limpo e atrativo, o turismo conseguirá induzir um sentimento de orgulho cívico nos residentes, os quais poderão usar a justificativa de que o turismo é importante para sua comunidade como trampolim para outras atividades ambientais e socioculturais.

Impactos ambientais do turismo

O turismo e o meio ambiente, seja natural, seja construído pelo homem, estão intrinsecamente ligados. De fato, sem um ambiente atrativo, o turismo não florescerá e conseguirá manter-se a longo prazo. Nesta seção, usamos o termo "meio ambiente" para nos referirmos ao ambiente físico no qual a atividade turística ocorre; por exemplo, estações turísticas litorâneas, extensões de terra na zona rural, cidades históricas, cadeias de montanhas, região de lagos, aldeias e povoados pitorescos, museus e galerias, ou seja, tudo o que estimula tantas viagens turísticas. Entretanto, a experiência dos turistas abrange uma combinação de fatores físicos, econômicos, culturais e sociais e vai de encontro tanto com os lugares turísticos quanto com a população que vive nesses lugares. As seções precedentes deste capítulo ressaltaram os impactos econômicos, sociais e culturais do turismo.

O significativo crescimento do turismo internacional desde a década de 1950 foi acompanhado de impactos ambientais notáveis, a maioria dos quais prejudicial; o desenvolvimento dos hotéis delgados e extremamente altos em algumas estações mediterrâneas e americanas, a sujeira no sopé das montanhas do Himalaia e os carros no congestionamento de trânsito das rodovias de acesso ao Distrito dos Lagos na Inglaterra são imagens vívidas que ressaltam os problemas causados pela exploração do turismo de massa no mundo inteiro. Mas é importante não nos perdermos quando da avaliação dos impactos ambientais prejudiciais do turismo. Os lugares que atraem grande número de turistas por seus atrativos continuarão a existir nas destinações e estações turísticas populares ao redor do mundo e necessitarão de um planejamento cuidadoso para manter o ambiente físico, a identidade cultural e a integridade da experiência turística. Entretanto, as atividades turísticas, em sua grande maioria, estão distribuídas por todos os países e regiões, causando alguns problemas aos ambientes natural e cultural. A França é um bom exemplo; embora seja a principal destinação do mundo em termos de entrada de turistas estrangeiros, não se revela imediatamente como um dos países que têm determinados problemas ambientais associados ao turismo. A diversidade histórica, cultural, geográfica e gastronômica da França foi responsável pela expansão de benefícios econômicos do turismo por todas as regiões, minimizando, desse modo, os impactos ambientais negativos da indústria do turismo. Em relação a questões como essa, poderíamos argumentar que o desenvolvimento dos pacotes de férias, embora responsável pelo movimento em massa de um número imenso de turistas, de fato minimizou os efeitos ambientais nocivos do turismo, concentrando-o em áreas relativamente pequenas ou em "guetos turísticos". O anverso desse argumento é que uma pequena quantidade de turistas em visita a regiões mais remotas pode muito bem contribuir mais com a destruição de ambientes e culturas do que os turistas do mercado de massa que compram pacotes de férias.

Problemas ambientais do turismo

Os efeitos negativos do turismo existem em nível macro e micro. No nível macro ou global, o fato de grande parte do turismo ser consumida no ponto de produção implica que o turismo inevitavelmente gerará alguns impactos negativos sobre estações e destinações turísticas. Há uma prova cabal para demonstrar que o desenvolvimento turístico não planejado e inapropriado, em geral encabeçado por especuladores imobiliários cujo interesse pela indústria do turismo ou conhecimento sobre ela é insignificante, deixou sua marca em várias das estações e destinações turísticas mais populares do mundo. Atualmente, é maior a aceitação por parte de governos e desenvolvedores da necessidade de construir e gerenciar uma infra-estrutura e uma superestrutura turística que não agridam o meio ambiente. Talvez isso seja de fato por motivos altruístas, mas mais do que nunca está fundamentado em julgamentos financeiros sadios, como a necessidade de gerar retornos sobre os investimentos a longo prazo. A construção de um novo hotel, por exemplo, que não se harmoniza sensivelmente com seu meio ambiente natural pode ser desagradável para os turistas, os quais talvez optem por hospedagens alternativas que respeitam princípios ambientais, especialmente em decorrência da preocupação cada vez maior em relação ao meio ambiente que tem sido mostrada pelos turistas do mundo inteiro.

Embora a indústria do turismo esteja começando a melhorar seu desempenho ambiental em termos do impacto visual do progresso, ainda há áreas que necessitam de melhorias. Alguns dos impactos ambientais nocivos do turismo são:

- *Problemas de abastecimento de água.* As destinações em geral estão localizadas em regiões do mundo em que o abastecimento de água é pequeno e a demanda extra por parte dos turistas pode pôr em risco as provisões desses lugares, prejudicando, portanto, as comunidades locais. Um aspecto particular do crescimento do turismo, isto é, o desenvolvimento de cursos de golfe, é o uso de quantidades de água injustificáveis, especialmente em áreas cujo abastecimento é ínfimo.
- *Erosão física.* Esse tipo de impacto desfigura recursos naturais tais como barrancos, passagens entre montanhas, solo e vegetação, em decorrência dos carros dos turistas, e também ocorre sob a forma de destruição de lugares arqueológicos e monumentos históricos.
- *Poluição da água.* A poluição de lagos, rios, canais e praias é uma conseqüência de tratamentos de esgoto e processos de descarte de lixo mal gerenciados e do uso de embarcações de lazer motorizadas.

- *Perda de hábitats de animais e plantas selvagens.* A destruição ecológica e a espoliação da flora e da fauna podem ocorrer em virtude do uso excessivo de veículos por parte dos turistas. Hábitats "frágeis" – por exemplo, dunas litorâneas, prados desabitados, desertos e montanhas – estão sendo particularmente ameaçados pela coação do turismo.
- *Descarte de lixo.* As lixeiras do cenário turístico são uma ofensa aos olhos e um risco em potencial à saúde, ao passo que o descarte impróprio de lixo por operadoras de turismo pode gerar problemas ambientais a longo prazo.
- *Poluição atmosférica.* O congestionamento em cidades históricas, o uso excessivo de meios de transporte particulares e a poluição decorrente das viagens aéreas, todos são problemas para os quais os governos e a indústria do turismo devem dirigir a atenção.
- *Poluição sonora.* Esse tipo de impacto pode resultar da superlotação das instalações e de diferentes meios de transporte turístico.

No nível micro, os efeitos ambientais negativos do turismo estão relacionados com o uso de recursos naturais por empresas e instalações de turismo ao longo de suas operações diárias. Tanto como ajudar o meio ambiente, é um bom negócio usar os recursos moderadamente e aproveitar o lixo por meio da reciclagem e de outros processos. O aparelhamento de utensílios isentos de clorofluorcarboneto (CFC ou fréon), veículos que usam combustível sem chumbo, produtos feitos de papel reciclado e sistemas de gerenciamento de energia eficientes de raios, calefação, água e lixo, tudo isso contribui para a redução dos impactos ambientais nocivos do turismo.

Impactos ambientais positivos

Da mesma forma que o turismo contribui com os efeitos nocivos, também atua como um catalisador de melhorias ambientais. A receita proveniente do turismo pode ajudar as destinações a preservar recursos naturais e construídos, como os parques nacionais e os monumentos antigos, os quais, em geral, são o que inicialmente motivam as pessoas a fazer viagens turísticas. A receita proveniente do turismo pode também ser usada para melhorar o ambiente geral de uma área e, dessa forma, tornar os lugares ainda mais atrativos aos turistas; por exemplo, plantas exuberantes em parques e jardins, modernização da "mobília das ruas" (como luz, calçadões, assentos em lugares públicos e lixeiras), aperfeiçoamento da sinalização, liquidação de propriedades abandonadas e restauração de prédios. Essas melhorias ambientais são também benéficas para as comunidades locais e podem ajudar a criar uma imagem positiva de uma determinada destinação, tornando-a, portanto, mais atrativa para investimentos internos de todos os tipos. Em nível internacional, o turismo de áreas remotas, como as florestas tropicais da América do Sul e Papua-Nova Guiné e as ilhas do Pacífico ainda não descobertas, pode ajudar a expor atividades ambientais nocivas – por exemplo, abatimento não planejado de árvores, destruição de recifes de coral e danos a espécies selvagens. Os grupos de pressão, como o Tourism Concern (veja o respectivo estudo de caso posteriormente neste capítulo) e o Friends of the Earth, fazem campanhas em prol do desenvolvimento sensível do turismo, que respeite o meio ambiente e os costumes locais.

Solucionando os problemas gerados pelos impactos prejudiciais do turismo

Há um consenso na indústria do turismo e entre outros comentaristas interessados nesse tema de que a melhor forma de solucionar os impactos ambientais e socioculturais negativos do turismo é formar parcerias entre os setores público e privado para desenvolver políticas e práticas integradas que sejam sustentáveis a longo prazo. Esses dois conceitos principais de parceria e sustentabilidade são as declarações de princípios nas quais o planejamento, o desenvolvimento e o gerenciamento futuro do turismo devem se basear. O Capítulo 6, sobre planejamento e desenvolvimento no turismo, avalia detalhadamente cada um deles, mas é importante ressaltar nesse momento os "princípios do turismo sustentável", uma vez que eles oferecem suporte à maioria das ações e a várias das iniciativas que estão sendo implementadas na indústria do turismo em nível operacional. Esses princípios, de acordo com o que foi aprovado pela Tourism and the Environment Task Force (English Tourist Board, 1991), são os seguintes:

- O meio ambiente tem um valor intrínseco que é mais importante que seu valor como ativo turístico. O usufruto do meio ambiente por gerações futuras e sua sobrevivência a longo prazo não podem ser prejudicados por deliberações de curto prazo.
- O turismo deveria ser reconhecido como uma atividade positiva com potencial para beneficiar a comunidade e a própria atração e seus visitantes.
- O relacionamento entre turismo e meio ambiente deve ser gerenciado de forma que o meio ambiente seja sustentável a longo prazo. Não podemos permitir que o turismo desperdice recursos, impeça que esses recursos sejam desfrutados no futuro ou gere impactos inaceitáveis.

- As atividades e os avanços turísticos devem respeitar o tamanho, a natureza e a personalidade do lugar do qual estão fazendo parte.
- Seja qual for o lugar, é necessário buscar uma harmonia entre as necessidades dos visitantes, do lugar e da comunidade local.
- Em um mundo dinâmico, algumas mudanças são inevitáveis e a mudança em geral pode ser benéfica. A adaptação à mudança, entretanto, não deve sacrificar nenhum desses princípios.
- A indústria do turismo, os órgãos locais e as organizações ambientais, todos têm o dever de respeitar esses princípios e de trabalhar em conjunto para que eles se tornem efetivos.

O restante deste capítulo trata das abordagens práticas que podem ser implementadas para ajudar a reduzir os impactos ambientais e socioculturais nocivos do turismo, a começar da importância de envolver as comunidades locais no desenvolvimento do turismo.

Envolvimento da comunidade no processo de tomada de decisões do turismo

É cada vez maior o interesse na convicção de que o envolvimento precoce e contínuo das comunidades locais nas decisões relativas ao desenvolvimento do turismo em sua localidade pode ajudar a aliviar vários dos impactos negativos da indústria do turismo. Essa idéia está fundamentada na relação simbiótica entre visitantes, comunidades locais e destinações, como mostra a Figura 5.3.

Figura 5.3 Relações no turismo (segundo o ETB, 1991).

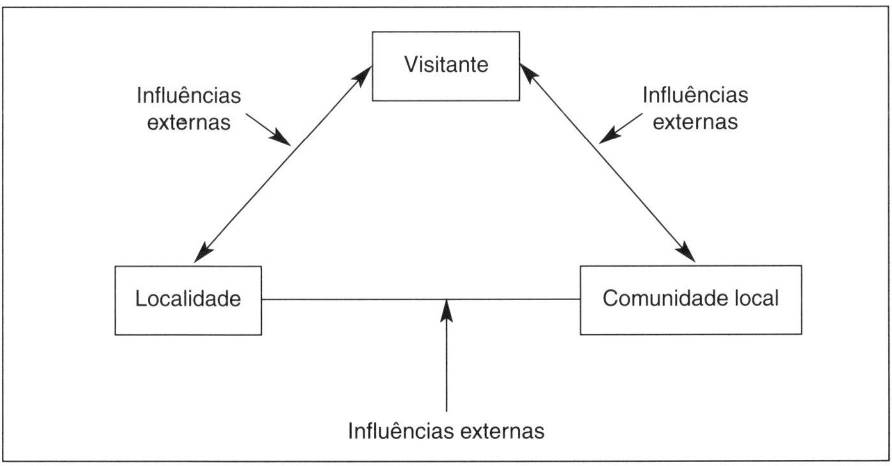

Essa figura ilustra a interdependência entre visitantes, comunidade local e o lugar na indústria do turismo. Esses três elementos interagem entre si e criam os impactos econômicos, socioculturais e ambientais positivos e negativos discutidos anteriormente neste capítulo. As comunidades locais variam no que diz respeito à aptidão e à disposição para absorver e beneficiar-se da atividade turística. Uma das dificuldades é que, embora os custos do turismo sejam sempre evidentes, os benefícios podem ficar escondidos, ainda que sejam reais. É também verdade que os custos e benefícios do turismo são distribuídos desigualmente e que quem acaba pagando caro, do ponto de vista econômico, social ou ambiental, nem sempre são aqueles que receberam os benefícios. Uma outra questão que diz respeito ao envolvimento da comunidade no processo de tomada de decisões do turismo é a determinação de quem deveria apresentar os pontos de vista da comunidade e representar seus interesses. A possibilidade de algumas pessoas sentirem-se esquecidas, se suas preocupações pessoais não forem atendidas, será inevitável. No entanto, há medidas práticas que podem ser empregadas para envolver mais as comunidades locais em seus sistemas de turismo – por exemplo, o estabelecimento de fóruns de turismo locais para intercâmbio de idéias e para que as pessoas possam expor possíveis problemas –, nos esquemas de contratação de concessionárias da população local para as atrações e instalações turísticas e programas de conscientização pública que ressaltem os benefícios do turismo para as comunidades.

Capacidade de carga

Muitos dos problemas socioculturais e ambientais adversos do turismo originam-se da superlotação e do uso excessivo das instalações; na verdade, o excesso de visitantes em uma área prejudicará o divertimento dos próprios turistas, perturbará a população local e gerará danos ao meio ambiente. O controle do número de turistas em uma determinada área, entretanto, parece ser uma forma óbvia de reduzir os efeitos prejudiciais. Poderíamos argumentar que toda área ou instalação turística tem uma capacidade de carga, isto é, um número máximo de visitantes acima do qual os recursos e a qualidade da experiência do visitante deterioram. A capacidade de carga é às vezes classificada da seguinte forma:

- *Capacidade física*: capacidade espacial e limitada de uma estação ou instalação turística, como o tamanho do terreno, o número de camas e o espaço para estacionamento de carros.
- *Capacidade perceptiva*: está relacionada com o nível máximo que deter-

mina a qualidade da experiência do visitante ou da aceitação de turistas por parte da comunidade local.

- *Capacidade biológica*: o número máximo acima do qual danos e distúrbios à flora e fauna tornam-se inaceitáveis.

A capacidade de carga exata de uma área ou instalação, no entanto, nem sempre é fácil de estabelecer, à medida que as pessoas têm diferentes níveis de tolerância; uma estação turística superlotada para uns pode ser um lugar divertido para outros. A capacidade também pode variar de acordo com a estação do ano; um hábitat frágil como as praias no litoral sul da Turquia, que são o local de procriação das tartarugas marinhas gigantes, pode ser usado excessivamente pelos turistas na maioria das estações, mas terá uma baixa capacidade biológica quando as tartarugas estiverem de fato pondo seus ovos sobre a areia. A imposição de limites ao uso das áreas pelos turistas por meio do estabelecimento de pontos críticos também gera ressentimentos, tanto nos turistas, que podem ser impedidos de usar as instalações, quanto nas operadoras de turismo comerciais, que podem objetar essa medida é uma intervenção no mercado.

Além de simplesmente aplicar um sistema de cotas à quantidade de turistas que usam uma estação ou instalação, há várias técnicas de gerenciamento que podem ser empregadas para controlar o número de visitantes, entre elas a de preço diferenciado, passeios conduzidos por guias, esteiras móveis e "passeios a cavalo, de bicicleta ou em transporte público", sistemas de reserva com antecedência e sistemas de etiquetamento cronometrado.

Gerenciamento dos visitantes

Independentemente de o número de turistas em uma determinada área ser um problema suficiente para ameaçar a capacidade de carga, todos os visitantes de uma estação turística, atração e destinação precisam ser gerenciados de alguma forma. Talvez esse gerenciamento envolva não mais que providenciar a transferência segura entre a chegada/partida do aeroporto e o local em que o turista está hospedado. Em áreas em que a demanda turística é alta, o gerenciamento dos visitantes passa a ser uma ferramenta que pode ser usada para minimizar os impactos ambientais, culturais e sociais adversos da indústria do turismo. Além dos tipos de técnica discutidos na seção precedente, sobre a capacidade de carga, planejadores e administradores podem influenciar o padrão de movimento e o comportamento dos turistas por meio de sinalização de trânsito, folhetos informativos e radiodifusão, centros de atendimento a turistas, zoneamento, restrições temporárias à entrada de turistas, indicação de itinerários, fornecimento de informações usando recursos audiovisuais, promoção de serviços de transporte público e uma série de outras medidas.

Um bom exemplo de desenvolvimento e implementação de princípios de gerenciamento de visitantes pode ser visto no trabalho da North Pennines Tourism Partnership, no Reino Unido. Ao procurar atingir seu objetivo de aumentar a quantidade de atividades ativas e informais na zona rural em sua longínqua área no norte da Inglaterra, a Partnership adotou o seguinte conjunto de princípios:

1. Estimular atividades que ordenem e respeitem a característica e os atributos particulares da área de beleza natural exuberante dos Peninos do Norte.
2. Promover atividades silenciosas e não motorizadas que não afetem adversamente a ecologia de uma determinada área, as comunidades locais, o divertimento de outros usuários da área rural ou os interesses dos administradores de terras.
3. Para minimizar o prejuízo à área rural, será necessário dispersar algumas atividades para distribuir a capacidade de carga, ao passo que outras atividades poderão ser evidenciadas em áreas adequadamente sadias e/ou em determinadas épocas do ano.
4. Não deveriam ser estimuladas as atividades que simplesmente usam a área como palco e não dependem das características particulares dessa área para que as pessoas usufruam ao máximo das atividades.
5. Assegurar que os visitantes saibam das oportunidades de recreação nos Peninos do Norte e tenham segurança, capacidade e compreensão para usufruir do lugar com respeito.
6. Garantir que os visitantes conscientizem-se da importância ecológica da área e respeitem-na.
7. Estimular os fornecedores e participantes de recreação na área rural a reconhecer os fatores humanos que modelaram e ainda modelam a área e realçar a ligação entre a preservação e o gerenciamento existente na área rural, bem como seu aproveitamento por parte do público.
8. Quando for possível, a provisão de recreações informais deveria ser vinculada ao transporte público e suas informações ressaltadas em todos os informativos promocionais.
9. As atividades devem ser promovidas somente nos lugares em que a terra e a vida selvagem forem suficientemente vigorosas para resistir a danos e distúrbios e em locais em que há gerenciamento e manutenção adequados.
10. A promoção de atividades deveria ressaltar a natureza especial da área e a necessidade de respeitar e preservar a zona rural.

De acordo com esses princípios gerais, a Partnership desenvolveu várias estratégias para promover o "turismo alternativo" na área, entre elas:

- Promover atividades tais como caminhadas, ciclismo, equitação e prática de esqui em bosques, campos e trilhas.
- Promover atrações turísticas como fotografia, pintura, ofícios, observação de pássaros em seu hábitat natural e exercícios práticos de preservação.
- Estimular o desenvolvimento de férias temáticas cujos impactos sejam leves sobre as atividades e as atrações.
- Encorajar os fornecedores de hospedagem a alugar ou emprestar bicicletas, binóculos, capas impermeáveis etc.
- Estimular os fornecedores de hospedagem a tirar proveito das trilhas de pedestres locais e do meio ambiente em geral a fim de informar e estimular os visitantes.
- Instruir os organizadores de eventos a agir de acordo com esses princípios.
- Desenvolver "cartas patentes ecológicas" ou códigos de conduta para serem adotados por centros de atividades ao ar livre, picadeiros e todos os outros indivíduos ou organizações que promovem o uso da área com algum interesse.
- Estimular centros e estabelecimentos de atividades a incluir trabalhos práticos de preservação em seus programas e a desenvolver vínculos com projetos de gerenciamento da área rural.
- Incorporar os itens anteriores em sua iniciativa de negócios e treinamento.

Gerenciamento do tráfego

Tendo em vista que a quantidade de proprietários de carro aumentou pronunciadamente desde o fim da Segunda Guerra Mundial, o uso deste e de outros veículos para excursões e viagens turísticas mais longas aumentou sobremaneira, gerando problemas de erosão, poluição atmosférica, perda de espaço para estacionamentos de automóveis e congestionamento em várias destinações turísticas populares. O problema é especialmente agudo em cidades históricas, estações turísticas litorâneas e parques nacionais, nos quais com freqüência carros particulares e ônibus de turismo prejudicam a mesma ambiência que originalmente atraíram os turistas. Entre as técnicas usadas para gerenciar o tráfego de turistas estão as seguintes:

- *Sinalização de trânsito*: para desviar motoristas de áreas sensíveis e muito exploradas e, dessa forma, espalhar os impactos turísticos.

- *Iniciativas de transporte público*: para estimular os proprietários de carro a deixar o veículo em casa ou no estacionamento da área turística que estão visitando, como forma de reduzir o congestionamento e propiciar um ambiente mais seguro e limpo.
- *Fechamento de rodovias*: seja permanente, seja sazonal, o fechamento de rodovias pode ajudar a aliviar particularmente os problemas agudos de congestionamento; por exemplo, em cidades menores e aldeias cujas ruas são estreitas ou nas quais os prédios históricos estão sendo abalados em decorrência do tráfego muito intenso.
- *Esquemas de estacionamento e passeios em geral*: quando os usuários de automóveis deixam o veículo fora de uma área turística popular ou de uma cidade histórica e viajam de trem, ônibus de turismo, bicicleta, barco ou algum outro meio de transporte.
- *Cobrança pelo uso das estradas*: sistema usado em cidades pequenas e grandes de acordo com o qual o uso de carros depende do pagamento de pedágio.

Independentemente das etapas práticas empreendidas para reduzir os impactos prejudiciais do tráfego de turistas, é importante introduzir medidas que façam parte de um plano integrado a fim de obter o máximo de efeito possível.

Instruções por meio de informações e *marketing*

As técnicas e ferramentas que uma área turística usa para informar e "instruir" seus visitantes pode exercer uma influência decisiva em sua popularidade e no padrão e comportamento do movimento dos visitantes. Antes de os turistas chegarem a um lugar, as mensagens e imagens transmitidas nos prospectos e em outros materiais publicitários podem influenciar a opção por uma determinada destinação. De fato, algumas áreas turísticas são deliberada e totalmente omitidas dos materiais promocionais como forma de desestimular a entrada de turistas, técnica essa conhecida como "*demarketing*". As destinações turísticas podem usar técnicas de *marketing* para estimular visitantes fora da alta temporada e, dessa forma, atenuar congestionamentos e outros impactos adversos. Além disso, podem procurar influenciar o composto de visitantes em uma área – por exemplo, estimulando usuários de transportes públicos em vez de proprietários de automóveis, turistas independentes em vez de grupos, ou visitantes que pernoitam em vez de visitantes de um só dia. Uma vez em uma destinação, os turistas podem ser ajudados e influenciados pelo trabalho fundamental dos centros de informações turísticas, dos guias turísticos, dos gentes e da população local.

Uma das mais recentes iniciativas nesse campo é o "Green Globe", um programa de gerenciamento e conscientização ambiental para a indústria de viagens e turismo (veja o respectivo estudo de caso posteriormente neste capítulo). Como parte desse programa de trabalho de antecipar a causa do turismo ambientalmente amistoso e culturalmente sensível, o Green Globe produz um folheto para os viajantes, com uma lista de dicas práticas sobre a preparação e o planejamento das férias, que abrange as seguintes recomendações:

- Observe o conteúdo ambiental dos prospectos e pergunte às empresas qual é sua política ambiental.
- Despenda algum tempo para pensar em seus planos de viagem.
- Despenda algum tempo para aprender algo sobre o lugar que você pretende visitar.
- Reflita sobre o que você de fato precisa levar na viagem.
- Use somente detergentes e xampus biodegradáveis, os quais ajudam a preservar o meio ambiente.
- Opte por óleos naturais.
- Leve uma câmera para filmar qualquer animal ou planta selvagem que você vir.
- Leve alguns suvenires de seu país.

Para as férias de fato, o folheto "dicas para os turistas" do Green Globe sugere o seguinte aos visitantes:

- Observe as opções de viagens independentes – escolha transportes públicos, bicicleta e passeios a pé quando for apropriado.
- Pergunte aos proprietários do lugar em que você está hospedado onde eles se divertem nas horas de lazer.
- Nas áreas rurais, experimente acomodações pequenas de propriedade local
- Se as praias estiverem poluídas, reclame a seu agente de viagens.
- Experimente os pratos típicos e as especialidades locais.
- Compre artesanatos feitos pela população local.
- Pergunte a seu agente de viagens se há algum problema ambiental local.
- Experimente usar transporte público para ir ao aeroporto ou vir de lá.
- Se estiver viajando de carro, faça uma revisão antes de viajar e verifique se o veículo está abastecido.

Por meio de uma abordagem sensível da promoção das áreas turísticas, os órgãos do setor público podem informar os visitantes em potencial e, ao mesmo tempo, contribuir com a redução dos impactos nocivos do turismo. As organizações não governamentais (ONGs) também podem procurar influenciar padrões de desenvolvimento turístico, como demonstra o estudo de caso a seguir, sobre o Tourism Concern.

Estudo de Caso: Tourism Concern

O que é o Tourism Concern

O Tourism Concern, grupo estabelecido em 1989 com o objetivo de reunir os britânicos que se preocupam ativamente com os impactos do turismo sobre a comunidade e o meio ambiente, tanto no Reino Unido quanto no mundo, trabalha em prol de mudanças no turismo e insiste em que o turismo é responsável pelos direitos e interesses daqueles que vivem nas áreas turísticas ao redor do mundo. A meta do Tourism Concern é fazer uma retrospectiva às "questões ecológicas" relacionadas com a preservação, como a reciclagem e a economia de energia, a fim de analisar de que forma o turismo afeta a população de uma área turística, sua comunidade e seu meio ambiente. O Tourism Concern procura também estimular ainda mais a conscientização sobre os impactos turísticos, informar e influenciar os responsáveis pelas decisões, em todos os níveis, e fornecer uma base ampla de informações. O Tourism Concern, por meio de sua rede de associados, contatos globais e arrecadação de recursos, é um centro respeitado de assessoria e informações sobre impactos ambientais e culturais do turismo.

O que o Tourism Concern representa?

O Tourism Concern defende:

- O turismo justo, que retorna benefícios, os quais são distribuídos imparcialmente.
- O turismo participativo, que reconhece os direitos dos habitantes de serem envolvidos em seu desenvolvimento e gerenciamento.
- O turismo sustentável, que coloca em primeiro lugar o bem-estar social e ambiental de longo prazo das áreas turísticas, em detrimento dos lucros de curto prazo.

Como o Tourism Concern é organizado?

O Tourism Concern é constituído de um grupo de associados voluntários, conduzido por um conselho eleito, que opera de acordo com leis e princípios estabelecidos. É financiado pelas contribuições de seus membros, por doações, subsídios e projetos conjuntos e está vinculado a uma rede global de organizações que compartilham da mesma opinião e de informações e ações conjuntas ocasionais.

O Tourism Concern, sediado em Londres, conta com um coordenador em tempo integral, assessorado por funcionários de meio-período e voluntários.

O que o Tourism Concern está fazendo?

- *Promovendo campanhas.* Promove campanhas para ver se o turismo é reconhecido por governos e órgãos de desenvolvimento como um tema-chave e para incitar questões relacionadas com a injustiça, como a importunação dos que se declaram abertamente contra o desenvolvimento em determinados países.
- *Formando redes.* Reúne diferentes setores para que possam trabalhar em projetos locais e globais como o Código de Turismo do Himalaia, atualmente distribuído pela indústria do turismo, e Diretrizes para o Desenvolvimento Sustentável do Turismo.
- *Divulgando informações.* Divulga informações para o público, monta exposições e fornece material informativo para aumentar a conscientização sobre problemas do turismo; faz palestras e fornece informações à imprensa, a redes de rádio e televisão e a conferências.
- *Promovendo o desenvolvimento.* Oferece uma base de recursos de informações sobre questões relacionadas com o turismo.
- *Contribuindo com a educação.* Instrui sobre os impactos do turismo, em faculdades, e explora novas formas de integrar questões turísticas com a educação.

(*Essas informações foram cordialmente fornecidas pelo Tourism Concern.*)

Pontos para discussão e análise

1. Como o Tourism Concern pode influenciar o desenvolvimento de estações e instalações turísticas que estão de acordo com os princípios de desenvolvimento sustentável?
2. Que fatores afetarão o sucesso do Tourism Concern na realização de suas metas?
3. As organizações que promovem campanhas, como o Tourism Concern, têm um papel a desempenhar na regulamentação da indústria do turismo?
4. Que medidas o Tourism Concern pode implementar para persuadir os governos da necessidade do desenvolvimento planejado do turismo?

Avaliação dos impactos ambientais

A consciência cada vez maior e a preocupação com o meio ambiente implicam que as organizações de turismo estão se envolvendo mais na avaliação de seus efeitos sobre o meio ambiente, seja na soleira da porta ou a vários milhares de quilômetros de distância. Em geral isso é conseqüência direta da regulamentação do governo nacional ou local vinculada ao processo de planejamento e desenvolvimento. Hoje é muito comum os desenvolvedores de projetos turísticos de amplo alcance serem solicitados a empreender uma apreciação dos custos e dos benefícios do desenvolvimento do ponto de vista ambiental. A técnica mais comum de estimativa desse tipo é a avaliação dos impactos ambientais, que pode ser aplicada a uma ampla série de avanços turísticos planejados. A avaliação dos impactos ambientais é um processo estruturado cujas metas são as seguintes:

- Identificar os custos e benefícios de um determinado desenvolvimento.
- Estabelecer quem ganhará e quem perderá se o desenvolvimento prosseguir.
- Examinar cursos alternativos de ação e seus impactos prováveis.
- Levar em conta formas de reduzir os impactos, se o projeto tiver permissão para prosseguir.

Para as empresas de turismo preexistentes, a técnica de auditoria ambiental está ganhando popularidade. Alguns trabalhos pioneiros do Inter-Continental Hotel Group, que resultou em um manual de procedimentos que examina as conseqüências de todas as atividades de negócios, permitiram que vários e grandes grupos hoteleiros, companhias aéreas e operadoras de viagens analisassem processos e atividades do ponto de vista ambiental. Algumas organizações usaram sua preocupação com o meio ambiente como ferramenta de *marketing*, esperando, com isso, explorar o mercado em crescimento de produtos e serviços turísticos que verdadeiramente respeitam o mundo no qual vivemos.

Iniciativas da indústria do turismo

As operadoras da indústria do turismo internacional em voga estão aos poucos abrindo os olhos para o fato de que precisam levar em consideração os efeitos potencialmente prejudiciais que o turismo pode ter sobre o meio ambiente e as comunidades locais. A pressão de um público de viajantes mais conscientes do ponto de vista ambiental e cultural está forçando as companhias aéreas, as operadoras de viagens, os planejadores das destinações turísticas e os fornecedores de hospedagem a implementar os princípios do turismo sustentável e a introduzir medidas que restrinjam os impactos adversos. Deixou de ser incomum encontrar declarações de políticas ambientais nos prospectos turísticos das operadoras de viagens do mercado de massa com recomendações aos turistas sobre como proteger as comunidades locais, seu meio ambiente, cultura e tradição.

As empresas de viagens e turismo, em sua maioria, dentre elas a Thomson Holidays, British Airways e Inter-Continental Hotels, desenvolveram políticas ambientais e treinam seus funcionários na implementação dessas políticas. O Tourism for Tomorrow Awards da British Airways é um prêmio que reconhece avanços turísticos mundiais ambientalmente responsáveis. Dentre os ganhadores mundiais recentes estão Whale Watch Kaikoura, Nova Zelândia, e Sea to Sea Cycle Route no norte da Inglaterra. Uma iniciativa que tem ainda pouco tempo de existência e abarca setores da indústria e regiões no mundo inteiro é o Green Globe, um programa de gerenciamento ambiental entrosado especificamente nas necessidades da indústria do turismo internacional.

Estudo de Caso: Green Globe

Introdução

O Green Globe é um programa de administração e conscientização sobre o meio ambiente de alcance mundial destinado à indústria do turismo. Seu objetivo primordial é fornecer meios baratos e práticos a todas as empresas de turismo para que melhorem sua relação com o meio ambiente. O Green Globe foi desenvolvido pelo Conselho Mundial de Viagens e Turismo (World Travel and Tourism Council – WTTC), uma aliança global de diretores-presidentes da indústria do turismo, com o envolvimento do Earth Council e seu presidente, dr. Maurice Strong, ex-secretário-geral do Fórum Global realizado no Rio de Janeiro em 1992. Esse conceito tem o amplo apoio do Programa do Meio Ambiente das Nações Unidas (United Nations Environment Programme – UNEP).

Metas do Green Globe

As metas declaradas pelo Green Globe são as seguintes:

- Aumentar sistematicamente a sensibilidade em relação ao meio ambiente em toda a indústria de viagens e turismo, nos fornecedores e em seus clientes.

- Estimular e enfatizar a sinergia entre procedimentos ambientais e comerciais saudáveis.
- Identificar e demonstrar, por meio do logo da Green Globe, o comprometimento das empresas de viagens e turismo com a melhoria ambiental.
- Ressaltar os principais exemplos de procedimentos de primeira e progressos de destaque atribuindo prêmios de empreendimento (Achievement Awards).

Número de membros do Green Globe

Desde o lançamento do programa em 1994, o número de membros do Green Globe não parou de aumentar, atingindo 350 membros, de 74 países, em março de 1996. A afiliação ao Green Globe está aberta a organizações de turismo de qualquer tamanho, tipo e lugar que esteja comprometida, em nível de diretor-presidente ou equivalente, com a melhoria dos procedimentos ambientais. Seus membros devem também concordar em se submeter às diretrizes ambientais do WTTC (ou a uma indústria equivalente) para participar de levantamentos anuais e aceitar suas cláusulas de afiliação. Vários dos principais negócios de viagens e turismo do mundo associaram-se ao programa, bem como empresas de pequeno e médio porte em todos os cinco continentes. Algumas, como a Holiday Inn Worldwide e Inter-Continental Hotels and Resorts, além de se associarem ao Green Globe em termos comerciais, permitiram que vários de seus hotéis independentes se inscrevessem no programa. Atualmente, seus membros abrangem empresas muito conhecidas, como British Airways, American Express, Thomas Cook Group, Boeing, Hertz and Avis, mais uma variedade de pequenas organizações do setor privado, público e voluntário; por exemplo, Simply Travel, Sunvil Holidays, Stroud District

Council (Reino Unido), Borneo Adventure, Tourism Vancouver, Youth Hostels Association (Inglaterra e País de Gales) e Durham Convention and Visitor Bureau (Reino Unido).

Como o Green Globe trabalha?

O Green Globe ajuda as organizações membros a desenvolver programas ambientais adequados a necessidades específicas e que gerem numerosos benefícios comerciais. Seus membros têm o seguinte à sua disposição:

- *Recomendações* – adaptação dos procedimentos empresariais à mudança das necessidades ambientais.

- *Ferramentas* – apoio à avaliação e melhoria de desempenho.
- *Informações* – abrange informações sobre procedimentos ambientais e de redução de custos considerados de boa qualidade.
- *Reconhecimento* – refere-se ao reconhecimento do comprometimento ambiental de uma organização.

Além disso, os membros do Green Globe podem solicitar serviços de consultores ambientais experientes oferecidos pelo Green Flag International (GFI), cuja rede internacional e equipe de especialistas em turismo podem dar sua opinião sobre todos os aspectos da prática ambiental na indústria do turismo. O Green Globe, afora isso, publica material sobre treinamento e instrução e material informativo, incluindo numerosos guias autodidáticos que se concentram em questões operacionais práticas, como economia de energia, reciclagem, administração do desperdício e da qualidade do ar, bem como em assuntos de política empresarial, como declarações de missões ambientais e assistência no estabelecimento de comitês do meio ambiente. O Centro de Pesquisa Ambiental (Environment Research Centre) do WTTC é uma fonte de informações internacionais da indústria do turismo. Esse centro coleta, analisa e atualiza dados de todos os membros do Green Globe e desenvolve material de apoio ao programa. O Green Gobe ajuda a conscientizar o público da importância da indústria do turismo internacional e do trabalho de seus membros em uma série de eventos de relações públicas e iniciativas, como o Achievement Awards, o logo corporativo e atividades de relacionamento com a mídia.

Conquistas dos membros do Green Globe

O sucesso do Green Globe depende de sua capacidade de demonstrar que tem uma função no desenvolvimento de uma indústria de turismo mais sustentável. Para isso, o trabalho empreendido por seus membros no a fim de melhorar o desempenho ambiental é fundamental. A revista anual do Green Globe de 1995-96 apresenta os projetos de uma variedade de membros do programa, incluindo as iniciativas do Canadian Pacific Hotels, que abrange a reciclagem de jornais lidos pelos hóspedes, o controle biológico do uso de pragas nos jardins dos hotéis e redistribuição dos sabonetes parcialmente usados a instituições de caridade. Nessa publicação incluiu-se também a East Japan Railway Company, que estabeleceu alvos ambientais programados para 2001 em numerosas áreas, dentre eles a redução de 10% do consumo de energia por passageiro–quilômetro, de 10% da emissão de CO_2 (gás carbônico) e de 40% da emissão de NO_x (nitrito e nitrato) em cada uma de suas usinas termoelétricas. Com base na análise da revista anual, é óbvio que o os membros do Green Globe espalhados pelo mundo e em todos os setores da indústria estão gerando benefícios ambientais.

(*Essas informações foram cordialmente fornecidas pelo Green Globe.*)

Pontos para discussão e análise

1. Quais são as vantagens e desvantagens associadas com o fato de o Green Globe ser um programa comercial e não uma iniciativa governamental?
2. Que fatores influenciarão o nível de sucesso do Green Globe em persuadir parceiros da indústria do turismo a associar-se ao programa?
3. É plausível supor que as metas do Green Globe serão atingidas sem a regulamentação governamental da indústria do turismo?
4. Quais são os benefícios que uma organização independente obtém ao associar-se ao Green Globe?

Resumo do capítulo

Neste capítulo, investigamos a questão em geral controversa dos impactos do turismo sobre economias, culturas e comunidades locais. Os significativos efeitos econômicos positivos do turismo, incluindo contribuições ao PIB, aos benefícios da balança de pagamentos, à geração de empregos e ao desenvolvimento econômico, foram analisados em detalhe. Entretanto, invariavelmente são os impactos negativos do turismo a maior preocupação daqueles que estão fora da indústria do turismo e de várias pessoas dentro da própria indústria. Este capítulo, portanto, procurou examinar os efeitos econômicos, ambientais e socioculturais negativos do turismo, partindo do nível global para o local. Foram identificadas medidas práticas que podem ser aplicadas a fim de reduzir os impactos prejudiciais do turismo, com base na aplicação dos princípios do turismo sustentável e, em particular, do envolvimento da comunidade no processo de tomada de decisões.

Questões para discussão

1. Analise criticamente os méritos relativos das iniciativas da indústria do turismo e da legislação do governo como mecanismos de redução dos impactos negativos do turismo.
2. Quais os passos práticos que uma comunidade poderia dar para envolver-se mais no processo de tomada de decisão do turismo?

3. Por que uma empresa turística de mercado de massa deveria importunar-se em envolver-se em iniciativas de redução dos efeitos prejudiciais do turismo internacional?
4. Examine o uso do mecanismo de preços como forma de contribuir para a melhoria do meio ambiente das áreas turísticas.

Referências e outras leituras

- British Tourist Authority/English Tourist Board. *Tourism Intelligence Quartely,* Londres, 17 (4), 1996.
- Bull, A. *The Economics of Travel and Tourism.* Melbourne, Pitman, 1991.
- Burns, P. & Holden, A. *Tourism: A New Perspective.* Hemel Hempstead (Reino Unido), Prentice-Hall, 1995.
- English Tourist Board. *Tourism and the Environment: Maintaining the Balance.* Londres, ETB, 1991.
- Eurostat. *Tourism in the European Union: Key Figures 1994-1995.* Bruxelas/Luxemburgo, Eurostat,1996.
- Krippendorf, J. *The Holiday Makers.* Oxford (Reino Unido), Butterworth-Heinemann, 1989.
- Murphy, P. *Tourism: A Community Approach.* Londres, Routledge, 1985.
- World Travel and Tourism Council. *Progress and Priorities 1996.* Londres, WTTC, 1996.

Planejamento e desenvolvimento no turismo

Visão geral do capítulo

Este capítulo investiga os conceitos de planejamento e desenvolvimento no turismo, fundamentando-se na análise dos impactos positivos e negativos do turismo realizada no capítulo Impactos Turísticos. Examinamos os motivos pelos quais o turismo necessita de um sistema de planejamento eficaz e os diferentes contextos nos quais o planejamento enquadra-se, do nível internacional ao nível local. Explicamos detalhadamente as etapas no processo de planejamento do turismo e avaliamos os principais aspectos da formulação de um plano de ação para o turismo – o ponto de partida para o desenvolvimento turístico de muitos países. Investigamos os temas gêmeos da sustentabilidade e da parceria em relação ao planejamento e ao desenvolvimento do turismo com a ajuda de estudos de caso e exemplos dessa indústria. Concluímos este capítulo com uma análise do turismo nos países emergentes.

Principais tópicos

- Princípios do planejamento turístico
- Contexto do planejamento turístico
- Etapas do processo de planejamento do turismo
- Formulação de um plano de ação para o turismo
- Planejamento com vista ao desenvolvimento sustentável do turismo
- Parcerias no planejamento e desenvolvimento do turismo
- O turismo nos países emergentes

Introdução

No mundo dos viajantes, há uma crença amplamente aceita de que o turismo "simplesmente acontece", como num passe de mágica! Os turistas não estão muito interessados em saber como seus planos de viagem foram organizados ou como as destinações turísticas empenham-se para atender à afluência freqüente de visitantes. A expectativa de uma experiência turística relaxante, longe da correria e do alvoroço do dia-a-dia não dá muita margem a pensamentos aparentemente tão comuns! Lamentavelmente, essa mesma indiferença ao desenvolvimento do turismo a curto e a longo prazo tem sido muito visível em determinados setores da comunidade de turismo internacional. O turismo vem sendo visto como uma fonte contínua e segura de fundos por governos e também por operadoras comerciais, pois atrai moeda estrangeira de valor ou renda regular em um período relativamente curto. Os órgãos públicos e o setor privado são culpados pelo imediatismo, tendo em vista o pouco-caso pelos impactos ambientais e socioculturais negativos de longo prazo do turismo analisados no capítulo Impactos Turísticos. Felizmente, essa situação no momento está começando a mudar, à medida que o significado econômico e político do turismo internacional ganha espaço de modo cada vez mais rápido. Hoje, uma abordagem estruturada e sensível do planejamento e desenvolvimento turístico é considerada um pré-requisito para a indústria do turismo sustentável. Os governos e outros órgãos públicos investem tempo e esforço consideráveis no estabelecimento de políticas e prioridades de acordo com as quais a face comercial da indústria do turismo possa operar e as comunidades locais possam ser protegidas contra os excessos prejudiciais dessa indústria e ao mesmo tempo colher seus notáveis benefícios. As operadoras do setor privado mais bem-sucedidas também dedicam tempo ao desenvolvimento de seus objetivos comerciais e ao planejamento de suas estratégias de crescimento futuro.

Planejamento e desenvolvimento no turismo

O propósito de toda atividade de planejamento turístico é conduzir ações futuras a fim de atender a objetivos predeterminados de forma que os conflitos em potencial sejam reduzidos e os benefícios, maximizados. Dessa forma, o planejamento é um pré-requisito para o desenvolvimento do turismo e, além disso, prepara os princípios estruturais de um gerenciamento eficaz (veja a Figura 6.1).

A relação entre planejamento, desenvolvimento e gerenciamento no contexto do turismo, mostrada na Figura 6.1, pode ser mais bem explicada com a ajuda do exemplo a seguir. O governo de um país do antigo bloco do Leste Europeu determinou que o turismo deveria fazer parte de sua estratégia de desenvolvimento futuro, à medida que o país está se movendo de uma economia fabril para uma economia em que as indústrias de serviços vão se tornar mais preponderantes. Com a ajuda de órgãos internos e externos, esse governo envolve-se no exercício de planejamento turístico para determinar suas políticas e prioridades de desenvolvimento. Depois de concluído, o plano resultante torna-se a base de todo o desenvolvimento futuro nesse país, seja esse desenvolvimento encabeçado por empresas comerciais seja por órgãos públicos. As instalações e destinações turísticas que surgem como parte do plano geral precisarão ser gerenciadas de forma que atendam às demandas e expectativas dos turistas e, ao mesmo tempo, façam o melhor uso possível dos recursos. Portanto, os três conceitos – planejamento, desenvolvimento e gerenciamento – trabalham orquestradamente para realizar o objetivo do país de maximizar os benefícios econômicos do turismo e de minimizar seus impactos prejudiciais.

Figura 6.1 Relação entre planejamento, desenvolvimento e gerenciamento turístico.

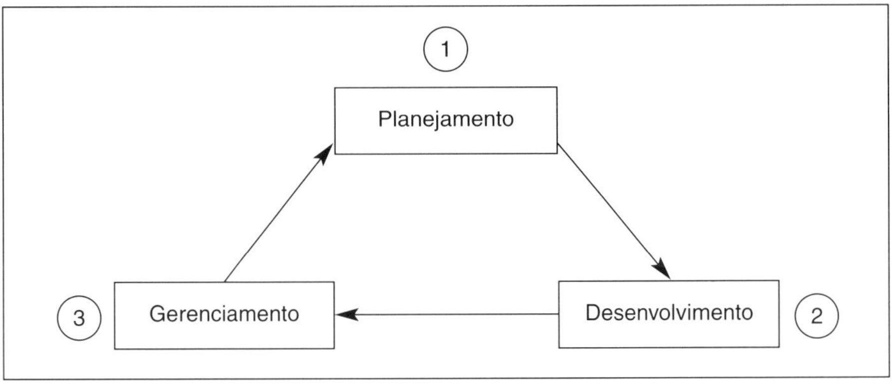

Princípios do planejamento turístico

Como vimos no capítulo sobre os impactos do turismo, as conseqüências do desenvolvimento turístico não planejado são visíveis em várias das destinações e estações turísticas mais populares do mundo. Embora haja exemplos de áreas que floresceram no passado sem uma abordagem planejada de desenvolvimento do turismo, hoje a indústria competitiva do turismo exige uma abordagem integrada de planejamento e desenvolvimento, se a intenção for de que as destinações sejam sustentáveis a longo prazo. Há vários motivos diferentes que justificam o envolvimento no planejamento turístico, os quais podem ser resumidos sob as seguintes categorias:

- Econômicos
- Socioculturais
- Organizacionais
- Ambientais
- Comerciais

O capítulo Impactos Turísticos enfatizou a importância dos benefícios econômicos do turismo. O planejamento eficaz pode ajudar a maximizar os retornos econômicos da indústria por meio, por exemplo, de planejamento da força de trabalho e assistência ao desenvolvimento planejado de projetos turísticos. Os princípios ambientais do planejamento turístico estão relacionados com a preservação da natureza física e da integridade das destinações e instalações turísticas, sejam elas naturais ou construídas pelo homem. O planejamento pode ajudar a minimizar os efeitos negativos em ambientes turísticos, além de ser fundamental para que uma área possa manter seus atrativos turísticos. Abordagens de planejamento sensíveis também podem ajudar a aliviar os impactos socioculturais do turismo e a promover uma interação positiva entre turistas e comunidades locais, respeitando mutuamente tradições, culturas e valores. Os princípios comerciais do planejamento turístico envolvem numerosos temas inter-relacionados que andam juntos para auxiliar as destinações turísticas a permanecer competitivas e a desenvolver indústrias de turismo viáveis; por exemplo, planejamento de estratégias e atividades de *marketing* apropriadas, apresentação de uma imagem favorável da destinação turística, construção de instalações que continuem a atender às necessidades do mercado e uso mais eficaz possível de recursos físicos, humanos e financeiros. O planejamento turístico também contribui com a eficiência das organizações turísticas por meio, por exemplo, do estímulo à cooperação entre as operadoras de viagens, da identificação de oportunidades de parceria entre os setores público e privado, da maximização de subvenções de fontes externas, de eventos de treinamento e, geralmente, da elaboração de uma abordagem coordenada do desenvolvimento turístico.

O contexto do planejamento turístico

O planejamento do turismo abrange uma série de contextos e uma variedade de níveis. Além disso, o planejamento é implementado por vários tipos diferentes de organização turística comercial e não comercial de pequeno e médio porte. A inter-relação entre os níveis distintos de planejamento turístico é mostrada na Figura 6.2.

A Figura 6.2 descreve um cenário ideal em que cada nível no processo de planejamento turístico tem uma posição identificada em uma estrutura hierárquica. Dessa forma, em um mundo ideal, o planejamento de uma determinada instalação turística só seria possível no contexto do planejamento em nível local, regional, nacional e internacional. Apesar de isso ser altamente desejável, não é sempre possível, tendo em vista a escassez de recursos e as várias exigências conflitantes de empresas dos setores público e privado.

Figura 6.2 Inter-relações no planejamento turístico.

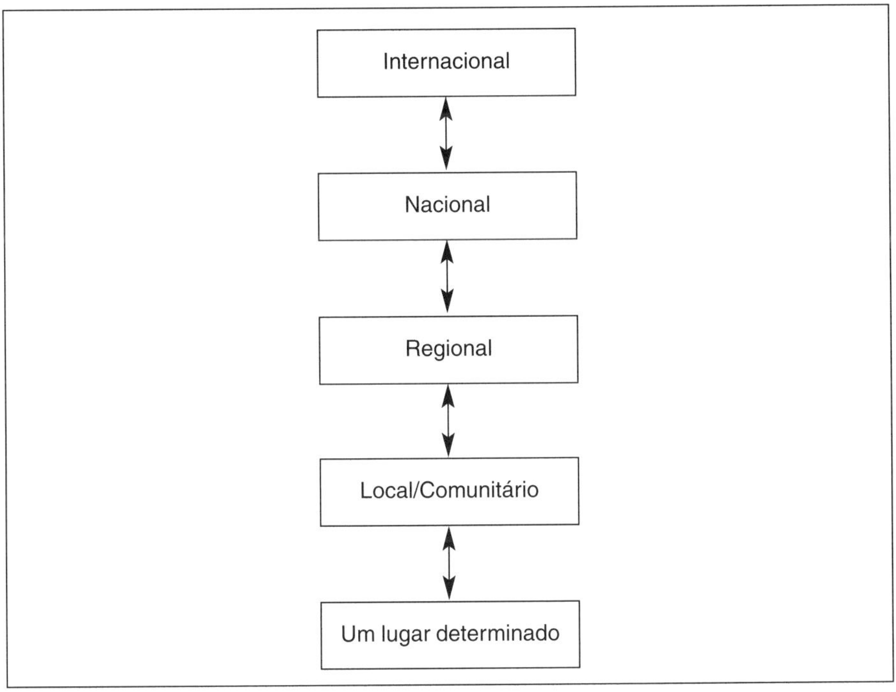

O planejamento turístico internacional não é particularmente bem desenvolvido, mas órgãos como a Organização Mundial do Turismo (World Tourism Organisation – WTO) e o Conselho Mundial de Viagens e Turismo (World Travel and Tourism Council – WTTC) empreendem programas que procuram influenciar a forma pela qual o turismo desenvolve-se globalmente. O estudo de caso da WTO, no capítulo Estrutura e Organização da Indústria do Turismo Internacional, demonstra seu amplo programa de atividades, como cooperação técnica para o desenvolvimento, trabalho prático no campo do desenvolvimento turístico sustentável e coleta de dados sobre o turismo internacional; tudo isso indica a discussão sobre o futuro do planejamento turístico e sua aplicação de fato. A WTO, o maior órgão financiado pelo setor público de representação da indústria do turismo nacional, preparou estudos sobre o planejamento turístico de vários países e regiões do mundo. O WTTC (veja o respectivo estudo de caso no capítulo Estrutura e Organização da Indústria do Turismo Internacional) é uma aliança de representantes da indústria turística de todos os setores do turismo internacional, incluindo companhias aéreas, empresas hoteleiras e locadoras de automóveis. Sua meta é alertar governos e o público em geral para o potencial econômico pleno das viagens e do turismo. Em termos de planejamento e desenvolvimento, o WTTC apóia o conceito de uma indústria do turismo global sustentável a longo prazo por meio de sua associação com o Green Globe (veja o respectivo estudo de caso no capítulo Impactos Turísticos). No que se refere a setores comerciais independentes da indústria do turismo, há uma quantidade muito pequena de planejamento em nível internacional, coordenados por órgãos como a International Air Transport Association (IATA) e a International Civil Aviation Organisation (ICAO). As organizações regionais que operam globalmente abrangem a Pacific Asia Travel Association (PATA), Associação de Nações do Sudeste Asiático (Association of South East Asian Nations – Asean) a Organização de Turismo do Caribe. As corporações multinacionais, as quais, por definição, operam transnacionalmente, devem planejar em nível tanto internacional quanto nacional a fim de permanecerem competitivas.

O planejamento turístico em geral é mais desenvolvido em nível nacional, de acordo com o qual países ou estados procuram maximizar os benefícios econômicos do turismo por meio do desenvolvimento e da implementação de um processo de planejamento turístico estruturado. A parte mais visível do sistema de planejamento turístico de um país é sua organização de turismo nacional ou OTN, que, como vimos no capítulo Estrutura e Organização da Indústria do Turismo Internacional, tem numerosas responsabilidades e empreende várias atividades. Seu principal papel, freqüentemente em conjunto com outros departamentos governamentais e representantes da indústria, é o estabelecimento de uma política de turismo nacional, que especifica parâmetros e prioridades de desenvolvimento futuro do turismo. Além da formulação de um plano de ação, tema que investigamos com mais detalhes adiante neste capítulo, o planejamento turístico em nível nacional dirige a atenção para uma série de fatores inter-relacionados, dentre eles:

- Planejamento da força de trabalho
- Desenvolvimento e implementação de estratégias de marketing do turismo
- Desenvolvimento sustentável
- Sazonalidade no turismo
- Avanço dos meios de transporte e outro tipo de infra-estrutura

- Oferta de hospedagem e padrões de qualidade
- Estratégias de instrução e treinamento em turismo

O desenvolvimento do turismo será influenciado também por políticas de planejamento nacionais, mesmo que não sejam específicas a essa indústria e independentemente da intensidade de seu impacto sobre o turismo. Isso incluiria, por exemplo, políticas de transporte, prioridades em treinamento e instrução, proteção ao meio ambiente, planejamento do uso da terra, planejamento regional e política de agricultura.

As abordagens de planejamento turístico em nível regional diferem consideravelmente de país para país. Os países cuja identidade regional e cuja estrutura administrativa são fortes – por exemplo, França e Espanha – confiam sobremaneira no planejamento turístico regional para complementar planos nacionais. No outro extremo estão os países que optam por não desenvolver estratégias de planejamento turístico em nível regional, dependendo, portanto, de diretrizes nacionais para estimular e controlar o desenvolvimento. Entre esses dois extremos encontram-se vários países cuja estrutura de planejamento regional é rudimentar e, como no turismo do Reino Unido, dependem sobremaneira do patrocínio tanto de órgãos locais quanto do comércio turístico para seu sucesso.

Atualmente, o planejamento em nível local ou comunitário está de alguma forma experimentando um renascimento no turismo mundial, conseqüência dos interesses cada vez mais intensos por abordagens ao desenvolvimento turístico sustentável e da necessidade de respeitar os direitos das comunidades locais nas áreas turísticas. O grau de acordo com o qual os problemas associados com o desenvolvimento do turismo em nível local merecerão atenção ainda está por ser avaliado, mas há várias formas de a população local envolver-se no processo de tomada de decisões em questões relacionadas com o turismo, como foi discutido detalhadamente no capítulo Impactos Turísticos. É cada vez maior a consciência entre os planejadores de que o envolvimento precoce das comunidades locais nos avanços turísticos pode gerar dividendos tanto para a própria população quanto para os visitantes que têm a oportunidade de usufruir ainda mais das áreas turísticas nessas destinações. Muito do trabalho pioneiro empreendido como parte do Programa de Ação de Desenvolvimento do Turismo (Tourism Development Action Programme – TDAP) do English Tourist Board (ETB) baseou-se na importância do envolvimento da comunidade no planejamento e desenvolvimento do turismo.

O planejamento de uma determinada destinação ou instalação turística, além de muito específico, é governado por diretrizes e regulamentos de planejamento relevantes existentes na localidade. Entretanto, a preocupação cada vez maior com o meio ambiente e os princípios de desenvolvimento sustentável pode influenciar a localização final de uma instalação turística, seu estilo e aparência, a paisagem do lugar e a eficiência de energia dos prédios.

Planejamento corporativo

Em relação ao que foi dito até aqui sobre o planejamento turístico, seria fácil incorrer no erro de pensar que o planejamento é empreendido somente por organizações de turismo do setor público, mas isso está longe de ser o caso. Da mesma forma que os governos formulam políticas e planos de desenvolvimento turístico para seu país, empresas de turismo comerciais de todos os naipes precisam planejar para que seus negócios floresçam e elas continuem a maximizar o uso de seus recursos. As grandes empresas de turismo criam declarações de missão para informar a todos que têm interesse pela organização o motivo de seus negócios e o que esperam conseguir. Trabalhando de acordo com essa missão, muitas empresas desenvolvem planos estratégicos a serem implementados a curto e médio prazo. O planejamento estratégico é uma atividade flexível, contínua, de expansão e orientada para a ação que procura responder às seguintes perguntas:

1. O que queremos conseguir?
2. Em que ponto estamos no momento?
3. Em que lugar queremos estar no futuro?
4. O que precisamos fazer para chegar aonde queremos?
5. Como saberemos que chegamos?

Para responder a essas perguntas, a empresa empreenderá um processo de planejamento estratégico que seguirá as cinco etapas mostradas na Figura 6.3.

A Figura 6.3 indica que a elucidação das metas e dos objetivos da empresa é a primeira etapa no processo de planejamento estratégico. Sem uma visão apropriada do que está tentando conseguir, uma empresa pode ressentir de direcionamento e não saber claramente qual é sua meta. Vejamos, como exemplo, qual é a principal meta do Thomas Cook Group, uma das empresas mais bem-sucedidas na indústria do turismo internacional: *"...ser a melhor e mais lucrativa empresa de serviços do mundo direcionada ao setor de viagens"* (Thomas Cook Group, 1994).

Embora a maximização dos lucros seja um objetivo básico das empresas de turismo do setor privado, não é, de forma alguma, a única meta à qual elas aspiram. Muitas pessoas abrem negócios relacionados com o turismo tendo por meta um estilo de vida, talvez pelo fato de que isso lhes possibilite viver em uma área rural de clima agradável ou abrir um negócio por *hobby* ou passatempo. Os objetivos de cada uma das empresas serão bem diferentes e refletirão a filosofia dos pro-

Figura 6.3 Processo de planejamento estratégico de empresas turísticas comerciais.

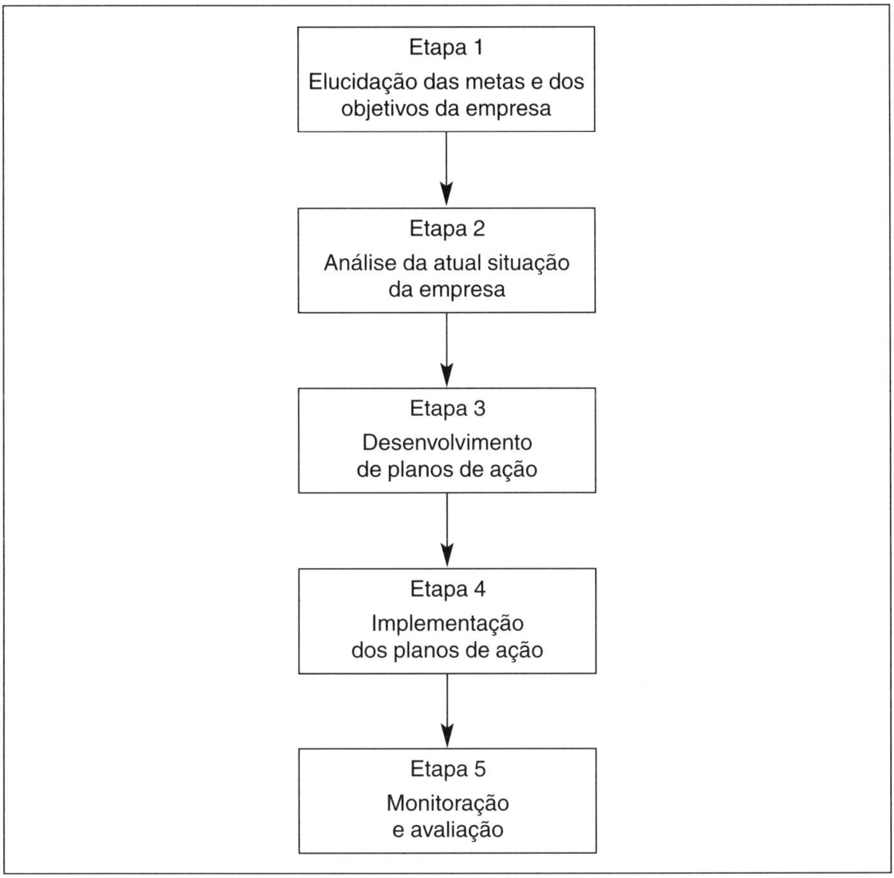

prietários ou gerentes, o tamanho da organização e sua etapa de desenvolvimento. Cada um dos objetivos de uma empresa, os quais devem ser realistas, atingíveis e estabelecidos de acordo com um prazo predefinido, será influenciado por todos os que tiverem algum interesse pelo negócio. As partes interessadas, conhecidas como depositários, podem abranger acionistas, diretores, empregados, sindicatos, fornecedores ou empresas financeiras. A etapa dois do processo é uma análise da atual situação da empresa, na qual se investigam fatores tanto internos quanto externos e influências em seu desempenho. Essa etapa em geral é realizada com a ajuda da análise de forças, fraquezas, oportunidades e ameaças (SWOT – *strengths, weaknesses, opportunities and threats*) ou de uma análise PEST, que leva em consideração os fatores *políticos, econômicos, sociais* e *tecnológicos* que tendem a afetar as atividades futuras da empresa. Depois de realizar a análise, a empresa está pronta para desenvolver planos de ação para atender às metas e aos objetivos declarados. Isso incluirá aspectos detalhados de planejamento e gerenciamento, como orçamentos, atividades de *marketing* e distribuição de recursos humanos. As etapas quatro e cinco do processo de planejamento estratégico envolverão, no que diz respeito à empresa, a implementação dos planos de ação e a avaliação do desempenho real e planejado, bem como quaisquer ajustes ou alterações necessários nesses planos em relação à sua implementação.

Plano de negócios

Enquanto o planejamento estratégico de uma empresa aprecia seus objetivos mais amplos e políticas futuras a médio prazo, em geral em um período de três a cinco anos, as organizações necessitam de planos operacionais de curto prazo como forma de atender a alvos específicos ou de desenvolver determinados projetos. O plano de negócios, o qual é revisto anualmente e inclui um orçamento anual, é a ferramenta mais apropriada para essa tarefa. Um plano como esse oferecerá aos gerentes um fim específico em seu trabalho e a liberdade de organizar, coordenar, motivar e controlar seus recursos financeiros, físicos e humanos para atingir um nível ótimo de eficiência e eficácia.

Os planos de negócios têm uma variedade de aplicações na indústria do turismo internacional. Por exemplo, eles são usados pelas organizações quando elas estão:

- avaliando a diversificação em um setor novo do mercado;
- desenvolvendo novos produtos;
- procurando financiamento extra em fontes externas;
- estabelecendo uma nova empresa;
- expandindo uma operação preexistente;
- mudando práticas de trabalho.

Um hotel que está planejando construir uma instalação de lazer, um museu que está avaliando uma eventual expansão de suas operações de venda a varejo ou uma companhia aérea que está investigando a possibilidade de adicionar mais um avião à sua frota são exemplos comuns do momento em que os planos de negócios são preparados. A natureza dinâmica do turismo internacional implica que o plano de negócios é comum em todos os setores da indústria, independentemente do tamanho das operações dessa empresa. A concorrência crescente dita que as empresas de turismo devem avaliar constantemente os produtos e serviços que oferecem aos clientes e revisitar seus objetivos corporativos.

A estrutura de um plano de negócios será influenciada pelo propósito para o qual está sendo preparado. Eis duas razões comuns que justificam o desenvolvimento de um plano de negócios: examinar a possibilidade de expansão ou ajudar a gerência a usar da melhor forma possível os recursos existentes. Os planos que se concentrarem na possibilidade de expansão incluirão seções nos seguintes itens:

- Expansão proposta do produto ou da instalação.
- Mercado no qual a organização opera.
- Detalhes sobre a equipe de gerenciamento que implementará o plano.
- Aspectos legais do plano.
- Avaliações financeiras, incluindo projeções e necessidades de financiamento.

Os planos de negócios cujo objetivo principal é ajudar a gerência a usar da melhor forma possível os recursos freqüentemente se concentra mais em sistemas e procedimentos internos, procurando reduzir custos e ao mesmo tempo manter um ambiente operacional eficiente. Seja qual for o propósito do plano de negócios, os indicadores financeiros ou previsões, tais como projeções de fluxo de caixa, lucros e perdas antecipados e balanço patrimonial, serão fundamentais em todas as circunstâncias.

Etapas do processo de planejamento turístico

Inskeep (1991) propõe oito etapas básicas no processo de planejamento turístico, aplicáveis a qualquer situação nacional ou regional, como mostra a Figura 6.4. A primeira etapa é a preparação cuidadosa da investigação de forma que a meta principal de oferecer orientação apropriada ao desenvolvimento seja atingida. Essa etapa envolve a anuência aos termos de referência do projeto, seleção dos membros da equipe, nomeação de um grupo de direção para supervisionar o projeto e organização das atividades da investigação. A determinação de metas e objetivos de desenvolvimento é uma etapa anterior no processo de planejamento. O tempo gasto antecipadamente na definição e no aperfeiçoamento dos objetivos do projeto irá gerar dividendos nas etapas subseqüentes do processo. Os objetivos exatos do desenvolvimento do turismo devem ponderar os impactos econômicos, ambientais e socioculturais que o desenvolvimento gerará e devem ressaltar prioridades onde quer que apresente possibilidade de conflito. Embora as metas e os objetivos sejam aprovados em uma etapa anterior, o processo de desenvolvimento deve ser suficientemente flexível para que possa ser redirecionado e alterado à medida que o projeto prosseguir. A etapa de levantamento

Figura 6.4 Etapas do processo de planejamento turístico (segundo Inskeep, 1991).

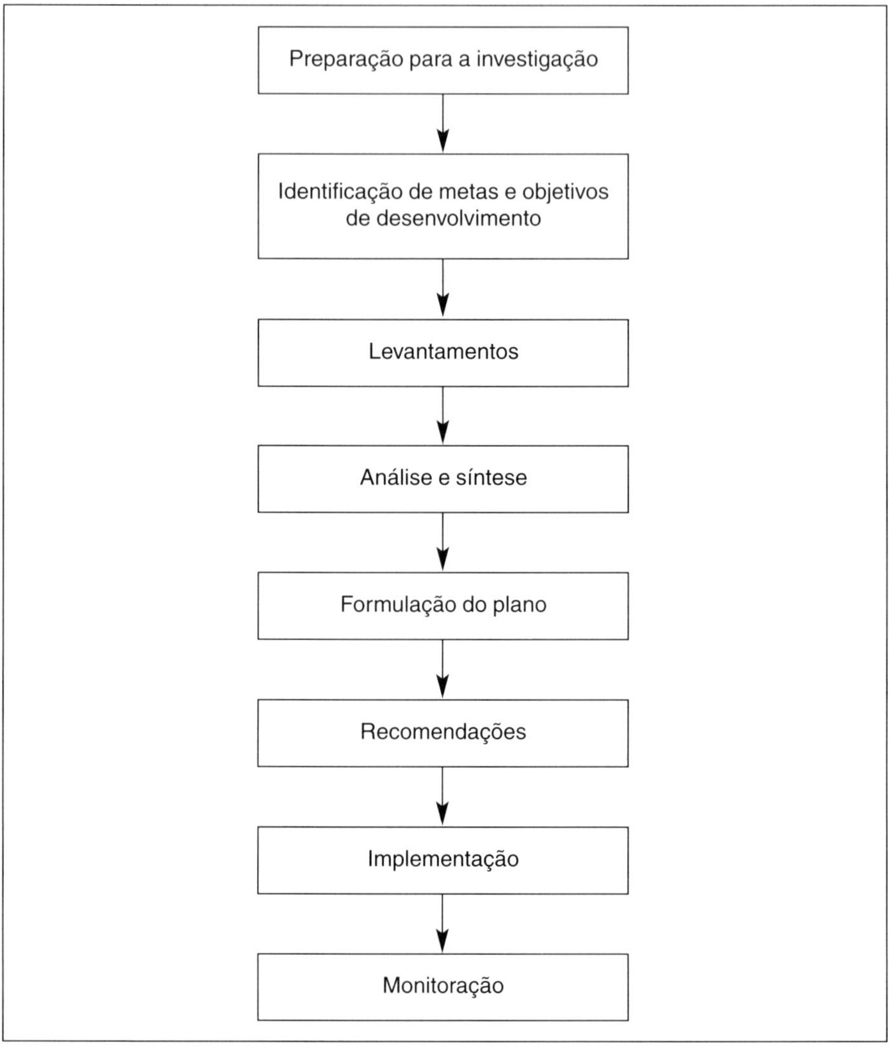

do processo de planejamento geralmente é muito ampla e envolve a coleta de dados tanto quantitativos quanto qualitativos sobre as características da área de desenvolvimento e a demanda/oferta atual no que se refere à atividade turística. Partindo do geral para o particular, essa etapa do processo impõe a análise dos padrões e das tendências do turismo global, qualquer dado preexistente sobre a afluência turística atual, um inventário de todos os elementos da infra-estrutura e das instalações existentes e planejadas, mais a análise dos aspectos econômicos, ambientais, sociais e culturais do plano. A etapa quatro do processo envolve a análise e síntese estruturadas dos dados coletados na etapa três para que se possa chegar a vários resultados importantes, entre eles:

- *Uma análise de mercado.* Essa análise detalhará o nível e o tipo de demanda esperado e deve incluir quantidades-alvo de turistas.
- *A oferta necessária de instalações turísticas.* Com base na análise de mercado, será possível planejar a quantidade e o tipo de hospedagem, transporte e atração, bem como os níveis de força de trabalho.
- *Necessidade de infra-estrutura.* Modernização da infra-estrutura existente e o desenvolvimento de uma nova infra-estrutura com base nos dados colhidos na etapa três.
- *Efeitos ambientais, sociais e culturais.* Isso envolve o estabelecimento da capacidade de carga e a proposta de mecanismos para restringir os impactos prejudiciais, maximizando, ao mesmo tempo, os efeitos benéficos do turismo.

Uma parte importante dessa etapa é a identificação das principais oportunidades e/ou dos obstáculos ao desenvolvimento do turismo, o que oferece um alvo para a formulação de recomendações e identifica a forma pela qual é possível maximizar as oportunidades e superar os obstáculos. A etapa cinco do processo de planejamento é a formulação do plano e a incorporação da política de turismo. Essa etapa é mais bem realizada por meio da preparação e avaliação de situações alternativas de desenvolvimento, à medida que raramente há um conjunto ideal de princípios, mas, em vez disso, ótimas opções que equilibram custos e benefícios. As alternativas são avaliadas de acordo com uma série de fatores, incluindo a maneira pela qual os objetivos de desenvolvimento são alcançados, a maximização dos retornos econômicos, o fortalecimento dos impactos positivos do turismo e a minimização dos efeitos ambientais e sociais prejudiciais do desenvolvimento do turismo. A etapa seguinte do processo de planejamento é a formulação das recomendações institucionais, preparadas com o devido reconhecimento dos pontos de vista do comitê de direção do projeto. As duas etapas finais do processo, implementação e monitoração, dizem respeito à forma pela qual o plano será acionado e à identificação de quaisquer problemas que surgirem, de forma que ações corretivas apropriadas sejam tomadas.

Depois de concluídas todas as etapas do processo de planejamento turístico e de proceder à seqüência geral de eventos descrita a seguir, o plano turístico final deve incluir todos os seguintes elementos principais (de acordo com Inskeep, 1991):

- Objetivos de desenvolvimento do turismo
- Análise histórica geral
- Análise de infra-estrutura e recomendações
- Atrações e atividades turísticas e respectivo desempenho
- Instalações e serviços turísticos e suas melhorias
- Ampliação e formas de turismo recomendadas
- Análise do mercado e projeções
- Política de desenvolvimento turístico recomendada e plano estrutural
- Análise econômica e recomendações
- Análise ambiental e recomendações
- Análise sociocultural e recomendações
- Análise institucional e recomendações
- Recomendações de *marketing* e promoções
- Implementação e monitoração do plano

Formulação de um plano de ação para o turismo

A formulação e a aprovação de um plano de ação para o turismo são um pré-requisito para o desenvolvimento e gerenciamento bem-sucedidos do turismo. Um plano desse tipo estabelece uma estrutura segundo a qual decisões bem informadas sobre o desenvolvimento podem ser tomadas, como demonstra a lista de políticas de turismo do Japão apresentada a seguir:

1. Promoção do intercâmbio internacional por meio do turismo
   - Intercâmbio e cooperação internacionais
   - Desenvolvimento de estações turísticas atrativas
   - Estímulo a viagens mais longas e seguras
   - Realização de convenções
2. Promoção do turismo internacional em nível regional
   - Programa de Ação do Turismo nos Anos 90 (Tourism Action Program in the Nineties – TAP 90s)
   - "Novos lugares a serem descobertos"
   - Aldeias de cultura internacional
   - Instalações para convenções internacionais
   - Centros de intercâmbio internacional
3. Modernização das instalações turísticas
   - Hospedagem no Japão
   - Assistência governamental a hotéis
   - Instalações turísticas e recreacionais

- Construção de áreas turísticas
- Relação de restaurantes turísticos internacionais
- Subsídios à promoção da indústria do turismo

4. Agências de viagens
- Regulamentação das agências de viagens
- Proteção aos consumidores no setor de turismo

5. Meios de transporte
- Transporte ferroviário
- Transporte rodoviário
- Transporte aéreo
- Transporte marítimo

6. Cooperação internacional na indústria do turismo e intercâmbio internacional
- Cooperação técnica
- Cooperação com organizações internacionais
- Programa de intercâmbio turístico bilateral

7. Proteção dos recursos turísticos
- Proteção de recursos naturais
- Proteção do patrimônio cultural

O papel principal na formulação de um plano de ação deve ser atribuído aos governos e aos respectivos órgãos executivos, à medida que as políticas desse plano, depois de implementadas, afetam o país inteiro e suas comunidades. Todos os governos criam declarações de missão ao longo de suas numerosas atividades – por exemplo, na defesa, na economia, em assuntos estrangeiros, na educação, na habitação, em serviços sociais e nos serviços de saúde. Os planos de ação da indústria do turismo não estão universalmente desenvolvidos, em especial nos países em desenvolvimento e nos estados emergentes do antigo bloco do Leste Europeu, onde o desenvolvimento do turismo ainda está por ser abraçado. Os países que desenvolveram o turismo consideram que a receita proveniente dessa indústria pode ajudar a atingir outros objetivos econômicos, tecnológicos e sociais do plano de ação. Por exemplo, em Serra Leoa e Gâmbia, na região ocidental da África, as receitas de exportações provenientes do turismo são usadas para expandir serviços de educação e saúde e para melhorar a infra-estrutura do país, como as redes de estrada de rodagem e de telecomunicações.

Os planos de ação para o turismo vão diferir de um país para outro, mas há várias exigências às quais uma política eficaz deve atender, entre elas:

- *Objetivos do desenvolvimento do turismo.* A característica principal do plano de ação do turismo será o motivo pelo qual o país decidiu desenvolver o turismo, expresso como objetivos realistas e mensuráveis. Na grande maioria dos casos, o maior objetivo será econômico – por exemplo, receitas provenientes de moeda estrangeira, criação de empregos e desenvolvimento econômico. Os objetivos estruturais serão sociais, culturais ou ambientais; por exemplo, a mescla de pessoas com formação cultural diferente ou a preservação de hábitats de vida selvagem. Na realidade, os objetivos incluídos no plano de ação do turismo provavelmente cobrirão uma variedade de motivos econômicos, ambientais e socioculturais que justificam a continuidade do desenvolvimento do turismo.

- *Taxa de crescimento do turismo*. Esse é um tema importante, tendo em vista que, quanto mais rápido for o crescimento, mais difícil provavelmente será controlar qualquer impacto nocivo em potencial ou real do desenvolvimento do turismo. Uma taxa de crescimento prudente permitirá que as nações anfitriãs e as comunidades locais adaptem-se à afluência de turistas e simultaneamente dará tempo suficiente para o desenvolvimento de infra-estrutura e superestrutura e treinamento dos trabalhadores.
- *Tipos de desenvolvimento turístico*. O plano de ação do turismo deve indicar em que extensão o turismo doméstico e o internacional, ou ambos, devem ser desenvolvidos. Cada tipo de turismo tem exigências próprias em termos de instalações e atrativos turísticos. Esse plano pode incluir referência ao tipo de turista que o país está procurando atrair; atualmente, é comum as políticas de turismo referirem-se ao estímulo do turismo de "alta qualidade", o que pode ser traduzido livremente por turistas de alto poder aquisitivo! No entanto, uma afirmação como essa ilustra aos desenvolvedores o tipo de turismo que provavelmente será estimulado e, talvez mais importante ainda, os tipos de desenvolvimento que tendem a ser desaprovados.
- *Responsabilidades dos setores público e privado*. A divisão de papéis e responsabilidades entre o setor público e o privado na indústria do turismo deve ser claramente estabelecida no plano de ação. Tradicionalmente, o setor público é o responsável pela infra-estrutura e pela promoção do turismo, embora parcerias entre os setores público e privado estejam se tornando cada vez mais comuns.

Não é raro os elementos específicos do plano de ação do turismo serem estabelecidos de acordo com uma estrutura de desenvolvimento sustentável, estimulando um tipo de turismo que respeita o meio ambiente, culturas e comunidades a curto e a longo prazo, como demonstra o estudo de caso a seguir sobre a formulação de um plano de ação para o turismo do País de Gales.

Estudo de Caso: Formulação de um Plano de Ação no País de Gales – Turismo 2000

Introdução

Em 1994, o Wales Tourist Board (WTB) publicou seu documento de estratégias denominado Turismo 2000 para conduzir a forma pela qual o turismo do País de Gales seria desenvolvido e divulgado até o ano 2000. Sua meta é assegurar que um equilíbrio apropriado seja mantido entre os objetivos do plano de ação, permitindo que a indústria continue a beneficiar o País de Gales. Esse documento foi desenvolvido em conferência com os sócios do WTB dos setores privado e público e procura garantir que o empenho conjunto da indústria continue atendendo às necessidades de todas as partes e reduza os custos.

Objetivos e princípios

A estratégia Turismo 2000 tem como ponto de partida a seguinte declaração de missão:

O Wales Tourist Board procura desenvolver e divulgar o turismo de forma que reverta ótimos benefícios econômicos e sociais à população do País de Gales. Nesse objetivo, estão implícitas as seguintes necessidades:

- *oferecer altos padrões de qualidade de produtos e serviços;*
- *apoiar e promover a cultura do País de Gales e o idioma galês;*
- *salvaguardar e melhorar o ambiente natural e construído.*

Para atingir essas metas, o WTB trabalha em parceria com órgãos regulamentares, órgão locais, o setor privado e outros órgãos.

A declaração de missão do WTB baseia-se no princípio do desenvolvimento sustentável. O desafio estratégico que se mostra ao turismo está resumido da seguinte forma no documento:

- *o turismo ainda oferece uma importante contribuição econômica para o País de Gales. Se desenvolvido de forma apropriada, pode desempenhar um papel bem mais amplo no futuro, comparativamente a outras indústrias;*
- *para florescer no futuro, o turismo do País de Gales precisa oferecer produtos de alta qualidade a um bom preço, a fim de atender às necessidades dos consumidores cada vez mais informados, dentro de um mercado altamente competitivo;*

- *o desenvolvimento do turismo deve respeitar o meio ambiente (em todos os aspectos) e deve prosseguir com o apoio da comunidade;*
- *portanto, a estratégia Turismo 2000 deve ser orientada para os ativos, deve estar relacionada com o mercado e deve ser dirigida à consecução de um desenvolvimento sustentável.*

Declarações de estratégia

Há, no total, 142 declarações de estratégia no documento Turismo 2000, organizadas por setores e temas. Seu propósito é guiar as ações do WTB e oferecer recomendações a seus sócios sobre como proceder estrategicamente. Para facilitar sua análise, as declarações estratégicas podem ser agrupadas nas cinco categorias a seguir:

1. Meio ambiente, cultura e comunidade (estratégias 1–33)

A estratégia Turismo 2000 reconhece a necessidade de a indústria estabelecer um relacionamento especial com o meio ambiente e a comunidade. Os princípios da sustentabilidade do meio ambiente e da comunidade oferecem uma estrutura fundamental às diretrizes do WTB, mas os códigos de conduta não são suficientes; eles precisam receber o apoio de iniciativas práticas. As organizações no País de Gales estão habituadas a trabalhar em conjunto em projetos ambientais e comunitários. A estratégia estimula tudo o que está relacionado com a indústria do turismo para, dessa forma, manter sua posição de vanguarda.

2. Hospedagem (estratégias 34–66)

A estratégia Turismo 2000 afirma que os serviços de hospedagem são a pedra angular do turismo e, portanto, procura promover um setor de hospedagens viável, oferecendo boas opções de lugares para ficar, os quais estão em sintonia com as necessidades do mercado, e busca oferecer boa qualidade e gerar benefícios para as comunidades locais. Mas ainda é necessário buscar um equilíbrio entre salvaguardar empresas existentes, que podem adaptar-se e manter-se competitivas, e estimular novas empresas alavancadas na captura de novos mercados.

A estratégia alega que o setor *self-catering* será favorecido por tendências demográficas e que isso é fundamental para o País de Gales. As diretrizes do WTB procuram garantir que esse setor prospere e mantenha-se competitivo em termos de custo. O setor de hospedagem com serviços incluídos foi o que mais sofreu com a recessão, mas está bem posicionado para oferecer produtos consistentes com a estratégia geral. A melhoria de desempenho de hospedagens com serviços incluídos é estrategicamente enfatizada, bem como o estímulo ao desenvolvimento de novos lugares nos quais há potencial de crescimento.

3. Atividades turísticas (estratégias 67–95)

A estratégia Turismo 2000 avalia o papel fundamental que as atrações desempenham na composição das férias ou de uma excursão diária e o fato de, além de serem uma experiência inerentemente compensadora, oferecerem o motivo para fazermos uma viagem. Afora isso, a estratégia reconhece a necessidade de oferecer uma boa variedade de atividades aos visitantes, as quais devem refletir e respeitar a diversidade e qualidade dos ativos do País de Gales. Também devem atender à mudança das necessidades do mercado para que possam ser de boa qualidade e duráveis.

A estratégia 2000 reconhece que é necessário desenvolver algumas novas atrações de alta qualidade. Em Cardiff e Swansea, por exemplo, há espaço para a criação de uma estrutura de atrações e instalações culturais para promover o País de Gales internacionalmente. Entretanto, o WTB não estimulará novas atrações cujo efeito possa simplesmente suplantar a eficiência das já existentes

A estratégia enfatiza as artes e os eventos especiais. Além disso, avalia que o País de Gales está bem posicionado para atender a férias regulamentares, embora esse tipo de férias precise ser sensivelmente desenvolvido por causa do meio ambiente.

4. Serviços de infra-estrutura (estratégias 96–119)

A estratégia Turismo 2000 reconhece que a acessibilidade dos principais mercados de visitantes é fundamental na determinação da quantidade de visitantes que entram no País de Gales. Uma vez no país, as pessoas precisam de boas informações, de forma que possam tirar o maior proveito de sua estada. Precisam também de outros recursos básicos, cuja qualidade influenciará a forma pela qual o País de Gales é percebido.

A estratégia aceita de bom grado a introdução de medidas de gerenciamento para diminuir o impacto do tráfego rodoviário na comunidade e no meio ambiente. De acordo com a estratégia, a manutenção da rede ferroviária é fundamental, especialmente para a zona rural do País de Gales, para os vales do Sul do País de Gales e para os portos marítimos da Irlanda.

5. Atenção ao cliente, gerenciamento e treinamento (estratégias 120–142)

A estratégia Turismo 2000 sustenta que a qualidade tornou-se o lema da década de 1990. Afirma ainda que, no turismo, a concorrência à qualidade implica não apenas a produção do produto certo, mas também o oferecimento de um bom atendimento, ou seja, pontualmente e com cortesia e entusiasmo. Essa estratégia concede ao WTB a oportunidade de reafirmar seu comprometimento com padrões considerados bons e de aprimorar seus esquemas de garantia da qualidade. As diretrizes do WTB acentuam a importância de bons padrões de atenção ao cliente. A estratégia reconhece que o treinamento eficaz é essencial e que a indústria deve estar mais atenta aos visitantes cujas necessidades são especiais.

Implementação da estratégia

Por si mesmos, os objetivos e as declarações de estratégia do documento Turismo 2000 não definem prioridades estratégicas para o turismo. Para aumentar de alguma forma a objetividade do exercício, a estratégia incluiu numerosos alvos que deveriam ser alcançados até 2000, os quais estão relacionados com o crescimento anual das viagens e das receitas turísticas domésticas, a quantidade de visitantes estrangeiros e gastos correspondentes e a criação de empregos na indústria do turismo do País de Gales.

A estratégia planta uma visão do futuro, ou seja, uma indústria de turismo competitiva no País de Gales, tanto em termos de qualidade quanto de instalações e padrões de atenção ao cliente, e a diversificação das atividades turísticas oferecidas. Resumindo, como o documento Turismo 2000 declara, o WTB vê uma indústria de turismo sustentável a longo prazo, tanto no que se refere ao meio ambiente quanto economicamente, e integrada com a comunidade.

(*Essas informações foram cordialmente fornecidas pelo WTB.*)

Pontos para discussão e análise

1. Que fatores, internos e externos ao País de Gales, tendem a afetar a consecução bem-sucedida dos alvos da estratégia 2000?
2. Por que a estratégia Turismo 2000 enfatiza tanto a sustentabilidade?
3. A estratégia afirma que o turismo é uma indústria altamente competitiva; quais são os principais concorrentes do País de Gales no cenário do turismo doméstico e internacional?
4. Que fatores influenciarão o grau de comprometimento e entusiasmo de acordo com o qual os diferentes setores da indústria do turismo no País de Gales responderão às declarações de estratégia e ao trabalho em parceria com o WTB para atingir sua visão do futuro?

Planejamento em direção ao desenvolvimento sustentável do turismo

Vimos no capítulo Impactos Turísticos, cujo tema são os impactos do turismo, que a indústria turística internacional promete florescer e, por esse motivo, haverá desenvolvimento futuro dos princípios que defendem o turismo sustentável, um conceito que está nascendo e fazendo aumentar a atenção aos impactos ambientais e socioculturais negativos do desenvolvimento não planejado do turismo. O turismo sustentável, uma ramificação do "turismo verde" ou alternativo/integrativo, que se concentra em questões ambientais, faz parte de uma discussão muito mais ampla sobre desenvolvimento sustentável, enfatizada pelo *Brundtland Report* em 1987 e pelo Fórum Global realizado no Rio de Janeiro, em 1992. A abordagem sustentável ao desenvolvimento do turismo implica que os recursos naturais e culturais dessa indústria sejam preservados para que possam ser usados no futuro e, ao mesmo tempo, beneficiem a sociedade contemporânea. Isso se fundamenta na definição que consta do *Brundtland Report* (Organização das Nações Unidas, 1987), que afirma que o desenvolvimento sustentável é *"...o desenvolvimento que responde às necessidades contemporâneas sem comprometer a capacidade das gerações futuras de atender às próprias necessidades"*.

O planejamento em direção ao desenvolvimento sustentável é significativamente importante no turismo, tendo em vista que grande parte de seu desenvolvimento depende de atrações relacionadas com o ambiente natural e cultural das destinações. Sem um comprometimento com a sustentação desses recursos que originalmente atraem os turistas, essa indústria não conseguirá prosperar.

É importante ressaltar que o conceito de turismo sustentável abrange muito mais que a minimização dos impactos ambientais. No cerne do conceito encontra-se a necessidade de proteger e respeitar a integridade de comunidades e culturas e de envolver as comunidades locais nas questões de planejamento e desenvolvimento do turismo. O Capítulo 5 examinou detalhadamente algumas das etapas práticas das quais é possível lançar mão para atingir essas metas.

Parcerias no planejamento e desenvolvimento do turismo

Há um consenso em toda a indústria do turismo internacional de que os acordos de parceria são a forma mais eficaz de obter sucesso em planejamento e desenvolvimento. As parcerias e os empreendimentos conjuntos podem ajudar a unir os numerosos interesses em todos os setores da diversificada indústria do turismo. O Departamento de Patrimônio Nacional do Reino Unido (atualmente Departamento de Cultura, Comunicações e Esportes), em seu documento sobre estratégia turística elaborado em 1997, denominado *Success through Partnership* (Department of National Heritage, 1997), estabelece que sua missão em relação ao turismo do Reino Unido é:

> "Desenvolver o turismo como uma atividade de alta qualidade, lucrativa e sustentável por meio de uma parceria entre indústria, governo e escritórios de turismo com o objetivo de realizar o crescimento em potencial da indústria e os benefícios sociais e culturais a ele associados em prol da nação".

Isso exemplifica um acordo de parceria comum no turismo, em que o setor privado trabalha em conjunto com o setor público em numerosas questões, como formulação de um plano de ação para o turismo, provisão de infra-estrutura, desenvolvimento de instalações e atrativos turísticos, *marketing* e promoção e treinamento. Há vários exemplos desse tipo de acordo de parceria em todos os níveis da indústria. Por exemplo:

- A WTO, financiada pelo setor público, trabalha com seus membros afiliados do setor privado, os quais provêm da indústria do turismo internacional.
- As OTNs trabalham em conjunto com operadoras da indústria do turismo para desenvolver atrações e instalações.
- Os escritórios de turismo regionais oferecem uma série de serviços a seus membros comerciais, dentre eles hoteleiros, operadoras de atrações e empresas de ônibus de turismo.
- Os órgãos locais coordenam o desenvolvimento de instalações turísticas financiadas pelo setor privado em sua área de atuação.

Há também acordos de parceria *dentro* dos setores privado e público do turismo, mais comumente em operadoras comerciais que trabalham juntas em benefício mútuo – por exemplo, hotéis e atrações turísticas que criam produtos em conjunto, contrato entre operadoras de viagens e fornecedores de hospedagem e operadoras de ônibus de turismo e empresas de turismo rural que empreendem esquemas conjuntos de compra e promoção. Diferentes níveis do setor público também trabalham em parceria para agrupar recursos de interesse comum e, dessa forma, maximizar os resultados; por exemplo, um departamento de turismo de um órgão local pode trabalhar com seu escritório regional para desenvolver novos pacotes de férias.

Seja qual for o acordo de trabalho em conjunto, as parcerias eficazes oferecem numerosas vantagens, entre elas:

- Maximização dos benefícios econômicos do turismo.
- Apoio para a minimização dos impactos ambientais e socioculturais negativos do turismo.
- Maximização do uso de recursos.
- Dispersão dos riscos do desenvolvimento do turismo.

Acordos conjuntos entre parceiros da indústria do turismo na mesma área geográfica são particularmente eficazes, como demonstra o estudo de caso de York apresentado a seguir.

Estudo de Caso: Parcerias no desenvolvimento do turismo – York

Introdução

A cidade de York, uma das destinações líderes da Grã-Bretanha, oferece aos visitantes do Reino Unido e estrangeiros uma ampla variedade de museus e outras atrações, a arquitetura histórica da própria cidade, mais uma série enorme de instalações para compras e hospedagem. O turismo é extremamente importante para a economia de York, como mostrado por uma pesquisa da empresa de consultoria Touche Ross empreendida em 1994, que indicou que 4 milhões de visitantes são atraídos todos os anos para a cidade, totalizando um consumo de mais de 250 milhões de libras e a manutenção de 10 mil empregos. Dos 4 milhões de visitantes, 600 mil foram visitantes noturnos, responsáveis por mais de 1,5 milhão de pernoites nas acomodações da cidade. Uma porcentagem significativa da receita turística corresponde a compras efetuadas pelos visitantes, cuja contribuição é substancial para a prosperidade das lojas centrais em comparação com a concorrência varejista fora da cidade. Outros dados importantes da pesquisa da Touche Ross mostraram que, dos 4 milhões de turistas que visitaram York, em 1993,

- 199 mil hospedaram-se nos principais hotéis;
- 379 mil hospedaram-se em outros tipos de acomodação;
- 1,125 milhão fizeram visitas de um dia de duração principalmente por lazer;
- 2,250 milhões fizeram visitas de um dia de duração especialmente para fazer compras;
- a média de permanência dos visitantes que pernoitavam foi de 2,7 noites;
- 67 e 33%, dentre todos os turistas em York, foram visitantes de um dia e visitantes noturnos, respectivamente.

Embora essa pesquisa tenha realçado os aspectos positivos do "produto" de York e os significativos benefícios econômicos do turismo para a cidade, houve a advertência de que "*não havia quartos satisfatórios e seguros*". Houve provas de que a quantidade de visitantes em algumas das atrações de York estava diminuindo (veja a Tabela 6.1). Além do mais, York, como destinação turística e centro de compras regional, deparou com a concorrência crescente de lugares como Leeds, com a atração Royal Armouries Museum, Halifax, com o Eureka! The Museum for Children, e Bradford, a terra natal do National Museum of Photography, Film and Television.

Tabela 6.1 Quantidade de visitantes em determinadas atrações turísticas em York, 1993-94.

Atração	**Quantidade de visitantes**
York Minster	2.000.000 (estimativa)
Jorvik Viking Centre	676.935
Castle Museum	428.587
National Railway Museum	399.120
Cliffords Tower	136.289
York City Art Gallery	126.304
Yorkshire Museum	120.000
Archaeological Resource Centre	53.852
Treasurer´s House	50.744

Fonte: York City Council.

Análise SWOT

Como parte da pesquisa, os consultores analisaram a quantidade de fatores que afetam a competitividade de York como destinação turística. Esses fatores foram estabelecidos como uma análise SWOT (*Strengths, Weakness, Opportunities, Threats*), da seguinte forma:

1. Forças
- Identidade nacional e internacional inviolável
- Soberbo patrimônio construído

2. Fraquezas
- Informações insuficientes sobre o mercado
- Dificuldade em identificar mercados para crescimento
- Falta de reinvestimento por parte das atrações líderes
- Sinergia pouco explorada entre as atrações

3. Oportunidades
- Expansão do Castle Museum
- Possibilidade de maior crescimento de mercados que atendem aos estrangeiros

4. Ameaças
- Falta de métodos de monitoração para avaliar o desempenho e fazer ajustes
- Coação de prejuízos/lotação ambientais
- O turismo destinado a compras pode "sufocar" o turismo de lazer
- Declínio do poder de atratividade do Jorvik

As inferências dos consultores originadas da análise SWOT da cidade de York podem ser agrupadas em três tópicos distintos, como a seguir:

1. Não há praticamente necessidade de realizar uma atividade de *marketing* de amplo alcance da cidade de York porque a cidade já tem uma imagem positiva.

2. Há necessidade de empreender pesquisas de mercado ampla e continuamente, tendo em vista o mercado cada vez mais competitivo e mutável das destinações turísticas.

3. A cidade de York desenvolverá uma atração que será o carro-chefe, a fim de manter sua posição como uma destinação de lazer popular.

Uma estratégia turística para a cidade de York

No início de 1995, representantes da indústria do turismo de York reuniram-se no Fórum de Turismo de York para apresentar a pesquisa realizada pela Touche Ross. Um pequeno grupo de estratégias foi estabelecido, ao qual foi solicitada a transposição das descobertas feitas pelos consultores em um plano de estratégias e de ação para a cidade, plano esse que seria recomendado a toda a indústria de turismo em York. Esse grupo abrangia representantes das seguintes organizações:

- York City Council
- Yorkshire and Humberside Tourist Board
- York Visitor and Conference Bureau
- Câmara do Comércio de York e North Yorkshire
- North Yorkshire Training and Enterprise Council
- York Attractions Group
- York Achaeological Trust
- Sindicato GMB

O grupo de estratégias apresentou-se novamente no Fórum, em julho de 1995, data em que nasceu a iniciativa "First Stop York". A meta estratégica dessa iniciativa foi criar, por meio de uma parceria entre os setores público e privado, uma indústria de turismo em York, na qual:

1. Os benefícios econômicos e de criação de empregos fossem maximizados.
2. A cidade fosse reconhecida como uma destinação turística de alta qualidade que está sempre se aperfeiçoando em termos tanto de produto quanto de atendimento ao cliente.
3. Numerosos empregos fossem criados, bem como treinamento e oportunidades de carreira.
4. Os possíveis impactos ambientais e sociais negativos da indústria do turismo fossem gerenciados de forma que tanto a qualidade de vida quanto o divertimento em York por parte dos visitantes melhorassem.
5. A população local pudesse apreciar os benefícios do turismo em York e, dessa forma, apoiassem o turismo.
6. Aqueles que estivessem envolvidos com a indústria em York obtivessem os meios necessários para compreender e responder às tendências nacionais e internacionais em seus negócios.

Com base nos resultados da pesquisa da Touche Ross, o grupo de estratégias identificou numerosos princípios e objetivos essenciais da iniciativa "First Stop York", dentre eles:

- *Coleta de informações*: monitoração de tendências locais, regionais, nacionais e internacionais como apoio ao planejamento e gerenciamento baseados em informações confiáveis.
- *Desenvolvimento de produtos*: abrange a continuidade de uma imagem clara da cidade, estimulando o reinvestimento em atrações e instalações e melhorando as instalações vespertinas na cidade.
- Marketing *e apresentação externa do produto*: visa adotar uma abordagem bem direcionada e coordenada para divulgar a cidade, particularmente as oportunidades de férias de curta duração, e uma marca única, limpa, de alta qualidade para o produto de York, e divulgar a cidade como uma destinação para o ano inteiro.
- *Capacidade de reserva e gerenciamento*: abrange a introdução de sistemas de reserva que facilitarão o acesso ao produto da cidade de York aos visitantes em potencial, aperfeiçoando as instalações para acolher os visitantes e assegurando a mesma qualidade de acesso a todas as partes da comunidade.
- *Centro de excelência*: visa melhorar a qualidade de trabalho, o treinamento e as possibilidades de carreira para pessoas que estão trabalhando na indústria do turismo e desenvolver um método de alta qualidade e consistência para prestar serviços aos visitantes.

- *Apoio dos cidadãos*: objetiva aumentar a compreensão dos cidadãos em relação à indústria do turismo e fazer com que os residentes tenham um entendimento maior das questões do desenvolvimento turístico na cidade.
- *Parceria*: visa desenvolver uma estrutura fundamental para o gerenciamento, a implementação e a monitoração de todas as atividades resultantes do plano estratégico do turismo em York.

Prioridades

Com base nas metas estratégicas e nos princípios e objetivos essenciais dessa iniciativa, os membros do grupo de estratégias determinou uma série de prioridades específicas, publicadas como um plano de ação, com detalhes sobre sincronização, liderança e implicações de custo. As prioridades estavam relacionadas com o objetivo de aperfeiçoar o *marketing* e a apresentação do produto; por exemplo, o estabelecimento da marca "First Stop York" com logo, ilustrações (desenhos e fotografias para serem incluídos em propaganda) e *displays*, bem como o comprometimento de todos os parceiros com atividades de *marketing* conjuntas e relacionadas com o comércio para abranger feiras comerciais, alianças com operadoras de viagens e propaganda comercial. Outras prioridades de *marketing* do produto incluem uma campanha anual encabeçada pelo York Visitor and Conference Bureau e direcionada aos visitantes estrangeiros e do Reino Unido, uma campanha aprimorada de promoção das estradas de ferro com a Regional Railways, direcionada a visitantes do exterior por meio da exploração dos vínculos do Yorkshire and Humberside Tourist Board com a Bristish Tourist Authority (BTA), associação com o Eurotúnel e a Eurostar, alianças com operadoras aéreas e desenvolvimento do mercado de viagens de incentivo.

(*Essas informações foram cordialmente fornecidas pelo York City Council.*)

Pontos para discussão e análise

1. Por que é importante para destinações turísticas como York contar com mecanismos de coleta de informações confiáveis?
2. Que impactos o desenvolvimento do turismo pode ter sobre a população local em destinações como York e por que é importante envolver os habitantes nos planos futuros de desenvolvimento do turismo?
3. Quais são os papéis específicos desempenhados pelas operadoras do setor privado e pelas diferentes organizações públicas envolvidas com o turismo em York na implementação da estratégia?

4. Como a abordagem de parcerias no desenvolvimento turístico ajudou a cidade de York e sua indústria de turismo?

O turismo nos países emergentes

À medida que a tecnologia aeronáutica expande-se e a aptidão e o desejo dos turistas de explorar novas e longínquas destinações turísticas aumentam, várias das nações emergentes vão sobressaindo como áreas turísticas importantes. Padrões de vida cada vez mais altos nos países emergentes estão também permitindo que os habitantes viajem cm mais freqüência ao exterior. Embora o turismo internacional seja um privilégio das sociedades ocidentais desenvolvidas – mais de 90% de todas as entradas de turistas internacionais estão concentradas nos três "eixos econômicos", ou seja, a Europa, as três Américas e a região da Ásia/Pacífico (World Tourism Organisation, 1996) –, os países em desenvolvimento estão mostrando um crescimento significativo no turismo, quando comparados com países industrializados e as nações emergentes da Europa Central e Oriental, como a Tabela 6.2 indica.

Tabela 6.2 Entrada de turistas internacionais em determinados grupos de países.

Grupo de países	**Entrada de turistas (em milhares)**			**Alteração anual da porcentagem**		**Participação de mercado (% do total mundial)**	
	1990	**1994**	**1995**	**95/94**	**95/90**	**1990**	**1995**
Total mundial	459.233	546.269	567.033	3,80	4,31	100,00	100,00
Países industrializados	284.268	314.676	321.385	2,13	2,48	61,90	56,68
Países emergentes	128.242	157.280	170.050	8,12	5,81	27,93	29,99
Europa Central/Oriental	46.723	74.313	75.598	1,73	10,10	10,17	13,33

Fonte: WTO.

Esses dados mostram que, embora os países industrializados tenham absorvido mais da metade das entradas de turistas do mundo em 1995, eles experimentaram uma perda de cinco pontos porcentuais na participação de mercado mundial desde o início da década de 1990. Paradoxalmente, as nações emergentes registraram o crescimento mais rápido de entradas internacionais em 1995 e um ganho de mais de 2% em sua participação de mercado durante a primeira metade da década de 1990. Dados sobre os rendimentos provenientes do turismo internacional indicam um padrão similar; a participação dos países emergentes no turismo internacional cresceu de 2,6% em 1990 para 30,5% em

1995, em detrimento das nações industrializadas, cuja participação caiu de 71,6% para 65,1% no mesmo período (World Tourism Organisation, 1996).

Os governos das nações emergentes, particularmente os dos países que têm poucos recursos naturais exploráveis, cada vez mais estão se dando conta de que o turismo oferece vários benefícios econômicos e políticos, entre eles:

- Injeção de moeda estrangeira.
- Oportunidades de emprego.
- Melhoria de infra-estrutura.
- Diversificação da atividade econômica.
- Credibilidade no cenário mundial.

O crescimento do turismo nos países emergentes, entretanto, tem seus problemas. Grupos hoteleiros, companhias aéreas e operadoras de viagens multinacionais foram rápidas na exploração do potencial turístico dos países emergentes por meio do trabalho com governos em projetos turísticos. No entanto, alguns foram criticados por contribuírem pouco com as economias locais dos países emergentes, por não empregarem uma quantidade considerável de pessoas e por oferecerem taxas baixas de contratação de hospedagem. Além desses problemas, o crescimento do turismo deu origem a inquietações em relação a impactos sociais e culturais de longo prazo que o turismo pode gerar nos países emergentes. O agrupamento de pessoas com formação social extremamente diferente pode ser responsável pela perda de identidade cultural e de autenticidade por parte das comunidades locais – por exemplo, a população local é estimulada a realizar rituais étnicos e religiosos que se adaptam à imagem que os turistas têm de uma área, mas que talvez tenham pouco a ver com sua situação real. A afluência de visitantes estrangeiros tende também a afetar os jovens nos países emergentes, os quais podem ser seduzidos a abandonar os estudos para prestar serviços aos turistas. Nos casos mais sérios, dependência química, criminalidade e prostituição podem florescer em conseqüência do desenvolvimento do turismo.

É por esses motivos que os governos dos países emergentes e organizações não governamentais, tais como os grupos Tourism Concern e Friends of the Earth, estão trabalhando em direção ao desenvolvimento sustentável do turismo a longo prazo e, dessa forma, concentrando a atenção no planejamento e no gerenciamento responsável.

Um país que está trabalhando para desenvolver uma indústria turística sustentável é Botsuana, na África meridional, tema do estudo de caso apresentado a seguir.

Estudo de Caso: Desenvolvimento do turismo em Botsuana

Introdução

Botsuana fica no coração da África meridional e limita-se com a África do Sul, a Namíbia, o Zimbábue e Zâmbia. O planalto do deserto de Kalahari cobre uma ampla região do sul de Botsuana e quase um quinto do país é designado como parque nacional. A maioria da população vive no sudeste, ao redor de Gaborone, a capital do país, Serowe e Kanye, ao longo da fronteira com a África do Sul.

Infra-estrutura do turismo

Sir Seretse, o principal aeroporto internacional de Botsuana, localizado a 16 quilômetros ao norte de Gaborone, foi inaugurado em meados da década de 1980, dando ao país acesso direto à comunidade internacional por meio dos vôos regulares operados pela British Airways e Air France. Há um outro aeroporto no norte do país, em Kasane, perto da fronteira com Zâmbia, e vários aeroportos menores para viagens domésticas. A modernização do sistema ferroviário está em andamento e o sistema rodoviário gaba-se de seus mais de 1,9 mil quilômetros de auto-estrada de superfície.

Dados estatísticos sobre o turismo

Dados provenientes do Departamento de Turismo de Botsuana mostram que a afluência de turistas mais que dobrou entre 1980 e 1990 (veja a Tabela 6.3). O crescimento mais significativo dessa quantidade coincidiu com a abertura do Aeroporto Internacional Sir Seretse em meados da década de 1980. A Tabela 6.3 demonstra também que houve uma variação porcentual de turistas domésticos e internacionais no mesmo período; os turistas domésticos responderam por 57% e os visitantes estrangeiros, por 43% de todas as entradas em 1980, mas os dados de 1990 foram 40% e 60%, respectivamente. Os turistas provenientes do Reino Unido e da Irlanda aumentaram de 5.824 em 1980 para quase 36 mil em 1990. Estatísticas preliminares de 1995 mostram que a quantidade de entradas internacionais em Botsuana aumentou 6,4% em relação à quantidade de 1994 (World Tourism Organisation, 1996).

A Tabela 6.4 mostra o consumo dos turistas em Botsuana entre 1981 e 1990. Não surpreendentemente, o consumo aumentou sobremaneira de 1985 em diante em decorrência da abertura do Aeroporto Internacional Sir Seretse. O total de despesas por parte dos turistas em 1990 corresponde a 182 milhões de pulas (em torno de £ 43 milhões).

Produto turístico de Botsuana

A proposta de venda do governo de Botsuana é "custo alto, baixa quantidade", isto é, uma quantidade menor de turistas com alto poder aquisitivo. De acordo com essa proposta, o Departamento de Turismo aumentou as tarifas de entrada e de *camping* nos parques nacionais para desestimular o turismo de massa. O governo de Botsuana segue uma política de turismo sustentável, que mantém o ecossistema do país em equilíbrio. Há áreas de vida selvagem controladas, as quais são divididas em zonas para que possam ser utilizadas por um longo período. Isso protege um dos maiores ativos do país.

Embora não haja um sistema de graduação, em geral todos os hotéis mantêm um padrão razoável, em especial aqueles nos principais centros do leste do país. Hotéis e motéis com as mais modernas instalações podem ser encontrados ao redor de Gaborone. Há uma variedade enorme de *lodges* (choupanas) e *campings* para safáris – alguns muito simples e outros com todos os luxos –, os quais estão atraindo os turistas de alto poder aquisitivo da Europa, da América do Norte e do Extremo Oriente.

Promoção do turismo

O Departamento de Turismo produz uma série de prospectos e cartazes em inglês, francês e alemão. Também é possível encontrar fitas de vídeo nesses idiomas. A equipe do Departamento de Turismo realiza as principais feiras de comércio de viagens, como a ITB Berlin e a World Travel Market em Londres, com o objetivo de estabelecer vínculos com operadoras de viagens e companhias aéreas, desenvolvendo ainda mais seus produtos e pontos-de-venda promocionais. Encontros também são organizados com os maiores atacadistas para persuadi-los a incluir Botsuana nos manuais de venda e programas de viagem.

(*Essas informações foram cordialmente fornecidas pelo Botswana Director of Tourism.*)

Tabela 6.3 Número total de entradas em Botsuana por país de residência, 1980-90.

País de residência	1980	1981	1982	1983	1984	1985	1986	1987	1988	1989	1990
Botsuana	351.134	330.860	398.173	448.240	434.035	436.779	468.340	449.224	513.313	622.196	561.596
Total, excluindo Botsuana	263.581	226.940	297.678	302.329	338.750	326.950	381.205	432.323	384.335	691.041	844.295
África	247.761	213.960	274.475	282.808	297.424	290.602	333.167	382.908	333.783	612.457	759.197
África do Sul e Namíbia	202.833	149.980	193.570	189.152	226.972	216.263	239.179	247.449	254.241	309.747	363.840
Zimbábue	30.984	48.960	57.225	75.614	52.071	60.694	55.067	96.933	44.869	249.283	338.264
Zâmbia	7.269	9.740	16.580	8.637	8.082	3.912	21.402	18.480	15.242	25.241	26.454
Suazilândia	1.785	1.360	1.320	2.317	1.146	1.480	2.861	2.618	2.714	2.614	3.997
Lesoto	2.202	1.500	2.200	2.101	2.620	2.531	3.090	4.003	4.771	5.601	5.026
Restante da África	2.688	2.420	3.580	4.987	6.533	5.722	11.568	13.425	11.946	19.971	21.616
Ásia e Pacífico	1.294	1.180	2.241	1.853	3.804	4.022	4.018	5.303	5.204	7.303	8.771
Ásia	704	720	1.301	1.229	2.482	2.693	2.820	3.454	2.976	3.722	4.328
Austrália e Nova Zelândia	590	460	940	624	1.322	1.329	1.198	1.849	2.228	3.581	4.443
Europa	11.341	8.940	16.541	13.156	31.708	26.388	37.473	36.918	37.737	60.075	65.473
Reino Unido e Irlanda	5.824	3.900	8.689	6.160	17.982	13.045	19.074	17.896	18.712	25.735	35.973
Restante da Europa	5.517	5.040	7.852	6.996	13.726	13.343	18.399	19.022	19.025	34.340	29.500
Américas	3.185	2.860	4.421	4.512	5.814	5.938	6.547	7.194	7.611	11.206	10.854
Estados Unidos	2.587	2.200	3.681	3.937	4.827	5.248	5.724	5.961	6.162	9.374	8.533
Restante da América	598	660	740	575	987	690	823	1.233	1.449	1.832	2.321
Total	614.715	557.800	695.851	750.569	772.785	763.729	849.545	881.547	897.648	1.313.237	1.405.891

Fonte: Botswana Director of Tourism.

Tabela 6.4 Gastos por parte dos visitantes de Botsuana, 1981-90.

Ano	*Número de visitantes*	*Número de visitantes que declaram despesas*	*Despesas declaradas (pula)**	*Média de despesas (pula)*	*Permanência média (dias)*	*Média de despesas diárias por visitante (pula)*	*Total de despesas (em milhares de pulas)*
1981	271.060	179.610	12.686.660	70,63	5,4	13,08	19.146
1982	300.413	181.362	19.041.928	104,99	4,8	21,87	31.542
1983	350.453	211.504	24.541.482	116,03	5,9	19,67	40.664
1984	325.204	201.997	28.226.271	139,74	5,9	23,68	45.443
1985	333.871	203.698	27.341.308	134,22	4,9	27,39	44.814
1986	368.499	228.900	47.533.084	207,66	4,3	48,29	76.522
1987	406.008	264.974	49.701.271	187,57	4,9	38,28	76.155
1988	340.436	211.389	38.275.779	181,07	4,9	36,95	61.642
1989	582.871	398.517	73.780.097	185,14	4,5	41,05	107.911
1990	759.867	513.949	126.544.749	246,22	4,8	50,87	182.037

* 1 libra esterlina = 4,20 pulas.

Fonte: Botswana Director of Tourism; dados baseados em declarações de visitantes que estavam deixando o país.

Pontos para discussão e análise

1. Por que motivo Botsuana adotou a abordagem "custo alto, baixa quantidade" de desenvolvimento do turismo?
2. Quem financia as melhorias de infra-estrutura em países emergentes como Botsuana?
3. Que fatores internos e externos tendem a afetar o desenvolvimento turístico de Botsuana nos próximos dez anos?
4. Como o governo de Botsuana pode assegurar que o desenvolvimento do turismo seja sustentável a longo prazo?

Resumo do capítulo

Neste capítulo, exploramos dois conceitos gêmeos, o de planejamento e o de desenvolvimento do turismo internacional e sua relação com o gerenciamento de recursos. Vimos que os três conceitos – planejamento, desenvolvimento e gerenciamento – precisam funcionar em harmonia, se um determinado país ou uma região desejar maximizar os benefícios econômicos do turismo e minimizar seus efeitos prejudiciais. O conceito em geral ignorado de planejamento do turismo em nível corporativo foi amarrado com uma introdução ao planejamento estratégico na indústria. Este capítulo investigou os diferentes contextos e níveis em que o turismo ocorre, bem como as etapas do processo de planejamento turístico. Vimos que a formulação de um plano de ação do turismo é um pré-requisito ao desenvolvimento bem-sucedido do turismo, tendo em vista que estabelece a estrutura dentro da qual decisões bem fundamentadas sobre avanços futuros podem ser tomadas. Analisamos o conceito de sustentabilidade no processo de planejamento turístico e o papel das parcerias no planejamento e desenvolvimento do turismo. Não há quase nenhuma dúvida de que ambos os temas, de sustentabilidade e parcerias, serão bastante significativos ao futuro desenvolvimento do turismo internacional. Este capítulo foi concluído com uma análise das principais questões relacionadas com o turismo nos países emergentes, os quais estão cada vez mais usando o turismo como forma de atrelar o desenvolvimento econômico, político e social.

Questões para discussão

1. Com a ajuda de exemplos nacionais e internacionais, examine a relação entre planejamento, desenvolvimento e gerenciamento no contexto turístico.
2. Por que o planejamento turístico não é particularmente desenvolvido em nível internacional?
3. Qual é o significado do planejamento turístico em nível corporativo?
4. Avalie criticamente o papel dos acordos de parceria no planejamento e desenvolvimento turísticos.

Referências e outras leituras

- British Tourist Authority/English Tourist Board. *Tourism Intelligence Quartely,* Londres, 17 (4), 1996.
- Burns, P. & Holden, A. *Tourism: A New Perspective.* Hemel Hempstead (Reino Unido), Prentice-Hall, 1995.
- Department of National Heritage. *Success through Partnership: A Strategy for Tourism.* Londres, DNH, 1997.
- Gunn, C. *Tourism Planning.* Nova York, Taylor & Francis, 1994.
- Hall, C.M. *Tourism and Politics.* Chichester (Reino Unido), Wiley, 1994.
- Holloway, J.C. *The Business of Tourism.* 4ª ed. Harlow (Reino Unido), Longman, 1994.
- Inskeep, E. *Tourism Planning: An Integrated and Sustainable Development Approach.* Nova York, Van Nostrand Reinhold, 1991.
- Pearce, D. *Tourist Development.* Harlow (Reino Unido), Longman, 1989.

- Thomas Cook Group. *Annual Report and Accounts*. Londres, Thomas Cook, 1994.
- Organização das Nações Unidas. *World Commission on Environment and Development, Our Common Future (the Brundtland Report)*. Oxford, Oxford University Press, 1987.
- World Tourism Organisation. *National and Regional Tourism Planning: Methodologies and Case Studies*. Londres, Routledge, 1994.
- ______ . *International Tourism Overview 1995*. Madri, WTO, 1996.
- World Travel and Tourism Council. *Agenda 21 for the Travel and Tourism Industry*. Londres, WTTC, 1995.

Marketing do turismo

Visão geral do capítulo

Este capítulo avalia o papel e o significado do *marketing* dentro da indústria do turismo global, com base em estudos de caso e exemplos atualizados dessa indústria. Investigamos os principais aspectos do conceito e da aplicação do *marketing*, como objetivos de *marketing*, segmentação, orientação de mercado e atendimento ao cliente, antes de analisar a pesquisa de mercado no turismo. A aplicação do composto de *marketing* na indústria do turismo é examinada detalhadamente, realçando a importância de uma abordagem equilibrada para a implementação de planos de *marketing*. Investigamos também o importante tópico sobre o *marketing* da destinação turística, tema no qual encontraremos os problemas da multipropriedade e da oferta de vários produtos, os quais representam desafios para o mercadizador na indústria do turismo. Este capítulo é concluído com uma explicação e uma avaliação da aplicação do processo de planejamento estratégico de *marketing* na indústria do turismo.

Principais tópicos

- Compreensão do conceito de *marketing* no contexto do turismo internacional
- Pesquisa de mercado no turismo
- Aplicação do composto de *marketing* na indústria do turismo
- Segmentação de mercado no turismo
- *Marketing* da destinação turística
- Planejamento estratégico de *marketing* no turismo

Introdução

Todos aqueles que dirigem organizações de turismo nos setores público e privado estão bem conscientes da importância do *marketing* para o sucesso de sua empresa. Uma empresa que esteja construindo um novo complexo hoteleiro, por exemplo, pode oferecer instalações de primeira classe aos hóspedes e sistemas de informações gerenciais (SIGS) computadorizados de última geração, mas se não souber vender de fato o hotel, o empreendimento não atingirá todo o seu potencial comercial e pode até mesmo fracassar em decorrência de receitas de vendas insuficientes. Entretanto, se forem aplicados conceitos e técnicas de *marketing* tradicionais à indústria do turismo, isso pode ser problemático. Esse problema ocorre em grande parte porque o turismo é uma indústria muito diversificada e fragmentada, como vimos no capítulo Estrutura e Organização da Indústria do Turismo Internacional; na verdade, várias pessoas poderiam argumentar que a denominação "indústria" atribuída ao turismo é inapropriada, à medida que é composta por numerosos setores inter-relacionados, cada um dos quais com o direito de ser classificado de indústria, como as companhias aéreas, os hotéis e as atrações turísticas. Essa fragmentação dificulta o sucesso do planejamento e da implementação de atividades de *marketing* coordenadas. A predominância de pequenas empresas na indústria do turismo internacional também influencia a aplicação dos conceitos e mecanismos de *marketing*. Muitas das operadoras de negócios turísticos não têm as habilidades financeira e de gerenciamento necessárias para tomar decisões de *marketing* bem fundamentadas, pois, em geral, têm poucas ou nenhuma pesquisa de mercado para consultar. Além disso, o "produto turístico" tem determinadas características exclusivas não encontradas em outras indústrias do setor de serviços, o que significa que a transferência de abordagens de *marketing* tradicionais para o turismo nem sempre é possível sem aprimoramento e ajustes. No entanto, o *marketing* de fato está comandando uma porção significativa de recursos tanto do setor público quanto do setor privado do turismo, à medida que a concorrência a visitantes domésticos e internacionais intensifica-se. As organizações de turismo nacionais (OTNS) e as operadoras comerciais investem substancialmente em todos os aspectos do *marketing* do turismo, da pesquisa ao planejamento estratégico de *marketing* e promoção. O restante deste capítulo analisa detalhadamente esses e outros tópicos.

Compreendendo o conceito de *marketing*

Embora a importância do *marketing* seja amplamente aceita em toda a indústria do turismo internacional, há várias interpretações incorretas sobre o conceito de *marketing*, no âmbito geral, e sua aplicação na indústria do turismo, em particular. Uma das mais comuns é a crença de que *marketing* é a mesma coisa que propaganda; apesar de a propaganda sempre ter um lugar de destaque nos planos de *marketing* e nas campanhas promocionais das empresas de turismo, é apenas uma parte de um processo bem mais amplo que engloba pesquisa de *marketing*, desenvolvimento de produto e atividades de relações públicas, para citar apenas alguns exemplos. Essa confusão às vezes é compreensível, tendo em vista a natureza tão visível e de elevado *status* da propaganda turística. Outro mito que ronda o *marketing* é ser considerado a mesma coisa que venda. Explicando mais uma vez, vender é uma parte fundamental do processo de *marketing* no turismo internacional, mas é apenas isso, uma parte de um processo bem mais amplo. Uma outra interpretação incorreta é achar que o *marketing* é privilégio das empresas privadas. É verdade que o desenvolvimento do conceito de *marketing*, ao longo da história, foi mais evidente no mundo comercial. Hoje, entretanto, as organizações de turismo do setor público, em sua grande maioria, estão ativamente envolvidas com o *marketing* de seus produtos, serviços e destinações, à medida que elas também têm "clientes". Um último mito que rodeia o *marketing* é o que sugere que o *marketing* é uma atividade que só ocorre uma única vez. Isso está muito longe de ser verdade; o *marketing* deve ser visto como um processo contínuo de médio e longo prazo, que permite que uma organização desenvolva uma relação lucrativa com seus clientes. Ao longo do tempo, as necessidades e exigências dos clientes mudaram; portanto, a empresa de turismo bem-sucedida será aquela que constatar isso e desenvolver seus produtos e serviços dessa maneira.

A natureza cíclica do processo de *marketing* no turismo é mostrada em forma de diagrama na Figura 7.1. Como a figura demonstra, a identificação das necessidades dos clientes é o ponto de partida de todas as atividades eficazes de *marketing*. Conhecer a origem dos clientes, seu perfil demográfico, se eles estão satisfeitos com as instalações turísticas, quanto eles estão dispostos a pagar etc. oferece uma base de pesquisa inestimável de acordo com a qual é possível tomar decisões de *marketing* bem fundamentadas. A etapa dois do processo de *marketing*, isto é, desenvolvimento de produtos e serviços, é bem menos arriscada quando as características e o perfil dos clientes são conhecidos. Isso possibilita que os fornecedores de turismo ofereçam produtos com os devidos recursos e benefícios, postos à venda ao preço correto e disponíveis nos canais de distribuição mais apropriados. Depois de desenvolver os produtos e serviços corretos, a etapa três do processo, referente à promoção efetiva, entra em cena. Como veremos posteriormente neste capítulo, no momento em que investigamos o composto de *marketing*, há várias formas de promover os produtos e serviços turísticos, entre elas a propaganda, o *marketing* direto e a atividade de relações públicas. A última etapa do processo indica que o *marketing* como um todo ocorre em um ambiente de negócios em constante mudança. Dessa forma, as organizações devem monitorar, rever e avaliar regularmente planos e estratégias de *marketing* para assegurar que mantenham sua importância e eficácia.

Figura 7.1 O processo de *marketing* no turismo.

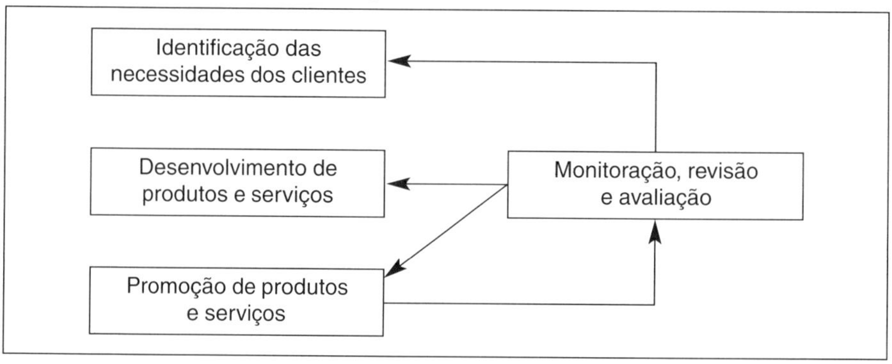

É fundamental ressaltar a natureza dinâmica do conceito de *marketing*. Kotler (1994) afirma que o *marketing*, como disciplina, está experimentando uma nova avaliação no que diz respeito à vasta quantidade de desafios globais, tecnológicos, econômicos e sociais que as empresas estão enfrentando na atualidade. Suposições, conceitos, habilidades, ferramentas e sistemas de *marketing* precedentes estão sendo novamente desenvolvidos para que seja possível tomar decisões empresariais firmes. Em geral esses elementos são declarações dirigidas a todos os setores da indústria, mas, se conjugados com a natureza dinâmica do turismo internacional, é óbvio que os mercadizadores do turismo terão de administrar mudanças freqüentes e significativas em seu ambiente de negócios interno e externo.

Definição de *marketing*

Embora vários gerentes e operadores que trabalham na indústria do turismo considerem o *marketing* a única e mais importante função de gerenciamento em sua organização, a maioria teria de queimar as pestanas para conseguir apresentar uma definição significativa do conceito quando solicitados. Isso não é uma crítica às pessoas que trabalham no turismo, mas um exemplo da complexidade do tema, particularmente quando aplicado aos extremamente diversificados setores na indústria do turismo global. O *marketing* está relacionado com a identificação das necessidades dos clientes, o desenvolvimento de produtos e serviços para atender a essas necessidades e com a entrega de produtos e serviços ao cliente no momento certo, no lugar certo e ao preço certo. Philip Kotler, talvez a autoridade mais respeitada do mundo nesse tema, define *marketing* como "...um processo social e gerencial por meio do qual indivíduos e grupos obtêm o que eles necessitam e desejam mediante a criação, oferta e troca de produtos de valor com outros" (Kotler, 1994).

Essa definição enfatiza a idéia de troca dentro do *marketing*, isto é, de que deve haver uma demanda estabelecida ou implícita e capacidade de fornecimento para que um mercado exista.

O Chartered Institute of *Marketing* (CIM) do Reino Unido define o *marketing* como "...o processo de gerenciamento responsável por identificar, prever e satisfazer as necessidades dos clientes lucrativamente".

Essa definição tem vários elementos importantes que vão nos ajudar a entender melhor o que queremos dizer com *marketing*. Primeiramente, o fato de o *marketing* ser um processo de gerenciamento implica que é classificado junto com recursos humanos, operações, finanças e outras funções gerenciais em termos de operações de uma organização. A importância exata concedida ao *marketing* dependerá em parte da atitude da gerência, mas depende muito mais da natureza do negócio e dos mercados nos quais a empresa opera. O estudo de caso sobre o trabalho da Australian Tourist Commission (ATC), no fim deste capítulo, por exemplo, indica que é dada alta prioridade ao *marketing* a fim de ajudar a ATC a conseguir seu objetivo final de maximizar a quantidade de turistas estrangeiros que visitam a Austrália. O segundo ponto importante na definição de *marketing* do CIM é a identificação e a previsão das exigências dos clientes, que são fundamentais para qualquer organização de turismo, seja grande ou pequena. Numerosas atividades de pesquisa de *marketing* podem ser usadas para identificar o que os clientes gostam ou não gostam nos produtos e serviços, seguidas de atitudes apropriadas tomadas como e quando necessárias. Em terceiro lugar, a satisfação das necessidades dos clientes tem tudo a ver com o desenvolvimento de produtos e serviços que o cliente vai desejar comprar e com as várias técnicas que podem ser usadas para promover sua venda, entre elas venda direta, propaganda e relações públicas. O quarto ponto importante é que a empresa que estiver envolvida com a atividade de *marketing* deve obter dividendos de seus esforços. Isso se aplica igualmente a organizações dos setores público e privado, mesmo que a maximização de lucros não seja o objetivo primordial dessas organizações.

Objetivos de *marketing*

Veremos posteriormente neste capítulo que a identificação dos objetivos de *marketing* é uma fase preliminar fundamental do planejamento estratégico para empresas de turismo. Seus objetivos são, em geral, desenvolvidos em consonância com as metas e os objetivos globais de uma organização. Por exemplo, a meta final da British Airways é tornar-se "a melhor e mais bem-sucedida empresa na indústria de companhias aéreas" (British Airways, 1993).

Para atingir essa meta, a empresa desenvolveu como suporte uma série de objetivos de *marketing* específicos – por exemplo, assegurar uma participação líder no comércio de viagens aéreas no mundo inteiro, com uma presença significativa nos maiores mercados geográficos, sobressair para prever e responder rapidamente às necessidades dos clientes e à atividade concorrente e oferecer serviços totalmente superiores a um bom preço em todo segmento de mercado no qual estiver concorrendo. O êxito desses objetivos de *marketing* contribuirá significativamente para que a Bristish Airways atinja sua meta final.

Muitas organizações que operam no turismo internacional estabelecem para si mesmas objetivos de *marketing* específicos a fim de providenciar uma estrutura fundamental dentro da qual seus recursos de *marketing* possam ser usados da melhor forma possível e seu desempenho seja avaliado. Esses objetivos serão um reflexo de vários fatores internos e externos que afetam a organização, entre eles o *ethos* da organização, o ambiente de negócios no qual ela opera, seu estilo de gerenciamento e, talvez mais importante, se opera no setor público ou no setor privado da indústria. As operadoras de turismo privadas procuram maximizar os lucros fornecendo produtos e serviços alavancados nas necessidades de seus clientes. As organizações de turismo do setor público têm objetivos sociais, ambientais, políticos e econômicos mais amplos, como fornecimento de instalações a comunidades locais, reurbanização, credibilidade política no cenário mundial ou proteção de hábitats. Os objetivos de *marketing* desenvolvidos para atingir essas metas mais amplas vão diferir necessariamente dos vistos no setor comercial. Embora a maximização de lucros não seja o objetivo primordial das organizações de turismo públicas, a expectativa é de que as que são financiadas por fontes do governo nacional, regional ou local ou são órgãos do governo central ofereçam custo-benefício e responsabilizem-se pelo uso judicioso dos recursos públicos. Dessa forma, os órgãos públicos estão cada vez mais adotando uma abordagem mais comercial a suas atividades e, por conseguinte, a distinção entre *marketing* nos setores privado e público do turismo está se tornando menos visível.

Orientação de mercado

A Figura 7.1 mostra que a identificação das necessidades dos clientes é uma primeira etapa fundamental no processo de *marketing* do turismo. As organizações que põem as necessidades dos clientes no cerne das atividades de *marketing* estão adotando uma orientação de mercado, ao passo que as que se concentram em produtos e serviços e ignoram essas necessidades orientam-se para o produto. Todas as organizações devem esforçar-se por adotar uma filosofia orientada para o mercado, se quiserem reter e aumentar sua participação de forma bem-sucedida. Uma empresa de turismo que se concentra sobremaneira no desenvolvimento de produtos e serviços, sem pesquisar as atitudes e preferências dos clientes, tende a não realizar plenamente seu potencial de negócios. A verdadeira orientação de mercado na indústria do turismo envolve a abertura de instalações de acordo com a conveniência dos clientes, e não das operadoras, serviço de refeições nos hotéis em horários adequados aos hóspedes e serviços de transporte em horários apropriados aos viajantes, entre outras coisas. A adoção da orientação para o mercado ou para o cliente freqüentemente faz parte de uma mudança mais ampla da filosofia de uma organização, que pode incluir um estilo de gerenciamento mais "aberto", sistemas aperfeiçoados de atenção ao cliente e um ambiente de vendas mais responsivo.

Marketing social

Embora seja quase justificável, do ponto de vista puramente comercial, colocar as necessidades do mercado em uma posição proeminente em relação às atividades de *marketing* de uma organização, as empresas de turismo precisam conscientizar-se das conseqüências de suas atitudes sobre o meio ambiente, seus clientes, os membros do quadro de funcionários e a sociedade em geral.

No Capítulo 5, exploramos a ascensão do turismo sustentável e o trabalho de organizações tais como Green Globe e Tourism Concern em seus esforços para promover uma marca de turismo ambientalmente firme e culturalmente responsável. Em qualquer trabalho de *marketing* que elas empreendam, as operadoras também devem garantir que suas ações não prejudiquem os mesmos ambientes e culturas para os quais seus clientes viajaram de tão longe para usufruir. Empresas de turismo, operadoras de transportes e áreas de destino não se cansam de alertar os viajantes em potencial quanto aos possíveis prejuízos que sua presença pode gerar, principalmente nas regiões mais remotas e inacessíveis do mundo. Muitas acrescentam recomendações e informações em seus prospectos e em outros materiais publicitários, ao passo que outras treinam seus funcionários em campo em práticas ambientais e culturais responsáveis.

Marketing estratégico *versus* tático

O *marketing* estratégico, uma atividade planejada bem antecipadamente, tem objetivos claros de médio e de longo prazo – por exemplo, uma operadora de viagens dos Estados Unidos cuja meta é conquistar 50% do mercado externo para a África do Sul no prazo de três anos de sua investida e tornar-se a principal empresa americana de pacotes de férias para esse país em cinco a sete anos. O *marketing* tático é uma atividade totalmente de curto prazo, em geral destinada a problemas ou oportunidades imprevistos ou não planejados. A necessidade da atividade extra de relações públicas depois de um acidente de férias, descontos para neutralizar as reduções de preço do concorrente e promoção de novos produtos turísticos para atender a um aumento de curto prazo da demanda, todos são exemplos de *marketing* tático no turismo. Nesse mercado global cada vez mais competitivo, geralmente as empresas de turismo precisam implementar uma variedade de abordagens de *marketing* tático apenas para reter sua participação no mercado. Posteriormente, neste capítulo, exploraremos o planejamento estratégico de *marketing* no turismo e seu papel no crescimento das empresas de turismo.

Segmentação de mercado

O processo por meio do qual o mercado global de um produto ou serviço é subdividido em grupos identificáveis com necessidades, carências e características similares é conhecido como segmentação de mercado. Esse é um dos princípios mais importantes no *marketing* de produtos e serviços, não apenas na indústria do turismo. O maior benefício da segmentação é que ela permite que uma organização estabeleça determinados indivíduos ou grupos como seu *target*, tornando-os o alvo de suas atividades de *marketing* concentradas. Por esse motivo, a segmentação de mercado é uma ferramenta que o mercadizador pode usar para satisfazer às necessidades de seus clientes particulares e, simultaneamente, minimizar o desperdício de recursos e melhorar a eficácia organizacional.

As principais variáveis da segmentação de mercado à disposição dos mercadizadores são as seguintes:

1. Socioeconômica
- Classe social
- Nível de renda
- Ocupação
- Residência própria

2. Geográfica
- País
- População
- Região
- Densidade populacional

3. Psicográfica
- Características do estilo de vida
- Atitudes
- Motivações
- Interesses

4. Demográfica
- Faixa etária
- Sexo
- Grupo étnico
- Grau de instrução
- Tamanho da família

5. Comportamental
- Procura de benefícios
- Freqüência
- Taxa de utilização
- *Status* do usuário

As variáveis exatas que uma determinada organização de turismo usa dependerão de vários fatores, como o produto que está sendo vendido, as características de seus clientes e seus objetivos de *marketing*. Como a lista indica, há cinco tipos principais de variáveis de segmentação, cada uma delas com as respectivas subclasses. Os marqueteiros no Reino Unido usaram, ao longo da história, a classificação de segmentação desenvolvida pelo JICNARS (Joint Industry Committee for National Readership Surveys) baseada em fatores socioeconômicos. Essa classificação agrupa pessoas de acordo com a "classe social", com base na ocupação do chefe de família (veja a Tabela 7.1).

O princípio subjacente da classificação JICNARS é aquele que proclama que as pessoas em cada categoria terão, geralmente, valores semelhantes, exibirão padrões similares de comportamento de compra e terão níveis parecidos de renda disponível. Obviamente, há numerosas anomalias em um sistema de classificação como esse, por exemplo:

- Não é razoável afirmar que todas as pessoas em uma categoria terão características amplamente similares. O diretor administrativo de uma companhia aérea internacional majoritária, por exemplo, talvez tenha os mesmos *hobbies* que, digamos, um trabalhador manual com alguma especialização da categoria D.
- Se o diretor de vendas da maior operadora de viagens deixar de ser importante para a empresa, passará imediatamente da categoria A para a categoria E.
- Os trabalhadores manuais especializados podem muito bem ter uma renda maior que as pessoas na categoria A, dependendo de como optam por gastar seu dinheiro.

Tabela 7.1 Classificação socioeconômica.

Grau social	Classe social	Ocupações características
A	Classe média alta	Altamente gerenciais, administrativas e profissionais (p. ex., juízes, cirurgiões).
B	Classe média	Medianamente gerenciais e administrativas (p. ex., advogados, professores, médicos).
C1	Classe média baixa	Supervisores, escriturários, gerentes juniores, corretores imobiliários) .
C2	Classe trabalhadora especializada	Trabalhadores manuais especializados (p. ex., carpinteiros, marceneiros, serralheiros).
D	Classe trabalhadora	Trabalhadores manuais com alguma ou nenhuma especialização (p. ex., motoristas, carteiros, porteiros).
E	Classe no nível mais baixo de subsistência	Pensionistas, viúvos e viúvas, trabalhadores temporários, estudantes, desempregados.

Os problemas de implementação dessa classificação socioeconômica sem dúvida "rígida" fez com que os mercadizadores começassem a avaliar a possibilidade de usar técnicas de segmentação de mercado baseadas em critérios de estilo de vida para fornecer uma base mais real de acordo com a qual pudessem tomar suas decisões. Variáveis psicográficas, tais como motivações, atitudes e interesses, em geral elucidam o comportamento de compra de um indivíduo.

Independentemente da variável usada por uma organização de turismo quando da segmentação de mercado, é óbvio que o processo dependerá sobremaneira de dados fidedignos sobre os clientes existentes e em potencial, obtidos por meio de uma variedade de métodos de pesquisa de *marketing*.

A função de atendimento ao cliente no *marketing* do turismo

Qualquer análise dos produtos e serviços do *marketing* do turismo não pode ignorar a importância do atendimento ao cliente para o sucesso das organizações. Na indústria do turismo internacional, a criação e a distribuição de produtos e serviços turísticos envolvem uma interação significativa entre os fornecedores e seus clientes. Isso se deve, em parte, ao fato de vários produtos turísticos serem consumidos no local em que são produzidos – por exemplo, uma empresária em viagem de negócios a Bruxelas experimentará os vários componentes do processo turístico à medida que eles ocorrerem. Além disso, os funcionários das empresas de turismo geralmente fazem parte do produto que está sendo vendido; o sucesso de uma excursão que faz parte de um pacote de férias no exterior, por exemplo, dependerá muito do profissionalismo e da atitude dos funcionários que estiverem prestando serviços na viagem. Ambos os fatores realçam o importante papel que os empregados da indústria do turismo têm de desempenhar para garantir o sucesso das organizações nas quais trabalham.

Há várias razões por que as empresas de turismo precisam investir continuamente no treinamento de funcionários para fornecer os padrões mais altos possíveis de atenção ao cliente. As empresas que estão operando em determinados setores altamente competitivos da indústria do turismo – por exemplo, agências de viagens, operadoras de viagens e companhias aéreas – concluíram que não podem mais concorrer apenas com base no preço. As margens de preço caíram tanto que a viabilidade futura de algumas organizações tornou-se incerta. Como estratégia alternativa, algumas empresas procuraram autodiferenciar-se oferecendo padrões mais altos de atendimento ao cliente e promovendo-os como seu único propósito de venda. Além do mais, as expectativas dos clientes estao mudando a passos largos, e procurar satisfazer essas expectativas passa a ser especialmente importante para as organizações a fim de oferecerem melhores níveis de atendimento ao cliente. Fatores como oportunidades crescentes de instrução, maior número de viagens a outros países, crescimento do setor de serviços à custa da indústria fabril, maior mobilidade e ascensão do "consumismo", todos contribuem para o nascimento de uma nova estirpe de clientes no turismo, os quais estão exigindo melhorias tanto da qualidade dos produtos quanto dos padrões de atendimento.

No nível organizacional, o investimento no aperfeiçoamento dos padrões de atendimento ao cliente pode gerar benefícios internos definitivos. As empresas que foram felizes na introdução de programas mais eficientes de atenção ao cliente registram poucas reclamações tanto dos clientes quanto dos funcionários, menor rotatividade de funcionários, maior segurança, menor taxa de absenteísmo, maior cooperação entre departamentos e maior contentamento dos funcionários com seu trabalho.

Pesquisa de *marketing* no turismo

A atividade de *marketing* bem-sucedida, nas organizações de turismo dos setores público e privado, está alicerçada em uma base de pesquisa de *marketing* eficaz. Todas as organizações necessitam de informações detalhadas sobre seus clientes atuais, bem como dados com os quais possam planejar, um conceito conhecido como previsão. Como vimos na Figura 7.1, a identificação das necessidades dos clientes é uma primeira etapa fundamental no processo de *marketing* do turismo, pois é com base nessa identificação que produtos e serviços alavancados nessas necessidades podem ser desenvolvidos e seu sucesso monitorado. Sem uma abordagem estruturada, objetiva e concentrada de coleta de dados que uma investigação de pesquisa de *marketing* bem elaborada pode oferecer, as decisões tomadas por gerentes de *marketing* no turismo provavelmente não serão eficazes.

A pesquisa de mercado envolve a coleta e análise de dados sobre os clientes e é usada para propósitos de gerenciamento. Para o profissional de *marketing*, o termo "pesquisa de mercado" é um conceito mais amplo e abrangente que inclui pesquisa de preços, pesquisa de produtos, pesquisa de promoção e pesquisa do comportamento do consumidor. A complexidade da indústria do turismo global de nossos dias implica que as operadoras bem-sucedidas não podem depender unicamente dos dados provenientes da pesquisa de mercado, mas investir em uma variedade de técnicas de pesquisa de *marketing* a fim de permanecerem competitivas. Os dados da pesquisa de *marketing*, seja qual for a fonte, são essenciais a todas as organizações de turismo e fornecem uma base firme de acordo com a qual é possível tomar decisões de *marketing* eficazes. Todas as organizações de turismo precisam do *feedback* de seus clientes em relação aos produtos que compraram e muitas podem querer saber por que as pessoas estão preferindo usar as instalações do concorrente. O trabalho de pesquisa de *marketing* é que fornecerá informações como essas em um formulário o mais objetivo possível. Essa necessidade de dados imparciais é o motivo por que organizações de turismo de grande porte contratam especialistas externos para pesquisar em seu nome. Entretanto, nem toda atividade de pesquisa de *marketing* é necessariamente um trabalho caro e elaborado. O proprietário de um hotel pequeno, por exemplo, constantemente receberá *feedback* dos hóspedes a respeito das instalações ou dos padrões de serviço do hotel e poderá, dessa forma, ajustar sistemas e práticas para melhorar o que é necessário. O que esse proprietário nem sempre conhece, é claro, são as opiniões das pessoas que não dizem nada; é nesse ponto que uma técnica de pesquisa de *marketing* – por exemplo, um levantamento por meio de um questionário preenchido pelo próprio entrevistado ou um formulário de comentários do cliente – pode fornecer informações mais confiáveis e honestas.

A pesquisa de mercado pode ser necessária em qualquer etapa do processo de *marketing* do turismo, talvez vinculada a um estudo de viabilidade para investigar a expansão de uma atração turística ou para avaliar alterações nos níveis de preço em um cruzeiro. Os gerentes, em sua maioria, concordariam que a pesquisa de *marketing* exerce um papel fundamental para ajudar a organização na qual trabalha a manter sua elasticidade na cada vez mais competitiva indústria do turismo internacional. Mais especificamente, a pesquisa de mercado pode:

- Identificar novas oportunidades de mercado ou pontos-de-venda.
- Ajudar a apontar com precisão problemas comerciais; por exemplo, por que tem havido uma queda constante na demanda de determinado produto ou instalação?
- Identificar problemas e sugerir soluções; por exemplo, que porcentagem do orçamento de uma área turística pode ser gasta na melhoria de infra-estrutura e que quantia pode ser dirigida a atividades de *marketing* e promocionais?
- Permitir que uma organização turística planeje o futuro com confiança.
- Monitorar a reação dos clientes a produtos, serviços e instalações.
- Projetar uma imagem de uma organização que se preocupa com seus clientes e respeita seus pontos de vista e comentários.
- Reduzir custos realçando práticas e sistemas ineficazes.
- Monitorar tendências na indústria do turismo e em seus setores.

Uma pesquisa de mercado pode ser executada por funcionários fixos ou, como foi sugerido neste capítulo, pode ser empreendida por consultores externos especializados. A opção de usar funcionários da "própria empresa" tem a vantagem de ser mais barata e de poder ficar sob o controle direto da organização e da gerência, mas poderia apresentar orientações tendenciosas ou uma determinada subjetividade que fariam com que os resultados perdessem o sentido. As organizações de turismo de grande porte tendem a empregar profissionais de pesquisa de *marketing* internos, os quais são responsáveis por comissionar a pesquisa, analisando dados e informando outros departamentos e gerentes seniores. As empresas de turismo, em sua maioria, não conseguirão bancar o luxo de manter uma equipe própria especializada em pesquisa de mercado e, dessa forma, irão procurar agências que atendam às suas necessidades nessa área. Esses serviços podem ser fornecidos por agências de propaganda, agências de pesquisa de mercado, universidades e faculdades.

Fontes de dados de pesquisa de *marketing*

Há vários e diferentes tipos de dados de pesquisa de *marketing* provenientes de uma variedade de fontes disponíveis aos gerentes e planejadores das empresas de turismo. Algumas informações, embora não específicas à indústria do turismo, são úteis aos propósitos de *marketing*; por exemplo, dados sobre tendências de emprego e mudanças na estrutura da população. Dados mais específicos ao turismo, como dados financeiros de uma empresa, tendências globais do turismo e perfil dos visitantes de uma determinada atração, fornecem às organizações uma base de informações valiosas de acordo com a qual é possível planejar atividades de *marketing* futuras. As informações de pesquisa de mercado são fornecidas por duas fontes principais: o material já disponível em numerosas fontes publicadas é conhecido como dados secundários, ao passo que os dados primários referem-se a informações novas coletadas pela primeira vez e em geral específicas a uma empresa; por exemplo, um levantamento de visitantes a uma destinação turística. A Figura 7.2 apresenta exemplos dos tipos de informação de ambas as fontes.

Figura 7.2 As várias fontes de pesquisa de **marketing** no turismo.

Fontes de pesquisa de *marketing*

Dados primários
- Levantamentos
- Observação
- Grupos de pesquisa

Dados secundários

Fontes internas	*Fontes externas*
• Registros de vendas	• Anuários comerciais
• Banco de dados de clientes	• Internet
• Ingressos	• Departamentos governamentais
• Registro de visitantes	• Associações comerciais
• Lista de endereços	• Relatórios da empresa

A Figura 7.2 indica que os dados secundários da pesquisa de *marketing* podem ser coletados de fontes internas e externas. As informações das quais uma organização precisa para atividades de *marketing*, em sua maioria, talvez já estejam disponíveis em suas fontes internas, como devoluções de vendas, banco de dados de clientes e listas de endereços. É surpreendente que as organizações de turismo em geral deixam de usufruir de seus registros internos para atividades de *marketing*, às vezes por causa de problemas de acesso a uma grande quantidade de dados. A escolha da fonte secundária exata dependerá dos objetivos de uma determinada pesquisa de mercado.

Dados primários de pesquisa

Embora haja uma quantidade cada vez maior de dados secundários relevantes e atualizados sobre o turismo em nível internacional, nacional e local, é provável que uma organização, em alguma etapa de seu desenvolvimento, precisará coletar informações específicas ao seu âmbito operacional ou informações ainda não publicadas. A coleta e a análise subseqüente dessas informações são conhecidas como pesquisa primária.

A organização que desejar coletar dados primários terá três opções principais disponíveis, quais sejam:

- Levantamentos
- Observação
- Grupos de pesquisa

Levantamentos

A condução de levantamentos é o método mais comum de coleta de dados primários na indústria do turismo. Essa atividade envolve a coleta de dados de uma porcentagem de uma "população" total, a que os pesquisadores chamam de amostra. Nesse contexto, "população" significa a quantidade total de pessoas que pode ser entrevistada. Por exemplo, o proprietário de uma atração turística pode querer entrevistar uma amostra de 5% de todos os visitantes em um determinado dia da estação. Se a quantidade total de visitantes for 10 mil (a população), 500 entrevistas (a amostra) deverão ser empreendidas. O método de amostragem justifica-se pelo fato de, em geral, ser impraticável entrevistar toda a "população". Essa é uma técnica de estatística bastante precisa e será investigada posteriormente.

Há três tipos principais de levantamento que podem ser usados para coletar dados primários:

- Levantamentos por meio de entrevistas diretas

- Levantamentos por meio de questionários preenchidos pelo entrevistado
- Levantamentos por telefone

Os levantamentos por entrevistas diretas ocorrem da seguinte forma: o entrevistador faz perguntas a uma pessoa do público em geral, conhecido como respondente, e registra as respostas e comentários em um questionário. Esse tipo de levantamento é muito comum em todos os setores da indústria do turismo, de estações turísticas a fornecedores de serviços de transporte. As entrevistas diretas podem ser realizadas em numerosos lugares diferentes, como na própria área turística, na casa ou no local de trabalho do respondente, na rua a caminho de uma destinação de férias, talvez nos postos de fronteira e pedágios. A entrevista direta é uma boa forma de obter dados tanto quantitativos como qualitativos. Os quantitativos referem-se a informações concretas como idade dos respondentes, onde eles moram, qual foi o lugar mais longe que já visitaram, quanto gastaram nas férias e o tipo de transporte que usaram. Os dados qualitativos, referentes à opinião ou à atitude dos respondentes em relação a uma determinada instalação ou a determinados produtos e serviços, oferecem aos gerentes *feedback* direto do ponto de vista dos clientes. As perguntas que em geral obtêm dados qualitativos são as seguintes:

- Como você classificaria o padrão do atendimento que recebeu no centro turístico?
- Como as instalações poderiam ser adaptadas a deficientes físicos?
- Se a empresa oferecesse um esquema de bônus de lealdade para viagens, você o usaria?
- O que mais chamou sua atenção na atração que visitou?
- O que você achou da comida do restaurante?
- Qual foi sua impressão geral do complexo turístico?

As entrevistas diretas têm numerosas vantagens quando comparadas com outros métodos de levantamento. Uma delas é que o entrevistador pode responder a qualquer dificuldade que o respondente encontrar em determinadas perguntas. O entrevistador pode ainda usar dicas para estimular o respondente a elaborar suas respostas, ganhando, portanto, mais informações importantes. Uma outra vantagem é que o entrevistador pode usar material de apoio visual, como gráficos e fotografias, para ajudá-lo a fazer perguntas. A principal desvantagem da técnica de entrevista direta está relacionada ao custo. O recrutamento e o treinamento dos entrevistadores podem ser caros e a carga administrativa correspondente pode ser alta. As entrevistas diretas, além disso, consomem mais tempo que outras técnicas, como as entrevistas por telefone. No entanto, são amplamente usadas na indústria do turismo como meio de fornecer informações importantes às organizações para que melhorem seus produtos e serviços.

Diferentemente das entrevistas diretas, os levantamentos por meio de questionários preenchidos pelo entrevistado não necessitam dos entrevistadores, tornando-os, portanto, uma opção menos onerosa para muitos negócios turísticos. Além disso, são uma técnica mais flexível, embora apresentem algumas desvantagens. O índice de resposta é comumente menor que o índice de levantamentos por entrevista direta comparáveis; às vezes, isso pode ser aperfeiçoado por meio de um lembrete ao respondente. Ademais, se um respondente não entender totalmente uma pergunta, não haverá nenhum entrevistador para esclarecer a dúvida. Os levantamentos por questionário são amplamente usados no turismo, tendo em vista que o custo desse método é relativamente baixo para obter dados tanto quantitativos como qualitativos sobre clientes e consumo. Várias operadoras de viagens empreendem levantamentos pelo correio, enviando aos turistas que acabaram de chegar das férias um questionário sobre sua experiência (veja a Figura 7.3). As informações contidas nesses questionários oferecem um *feedback* valioso dos clientes e em geral é o ponto de partida para mudanças em produtos e serviços. É comum encontrar esse tipo de questionário em atrações e instalações turísticas, os quais são preenchidos no local antes de os clientes partirem ou remetidos pelo correio. Algumas organizações de turismo oferecem um incentivo, como uma lembrança ou um desconto em algum produto, a fim de aumentar o número de questionários preenchidos.

Os levantamentos por telefone estão ganhando popularidade na indústria do turismo como forma de obter respostas rápidas sobre eventos, instalações ou serviços. Eles são usados amplamente nos Estados Unidos, mas no Reino Unido seu uso restringe-se mais a atividades de negócios, como acompanhamento de pesquisas de compradores em uma exposição – por exemplo, a World Travel Market, realizada anualmente em Londres. As empresas especializadas em vender *time-share* também usam levantamentos por telefone para estabelecerem clientes em potencial. A condução de um levantamento por telefone pode, com certeza, oferecer uma resposta veloz e, se forem empregados operadores treinados, muitas entrevistas serão possíveis em um determinado período. Dentre as desvantagens encontram-se o fato de não ser possível usar estímulo visual e a probabilidade de as pessoas sentirem-se invadidas e recusarem a cooperar com o entrevistador.

Elaboração do questionário É fundamental que as organizações de turismo lembrem-se de que a elaboração do questionário é uma tarefa que deve ser designada a profissionais. Muitos gerentes acham que a elaboração do questionário é uma parte relativamente fácil do processo de pesquisa de *marketing*,

Figura 7.3 Trecho de um questionário preenchido pelo próprio entrevistado (cortesia da Thomson Holidays).

Thomson

Skytours PORTLAND DIRECT

PESQUISA DE SATISFAÇÃO DO CONSUMIDOR

Você gostou de suas férias? Esperamos que sim, porque nos esforçamos para assegurar que nossos clientes de fato divirtam-se. Mas precisamos de sua ajuda para tornar tudo ainda melhor. Suas opiniões são muito importantes para nós; portanto, se você responder a esse questionário, irá nos ajudar a melhorar o padrão e a qualidade de suas futuras férias.

Todos os questionários são enviados de volta à rsl, uma empresa independente de pesquisa de mercado. As respostas são analisadas e os resultados são relatados regularmente. Se você preferir não receber nenhuma informação de um membro do grupo de empresas da Thomson ou de outras empresas por meio de um agente nosso, faça um x nesse campo. Agradecemos sua colaboração.

Marque ✓ o campo apropriado ou escreva a resposta de acordo com o que for solicitado.

DETALHES DE SUAS FÉRIAS...

Que empresa de turismo você usa?

Thomson ☐ Skytours ☐
Outra ☐ Portland ☐
Qual? ....

Plano de refeições

Refeições flexíveis ☐ (Pernoite/café da manhã & Meia pensão)
Pensão completa ☐ Auto-serviço ☐
Meia pensão ☐ Somente quarto ☐
Pernoite/Café da manhã ☐ Tudo incluído ☐ (Todas as refeições, bebidas etc. estão incluídas.)

Nome da estação turística em que você esteve ou nome da excursão/safári/cruzeiro

....

Nome do hotel/casa de campo/apartamento (nome do estabelecimento em que você ficou)

....

Número de pernoites:

6 ou mais ☐ 8-13 ☐ 15-20 ☐
7 ☐ 14 ☐ 21 ou mais ☐

Se o preço de suas férias não incluía hospedagem, o que estava incluído?

Somente passagem aérea/vôo ☐ Somente vôo/locação de automóvel ☐

Se você não fez sua reserva antes de chegar à estação de veraneio, como foi que conseguiu vaga?

Disponibilidade de última hora/procedimento correto ☐ Club Freestyle ☐
Price Breaker ☐

Como você reservou suas férias?

Diretamente com a agência de turismo ☐
Com uma agência de viagens ☐

Qual agência de viagens fez a reserva de suas férias?

A.T. Mays ☐ Co-op Travelcare ☐
Thomas Cook ☐ Callers Pegasus ☐
Lunn Poly ☐ Dawson & Sanderson ☐
Going Places ☐ Midlands Co-op ☐
Outra ☐ → Qual ....

Suas férias foram Young at Heart ou Home & Away? Sim ☐ Não ☐

Com que antecedência você reservou suas férias?

Menos de 1 semana ☐ 5-6 meses ☐
1-4 semanas ☐ 7-8 meses ☐
1-2 meses ☐ 9-10 meses ☐
3-4 meses ☐ Há mais tempo ☐

Sem contar as férias atuais, quantas vezes você saiu em férias para o exterior nos últimos três anos?

	Nenhuma	Uma	Duas	Três ou mais
Com a Thomson/Skytours/Horizon	☐	☐	☐	☐
Com a Portland	☐	☐	☐	☐
Com outras agências de turismo	☐	☐	☐	☐
Independentemente (sem pacote de férias)	☐	☐	☐	☐
Para esta estação de férias/ilha	☐	☐	☐	☐
Para este estabelecimento	☐	☐	☐	☐
Auto-serviço	☐	☐	☐	☐

Figura 7.3 (cont.)

LOCOMOÇÃO

▶ **Você:**

▷ Foi à Welcome Get-Together ☐ ☐

▷ Participou de excursões de alguma empresa Thomson ☐ ☐

▷ Alugou um carro para/durante suas férias ☐ ☐

▶ **Classifique:**	Excelente	Bom	Regular	Ruim
▷ Planos de cobrança de locação de carro	☐	☐	☐	☐
▷ Locação do carro em geral	☐	☐	☐	☐

▶ **Reservado com:** Hertz ☐ Dollar ☐ Outra locadora ☐

▶ **O carro foi** Reservado antecipadamente no Reino a ☐ Reservado na estação de férias por meio de um representante ☐ Reservado independentemente na estação de férias ☐

PROBLEMAS?

▶ **Você enfrentou algum problema durante as férias?** Sim ☐ Não ☐

▶ **Em relação a esse(s) problema(s), quantas vezes você entrou em contato com:**

	Nenhuma	Uma	Duas	Três	Se mais, escreva o número de vezes nos campos	
▷ Um representante da Thomson	☐	☐	☐	☐	☐	Representante
▷ Um membro da tripulação	☐	☐	☐	☐	☐	Tripulação

▶ **Depois do primeiro contato, em quanto tempo seu problema foi solucionado ou eliminado?**

Imediatamente ☐ Em 1 dia ☐ Em 2-3 dias ☐

Em 4-7 dias ☐ Depois de 8 dias ou mais ☐ Não foi resolvido ☐

▶ **Classifique sua satisfação em relação à medida tomada:**

Totalmente satisfeito ☐ Muito satisfeito ☐ Parcialmente satisfeito ☐ Nem um pouco satisfeito ☐

COMO FORAM SUAS FÉRIAS...

▶ **Indique como foram suas férias em comparação à expectativa transmitida pelo prospecto?**

Melhores ☐ Semelhantes ☐ Piores ☐ Não havia prospecto ☐

▶ **Qual é a probabilidade de você escolher a mesma empresa Thomson nas suas próximas férias?** **(isto é, Thomson, Skytours ou Portland)**

Totalmente provável ☐ Provavelmente ☐ Pouco provável ☐ Não há possibilidade ☐

▶ **Que empresa você utilizou nas suas últimas férias no exterior?**

Thomson, Horizon ou Skytours ☐ Portland ☐ Airtours ☐ Cosmos ☐ Unijet ☐

Aspro ☐ Inspirations ☐ Kuoni ☐ Sunset ☐

Sunworld ☐ Virgin ☐ First Choice ☐ Outra ☐ ➡ Qual? ....

▶ **Para que lugar você viajou nas suas últimas férias?**

Continente/Espanha ☐ Portugal/Ilha da Madeira ☐ Grécia (incluindo\ as ilhas) ☐ Marrocos/Tunísia/Egito ☐ Ilhas Canárias ☐

Maiorca ☐ Ibiza ☐ Minorca ☐ Chipre ☐ Malta ☐

Flórida ☐ Países/ilhas do Caribe ☐ Outros (na Europa) ☐ Outros (no restante do mundo) ☐

Qual? .... Qual? ....

▶ **Sem contar as férias atuais, que tipo de férias no exterior você tirou nos últimos três anos?**

Cidades/curta duração ☐ Férias de outono[1] ☐ Esportes de inverno ☐

Viagem especializada acima de 55 dias ☐ Longa distância ☐ Lagos e montanhas ☐

Férias de verão ☐ Somente vôo ☐ Cruzeiro ☐

---

[1] O termo original é *winter sun holiday*, um tipo de férias oferecido pelos hotéis quando a temporada de verão termina, para evitar a ociosidade. (N.T.)

mas sempre acabam com uma quantidade enorme de informações de pouca utilidade para as atividades de *marketing*. Os especialistas sugerem a seqüência de etapas da Figura 7.4 para assegurar um produto final eficaz.

Figura 7.4 Etapas para a elaboração de um questionário eficaz.

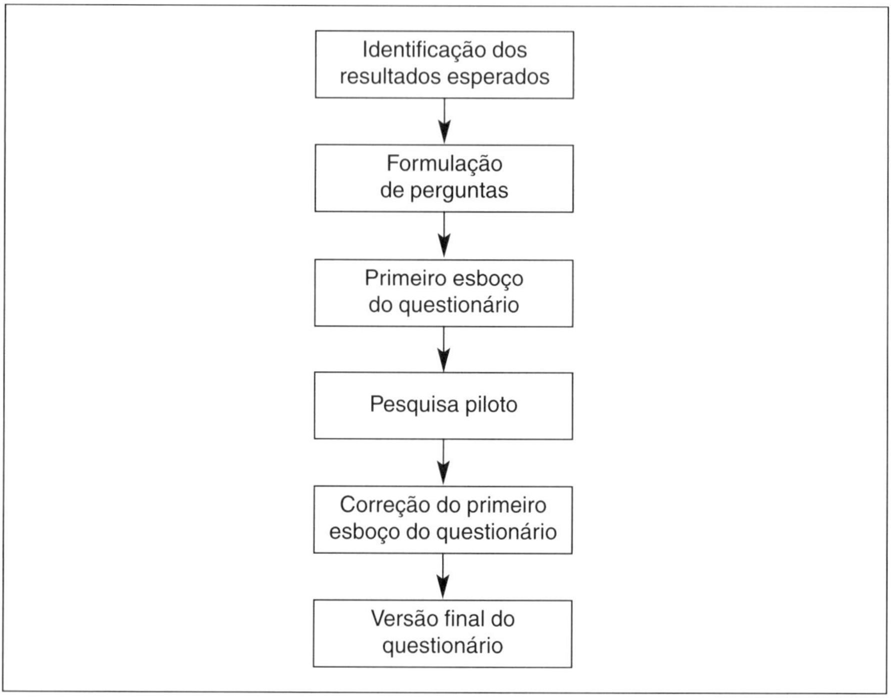

Como a figura indica, a seqüência de elaboração do questionário inicia-se com uma lista dos "resultados" esperados do levantamento, isto é, o que se espera que o levantamento consiga. Essa lista é então usada como base para a formulação de um conjunto de perguntas cujas respostas ajudarão a atingir esses resultados. Um questionário preliminar é criado em seguida e usado em um levantamento piloto; essa é uma etapa de "triagem" ou ensaio do levantamento principal que compreende um pequeno número de respondentes para verificar se as perguntas estão compreensíveis e adequadas. O questionário preliminar, de esboço, é corrigido em relação ao levantamento piloto para produzir uma versão final a ser usada no levantamento.

Amostragem Na maioria dos estudos de pesquisa de mercado, não é viável fazer um levantamento de toda a população que usa uma instalação turística ou compra um produto turístico. Em vez disso, a organização deve contar com as respostas de uma porcentagem da "população" total, conhecida como amostra. Se a seleção da unidade de amostragem (a população-alvo a ser pesquisada), o tamanho da amostra (quantas pessoas serão entrevistadas) e o procedimento de amostragem (o método por meio do qual os respondentes são selecionados) basearem-se em métodos estatísticos comprovados, as respostas deverão espelhar aquelas da "população" total dentro de determinados limites de precisão conhecidos. O método de amostragem escolhido deve reduzir a tendenciosidade ao mínimo. Por exemplo, se o maior grupo hoteleiro europeu quisesse coletar dados sobre a percepção dos clientes em seus 325 estabelecimentos distribuídos equilibradamente em toda a Europa, mas empreendesse 80% do levantamento na França, os resultados obviamente seriam tendenciosos e não representariam o grupo como um todo.

O procedimento de amostragem pode ser aleatório ou por cota. Em um levantamento aleatório, os indivíduos são previamente selecionados com base nas informações sobre o universo ou grupo; por exemplo, registro dos eleitores ou banco de dados. O entrevistador é solicitado a proceder as entrevistas de respondentes selecionados aleatoriamente. Vários levantamentos governamentais do Reino Unido são empreendidos dessa forma. No método de amostragem por cota, o entrevistador recebe instruções sobre a quantidade de respondentes que ele deve entrevistar em determinadas categorias; por exemplo, por faixa etária, sexo ou classe social.

O tamanho da amostra determinará o nível de precisão dos dados. *Grosso modo*, quanto maior a amostra, melhor, mas o grau de precisão torna-se menos significativo à medida que o tamanho da amostra aumenta. Se for constatado que métodos estatísticos comprovados foram usados para selecionar a amostra, o levantamento que consistir em aproximadamente 2 mil entrevistas terá uma precisão de 95% em relação ao ponto de vista do público sobre assuntos gerais (em outras palavras, 19 dos 20 levantamentos estarão na categoria de "margem de erro"). Na realidade, seria raro uma agência de pesquisa de mercado empreender um levantamento com uma amostra menor que 100, mesmo se houvesse necessidade de impressões gerais apenas.

Observação

A observação é uma forma de coleta de dados primários útil e em geral desconsiderada no turismo. Em sua forma mais simples, a observação é uma prática de administração que envolve a contratação de uma pessoa por parte de uma organização para investigar o comportamento dos outros com o objetivo de melhorar seus produtos e serviços. A observação é particularmente adequada a atrações turísticas como parques temáticos, galerias de arte e museus. Nem sempre esse método envolve pessoas que de fato põem-se a observar o que os outros estão fazendo e a registrar os detalhes sistematicamente. Hoje em dia, há técnicas complexas como o circuito fechado de televisão e a fotografia de alta velocidade que podem ser usadas para produzir informações valiosas sobre o fluxo de pessoas e o tráfego nas instalações turísticas. Os contadores eletrônicos são usados em atrações turísticas, centros de lazer e centros de informações turísticas para monitorar o uso. De tempos em tempos, é necessário solicitar aos funcionários que se misturem aos visitantes ou clientes e bisbilhotem suas conversas sem revelar a identidade. As pessoas são bem mais honestas em relação a seus sentimentos verdadeiros quando estão conversando em particular do que quando estão respondendo a perguntas em um levantamento de visitantes.

A observação tem um importante papel a desempenhar na pesquisa de produtos dos concorrentes. Há muito poucos produtos, serviços e instalações na indústria do turismo que são verdadeiramente exclusivos. A maioria baseou-se em alguma idéia vista em algum lugar. Não é incomum hoteleiros, agentes de viagens e companhias aéreas, por exemplo, usarem as instalações dos concorrentes para especular novas informações úteis e aperfeiçoarem seus produtos. As empresas de turismo às vezes empregam "compradores anônimos" para visitar as instalações dos concorrentes (e algumas vezes até mesmo suas próprias instalações!) e verificar padrões de atendimento e a quantidade de produtos em oferta.

Grupos de pesquisa

Grupo de pesquisa é uma técnica de pesquisa de *marketing* usada para coletar informações aprofundadas sobre os hábitos de compra dos clientes; por exemplo, para explorar as razões pelas quais eles escolhem um determinado produto de viagem ou empresa em vez de outro. Não é fácil obter essas informações mais detalhadas dos questionários de levantamento ou de observação, mas as sessões de grupo de pesquisa dão aos respondentes tempo para refletir e avaliar detalhadamente por que tomam determinadas decisões. O grupo de pesquisa ou painel, como às vezes é chamado, em geral consiste em dez consumidores sob a direção de um entrevistador treinado, o qual usará numerosas técnicas para explorar os pensamentos e os valores mais íntimos dos membros do grupo. As sessões geralmente são gravadas em vídeo para análise futura e sempre serão responsáveis pelas mudanças que as empresas fazem em sua linha de produtos ou em suas atividades promocionais. Tendo em vista sua natureza intensa, o grupo de pesquisa é um método caro de obter material de pesquisa primária e tende, portanto, a ser usado principalmente por grandes organizações de turismo, em especial no setor privado da indústria.

Dados de pesquisa secundários

Vários estudos de pesquisa de *marketing* envolvem a coleta de informações mescladas de fontes primárias e secundárias. Os dados secundários são as informações já existentes, em geral na forma escrita, mas cada vez mais disponíveis em computadores e fontes eletrônicas; por exemplo, os bancos de dados da Internet e em CD-ROM. A pesquisa de mercado que usa fontes secundárias é às vezes chamada de "pesquisa interna". A principal vantagem oferecida pela pesquisa secundária, quando comparada com os métodos de coleta de dados primários, é a economia de tempo e dinheiro. Há muitos dados de pesquisa secundários disponíveis às organizações de todos os setores da indústria do turismo. Os mais fáceis de serem acessados encontram-se em fontes internas da própria organização, ao passo que os dados externos são oferecidos por uma série de fontes dos setores comercial e público.

Fontes internas de dados secundários

A maioria das informações das quais uma organização necessita para atividades de *marketing* provavelmente já foi coletada dentro dos vários departamentos e sistemas de gerenciamento. A fim de economizar tempo e dinheiro, o exame de arquivos, bancos de dados e registros existentes deveria ser a primeira coisa a ser feita antes da consulta a fontes de pesquisa externas. As fontes de informações internas a seguir, mantidas por qualquer organização profissional na indústria do turismo, podem conter dados úteis para atividades de pesquisa de *marketing*:

- Recibos de vendas
- Dados cadastrais dos clientes
- Lista de endereços
- Retornos financeiros
- Dados de levantamentos

O advento dos sistemas de informações gerenciais (SIGS) computadorizados tornou esse tipo de informação muito mais acessível e útil para os estudos de pesquisa de *marketing*. Na verdade, esses sistemas agora podem ser programados para gerar relatórios freqüentes especificamente adaptados às necessidades da equipe de *marketing* da organização.

Fontes externas de dados secundários

À medida que a indústria do turismo mundial cresce, uma quantidade de dados cada vez maior sobre o turismo é gerada para atender a essa expansão.

A Organização Mundial do Turismo (World Tourism Organisation – WTO) e o Conselho Mundial de Viagens e Turismo (World Travel and Tourism Council – WTTC) fornecem dados estatísticos em nível internacional, ao passo que a Organização para a Cooperação e o Desenvolvimento Econômico (OCDE), por exemplo, fornece dados regionais e internacionais. As estatísticas do turismo em nível nacional são fornecidas pelos departamentos governamentais ou órgãos financiados pelo governo (veja o estudo de caso logo a seguir sobre o trabalho do Bureau of Tourism Research na Austrália). No Reino Unido, as empresas de turismo têm acesso a uma ampla variedade de informações sobre o turismo fornecidas por fontes governamentais e comerciais, entre elas:

- relatórios anuais dos escritórios de turismo nacionais e da British Tourist Authority (BTA);
- relatórios anuais dos escritórios de turismo regionais/empresas de turismo;
- International Passenger Survey (IPS);
- United Kingdom Tourism Survey (UKTS);
- British National Trave Survey (BNTS);
- *Business Monitor MQ6 – Overseas Travel and Tourism*, publicado pelo Stationery Office;
- relatórios anuais de organizações de turismo comerciais; por exemplo, British Airways, Thomas Cook, Thomson Travel Group e Airtours;
- associações de classe, incluindo a Association of British Travel Agents (ABTA), a Association of Independent Tour Operator (AITO) e a International Air Transport Association (IATA);
- Eurostat;
- órgãos profissionais como a Tourism Society.

Nas destinações turísticas, as informações sobre a importância econômica do turismo serão coletadas por órgãos regionais, órgãos locais e associações de classe. O estudo de caso a seguir, sobre o Bureau of Tourism Research (BTR) da Austrália, investiga as atividades de um órgão de coleta de dados que opera em nível nacional, internacional e setorial.

Estudo de Caso: Bureau of Tourism Research – Austrália

Introdução

O Bureau of Tourism Research (BTR) é um órgão não regulamentado do governo australiano, administrado pelo Commonwealth Department of Industry,

Science and Tourism. Os governos estaduais e territoriais e o federal fornecem diretamente a maior parte do orçamento do BTR, que também gera receitas com a venda de publicações e dados de serviços de consultoria oferecidos a uma série de clientes. O BTR é profissionalmente independente na condução de seu programa de trabalho.

Missão

A missão do BTR é fornecer estatísticas e análises independentes, precisas, oportunas e relevantes do ponto de vista estratégico à indústria do turismo, ao governo e à comunidade com o objetivo de aumentar a contribuição do turismo para o bem-estar da comunidade australiana.

Objetivos

A missão do BTR é atingir cinco objetivos principais:

1. Oferecer um ponto de convergência nacional para a coleta, análise e divulgação do turismo e de dados relacionados.
2. Fornecer estatísticas relevantes, oportunas e de alta qualidade.
3. Analisar e distribuir dados sobre o turismo de forma que seu uso seja amplamente difundido e eficaz no desenvolvimento da indústria do turismo.
4. Empreender ou coordenar pesquisas sobre assuntos prioritários no campo do turismo.
5. Promover o entendimento e a conscientização sobre o papel da pesquisa no desenvolvimento do turismo da Austrália.

Produtos provenientes das pesquisas

O BTR conduz dois principais levantamentos sobre viagens nacionais, o *International Visitor Survey* (IVS) e o *Domestic Tourism Monitor* (DTM). As características mais marcantes desses dois levantamentos são a periodicidade, a descrição e os itens de dados fundamentais, como mostrado na Tabela 7.2.

Os dados provenientes do IVS e do DTM são disponibilizados em vários formatos, entre eles:

- Publicações trimestrais
- Publicações anuais
- Tabelas detalhadas
- Tabulações especiais
- CDS

Tabela 7.2 Características principais do *International Visitor Survey* e *Domestic Tourism Monitor*

Levantamento/título, periodicidade e descrição da publicação	**Itens de dados fundamentais**
International Visitor Survey (IVS)	*Características dos visitantes*: País de origem, nacionalidade, faixa etária/sexo, ocupação, motivo da viagem.
Em andamento: trimestral e anual	*Itinerário internacional*: Interrupção da viagem/escala, há quanto tempo o visitante está fora de casa e visitas anteriores à Austrália.
Levantamento das características, do comportamento e do consumo dos visitantes da Austrália	*Itinerário na Austrália*: Tempo de permanência, cidade de chegada/partida, tipo de transporte usado, região de permanência, tipo de hospedagem usado, lugares e atrações visitados e atividades esportivas, de entretenimento e culturais. *Planos de viagem*: Viagem com todos os serviços incluídos, viagem em grupo, planos pagos previamente, tipo de agente que fez as reservas, fonte de informações. *Consumo*: Gasto médio por visitante e por item. *Reações*: Satisfação/insatisfação
Domestic Tourism Monitor (DTM)	*Características de viajantes/pessoas que não viajam*: Faixa etária/sexo, ocupação/renda/ciclo de vida, origem.
Em andamento: trimestral e respeitante ao ano financeiro	*Procedimento da viagem*: Origem e destino, propósito e duração da viagem, transporte e hospedagem usados, mês de retorno da viagem.
Levantamento do nível das viagens domésticas e características/comportamento dos turistas domésticos	*Participação de mercado*: Participação das viagens geradas por estado/território que recebeu turistas.
Base das informações: viagens/visitas/pernoites	

Fonte: BTR.

O BTR também realiza o *Domestic Tourism Expenditure Survey* (DTES), um levantamento sobre viagens noturnas, viagens diurnas e o componente australiano de viagens ao exterior.

O BTR usa outras fontes secundárias de estatística sobre o turismo fornecidas por outros órgãos, dentre eles:

- *Tourism Forecasts*: estudo fornecido pelo Tourism Forecasting Council.
- *Overseas Arrivals and Departures*: estudo fornecido pelo Australian Bureau of Statistics.
- *Survey of Tourist Accommodation*: levantamento conduzido pelo Australian Bureau of Statistics.

- *Services Industries Surveys*: levantamento conduzido pelo Australian Bureau of Statistics.
- *International Scheduled Air Transport*: estudo fornecido pelo Commonwealth Department of Transport and Regional Development.
- *Air Transport Statistics – Domestic Airlines*: estudo fornecido pelo Commonwealth Department of Transport and Regional Development.
- *Yearbook of Tourism Statistics*: estudo fornecido pela WTO.

Outros produtos do BTR incluem relatórios sobre o turismo e a economia, relatórios sobre o turismo regional, documentos oficiais periódicos e dissertações redigidas para conferências.

(*Essas informações foram cordialmente fornecidas pelo BTR, Canberra.*)

Pontos para discussão e análise

1. Quem são os principais usuários dos dados coletados pelo BTR?
2. Na sua opinião, a coleta de dados estatísticos sobre o turismo australiano é mais bem conduzida por um órgão central do que por meio de governos estaduais e territoriais?
3. Como o governo australiano poderia justificar o financiamento do BTR?
4. Como o BTR ajuda no desenvolvimento de produtos turísticos australianos?

O processo de pesquisa de *marketing* no turismo

Embora a natureza de qualquer pesquisa de *marketing* empreendida varie entre diferentes organizações de turismo, em decorrência de questões como tamanho da organização, setor no qual opera, rotatividade e importância atribuída ao processo de pesquisa, há várias etapas claramente definidas que todo processo de pesquisa necessita seguir, como mostra a Figura 7.5.

Como a figura demonstra, a primeira etapa no processo de pesquisa de *marketing* no turismo é a identificação dos objetivos da pesquisa. Isso poderia ser tão simples quanto descobrir a idade média dos visitantes de um parque temático ou tão complexo quanto a investigação por parte de uma companhia aérea internacional sobre a viabilidade de introduzir novas tarifas e estratégias de determinação de preços em todas as suas redes. Objetivos claramente definidos, realistas e mensuráveis, além de fornecerem um alvo para a atividade de pesquisa, também permitem que aqueles que comissionaram a pesquisa avaliem se ela conseguiu ou não alcançar as metas estabelecidas. É muito mais provável que a clareza nessa primeira etapa fundamental do processo de pesquisa de *marketing* forneça informações posteriormente sobre o que é útil à tomada de decisões por parte da equipe de *marketing* de uma organização.

Figura 7.5 O processo de pesquisa de *marketing* no turismo.

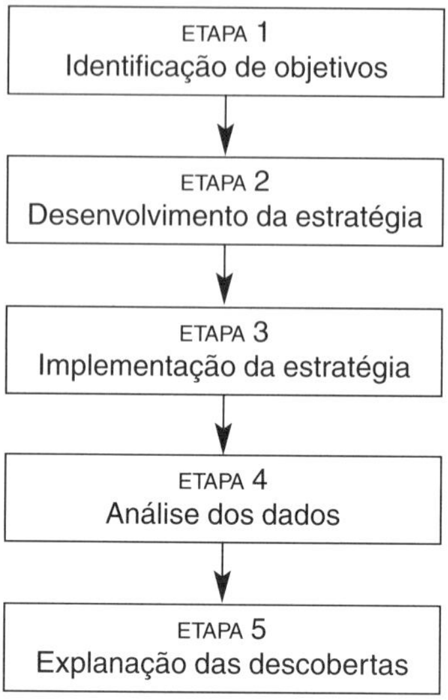

A segunda etapa do processo exige uma estratégia mais eficiente e eficaz para agrupar as informações necessárias e, dessa forma, satisfazer os objetivos identificados na primeira etapa. Isso envolverá decisões sobre os métodos de pesquisa mais apropriados a serem usados (a metodologia), se todas ou algumas informações fundamentais para atender aos objetivos da pesquisa já estão disponíveis em outras fontes e que cronograma será considerado para o projeto. Essa estratégia procurará também responder a questões sobre custos, instrumentos de pesquisa apropriados, quem empreenderá a pesquisa, se alguma pesquisa primária será necessária e quais fontes secundárias e órgãos poderão ajudar nesse trabalho.

A terceira etapa do processo de pesquisa de *marketing* é a implementação da estratégia firmada, isto é, a coleta dos dados. Essa etapa em geral é a mais cara da operação, particularmente se a metodologia escolhida envolver o recrutamento e treinamento de grande quantidade de entrevistadores. O tipo de investigação menos oneroso tende a ser aquele em que é necessário coletar informações de fontes secundárias exclusivamente, algumas vezes chamado de investigação ou pesquisa interna. Um exemplo de investigação de pesquisa de *marketing* que usa a coleta de dados tanto primários quanto secundários poderia ser uma pesquisa empreendida por uma cadeia de agências de viagens para verificar a viabilidade de abertura de mais filiais em outros lugares do Reino

Unido. A pesquisa primária mais comum para isso incluiria um levantamento por entrevista de médio alcance de compradores nas cidades estabelecidas e um levantamento por telefone de uma amostra de negócios a um raio de 40 quilômetros de cada lugar. Os dados secundários consultados tendem a incluir informações econômicas e demográficas geradas por órgãos governamentais e a referir-se a guias informativos especializados do comércio de viagens em nível nacional e local.

Assim que a coleta de dados for concluída, a quarta etapa do processo, análise das informações, pode ser iniciada. Essa etapa pode ser empreendida manualmente ou com a ajuda de um programa de computador. Dependendo da complexidade da investigação, será possível usar uma série de técnicas estatísticas como apoio nessa parte do processo.

A etapa final do processo de pesquisa de *marketing* é a explanação das descobertas da investigação. Na maioria dos casos, é gerado um relatório escrito para ser distribuído aos encarregados da investigação, talvez precedido por um esboço para solicitar comentários e fazer as correções necessárias. Seria especialmente útil se os principais elementos da investigação e suas recomendações fossem incluídos no início do relatório escrito definitivo como um resumo do que foi executado, pois, dessa forma, o leitor pode compreender as principais questões sem precisar analisar todo o relatório detalhadamente. Hoje em dia, é cada vez mais comum anexar ao relatório escrito uma apresentação formal dos autores, que pode ser questionada em profundidade pelos encarregados em relação às suas descobertas e recomendações. Isso em geral ocorre depois da distribuição do relatório final, de forma que os encarregados possam analisar a investigação detalhadamente.

Aplicando o composto de *marketing* na indústria do turismo

O composto de *marketing* é um dos conceitos mais importantes no *marketing* de produtos e serviços turísticos. O composto é comumente chamado de 4 Ps, ou seja, produto, ponto-de-venda, preço e promoção, embora alguns pesquisadores tenham estendido o conceito a 7 Ps, incluindo população, processo e componentes físicos [*physical*] (veja Booms e Bitner, 1981). As organizações de turismo dos setores público e privado da indústria estão constantemente esforçando-se por atingir um ótimo equilíbrio entre as quatro variáveis do composto de *marketing* e, dessa forma, atender a seus objetivos de mercado. Assim como vários aspectos do *marketing* do turismo, a característica exata do composto de *marketing* implementado por uma determinada organização vai variar ao longo do tempo. Organizações de turismo bem-sucedidas respondem a influências internas e externas monitorando e ajustando continuamente os elementos do composto de *marketing*. Uma instalação recentemente inaugurada, por exemplo, necessitará de uma promoção extremamente enfatizada em seus primeiros estágios de desenvolvimento a fim de atrair clientes. Assim que a instalação firmar-se, os orçamentos promocionais poderão ser reduzidos e maior ênfase poderá ser direcionada ao desenvolvimento e melhoria de produtos. Além disso, é preciso ressaltar que, embora os elementos do composto de *marketing* possam ser estudados individualmente, na realidade há muita sobreposição e integração entre os quatro componentes. O composto de *marketing* é mostrado no diagrama da Figura 7.6 e seus componentes são discutidos mais detalhadamente nas seções seguintes deste capítulo.

Figura 7.6 Composto de *marketing* no turismo.

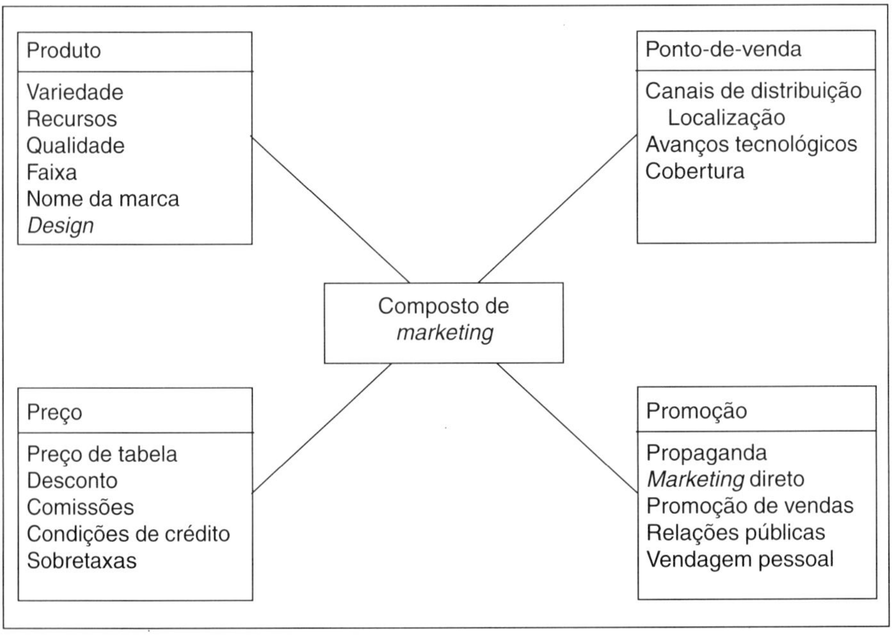

Produto

O produto está no centro de todas as atividades de *marketing*, uma vez que representa o principal benefício recebido pelo cliente. Usar o termo "produto", entretanto, para avaliar uma indústria de serviços como o turismo pode ser um pouco inapropriado. A indústria do turismo não produz bens tangíveis como televisores ou carros, mas uma série de experiências e serviços alavancados nas necessidades de determinados segmentos de mercado. Na verdade, o turismo é sempre considerado uma indústria que se sai bem "vendendo sonhos". O produto turístico é, portanto, um amálgama de vários produtos e serviços, cujos componentes separados são normalmente fornecidos por diferentes organizações, tanto públicas quanto privadas. A venda de pacotes de férias ao exterior, por exemplo, envolverá esforços conjuntos de numerosos fornecedores, incluindo companhias aéreas, operadoras de viagens, fornecedores de hospedagem, agências de viagens, organizações de gerenciamento de destinações turísticas, locadoras de automóveis e operadoras de ônibus de turismo. De uma perspectiva mais ampla, as destinações visitadas por turistas podem ser consideradas produtos por direito, tendo em vista que é o atrativo da destinação que primeiramente incita o desejo de viajar.

Características dos produtos turísticos

Os produtos turísticos exibem uma série de características específicas, entre as quais as mais importantes são:

- *Intangibilidade*. Diferentemente dos bens manufaturados, não é possível tocar em um produto turístico como um pacote de férias ou um feriado prolongado. As operadoras dependem sobremaneira de prospectos e outros itens promocionais para vender os produtos turísticos de que dispõem.
- *Inseparabilidade*. Os produtos turísticos, em sua maioria, são consumidos no lugar em que são produzidos; uma família em férias no exterior, por exemplo, experimentará todos os "produtos" da viagem, como vôos, traslados, hospedagem e excursões, no momento em que eles ocorrerem. Isso ressalta o papel fundamental desempenhado pelos funcionários que atendem aos turistas; eles também são importantes e fazem parte do produto que está sendo vendido aos clientes.
- *Perecibilidade*. A poltrona de um avião ou a cama de um hotel que não for vendida no presente dia não poderá ser acumulada em estoque e vendida novamente em uma data posterior, o que, portanto, representa

perda de vendas para a companhia ou empresa em questão. A redução de preços e os descontos podem ser introduzidos como forma de estimular as vendas em determinados períodos.

- *Propriedade*. Os compradores de produtos turísticos geralmente não compram o direito de propriedade dos produtos. A família em férias no exterior, por exemplo, vai levar para casa experiências e sonhos, mas não o quarto do hotel ou o avião, ambos incluídos no pacote!
- *Heterogeneidade*. A manutenção da consistência dos produtos turísticos é difícil. Influências como o tempo, a atitude dos funcionários, a época do ano e a qualidade da comida podem alterar o mesmo produto comprado em diferentes momentos ou por diferentes clientes.

O conceito de ciclo de vida do produto

Todos os produtos turísticos passam por mudanças durante seu tempo de vida útil. As influências internas e externas nas organizações, aliadas às mudanças na demanda dos consumidores, afetam o desenvolvimento de um determinado produto do momento em que é disponibilizado ao público em geral ao momento em que é, finalmente, retirado do mercado. Apesar de ser difícil predizer a dinâmica exata de um produto turístico em particular, é possível representar muitos estágios pelos quais os produtos passam no curso de sua evolução, como descrito no conceito de ciclo de vida do produto ou CVP (veja a Figura 7.7).

Figura 7.7 Conceito de ciclo de vida do produto (CVP).

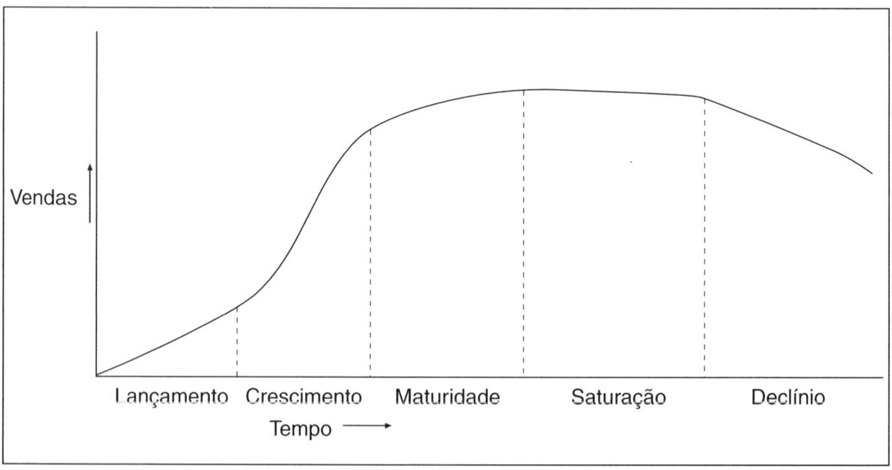

Os cinco estágios no ciclo de vida do produto são os seguintes:

1. *Lançamento/introdução*. As vendas vão crescer gradativamente assim que um produto for lançado no mercado.
2. *Crescimento*. A demanda será estimulada durante a fase de crescimento uma vez que o produto tornar-se amplamente conhecido.
3. *Maturidade*. O crescimento das vendas diminuirá a marcha nesse estágio, talvez em conseqüência dos produtos dos concorrentes. Nesse estágio, a empresa precisará decidir se estimulará o crescimento das vendas, aumentando o trabalho promocional, remodelará o produto ou permitirá que a demanda pelo produto continue a cair.
4. *Saturação*. As vendas atingirão um nível estável nesse estágio.
5. *Declínio*. A demanda pelo produto cairá continuamente.

Embora o conceito de ciclo de vida do produto tenha sido originalmente desenvolvido no setor fabril como forma de ajudar a prever a atividade de vendas e a adoção do produto pelos clientes, ele pode ser aplicado às indústrias do setor de serviços, incluindo o turismo. Sua visão retroativa e sua abordagem sem dúvida simplista à evolução do produto foram criticadas no sentido de que sua utilidade como uma ferramenta de previsão no turismo é muito limitada. De fato, tomar decisões de *marketing* com base em um conceito tão impreciso poderia ser considerado imprudente, à medida que a queda na demanda por um determinado produto pode ser simplesmente um fenômeno temporário. Além disso, a previsão do exato momento de mudança entre um estágio e outro do ciclo é particularmente difícil. No entanto, o conceito de ciclo de vida do produto pode ajudar o marqueteiro a planejar e a executar diferentes táticas e estratégias de *marketing* para corresponder aos vários estágios do ciclo. Dessa maneira, esse conceito tem um papel a ser desempenhado no processo de planejamento estratégico de *marketing* de produtos turísticos.

Butler (1980) afirma que o conceito de ciclo de vida do produto pode ser aplicado com êxito no desenvolvimento das destinações turísticas, tema esse que é coberto detalhadamente na seção deste capítulo sobre o *marketing* da destinação turística.

Estabelecimento da marca dos produtos turísticos

O estabelecimento da marca, lugar-comum no *marketing* de produtos de consumo de rápido movimento, como cosméticos, comida e produtos de limpeza de casa, é uma técnica que está se tornando cada vez mais comum no *marketing* de produtos turísticos. À medida que a indústria do turismo amadurecer e sua linha de produtos tornar-se continuamente maior, a atribuição de uma marca nominal a um produto, por exemplo, Disney *resort*, Hilton Hotel ou locadora de automóveis Hertz, ajudará a distingui-lo do produto do concorrente e, dessa forma, oferecerá aos clientes uma sugestão de compra. Uma organização de turismo espera também que seus clientes demonstrem fidelidade à marca continuando a escolher seus produtos e serviços sempre e mais que os oferecidos por seus concorrentes. Numerosos incentivos, de descontos a esquemas de oferta de bônus pela lealdade à marca, são oferecidos pelas operadoras de turismo como forma de reter seus negócios para os clientes. O estabelecimento da marca pode ser vinculado ao conceito de segmentação de mercado (veja anteriormente neste capítulo), segundo o qual diferentes marcas são desenvolvidas para atender às necessidades de diferentes segmentos do mercado. A Thomson Holidays, operadora de viagens que explora o mercado externo ao Reino Unido, é um ótimo exemplo disso. Dentre suas marcas nominais encontram-se "*lakes and mountains*" (lagos e montanhas), "*small and friendly*" (pequeno e aconchegante), "*young at heart*" (eternamente jovem) e "*à la carte*".

Ponto-de-venda

No contexto da indústria do turismo, o componente "ponto-de-venda" ou praça/local do composto de *marketing* está relacionado não apenas com as destinações e o local em que se encontram as instalações turísticas, mas também com a forma pela qual esses lugares são oferecidos ao cliente, incluindo os canais de distribuição e como eles são influenciados por recentes avanços tecnológicos.

Local

O local é obviamente um fator fundamental para muitos tipos de empresa de turismo, particularmente as que sobrevivem do alto volume de "negócios passageiros". Um hotel situado em uma área rural remota, longe dos centros urbanos, talvez tenha de se esforçar muito para atrair fregueses e precisará devotar uma alta porcentagem de seus recursos ao *marketing*, comparado, por exemplo, a um hotel localizado no centro de uma cidade turística conhecida. Os desenvolvedores das maiores atrações turísticas escolherão lugares perto dos principais centros urbanos a fim de atrair visitantes de localizações o mais distantes possível da área servida de recursos. Um bom exemplo disso é o Chessington World of Adventures, parque temático localizado a 19 quilômetros ao sul de Londres, o qual atende a 18 milhões de pessoas que vivem a duas horas de carro da atração. O Chessington, além do estacionamento gratuito para carros e ônibus de turismo, é servido por ônibus normais, ônibus de turismo e trens em horários freqüentes. Os gerentes das atrações naturais, históricas e culturais de sucesso, cuja localização é "fixa", procuram facilitar ao máximo o acesso às instalações planejando cuidadosamente esquemas de administração dos visitantes e do tráfego e de programas de transporte público. As agências de viagens que fazem parte de diversas cadeias de grande porte normalmente estão localizadas nos lugares mais caros e de melhor acesso das principais ruas da cidade. Os agentes independentes, que talvez não consigam justificar o aluguel "salgado" e as altas taxas das instalações no centro da cidade, vão querer, entretanto, estar em uma posição não tão distante das principais áreas de compra da cidade.

Os exemplos no parágrafo precedente obviamente indicam que o lugar está intimamente vinculado à acessibilidade. É fundamental que todas as organizações de turismo facilitem o acesso às instalações e aos serviços oferecidos a todas as zonas da comunidade, incluindo aquelas cujas necessidades são especiais. Faria muito bem aos negócios se algum tempo fosse dedicado pelos proprietários a visitas às suas instalações, para que pudessem se pôr no lugar do cliente e, dessa forma, minimizassem as inconveniências e oferecessem uma experiência agradável a todos.

As destinações, por natureza, são "fixas"; fatores físicos como clima, topografia e geologia emprestam a uma área as características mais marcantes e naturais, as quais em geral são o estímulo da viagem turística. A habilidade necessária ao marqueteiro é garantir que os benefícios da destinação, associados com produtos turísticos, como hospedagem, atrações, entretenimento e transportes, sejam desenvolvidos do ponto de vista do turista e divulgados a viajantes em potencial por meio dos canais promocionais apropriados. Uma destinação pode ter reputação internacional, mas, se seus produtos e serviços não atenderem às necessidades dos clientes, ela não florescerá e sua reputação talvez perca o brilho.

Canais de distribuição no marketing do turismo

Os fornecedores de produtos turísticos, por exemplo, hoteleiros e operadoras de serviços de transporte, às vezes oferecem serviços diretamente ao cliente, mas mais do que nunca usam os serviços de intermediários tais como agentes de viagens ou operadoras de viagens, como indicado na Figura 7.8.

Figura 7.8 Canais de distribuição na indústria do turismo.

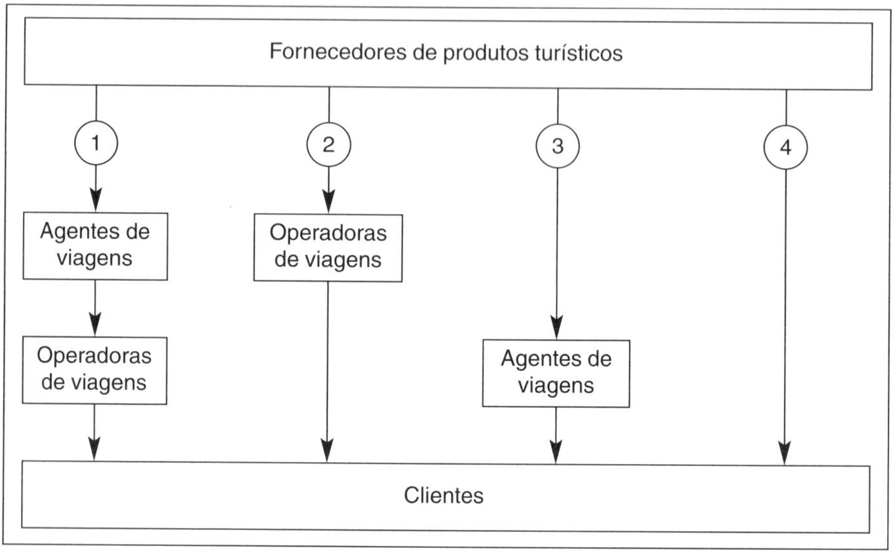

Como a figura mostra, há quatro canais principais de distribuição de produtos turísticos. A direção 1 no diagrama é o canal mais comumente associado com a venda de pacotes de férias de mercado de massa; as operadoras de viagens desempenham o papel de atacadistas, agrupando os componentes do pacote e pondo-os à venda por meio de agentes de viagens. Algumas operadoras não usam um agente e, portanto, oferecem seus produtos diretamente ao cliente (direção 2). A Portland Holidays, que faz parte do Thomson Travel Group, é um exemplo de operadora de "venda direta". Todas as operadoras professam estarem aptas a oferecer ao público férias mais baratas, tendo em vista que elas não pagam comissões a agentes de viagens. De vez em quando, uma agência de viagens venderá independentemente suas viagens (direção 3), oferecendo um nível de serviço personalizado e atenção aos detalhes, característica nem sempre encontrada nos produtos que fazem parte dos pacotes. Por fim, alguns fornecedores de produtos turísticos talvez venham a vender diretamente ao público. Isso é comum no turismo doméstico, no qual os turistas conhecem bem os produtos em oferta e têm acesso fácil e direto aos fornecedores – por exemplo, hotéis, empresas de ônibus de turismo, fornecedores de hospedagem *self-catering*, estacionamentos para *trailers*, *campings* e centros turísticos.

Avanços nos sistemas de Tecnologia da Informação estão cada vez mais influenciando os canais de distribuição no turismo internacional. Na indústria de viagens, os sistemas de reserva computadorizados e os sistemas de distribuição global revolucionaram as vendas das companhias aéreas e outros produtos para viagem desde a primeira vez em que foram desenvolvidos nos Estados Unidos, no fim da década de 1960. Sistemas tais como Sabre, Worldspan e Galileo oferecem aos profissionais da indústria de viagens uma profusão de informações e a capacidade de fazer e confirmar reservas instantaneamente. No mercado de consumo, avanços na tecnologia de CD-ROM e a internet oferecem aos viajantes em potencial a alternativa de pesquisar seus planos de viagem e fazer, eles mesmos, sua reserva, sem precisar consultar um agente ou operadora de viagens. Avanços como esses estão fadados a revolucionar vários aspectos da vida diária das pessoas, não apenas a forma pela qual elas compram suas viagens.

Preço

No ambiente altamente competitivo do turismo internacional, a determinação de preços é fundamental para o sucesso de todas as organizações na indústria. Flutuações diárias no preço das férias e de outros produtos turísticos são inevitáveis na maioria das economias empresariais do mundo, um reflexo de mudanças na demanda por produtos e serviços. As operadoras de turismo têm de reagir às táticas de preço de seus concorrentes e às alterações nas taxas de câmbio globais e, ao mesmo tempo, monitorar os próprios custos internos a fim de aumentar ou mesmo reter sua participação de mercado. De todos os componentes do composto de *marketing* do turismo, as decisões sobre preço talvez sejam as mais difíceis de tomar, tendo em vista a periculosidade dos produtos em oferta e as constantes flutuações da demanda. As operadoras de viagens são freqüentemente forçadas a compor os preços das férias muitos meses antes de as férias serem de fato postas à venda, para que possam publicar seus prospectos o quanto antes, na expectativa de alcançar despercebidamente a marcha da concorrência na corrida pelas vendas. Outra dificuldade é que o preço da maioria dos produtos turísticos flutuam em decorrência da demanda sazonal. Os preços dos pacotes de férias de família fora do Reino Unido, para as estações turísticas da costa mediterrânea na Espanha, por exemplo, atingem o pico nos períodos das férias escolares de julho e agosto no Reino Unido, quando a demanda está no ponto mais alto. O proprietário de um hotel rural em Cotswolds, por sua vez, oferecerá descontos no preço das férias de inverno de curta duração fora da alta estação como forma de poupar a capacidade de hospedagem para o futuro.

Vimos que a demanda desempenha um papel fundamental no processo de formulação de preços no turismo, mas há vários outros fatores internos e externos que influenciarão a determinação de preços de uma organização – por exemplo, seus objetivos e metas organizacionais mais amplos. As operadoras comerciais determinarão seu preço em um patamar que maximiza seus retornos, ao passo que uma organização do setor privado será influenciada por suas metas sociais ou comunitárias quando estiver estabelecendo os preços e talvez ofereça taxas concessionárias a grupos menos favorecidos. Muitas empresas de turismo operam em mercados em que há vários fornecedores em concorrência entre si, todos esforçando-se por ganhar vantagem competitiva. Os movimentos de preço em uma empresa geralmente podem iniciar o "efeito dominó" de descontos por parte dos concorrentes. No que se refere aos níveis de preço, uma organização de turismo precisará também de informações exatas sobre os custos de fornecimento de seus produtos, como uma primeira etapa das estratégias de determinação de preços. Além disso, precisarão estar a par das tendências econômicas e demográficas gerais quando forem estabelecer seus preços; por exemplo, quando uma economia está em recessão e o consumo de supérfluos é suprimido, os preços têm de ser reduzidos para atrair clientes extras.

Políticas de preço no turismo

Uma vez que já avaliamos os fatores que podem influenciar a determinação de preços de uma organização, necessitamos agora investigar as opções que as organizações têm no momento em que estão determinando suas políticas de preço. É necessário lembrar que qualquer política de preços estabelecida mudará ao longo do tempo em resposta aos vários tipos de fatores internos e externos combinados, os quais foram discutidos no parágrafo precedente.

As empresas de turismo podem adotar uma dentre duas abordagens amplas quando estiverem fixando os preços. A primeira baseia-se somente nos custos de fornecimento do produto e a segunda leva em consideração o nível de demanda do produto. O exemplo mais comum, na segunda abordagem, é o método conhecido como custo mais ou preço contábil, de acordo com o qual o preço final de um produto é calculado adicionando-se uma margem de lucro à variável e aos custos fixos correspondentes. Embora seja importante para qualquer organização conhecer os custos verdadeiros de desenvolvimento dos produtos, essa técnica bastante simples de determinação de preços não leva em conta as flutuações da demanda por produtos e serviços. É mais comum as operadoras de viagens implementarem políticas de preço baseadas na demanda de seus produtos ou serviços. Eis alguns exemplos dessa abordagem orientada para a demanda:

- Preços competitivos
- Preços de discriminação
- Preços de penetração
- Preços de desnatação

Os preços competitivos, às vezes referidos como "taxa em vigor", pressupõem que as organizações vão igualar os preços aos dos concorrentes quando estiverem vendendo amplamente produtos e serviços similares. Essa prática é considerada uma estratégia de longo prazo perigosa porque as margens de lucro são derrubadas, às vezes a um nível em que não é economicamente possível uma empresa de turismo continuar negociando. Os preços de discriminação envolvem a cobrança de diferentes preços em diferentes segmentos do mercado pelo mesmo produto ou serviço. Por exemplo, pessoas que viajam sozinhas e exigem acomodação de solteiro geralmente pagam mais por esse serviço. As atrações turísticas habitualmente oferecem preços diferenciados, como taxas para criança, preços de concessão para aposentados ou taxas de desconto para grupos de pessoas. Os preços de penetração, também conhecidos como uma estratégia "mercadoria-isca", é usado por operadoras de turismo que desejam forçar sua entrada em um novo mercado em que já existem numerosos fornecedores de produtos. Os preços serão estabelecidos no nível mais baixo possível para persuadir os clientes a transferir sua fidelidade. Os preços de desnatação são os altos preços cobrados por novos produtos e serviços durante um determinado período que se segue ao lançamento. Os preços inicialmente cobrados pela Eurostar entre Inglaterra e França é um bom exemplo de preço de desnatação.

Promoção

A promoção é o mais visível dentre os quatro componentes que, juntos, formam o composto de *marketing* no turismo. As organizações de turismo usam uma variedade de técnicas promocionais para transmitir informações e "mensagens" a seus clientes preexistentes e em potencial, com a meta de persuadi-los a comprar seus produtos. Além de estimular as vendas, a promoção pode ajudar a atingir várias metas que estão associadas, como projetar uma imagem favorável da empresa, desenvolver relacionamentos de longo prazo com os clientes, lembrá-los da disponibilidade dos produtos e informá-los sobre os benefícios de um produto em detrimento de outro. Tanto como estabelecer uma comunicação direta com os clientes, é importante lembrar que as empresas de turismo usam numerosas técnicas para comunicar-se com uma série de contatos "comerciais", por exemplo:

1. Consumidor
    - Propaganda televisiva
    - Mala-direta
    - Feiras de amostras (exposições)
    - Editorial de jornais
    - Material promocional de ponto-de-venda
2. Comércio
    - Exposições comerciais
    - Descontos sobre produtos concedidos por funcionários
    - Bônus de venda
    - Propaganda em periódicos especializados em viagens
    - Instruções sobre como o produto é usado

As organizações de turismo combinam as técnicas "acima da linha" e "abaixo da linha" quando estão planejando suas estratégias promocionais. A propaganda é a técnica "acima da linha" mais popular, ao passo que as atividades "abaixo da linha" incluem *marketing* direto, promoção de vendas, distribuição de prospectos e trabalho de relações públicas. Por ser uma indústria de serviços, a vendagem pessoal tem um importante papel a ser desempenhado nos produtos e serviços turísticos.

Propaganda

A propaganda envolve o uso de meios de comunicação pagos por uma organização para informar clientes preexistentes e em potencial e persuadi-los a comprar seus produtos. A propaganda, igualmente, desempenha um papel tão vital na promoção dos produtos e serviços turísticos, que seria fácil concluir que é a *única* ferramenta promocional usada pelas organizações de turismo. Entretanto, isso está longe de ser o caso, tendo em vista que várias operadoras de turismo pequenas dependem sobremaneira da técnica "abaixo da linha" para estimular as vendas. Todavia, há uma quantidade muito ínfima de organizações que não usa em grau algum a propaganda em seu composto promocional. Os dois principais tipos de propaganda usados no turismo são:

- *Propaganda ao consumidor.* Essa é a forma pela qual uma organização de turismo faz propaganda diretamente para seus clientes – por exemplo, uma companhia aérea que veicula um anúncio em um jornal diário nacional ou um agente de viagens que divulga um evento promocional no jornal local.
- *Propaganda comercial.* Essa é a maneira pela qual as organizações de turismo fazem propaganda de seus produtos e serviços para outras em-

presas de turismo – por exemplo, uma operadora de viagens ou uma locadora de carros que anuncia em um jornal de turismo/viagens lido por agentes de viagens.

É comum, para muitas empresas de turismo, usar uma combinação de propaganda ao consumidor e propaganda comercial no composto promocional.

Tabela 7.3 Vantagens e desvantagens de determinados veículos de propaganda.

Tipo de veículo	Vantagens	Desvantagens
Jornais e revistas	• São relativamente baratos. • A segmentação é possível. • São flexíveis. • É possível usar cores.	• A qualidade da produção pode deixar a desejar. • São meios "frios". • Os anúncios pequenos podem ter pouco impacto.
Televisão	• Pode alcançar uma grande audiência. • Oferece alto grau de criatividade. • Oferece o recurso audiovisual e de cores. • A repetição é moderada.	• É uma mídia cara. • Os custos de produção são altos. • O estabelecimento de segmentos de mercado é difícil.
Rádio	• É imediato. • É uma mídia relativamente barata. • A segmentação é possível. • A repetição é moderada. • Os custos de produção são baixos.	• É uma mídia "secundária". • A audiência é restrita. • A qualidade da produção pode deixar a desejar. • Não exerce impacto visual.
Cinema	• Exerce impacto graças à "tela grande". • A segmentação é possível. • Atinge o público jovem. • A cobertura é local e regional.	• Os custos de produção são altos. • O mercado é restrito.
Propaganda em meios de transporte e ao ar livre [tabuletas em veículos e postes, pôsteres, cartazes etc.]	• O custo unitário é baixo. • É flexível.	• A cobertura é local. • Os custos de produção são altos.
Mídia eletrônica (por exemplo, internet, teletexto, fax direcionado)	• É veloz. • Oferece o valor da novidade. • A segmentação é possível. • Podem ser usados gráficos e imagens.	• O mercado atualmente é restrito. • O investimento inicial é alto.

Os canais que as organizações vão usar para fazer propaganda de seus produtos são conhecidos como mídia (do latim *medium*, que é igual a meio). As mídias populares usadas por empresas de turismo abrangem jornais e revistas, televisão, rádio, cinema, meios de transporte, propaganda ao ar livre e propaganda em meios eletrônicos. As vantagens e desvantagens correspondentes de cada um desses meios são apresentadas na Tabela 7.3.

A escolha do veículo para uma campanha publicitária dependerá de fatores como público-alvo, mensagem que se deseja transmitir, produto ou serviço em oferta e orçamento promocional. As agências de propaganda especializam-se em planejar, implementar e monitorar campanhas e assessorar clientes na seleção do veículo certo.

O papel dos prospectos

A produção e a distribuição de prospectos são etapas importantes do composto promocional da grande maioria das organizações de turismo, sejam elas do setor privado ou do setor público da indústria. Os prospectos são usados para informar compradores em potencial sobre as características e os benefícios dos produtos turísticos, com a expectativa de converter a solicitação de informações em vendas. A natureza intangível dos produtos turísticos concede aos prospectos um significado especial na indústria do turismo. As reservas geralmente são feitas com base no potencial das palavras e das imagens apresentadas nos prospectos turísticos, o que torna sua programação visual e seu conteúdo particularmente significativos no turismo. Além disso, as operadoras têm de assegurar que todo o material de seus prospectos esteja de acordo com a legislação do Reino Unido e do restante da Europa, incluindo a diretriz que regulamenta os pacotes de viagens (Package Travel Directive). A concorrência de preços em vários setores da indústria do turismo, principalmente nas operações de viagens do mercado de massa, fez com que as empresas lançassem outras edições dos prospectos originais na mesma estação para publicar novas informações sobre preços e ofertas especiais.

Marketing direto

Marketing direto é um termo usado para descrever as várias técnicas que uma organização pode usar para comunicar-se diretamente com os clientes, sem utilizar os serviços de um intermediário, como forma de transmitir informações e gerar vendas. É particularmente apropriado para pequenas empresas com orçamentos apertados, porque, se planejado e executado eficazmente, o *marketing* direto apresenta o potencial de reduzir os custos mais do que outras ferramentas promocionais, em decorrência de a técnica permitir que se estabeleça precisamente um *target*. Os clientes preexistentes podem ser contatados para apresentá-los aos novos produtos e a ofertas especiais, enquanto os novos clientes podem ser identificados e estimulados a comprar produtos e serviços por meio de canais diretos.

A mala-direta é o método mais conhecido de *marketing* direto e é usada amplamente em todos os setores do turismo internacional – por exemplo, uma atração turística que envia um prospecto pelo correio a todos os lares no raio de 16 quilômetros de distância, um hotel que envia automaticamente cartões de Natal a todos os hóspedes anteriores registrados em seu banco de dados ou uma agência de viagens que envia um relatório informativo trimestral a todos os seus clientes atuais. Para obter sucesso em qualquer campanha por meio de mala-direta, é necessária uma abordagem metódica de planejamento e implementação, seguida de várias etapas claramente identificadas (veja a Figura 7.9).

A Figura 7.9 indica que uma campanha por meio de mala-direta bem-sucedida começa com a especificação das expectativas da campanha, ou seja, a formulação de seus objetivos. Isso poderia ser, por exemplo, a promoção de um novo produto ou serviço, mudando a imagem de uma organização ou vendendo capacidade de reserva para o futuro em um programa turístico. Assim que os objetivos forem estabelecidos, os orçamentos e cronogramas da campanha deverão ser aprovados e a lista de endereços, confirmada. A lista poderia ser um banco de dados de clientes preexistentes ou poderia ser uma lista de um público-alvo comprada para um objetivo específico, como uma lista de endereços elaborada por um centro de atividades ao ar livre para todos os membros de uma associação local de "excursionistas domingueiros", usando a lista de associados. Depois de finalizar o conteúdo da mala-direta, que em geral consiste em uma carta personalizada, itens promocionais e um esquema de resposta (por exemplo, um endereço ou um envelope de resposta com porte pago), a mala-direta pode ser enviada. Se o índice de resposta for baixo, talvez seja necessário enviar uma carta de acompanhamento para servir como lembrete aos clientes. Assim que a campanha por meio de mala-direta for finalizada, será importante avaliar os resultados a fim de identificar o que obteve êxito e o que necessita ser mudado em campanhas futuras.

Outros tipos de *marketing* direto usados na indústria do turismo abrangem o tele*marketing*, a propaganda de resposta direta e os folhetins distribuídos de porta em porta. O tele*marketing* é usado amplamente em atividades *business to business* (*marketing* empresarial), nas quais uma empresa oferece serviços e benefícios a outras empresas. Por exemplo, a equipe de vendas de uma operadora de viagens pode telefonar para todas as pessoas que solicitaram informações sobre

Figura 7.9 Etapas de execução de uma campanha por meio de mala-direta.

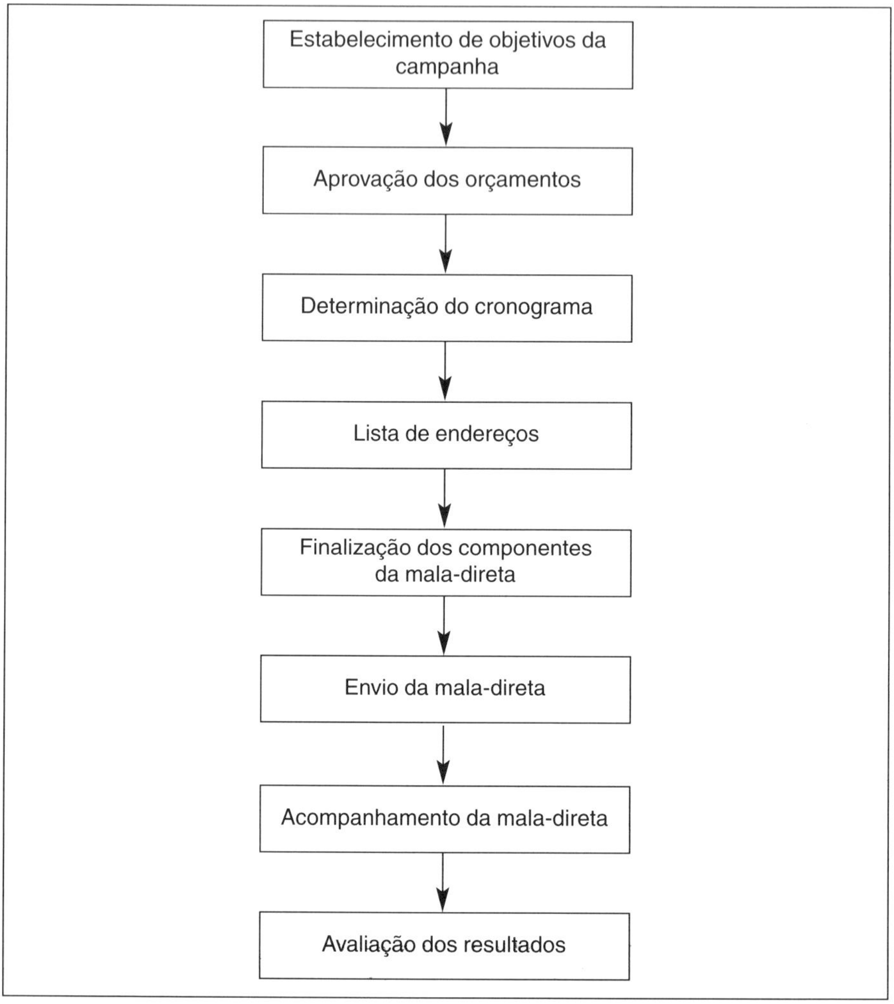

seus programas turísticos em uma recente promoção comercial de viagens. A propaganda de resposta direta corresponde a qualquer tipo de propaganda que solicita de alguma forma uma resposta de um membro da população ou do comércio – poderia ser o preenchimento de um cupom, um número de telefone para o qual a pessoa poderia discar, uma visita a uma instalação ou o envio de fax. Isso permite que a organização crie uma lista de endereços e ao mesmo tempo atenda às solicitações de informações. O folhetim distribuído de porta em porta é particularmente adequado para atingir um mercado local ou regional. Na indústria do turismo, o folhetim é popular em hotéis, restaurantes, atrações turísticas e instalações de lazer. É possível segmentar o mercado de alguma forma – por exemplo, usando o código de endereçamento postal (CEP) de determinadas áreas e estabelecendo um alvo, como estrutura familiar, classe social e faixa etária.

Promoção de vendas

As organizações de turismo usam uma ampla variedade de técnicas de promoção de vendas para vender seus produtos e serviços. Algumas atingem seus clientes diretamente – por exemplo, cartazes em agências de viagens, exposições públicas de turismo, comprovantes (cartões) de desconto, programas de lealdade, brindes e descontos –, ao passo que outras têm como alvo as pessoas que trabalham em turismo para estimular atividades de vendas extras e recompensar os que se saírem melhor; isso inclui pagamento de bônus, férias com desconto e outros produtos para viagem, comprovantes de brinde e hospedagem em lançamentos comerciais. É uma prática comum entre operadoras de viagens e companhias aéreas oferecer incentivos financeiros e outros tipos de incentivo a funcionários de agências de viagens a fim de estimulá-los a vender seus produtos.

A principal característica de todas as técnicas de promoção de vendas é que elas em si são incentivos temporários de curto prazo. Essas técnicas devem ser empreendidas como resposta direta à atividade da concorrência ou fazer parte de uma campanha promocional mais abrangente, integrada com, por exemplo, propaganda ou *marketing* direto.

Relações públicas

A atividade de relações públicas ou RP, como é comumente conhecida, é muito usada na indústria do turismo como forma de estabelecer um canal de comunicação com clientes em potencial e construir uma imagem pública favorável. No cenário do turismo, um dos expoentes mais bem-sucedidos da área de RP é Richard Bronson, presidente do conselho do Virgin Group, que abrange a Virgin Atlantic Airways, o Virgin Hotels e a Virgin Holidays. Ele usa os meios de comunicação de forma eficaz, planejando eventos incomuns e participando de façanhas para ganhar publicidade – veja, por exemplo, sua tentativa em 1998 de circunavegar a Terra em um balão de ar quente.

A atividade de relações públicas é definida pelo Instituto de Relações Públicas (IPR) do Reino Unido como: "...o esforço planejado e sustentado para estabelecer e manter a reputação e o entendimento mútuo entre uma organização e seus públicos".

Esse termo abrangente cobre relações com os meios de comunicação, relacionamentos com os clientes, relações comerciais, projeção da imagem institucional e atitude dos funcionários. A última palavra da definição do IPR é deliberadamente usada no plural, tendo em vista que uma empresa de turismo tem de desenvolver e manter sua reputação com numerosos indivíduos e organizações externas, incluindo fornecedores, sindicatos, funcionários públicos locais, órgãos regulamentares, imprensa, grupos voluntários, o próximo, distribuidores e instituições financeiras. Se usada com cuidado, a atividade de RP é uma forma menos onerosa de ajudar as organizações de turismo a sobreviver e a crescer. Especificamente, a atividade de RP pode:

- Ajudar a divulgar produtos e serviços.
- Transmitir uma imagem favorável quando uma organização estiver passando por dificuldades.
- Influenciar grupos-alvo específicos.
- Estimular o interesse por uma organização.
- Construir uma imagem favorável de uma organização.
- Atrair os melhores funcionários para uma organização.

A atividade de RP mais comumente associada com a imprensa é a de assessoria. As organizações de turismo bem-sucedidas constroem relacionamentos duradouros com contatos apropriados, na expectativa de obter "publicidade gratuita" de grande valor. Pode ser um contato pessoal com repórteres em jornais locais, regionais ou nacionais, editores de reportagens de destaque na área comercial de interesse da organização e de revistas direcionadas aos consumidores de determinados produtos ou serviços ou estações de rádio e televisão. A ferramenta mais comum para manter o contato com a mídia atualizado é o *press-release*, o qual pode ser enviado a jornais, revistas e estações de rádio e televisão. As viagens de familiarização ("*fam*") são freqüentemente usadas no turismo para oferecer aos jornalistas uma primeira impressão de um produto ou instalação e, dessa forma, ajudar a influenciar o que eles vão escrever.

Vendagem pessoal

A vendagem pessoal é uma parte essencial do processo de *marketing* no turismo internacional. Ela não apenas oferece às empresas os recursos necessários à sobrevivência e ao crescimento, como também desempenha um importante papel de apoio à função de atendimento ao cliente de uma organização. A natureza altamente personalizada do fornecimento de vários produtos e serviços turísticos implica que as numerosas pessoas que estão trabalhando na indústria tenderão a ser envolvidas em alguma atividade de vendas ao longo de seu trabalho. A vendagem pessoal abrange a comunicação persuasiva entre um vendedor e um comprador a fim de estimular o cliente a comprar os produtos ou serviços oferecidos. O objetivo primordial da vendagem pessoal é, portanto, vender. Entretanto, essa é uma atividade muito mais ampla e deve ser vista pelos gerentes e outros tipos de trabalhadores na indústria do turismo como um processo contínuo que pode ajudar a construir a lealdade do cliente, a desenvolver relacionamentos permanentes entre empresas e clientes e a oferecer benefícios duradouros por meio de padrões mais altos de atendimento ao cliente.

Marketing da destinação turística

As destinações turísticas são o ponto central de grande parte da atividade turística doméstica e internacional. Vimos no capítulo Estrutura e Organização da Indústria do Turismo Internacional que uma única destinação pode ser considerada a "estrutura" sob a qual os vários setores inter-relacionados da indústria do turismo operam. Os turistas visitam lugares por uma série de motivos culturais, sociais, recreacionais, educacionais e religiosos, em geral atraídos pela combinação de atividades promocionais que usam imagens criativas da área. O *marketing* eficaz de uma destinação, entretanto, envolve muito mais que o trabalho promocional e a projeção da imagem do lugar. O *marketing* da destinação deve também se ocupar da pesquisa que mostre o caminho correto do desenvolvimento de todos os aspectos do composto de *marketing* do turismo, isto é, produto, ponto-de-venda (praça/lugar), preço e promoção, de acordo com a estrutura de uma estratégia de atendimento ao cliente de alta qualidade e um plano estratégico de *marketing* custeado. Isso ilustra a natureza complexa do *marketing* das destinações turísticas, que é ainda mais intrincado por numerosos fatores que dizem respeito às próprias destinações, incluindo a variedade de lugares e extensão geográfica, a grande quantidade de produtos que elas abrangem, o padrão da multipropriedade e o atendimento às necessidades de uma diversidade de mercados. Esses fatores foram avaliados detalhadamente no capítulo Estrutura e Organização da Indústria do Turismo Internacional, sobre a estrutura e a organização da indústria do turismo internacional.

O ciclo de vida das destinações turísticas

Vimos anteriormente neste capítulo que todos os produtos turísticos passam por um padrão similar de crescimento, desenvolvimento e, por fim, declínio, um conceito conhecido como ciclo de vida do produto (veja a Figura 7.7). Poderíamos argumentar que, à medida que as destinações são simplesmente um amálgama de instalações e produtos turísticos, elas também vão passar por um padrão similar de crescimento, de uma quantidade baixa de visitantes ao turismo de massa. Butler (1980), em seu conceito de ciclo de vida de uma área turística (TALC – tourist area life cycle), propõe que as destinações turísticas primeiramente passam por um estágio de exploração, quando poucos visitantes são atraídos pela natureza incólume de uma área. Segue-se a isso o estágio de envolvimento, durante o qual iniciativas locais começam a fornecer instalações aos visitantes. Ao longo do terceiro estágio, grande quantidade de turistas passa a visitar a destinação e o controle sai das mãos do poder local. O quarto estágio, de consolidação, assiste ao declínio da porcentagem de aumento do número de visitantes seguido por um período de estagnação, no qual a quantidade máxima de visitantes é atingida. Daí se segue um período de declínio, durante o qual as autoridades locais podem decidir-se por revitalizar a destinação investindo mais nas instalações ou na exploração de novos mercados ou podem deixá-la "murchar". Da mesma forma que o conceito de ciclo de vida do produto no turismo, o conceito TALC tem suas limitações. Ele é usado como uma estrutura conceitual para a análise retrospectiva do desenvolvimento de uma destinação, mas como um planejamento estratégico ou uma ferramenta de *marketing* seu uso é restrito.

Uma destinação que está desfrutando um crescimento significativo na quantidade de visitantes é a Austrália, tema do estudo de caso a seguir, o qual investiga como esse país é colocado no mercado externo.

Estudo de Caso: *Marketing* da destinação turística – Austrália

Introdução

Em comparação ao padrão de qualquer outro país, a Austrália está desfrutando um crescimento significativo na entrada de turistas internacionais desde meados da década de 1980, tornando-se uma das destinações de crescimento mais rápido do mundo. Em 1994-95, a chegada de visitantes estrangeiros atingiu 3,5 milhões, um crescimento de 11,6% em relação a 1993-94. Estima-se que o consumo direto dos visitantes aumentou em torno de 18,3%, ou seja, 6,7 bilhões de dólares australianos a mais em 1994-95 que 1993-94, ao passo que os ganhos em moeda estrangeira provenientes de turistas de outros países subiu 16%, um novo pico de 12,3 bilhões de dólares australianos (ATC, 1995). A recuperação econômica global, o crescimento explosivo das viagens das economias dos "Tigres Asiáticos", o interesse cada vez maior pelo meio ambiente e o *marketing* agressivo empreendido pela Australian Tourist Commission (ATC) contribuíram para esse padrão sem precedentes de crescimento do turismo na Austrália.

A Australian Tourist Commission (ATC)

A ATC é um órgão regulamentar estabelecido por lei em 1987 (Australian Tourist Commission Act), cuja principal tarefa é colocar a Austrália como uma destinação turística no mercado internacional. Sua declaração de missão é "...colocar a Austrália no mercado internacional para que se torne a destinação preferida dos visitantes estrangeiros – em defesa dos benefícios econômicos e sociais para todos os australianos" (ATC, 1995). De acordo com a lei de 1987, os objetivos principais da ATC são os seguintes:

1. Aumentar a quantidade de visitantes estrangeiros na Austrália.
2. Maximizar os benefícios que os visitantes estrangeiros geram para a Austrália.
3. Garantir que a Austrália seja protegida contra impactos ambientais e sociais adversos originados pelo turismo internacional.

A ATC é dirigida por uma junta de dez membros, os quais se reportam ao ministro federal australiano do Turismo. A comissão divulga a Austrália aos consumidores e à indústria de viagens em mais de 30 países ao redor do mundo em seu escritório central em Sydney e nos escritórios em Los Angeles, Nova York, Hongkong, Cingapura, Londres, Frankfurt, Tóquio, Osaka e Auckland.

Em conjunto com o setor privado e os órgãos de turismo estaduais e territoriais, as atividades promocionais da ATC abrangem propaganda ao consumidor na televisão e impressa, um amplo programa de visitas da mídia e de relações públicas e a coordenação da participação da indústria do turismo australiana em missões relacionadas com viagens e feiras de amostras ao redor do mundo. A comissão oferece assessoria também em desenvolvimento de produtos, distribuição de informações e programas de instrução dirigidos ao varejo a fm de aumentar a quantidade e a variedade de produtos australianos oferecidos aos estrangeiros. Seu trabalho é dividido entre as funções do escritório central e as atividades em seus vários mercados espalhados pelo mundo, como as duas seções seguintes neste estudo de caso vão abordar.

Marketing regional

O Japão, sozinho, é o maior mercado de turismo da Austrália. Entre 1994 e 1995, a entrada de visitantes aumentou 7,5%, ou seja, para o recorde de aproximadamente 750 mil (ATC, 1995). O quadro geral da origem dos visitantes estrangeiros na Austrália é mostrado na Figura 7.10, que indica que a Ásia é a maior fonte de turismo da Austrália, em termos de região, com 28,3% de todas as entradas turísticas internacionais em 1994-95, seguida da Europa, com 21,1%.

Figura 7.10 Origem de visitantes estrangeiros na Austrália por região, 1994-95.

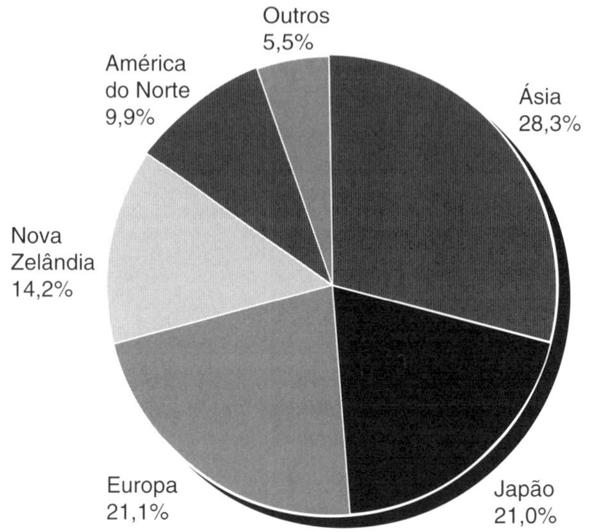

Fonte: ATC.

Não surpreendentemente, a maior parte do orçamento promocional da ATC é dirigido para seus três principais mercados – Japão, Ásia e Europa –, como mostrado na Tabela 7.4. Essas três regiões, sozinhas, são responsáveis por mais ou menos 77% de todos os gastos patrocinados da ATC e da indústria em atividades promocionais, em 1994-95.

Tabela 7.4 Despesas promocionais nos principais mercados externos da Austrália, 1994-95.

Região	Gastos da ATC (em milhões de dólares australianos)		Patrocínio da indústria (em milhões de dólares australianos)	
	Marketing dirigido ao consumidor	Marketing comercial	Marketing dirigido ao consumidor	Marketing comercial
Japão	12,9	1,4	4,2	0,5
Europa	11,2	2,5	6,3	2,3
Ásia	12,3	1,7	3,0	1,3
Américas	7,7	1,8	4,3	1,4
Nova Zelândia	1,2	0,3	1,0	0,08

Fonte: ATC Annual Report, 1995.

Os objetivos, as estratégias e as táticas de *marketing* diferem em cada uma das regiões de origem de turistas estrangeiros na Austrália, embora a principal meta seja aumentar a entrada de visitantes e o consumo por parte de todos os turistas. Os objetivos de *marketing* em relação às três Américas, por exemplo, são os seguintes:

- Aumentar o número de entradas de visitantes e manter o desejo de visitar a Austrália sempre em alta.
- Desenvolver uma marca mais forte e persuasiva da imagem da Austrália.
- Evidenciar os programas Parnership Australia (veja a seguir) para ampliar a distribuição de produtos e de informações.
- Estabelecer a Austrália como uma destinação de férias viável para estadas inferiores a 14 dias.
- Desenvolver ainda mais os segmentos de viagem de convenções, incentivo e de interesse especial.

Dentre os objetivos em relação ao Japão, em particular, e à Ásia, em geral, estão o de aumentar os produtos turísticos da Austrália e melhorar o treinamento dos funcionários das agências de viagens a fim de que aprimorem o conhecimento que eles têm da Austrália como destinação turística. O trabalho promocional na Europa procura construir uma imagem forte e positiva da Austrália como uma destinação atraente e aumentar a linha de produtos turísticos oferecidos aos viajantes em potencial.

As estratégias de *marketing* implementadas nos maiores mercados estrangeiros da Austrália abrangem a combinação de atividades dirigidas aos consumidores e ao comércio de viagens. As atividades de *marketing* dirigidas aos consumidores incluem propaganda televisiva e em mídia impressa, atividade de relações públicas centralizada na recepção de jornalistas e em programas de televisão no exterior e a produção de uma série de prospectos e guias de venda das destinações. As atividades de *marketing* dirigidas ao comércio de viagens compreendem a participação nas principais exposições ao redor do mundo, incluindo a World Travel Market, em Londres, e a ITB Berlim, e numerosos esquemas de *marketing* conjunto com parceiros da indústria do turismo.

Além desse trabalho promocional nas regiões-fonte mundiais em que está estabelecida, a ATC gastou um total de 590 mil dólares australianos em 1994-95 em atividades de *marketing* direcionadas a vários mercados emergentes, incluindo a África do Sul, o Oriente Médio e a Oceania (excluindo a Nova Zelândia). A ATC acredita que a manutenção da estabilidade política e do crescimento econômico positivo será responsável por altos níveis de renda disponível nesses mercados emergentes e, portanto, por um número cada vez maior de visitantes estrangeiros na Austrália.

Atividades de *marketing* no escritório central

Em seu escritório central em Sydney, a ATC coordena um trabalho conjunto com órgãos estaduais e territoriais e parceiros da indústria do turismo em uma iniciativa chamada Partnership Australia que objetiva intensificar a competitividade internacional do país, reduzir o retrabalho e distribuir novos produtos aos consumidores. Esse empreendimento de *marketing* conjunto foi lançado em janeiro de 1994 e, até o momento, inclui campanhas dirigidas a viajantes americanos cujos interesses são especiais, a golfistas da Malásia, a casais em lua-de-mel provenientes do Reino Unido e da França e a turistas rurais da Ásia. A cooperação em campanhas táticas conjuntas expandiu as opções de turismo com preços competitivos e gerou um interesse ainda maior. Os serviços oferecidos pelas linhas telefônicas de assistência do Partnership Australia foram estabelecidos na Europa, na América do Norte, na Ásia, principalmente no Japão, e na Nova Zelândia para fornecer informações, respostas ao comércio e aos consumidores e atendimento à solicitação de informativos.

Em parceria com a indústria de viagens, a ATC investiu cerca de 1 milhão de dólares australianos em 1994-95 em desenvolvimento de produtos e assessoria na exploração de novos segmentos de mercado, como cruzeiros marítimos, "mochileiros" e turismo rural e cultural. Para atrair o crescente mercado de viagens de interesse especial, a ATC promoveu uma variedade de atrações cujo objetivo é enriquecer a imagem da Austrália como destinação turística.

As metas do departamento da ATC de serviços de *marketing* direcionado ao comércio são: fornecer oportunidades de *marketing* conjunto eficazes para a indústria do turismo australiana, coordenar a participação da Austrália em feiras de amostras no próprio país e no exterior e melhorar o fluxo de informações para a indústria. A ATC tem em alta conta o trabalho com as operadoras de turismo australianas, para ajudá-las a colocar seus produtos no mercado internacional por meio da participação em programas cooperativos tais como eventos comerciais e esquemas de propaganda conjunta.

A pesquisa de mercado desempenha um papel de destaque no desenvolvimento das estratégias de *marketing* da ATC e na identificação dos segmentos que estão oferecendo o mais alto potencial de viagens à Austrália e o retorno mais significativo. Em 1994-95, um amplo programa de pesquisa foi empreendido para ajudar a desenvolver a estratégia de desenvolvimento e a execução criativa de novas campanhas globais que seriam implementadas em 1995-96.

(*Essas informações foram cordialmente fornecidas pela* ATC.)

Pontos para discussão e análise

1. Analise o papel que a ATC desempenhou no crescimento significativo das entradas de visitantes estrangeiros na Austrália desde meados da década de 1980.
2. Como o programa Partnership Australia ajudou as operadoras de turismo do país?
3. Como as atividades da ATC provavelmente mudarão nos próximos 15 anos em resposta à concorrência crescente no turismo internacional?
4. Você consegue imaginar uma mudança no equilíbrio entre as atividades de *marketing* comerciais e dirigidas ao consumidor no *marketing* futuro da Austrália como destinação turística internacional?

Planejamento estratégico de *marketing*

Neste capítulo, investigamos os vários fatores que uma organização de turismo deve avaliar quando estiver determinando suas atividades de *marketing*, dentre elas a formulação de objetivos, a pesquisa, a determinação do equilíbrio entre o composto de *marketing* e os canais de comunicação compatíveis. Para de fato ser eficaz, a organização precisa abordar cada um desses itens de uma forma sistemática, implementando o processo conhecido como planejamento estratégico de *marketing*. Dessa maneira, a organização não apenas aumentará as oportunidades de sucesso de suas atividades, mas também usará da melhor forma possível os seus recursos, ajudará a prever tendências, permitirá a avaliação do desempenho de suas atividades de *marketing* e fornecerá o alvo que se deve alcançar. Resumindo, o planejamento estratégico de *marketing* ajuda uma organização a assegurar sua lucratividade futura expandindo sua participação de mercado. A Figura 7.11 indica as etapas principais no processo de planejamento estratégico de *marketing* no turismo.

A Figura 7.11 demonstra que o ponto de partida do processo de planejamento estratégico de *marketing* é o estabelecimento de uma política organizacional ampla, seguido de uma análise da situação empresarial atual, tanto interna quanto externa. Isso permitirá o desenvolvimento de objetivos de *marketing* específicos. A quarta etapa é a formulação da estratégia de *marketing*, isto é, o processo pelo qual os objetivos identificados na terceira etapa serão atingidos. A etapa final no processo envolverá monitoração e avaliação, de forma que todos as etapas precedentes possam ser ajustadas e adaptadas em resposta a mudanças circunstanciais.

Figura 7.11 O processo de planejamento estratégico de *marketing* no turismo.

O processo de planejamento estratégico de *marketing* às vezes é apresentado como uma série de perguntas, as quais se equiparam às cinco etapas mostradas na Figura 7.11. São elas:

- Etapa Um – o que desejamos realizar?
- Etapa Dois – em que lugar estamos no momento?
- Etapa Três – a que lugar queremos chegar?
- Etapa Quatro – como chegaremos lá?
- Etapa Cinco – como saberemos que chegamos?

Cada uma das cinco etapas desse processo será avaliada detalhadamente.

Política organizacional

Antes de uma organização de turismo começar a pensar em planos de *marketing* e prioridades específicos, precisa ter claro o que está tentando conseguir. Para isso, necessita definir suas metas corporativas, as quais, às vezes, são expressas como uma declaração de missão ou, no caso dos órgãos do setor público, como uma política organizacional. Essas declarações têm por meta informar a todos os que tiverem algum interesse pela organização, sejam membros do quadro de funcionários, acionistas ou o público em geral, o tipo de negócio em que ela está e em que lugar se vê no futuro. Aspectos da filosofia e/ou dos valores da organização devem também ser cobertos nessas declarações. A título de exemplo, a missão do Wales Tourist Board (WTB) é a seguinte:

> "O Wales Tourist Board procura desenvolver e divulgar o turismo de forma que retorne ótimos benefícios econômicos e sociais à população do País de Gales. Nesse objetivo, estão implícitas as seguintes necessidades:
> - apoiar e promover a cultura do País de Gales e o idioma galês;
> - salvaguardar e melhorar o ambiente natural e construído.
>
> Para atingir essas metas, o WTB trabalha em parceria com órgãos regulamentares, órgãos locais, o setor privado e outros órgãos". (Wales Tourist Board, 1993)

Obviamente, um órgão do setor público como o WTB procura atingir metas sociais, comunitárias, culturais e ambientais mais amplas que as de empresas do setor privado do turismo, cuja prioridade é a maximização dos lucros.

Análise da situação atual

Essa etapa no processo de planejamento estratégico de *marketing* no turismo procura responder à pergunta sobre o lugar em que a organização encontra-se no momento. A continuação das etapas posteriores do processo deve basear-se em uma avaliação objetiva do ambiente operacional interno e externo e da situação empresarial atual da organização. Isso às vezes é chamado de auditoria de *marketing*, atividade essa comumente realizada com a ajuda das seguintes técnicas analíticas:

- Análise PEST
- Análise SWOT
- Análise da carteira de produtos

Os benefícios de cada uma das técnicas são discutidos detalhadamente.

Análise PEST

A análise PEST é um processo estruturado que permite que uma organização investigue os principais fatores externos (*p*olíticos, *e*conômicos, *s*ociais e *t*ecnológicos) que podem influenciar suas operações atuais e futuras. A análise PEST (ou STEP) será específica a uma determinada organização de turismo, mas provavelmente vai se concentrar nos seguintes fatores de interesse no contexto do turismo internacional:

- *Fatores políticos*: por exemplo, influência nacional/regional, Acordo Geral sobre o Comércio em Serviços (General Agreements on Trade in Services

– GATS), políticas da União Européia (UE), prioridades do governo local, legislação, regulamentação/desregulamentação e desenvolvimento regional.
- *Fatores econômicos*: por exemplo, tributação, patrocínio comercial, taxas de câmbio, renda disponível, inflação, índice de desemprego e recessão.
- *Fatores sociais*: incluem tendências demográficas, mudanças de estilo de vida, instrução, problemas da comunidade, conscientização sobre o meio ambiente, direito a férias, práticas de trabalho e problemas de aposentadoria.
- *Fatores tecnológicos*: por exemplo, avanços dos meios de transporte, comunicações globais, sistemas de vendas e reservas, sistemas de informações gerenciais, uso de computadores pessoais e realidade virtual.

Análise *SWOT*

Enquanto a análise PEST concentra-se em fatores externos que podem influenciar as operações de uma organização, a análise SWOT (*strengths*, *weaknesses*, *opportunities* e *treats*) procura avaliar a situação empresarial atual investigando aspectos do ambiente interno e externo e levando em conta, dentre outras coisas, estilo da administração, recursos humanos, instalações, fornecedores, clientes, concorrentes e produtos. Um exemplo desse tipo de análise de uma atração turística hipotética é apresentado a seguir:

1. Forças
   - Reputação nacional
   - Ampla área regional com infra-estrutura e utilidades públicas
   - Alto nível de satisfação do consumidor
   - Funcionários com boa disposição de ânimo
2. Fraquezas
   - Política de treinamento de funcionários subdesenvolvida
   - Quantidade decrescente de visitantes
   - Instalações para estacionamentos de automóveis obsoletas
   - Conexões de transporte público deficientes
3. Oportunidades
   - Proximidade de conexões de trem de alta velocidade para o Eurotúnel
   - Investimento interno por parte de empresas japonesas
   - Recuperação da economia após um período de recessão
4. Ameaças
   - Nova atração turística em construção em local próximo
   - Proposta de prorrogação do bem-estar governamental e da legislação de segurança

- Probabilidade de aumento da taxa bancária

A determinação em gerar uma análise SWOT poderia levar uma organização a construir suas próprias forças, a agir a fim de reduzir as fraquezas, a explorar oportunidades e a opor-se a qualquer ameaça real ou percebida contra suas operações.

Análise da carteira de produtos

Tão bem quanto investigar os ambientes interno e externo, uma empresa de turismo tende a avaliar criticamente sua carteira de produtos como parte da etapa de análise da situação atual do processo de planejamento estratégico de *marketing*. A empresa irá procurar investigar se os produtos que está oferecendo no momento ainda atendem às necessidades dos clientes e se há uma quantidade de marcas suficiente na carteira de produtos para servir a todos os mercados-alvo. A base para empreender uma análise da carteira de produtos é avaliar continuamente as taxas de crescimento relativo e a necessidade de recursos. Um modelo bastante conhecido de apoio ao processo de análise da carteira de produtos é a matriz do Boston Consulting Group (BCG), que representa graficamente a taxa de crescimento do mercado comparada à participação de mercado relativa de um produto (veja a Figura 7.12).

Figura 7.12 Matriz do Boston Consulting Group (BCG).

Taxa de crescimento do mercado		Participação de mercado relativa: Alta	Participação de mercado relativa: Baixa
	Alta	"Estrelas"	"?"
	Baixa	"Vacas caixeiras"	"Cachorros"

Como a Figura 7.12 indica, os produtos com altas taxas de crescimento e alta participação de mercado são as "estrelas" da carteira. As "vacas caixeiras" ("vacas leiteiras"), com uma taxa baixa de crescimento do mercado, mas uma participação alta, tendem a ser líderes em mercados maduros e são excelentes fontes de dinheiro. Um produto cuja taxa de crescimento do mercado é alta mas a participação de mercado relativa é baixa é conhecido como "interrogação" (dúvida) e necessitarão de recursos extras para que possam passar para o setor das "estrelas". Finalmente, os "cachorros" (abacaxis) apresentam taxas baixas de crescimento do mercado e baixa participação de mercado, ou seja, uma receita garantida de que o produto deve ser totalmente removido da carteira. As organizações de turismo podem representar graficamente seus produtos na matriz BCG e usar esse processo para tomar decisões com base em informações confiáveis sobre produtos e serviços futuros.

Objetivos de *marketing*

Depois de determinar as respectivas políticas organizacionais e de concluir sua análise situacional, a organização de turismo pode então começar a responder a pergunta sobre "a que lugar deseja chegar" estabelecendo objetivos de *marketing* específicos, ou seja, a terceira etapa do processo de planejamento estratégico de *marketing*. Uma ferramenta útil para ajudar nessa tarefa é a matriz produto–mercado desenvolvida por Ansoff (1988). A matriz de Ansoff propõe que uma organização tenha quatro cursos possíveis de ação amplos no momento em que estiver estabelecendo seus objetivos de *marketing*. São eles:

- *Penetração de mercado*. Tentativa de vender mais de um produto atual em um mercado existente; por exemplo, uma companhia aérea que está introduzindo um programa aperfeiçoado de atendimento ao cliente em suas rotas transatlânticas para atrair clientes dos concorrentes.
- *Desenvolvimento de mercado*. Tentativa de vender um produto atual e um novo mercado. O desenvolvimento de alianças estratégicas da British Airways com a Qantas e a American Airlines é um bom exemplo de desenvolvimento de mercado por meio da venda em diferentes áreas geográficas.
- *Desenvolvimento de produtos*. Envolve o desenvolvimento de novos produtos em um mercado existente. A introdução de estabelecimentos de hospedagem para empresários em atrações turísticas é um exemplo de desenvolvimento de produto na indústria do turismo.
- *Diversificação*. Tentativa de lançar um novo produto em um novo mercado. Essa é uma situação particularmente de alto risco, tendo em vista o grande número de fatores desconhecidos. A Eurosites, parte da empresa de operações de viagens Airtours, sediada no Reino Unido, foi feliz quando experimentou uma diversificação no mercado de *campings* automáticos fora da Grã-Bretanha no início da década de 1980.

Além de qualquer exame sobre mudanças de produto e mercado sugeridas pela aplicação da matriz de Ansoff, uma organização de turismo pode precisar implementar objetivos de *marketing* específicos, como expandir suas operações, restringir o número de produtos ou mudar a ênfase de sua atividade promocional. Seja qual for a decisão, ela deve refletir os objetivos mais amplos da organização e as descobertas da análise da situação atual.

Estratégia de *marketing*

No momento em que está determinando sua estratégia ou suas estratégias de *marketing*, uma organização turística está tentando responder à pergunta de como é possível chegar ao lugar que deseja. O êxito do processo de planejamento de *marketing* é determinado, em grande parte, pelo equilíbrio correto do composto de *marketing* conseguido pela organização, isto é, produto, ponto-de-venda (praça), preço e promoção, a fim de atingir os objetivos de *marketing* estabelecidos. Uma empresa de turismo pode escolher uma dentre numerosas opções no momento em que estiver implementando sua estratégia de *marketing*. Por exemplo:

- *Marketing indiferenciado*. Um único composto de *marketing* é oferecido ao mercado global de um produto ou serviço. Não é provável que essa opção tenha sucesso no turismo porque os compradores têm características marcadamente diferentes.
- *Marketing diferenciado*. Por meio desse método é possível elaborar estratégias de *marketing* sob medida para identificar claramente os segmentos de mercado; uma operadora de viagens, por exemplo, desenvolverá diferentes produtos para grupos de diferentes faixas etárias.
- *Marketing concentrado*. Envolve a opção de concorrer em um único setor do mercado e desenvolver o composto de *marketing* mais eficaz possível para obter sucesso nas vendas. A Eurocamp, uma empresa especializada em *campings* automáticos, é um bom exemplo de empresa de turismo que se concentra em um único setor do mercado.

Independentemente da estratégia ou das estratégias por fim desenvolvidas e dos planos de *marketing* correspondentes produzidos, é importante estabelecer alvos financeiros e operacionais claros para concluir o trabalho e combinar um prazo final logo no início.

Monitoração e avaliação

A etapa final do processo de planejamento estratégico de *marketing* no turismo procura responder à pergunta sobre como a empresa saberá que chegou aonde deseja. Para isso, é necessário monitorar e avaliar cuidadosamente o plano. Infelizmente, esse aspecto do processo geralmente é negligenciado, pois a administração e os funcionários pensam que seu trabalho está feito quando a estratégia de *marketing* é implementada. Sem a monitoração consistente do processo, para fazer os ajustes necessários, e uma avaliação objetiva de cada etapa, o plano talvez não atinja todo o seu potencial. Os gerentes devem ter disponíveis informações confiáveis e regulares sobre vendas e a atividade de *marketing* para que consigam os resultados desejados.

Resumo do capítulo

Este capítulo investigou o significado do *marketing* no turismo internacional, relacionando estudos de caso e exemplos de melhores práticas da indústria. Examinamos com atenção o conceito de *marketing* e sua aplicação no turismo, em particular a natureza flexível e cíclica do processo de *marketing* turístico. A importância da pesquisa de *marketing* no turismo foi evidenciada, com uma análise das principais fontes de dados de investigação primárias e secundárias. Analisamos a segmentação de mercado no turismo e a aplicação dos quatro principais elementos do composto de *marketing* – produto, preço, ponto-de-venda e promoção. A necessidade de uma abordagem equilibrada à formulação do composto de *marketing* e dos planos de *marketing* subseqüentes foi enfatizada. Este capítulo, além disso, avaliou a importância do *marketing* da destinação turística, área em que a multipropriedade e o tipo de operação geram desafios ao mercadizador. Por fim, foi apresentada uma análise conclusiva da importância de uma abordagem lógica e objetiva ao *marketing* turístico, por meio da aplicação do processo de planejamento estratégico de *marketing*, com suas cinco etapas claramente definidas.

Questões para discussão

1. O *marketing* na indústria do turismo é de alguma forma diferente do *marketing* em outros setores de serviços da economia?
2. Por que é importante empreender pesquisas de mercado como parte das atividades gerais de *marketing* de uma organização de turismo?
3. A segmentação de mercado é uma parte essencial de uma estratégia de *marketing* bem-sucedida?
4. Como organizações dos setores público e privado podem assegurar o *marketing* coordenado das destinações turísticas?

5. Analise criticamente o processo de planejamento estratégico de *marketing* de uma empresa turística com a qual você esteja familiarizado.

Referências e outras leituras

- Ansoff, H. *The New Corporate Strategy*. Nova York, John Wiley & Sons, 1988.
- Australian Tourist Commission. *Australian Tourist Commission Annual Review 1995*. Sydney, ATC, 1995.
- Booms, B. & Bitner, M. "*Marketing* strategies and organisation structures for service firms". In Donnelly, J. & George, W. (eds.). *Marketing of Services*. Chicago, American Marketing Association, 1981.
- British Airways. *Annual Report and Accounts 1992-93*. Londres, BA, 1993.
- Butler, R. "The concept of a tourist area life cycle of evolution". *Canadian Geographer*. Oxford (Reino Unido), Pergamon Press, 1980, vol. 24.
- Holloway, C. & Robinson, C. *Marketing for Tourism*. 3ª ed. Harlow (Reino Unido), Longman, 1995.
- Kotler, P. *Marketing Management*. 8ª ed. Prentice-Hall International, 1994.
- Middleton, V. *Marketing in Travel and Tourism*. 2ª ed. Oxford (Reino Unido), Butterworth-Heinemann, 1994.
- Wales Tourist Board. *The Wales Tourist Board 1988-1993*. Cardiff, WTB, 1993.

O futuro do turismo: questões do milênio

Visão geral do capítulo

Este capítulo almeja cristalizar várias questões e tópicos discutidos nos capítulos precedentes deste livro, focalizando o futuro, ponto esse considerado por muitos especialistas fundamental na história do turismo. Além disso, o capítulo analisa a demanda futura de turismo, em termos da quantidade de turistas e dos fatores que influenciarão a demanda. Questões sobre a oferta, em relação aos principais setores da indústria do turismo, são consideradas, bem como o conceito de turismo sustentável e da posição do turismo daqui em diante na indústria. Finalmente, este capítulo avalia o papel de governos e outros órgãos públicos no turismo internacional no tempo que está por vir.

Principais Tópicos

- A proporção da demanda futura por turismo internacional
- Principais fatores que influenciarão o desenvolvimento futuro do turismo
- Avanços setoriais futuros do turismo
- O papel da sustentabilidade no futuro do turismo
- Influência governamental futura no turismo

Introdução

Nenhum livro sobre turismo internacional pode ignorar as questões com as quais a indústria vai deparar e as influências em seu desenvolvimento. Este livro inicia-se com a sugestão de que o turismo se acha de alguma forma em uma encruzilhada no que se refere ao seu desenvolvimento; por um lado, é anunciado como "a maior indústria do mundo", com credenciais econômicas de crescimento impressionantes; por outro, é reconhecido no palco mundial como uma atividade econômica e política verdadeiramente significativa que ainda está por amadurecer. Um número crescente de países está diminuindo o investimento público no desenvolvimento e *marketing* do turismo e a União Européia (UE) parece estar relutante em reconhecer o potencial econômico dessa indústria. O futuro do turismo poderia ser aquele em que o turismo de fato amadurece no cenário global ou aquele em que a indústria, por meio de abordagens inusitadas e uma mensagem às vezes conflitante, deixa de alcançar seu considerável potencial. O restante deste capítulo explora essas questões.

Demanda futura por turismo internacional

Análises da Organização Mundial do Turismo (World Tourism Organisation – WTO), do Conselho Mundial de Viagens e Turismo (World Travel and Tourism Council – WTTC), de governos nacionais e das principais operadoras da indústria concluem que o crescimento do turismo doméstico e internacional verificado na última metade do século passado vai prosseguir depois de 2000. O turismo está destinado a desempenhar um papel econômico e político cada vez mais importante no cenário mundial. A WTO estima que o crescimento na entrada de turistas internacionais até 2005 será de mais ou menos 4% ao ano, um total de aproximadamente 650 milhões de entradas internacionais em 2000. Uma pesquisa do WTTC estima que esse crescimento da demanda por turismo gerará um total de 7,1 trilhões de dólares e criará 130 milhões de novos empregos na indústria de viagens e turismo internacional por volta de 2006 (WTTC, 1996).

Embora a demanda geral de turismo em nível global esteja fadada a continuar no futuro próximo, com certeza haverá ganhadores e perdedores em termos de entrada de turistas internacionais em diferentes regiões do mundo. O Capítulo 3 ressaltou o fato de a Europa já estar perdendo participação no mercado do turismo internacional, principalmente para os países no Extremo Oriente e Pacífico Sul, mas qual é a possibilidade de essa tendência continuar no futuro e como a posição da Europa pode ser comparada com outras partes do mundo? A Figura 8.1 oferece as respostas a essas perguntas.

Os dados da WTO apresentados na Figura 8.1 indicam que o leste da Ásia/Pacífico continuará a mostrar entre 1990 e 2000 o crescimento anual mais rápido, seguido de perto por sua vizinha mais próxima, a Ásia Meridional. A taxa de crescimento anual da África, das três Américas e do Oriente Médio, de acordo com as estimativas, será superior à média mundial, ou seja, 3,8% durante o período de dez anos. Somente a Europa, cuja estimativa de crescimento é de 2,7% ao ano, está abaixo da média mundial, encontrando-se na parte mais baixa da classificação em relação ao crescimento de entrada de turistas internacionais.

Figura 8.1 Taxas de crescimento regionais do turismo internacional, 1990-2000.

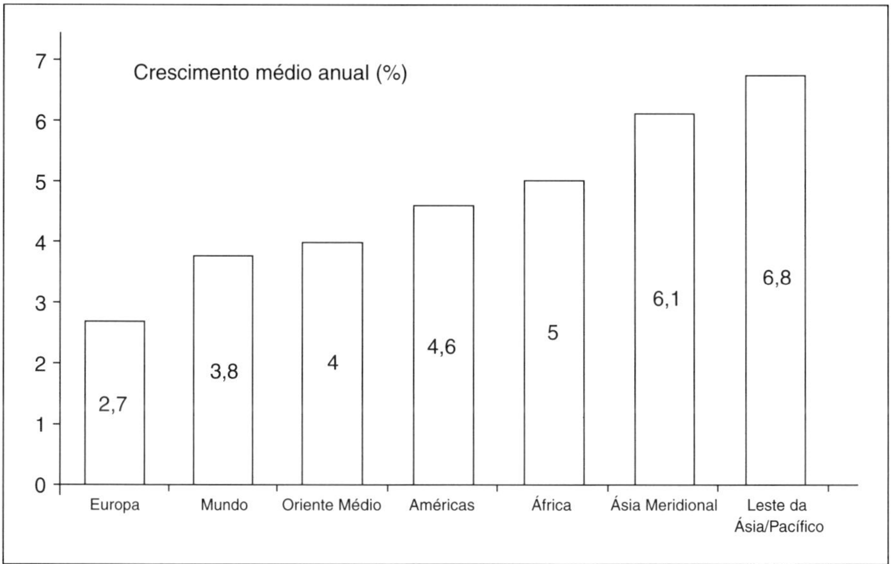

Fonte: WTO.

É óbvio que os países na região da Ásia/Pacífico Sul estão em uma posição excelente para beneficiar-se do crescimento previsto no turismo internacional; mas por que exatamente a previsão é de que essa região terá a maior taxa de crescimento do mundo? Os fatores mais importantes que contribuem para esse cenário são:

- Rápido crescimento econômico em vários países da Ásia/Pacífico.
- Intensificação do comércio interno da Ásia/Pacífico.
- Liberalização cada vez maior do transporte aéreo.
- Abertura de novos aeroportos (por exemplo, Macau, Hongkong, Kuala Lumpur e Bangcoc).
- Atualmente, há poucos turistas em vários países cujo potencial de viagens é alto, incluindo a China e o Vietnã.
- Possibilidade de uma movimentação turística maior entre China e Taipei.
- Maior quantidade de renda disponível e propensão para viajar.

Apesar de esses fatores serem específicos à região da Ásia/Pacífico, influenciam a demanda por turismo em nível internacional, como discutido nas seções seguintes deste capítulo.

Fatores que afetam a demanda futura por turismo

O crescimento do turismo internacional será influenciado por uma ampla variedade de fatores sociais, econômicos, políticos, ambientais, culturais e tecnológicos, dentre os quais o mais importante será examinado no restante desta seção.

Tendências demográficas

O envelhecimento da população nas nações ocidentais industrializadas (os principais países que geram turismo) produzirá importantes efeitos sobre a natureza da demanda por produtos e serviços turísticos daqui por diante. Mudanças na constituição da família, como o número cada vez maior de mães e pais solteiros e casais que preferem não ter filhos ou que optam por tê-los mais tarde, influenciarão também a demanda por turismo.

Avanços tecnológicos

A evolução contínua dos meios de transporte reduzirá o tempo de viagem e facilitará o acesso às regiões mais distantes do mundo. Será necessário um planejamento sensível para minimizar os efeitos prejudiciais possíveis nessas áreas de destino. A expansão dos aeroportos continuará, em particular na região da Ásia/Pacífico Sul. A tecnologia influenciará também a forma pela qual os produtos turísticos são promovidos e vendidos – por exemplo, a exibição de simulações por realidade virtual das instalações de uma estação de férias antes da reserva e da venda por meio de sistemas computadorizados interligados em rede, como a internet.

Economias emergentes

O Banco Mundial prevê que as nações emergentes do mundo inteiro, incluindo os países que pertenciam à antiga União Soviética, alcançarão taxas de crescimento econômico de aproximadamente 5% ao ano, em comparação à taxa de apenas 2,7% dos países industrializados mais ricos (British Tourist Authority/English Tourist Board, 1996). Se essa previsão provar-se verdadeira, no prazo de uma geração a China alcançará os Estados Unidos como a maior economia do mundo tanto quanto as nove dentre as 15 maiores economias mundiais dos atuais países do Terceiro Mundo. De acordo com as estimativas do Banco Mundial, as dez principais economias tendem a ser a China, os Estados Unidos, o Japão, a Índia, a Indonésia, a Alemanha, a Coréia do Sul, a Tailândia, a França e Taiwan. Tendo em vista que padrões anteriores de crescimento do turismo internacional acompanharam de perto a prosperidade econômica global, provavelmente veremos um padrão bem diferente de demanda por turismo em nível internacional com o surgimento de um movimento de turistas distinto de leste a oeste dos "Tigres Asiáticos" do Extremo Oriente.

Estabilidade política

As regiões do mundo com uma alta porcentagem de países cujo regime político é estável tendem a ganhar em termos de turismo em detrimento das nações politicamente instáveis.

Mudança dos padrões de trabalho

Avanços como o trabalho em casa e a maior quantidade de contratos de curta duração e de multitarefa (uma pessoa é responsável por várias e diferentes funções de trabalho) gerarão efeitos significativos sobre a natureza da demanda por turismo, situação em que as férias longas (quatro ou mais noites) continuarão a ser preteridas pelas férias de curta duração e as atividades de lazer serão executadas em horários incomuns – por exemplo, a evolução do conceito de cidade 24 horas.

Conscientização crescente em relação ao meio ambiente

A ascensão do movimento "verde" (alternativo/integrativo) das décadas de 1970 e 1980 continuará, bem como a demanda por produtos e serviços turísticos que patrocinam os princípios do desenvolvimento sustentável.

Globalização da indústria

O deslocamento dos principais participantes da indústria do turismo internacional para aumentar sua influência e dominação sobre mercados globais diminuirá as opções dos consumidores. Entretanto, a desregulamentação cada vez maior dos setores da indústria, aliada ao surgimento de turistas mais bem informados, tende a gerar melhores opções aos consumidores.

O "novo turista"

Em termos da demanda futura por turismo internacional, atualmente está na moda falar sobre o surgimento do "novo turista", um indivíduo que ainda esquiva-se de produtos e destinações turísticas homogêneos, de massa, em favor de um tipo de férias cuja abordagem é mais aventurosa, ativa e personalizada. O "novo turista" será bem informado, perspicaz, exigente e consciente do ponto de vista ambiental e estará preparado para pagar um preço mais alto para obter produtos e serviços de alta qualidade. Em vários aspectos, esses turistas já existem na sociedade ocidental, embora em quantidade relativamente pequena. À medida que o turismo internacional expandir-se, o número de "novos turistas" sem dúvida aumentará, mas sempre será obscurecido pela multidão de turistas que continuará a comprar pacotes de férias, a visitar destinações populares e a fazer opções em relação às férias com base principalmente no preço.

Avanços setoriais futuros

Até aqui, examinamos a *demanda* futura por turismo. Os vários setores da indústria internacional do turismo – o lado da oferta – também passarão por transformações em decorrência das flutuações do mercado e de mudanças nos hábitos de consumo. As seções seguintes investigarão as principais influências sobre o setor de hospedagem, as viagens aéreas, as atrações turísticas e os intermediários do setor de viagens.

O setor de hospedagem

À medida que as entradas de turistas internacionais crescerem no novo milênio, o setor de hospedagem da indústria do turismo global se expandirá, especialmente nas regiões do mundo em que há crescimento, incluindo o leste da Ásia e o Pacífico, a Ásia Meridional e a África. Vários fatores influenciarão a natureza da hospedagem turística, entre eles:

- *Maior preocupação com a qualidade dos produtos.* Em virtude do ambiente altamente competitivo em que operam, os fornecedores precisarão oferecer hospedagens de alta qualidade a um público de viajantes cada vez mais exigente e informado.
- *Atendimento ao cliente.* O investimento crescente em treinamento de funcionários por hotéis e outros fornecedores de hospedagem ajudará a melhorar a lucratividade.
- *Custo-benefício.* Todos os hóspedes, sejam viajantes de negócios ou lazer, esperam que seu dinheiro seja valorizado, independentemente do preço pago pela hospedagem.
- *Mudanças demográficas e da estrutura familiar.* Fatores como envelhecimento da população e estruturas familiares de mães e pais solteiros também influenciarão o desenvolvimento de produtos e as estratégias de *marketing*.
- *Padrões de trabalho diferentes.* Mais mulheres na força de trabalho, maior quantidade de pessoas que trabalham em casa e a mudança em

direção a uma quantidade maior de serviços contratados e empregos de meio período influenciarão a demanda por hospedagem turística.

- *Saúde e boa forma.* Os fornecedores de hospedagem podem apostar na tendência de estilos de vida mais saudáveis oferecendo aos hóspedes salas de ginástica e instalações de lazer.
- *Novas tecnologias.* As mudanças tecnológicas influenciarão a forma como são feitas as reservas e poderão ser usadas pelos fornecedores de hospedagem para controlar várias das operações comuns associadas com esse setor e, dessa forma, liberar os funcionários para que se concentrem no oferecimento de um atendimento melhor aos clientes.

Os hoteleiros e outros tipos de fornecedor de hospedagem bem-sucedidos continuarão a oferecer produtos direcionados a segmentos de mercado específicos. A tendência de estabelecer produtos do setor de hospedagem, tão inteligentemente explorada pelo Accor Group em seus hotéis europeus, será ainda mais refinada a fim de atender a esses segmentos de mercado oferecendo determinados tipos de hospedagem prontamente identificáveis.

Avanços futuros das viagens aéreas

As companhias aéreas mundialmente dominantes continuarão a desenvolver redes globais por meio de aquisições ou alianças estratégicas com outras companhias aéreas. O ponto para o qual vai convergir a maior parte das atividades nesse campo serão as rotas que atendem aos países da Ásia, que, segundo previsões da International Air Transport Association (IATA), seria a região que mais cresceria no mundo – 8,7% ao ano – entre 1996 e 2000 (IATA, 1996). As taxas anuais de crescimento do número de passageiros internacionais de outras regiões do mundo no mesmo período são:

- Sul do Pacífico 7,3%
- América Latina 6,8%
- Europa 6,6%
- América do Norte 6,4%
- África 5,9%
- Oriente Médio 5,0%

As previsões do tráfego aéreo *total* – internacional e nacional – oferecem uma indicação mais satisfatória dos padrões futuros de crescimento do setor de companhias aéreas. A expectativa no momento em que este livro foi escrito era de que o tráfego total de passageiros crescesse a uma taxa anual de 6,3% entre 1995 e 2000, o que dá margem à previsão de um total de 1,748 bilhão de passageiros em 2000, crescimento esse de 460 milhões (36%) em relação a 1,288 bilhão em 1995.

O setor de atrações turísticas

Esse setor sempre desempenhará um papel fundamental na indústria do turismo internacional. Por ser altamente competitivo e dinâmico, há várias questões que as operadoras nesse setor, e os responsáveis por seu planejamento e desenvolvimento, precisarão avaliar no futuro, principalmente:

- *Administração dos visitantes.* Por natureza, as atrações são um ímã – elas atraem pessoas e, por conseguinte, automóveis para áreas em geral pequenas e confinadas. Isso pode causar congestionamento, erosões, poluição e espoliação geral da experiência do visitante. Os planejadores e administradores de cidades, áreas rurais e estações litorâneas precisarão implementar políticas para minimizar os impactos ambientais e sociais negativos das atrações turísticas.
- *Autenticidade.* Atrações e eventos são às vezes criticados pelo fato de transmitirem imagens que deixam de apreciar e valorizar o valor real da identidade cultural de áreas de destinação turística, o que resulta em perda de autenticidade. Isso pode ser reduzido por meio do gerenciamento mais sensível das atrações turísticas e do envolvimento precoce das comunidades locais em seu desenvolvimento.
- *Avanços tecnológicos.* Os turistas expostos a novas tecnologias no trabalho e no dia-a-dia estão procurando atrações que ofereçam um ambiente estimulante similar para desfrutarem em seu tempo de lazer. Avanços como a realidade virtual, o CD-ROM e a internet farão parte cada vez mais do setor de atrações.
- *Tipo de experiência do visitante.* Da mesma forma que apreciam avanços tecnológicos nas atrações turísticas, os turistas cada vez mais informados do presente vão procurar a mais alta qualidade tanto no que se refere à apresentação dos produtos quanto no que diz respeito ao atendimento ao cliente.

O futuro dos intermediários no setor de viagens

A sorte dos agentes e das operadoras de viagens dependerá do estado da indústria do turismo internacional. Não há praticamente nenhuma dúvida de que o turismo está fadado a crescer em termos de entradas de visitantes internacionais. A expectativa é de que as viagens ao leste e ao sul da Ásia e à África, bem como dessas regiões a outros países, cresçam à taxa mais rápida do mundo; dessa forma, os intermediários que estiverem nessas áreas terão amplas possibilidades de crescimento. Tendo em vista que a maioria das regiões do mundo está saindo da recessão econômica do início da década de 1990, as perspectivas para os agentes e as operadoras de viagens são favoráveis. Entretanto, a natureza intensa da concorrência desses setores da indústria do turismo faz subentender que as margens de lucro dos agentes e das operadoras continuarão a ser espremidos. Os intermediários bem-sucedidos precisarão responder a uma variedade de fatores que provavelmente vão moldar a demanda por seus serviços, por exemplo:

- *Crescimento contínuo nos mercados de viagens de longa distância.* Com a ajuda da recente tecnologia aeronáutica e a conseqüente disponibilidade de vôos fretados, destinações como os Estados Unidos, a Austrália, os países e as ilhas do Caribe e o Pacífico Sul permanecerão populares tanto para os turistas que compram pacotes de férias quanto para os independentes.
- *Crescimento de viagens independentes.* A tendência de as viagens que oferecem todos os serviços cederem espaço às viagens independentes continuará. Para reter participação no mercado, as operadoras de viagens precisarão oferecer maior flexibilidade no plano de viagens turísticas, ao passo que alguns agentes de viagens agarrarão a oportunidade e oferecerão aos clientes um serviço mais personalizado.
- *Crescimento das férias de curta duração e das pausas para descanso.* Tanto as operadoras domésticas quanto as operadoras de viagens para o exterior continuarão a fornecer férias de curta duração para atender à demanda. A modernização no setor de transportes, como o Eurotúnel, a melhoria dos serviços de trem e a desregulamentação das tarifas aéreas européias estimularão expansões nesse setor.
- *Demanda por férias regulamentares e relacionadas com a saúde.* O interesse crescente pela saúde e boa forma oferecerá uma oportunidade aos organizadores de viagens – variar ainda mais seus programas de atividades.
- *Prolongação da tendência às reservas de última hora.* Mudanças no estilo de vida e nos padrões de trabalho vão significar tempo de entrega mais curto das viagens que forem compradas.
- *Maior preocupação com a qualidade.* A preocupação com o baixo padrão dos pacotes de férias atormentou a indústria do turismo nos últimos anos e isso fez com que as operadoras de viagens passassem a priorizar a qualidade durante o planejamento de novos produtos.

- *Intensificação do interesse pelo meio ambiente.* A expectativa dos clientes será de que os intermediários usem uma abordagem que respeite a prosperidade do meio ambiente a longo prazo quando estiverem escolhendo os elementos que vão compor os pacotes de férias.

Turismo sustentável: a direção do futuro?

Uma solução possível para os problemas ambientais e socioculturais relacionados com o turismo é adotar e engendrar princípios de desenvolvimento sustentável. Vimos no capítulo Impactos Turísticos que esse turismo sustentável é um conceito recente que provém da preocupação cada vez maior em relação aos impactos ambientais e socioculturais negativos do desenvolvimento não planejado do turismo. O turismo sustentável, uma extensão do "turismo verde" ou alternativo/integrativo – que se concentra nas questões ambientais relacionadas com o turismo –, é parte de uma discussão global muito mais ampla sobre desenvolvimento sustentável, evidenciada pelo *Brundtland Report*, em 1987, e pelo Fórum Global no Rio de Janeiro em 1992. A abordagem sustentável ao desenvolvimento do turismo sugere que os recursos naturais e culturais do turismo sejam preservados, para que possam ser usados no futuro, e ao mesmo tempo ofereçam benefícios à sociedade do presente. Embora acadêmicos e pesquisadores estejam apoiando essa abordagem, resta ainda o problema de transformar os princípios de sustentabilidade em medidas práticas para proteger ambientes e culturas. É provável que a quantidade e a variedade de produtos turísticos baseados nesses princípios de sustentabilidade aumentarão, mas a incorporação desses princípios nos produtos de mercado de massa continuará a ser uma expectativa remota.

Agenda 21 e a indústria do turismo

A Agenda 21 é um programa de ação de longo alcance adotado por 182 governos em junho de 1992 na Conferência para o Meio Ambiente e Desenvolvimento, da Organização das Nações Unidas (United Nations Conference on Environment and Development – UNCED), mais conhecida como "Fórum Global". Esse programa fornece um plano de ação detalhado para proteger o futuro sustentável do planeta no século XXI. A Agenda 21 é o primeiro documento desse tipo a ser ampla e internacionalmente aceito, o que reflete um consenso e um comprometimento político global do mais alto nível. Apesar de não ser legalmente obrigatório, esse programa tem força moral e prática. Um de seus principais pontos fortes é o fato de não ter sido produzido por especialistas com vistas ao consentimento governamental, mas, ao contrário, ter sido negociado, palavra por palavra, por representantes dos governos que serão responsáveis por sua implementação. Resumindo, a Agenda 21 representa um comprometimento com um impulso estratégico fundamental, o qual, neste momento, requer iniciativas específicas de todos os níveis da sociedade e das comunidades com fins lucrativos.

A contribuição do turismo para a discussão sobre a Agenda 21 foi resumida e proposta pelo WTTC (World Travel and Tourism Council, 1995). O WTTC transformou a Agenda 21 em um programa de ação para a indústria do turismo, realçando pontos prioritários tanto para o setor público quanto para operadoras comerciais. Para departamentos governamentais, organizações de turismo nacionais, empresas e organizações comerciais representativas, a meta mais importante em relação à Agenda 21, de acordo com o WTTC, é estabelecer sistemas e procedimentos para incorporar, no centro do processo de tomada de decisões, avaliações sobre o desenvolvimento sustentável e identificar o que é necessário para tornar esse desenvolvimento sustentável uma realidade. O WTTC considera a Agenda 21 o centro da discussão sobre o futuro do desenvolvimento do turismo; dessa forma, se a intenção é de que esse programa sobreviva e prospere a longo prazo, é necessário agir agora.

Envolvimento futuro do governo no turismo

Ao longo dos capítulos deste livro, o fato de o turismo ser essencialmente uma indústria privada foi sem dúvida evidenciado. Contudo, foi reconhecido o importante papel regulamentar e de coordenação desempenhado por órgãos públicos no turismo em nível internacional, nacional, regional e local. À medida que as nações no mundo inteiro moverem-se de estados centralizados para economias de mercado livres e modernas, é provável que a tendência a um menor envolvimento e investimento público no desenvolvimento e *marketing* do turismo continue e até mesmo se torne mais acelerada. Os órgãos governamentais e públicos identificarão seu papel no turismo internacional como facilitadores para o setor privado, em vez de fornecedores de serviços e recursos, por meio de suas habilidades e qualidades inerentes. O papel estratégico dos governos no turismo permanecerá fundamental e pode até mesmo crescer em assuntos como planejamento da força de trabalho, treinamento, desenvolvimento empresarial, controle do desenvolvimento, melhorias de infra-estrutura e desenvolvimento econômico.

Resumo do capítulo

Este capítulo indicou que o turismo internacional continuará a se expandir a curto prazo e que a oferta dessa indústria enfrentará vários desafios para atender às necessidades de turistas cada vez mais perspicazes. Todo os setores da indústria vão precisar adaptar-se a novas circunstâncias. A influência dos princípios do turismo sustentável continuará, ainda que em termos de "nicho" de mercado. A questão de que o turismo internacional tende a atingir um significado econômico global não está sendo posta em dúvida. O que está sendo questionado, entretanto, é se essa indústria diversa conta com a coordenação e influência necessárias, para não mencionar estruturas de gerenciamento responsivas e força de trabalho bem treinada, para alcançar seu potencial econômico e político plenamente.

Questões para discussão

1. Quais são os principais fatores demográficos que influenciarão a natureza futura do turismo internacional?
2. Quais são as principais questões econômicas que pequenas e médias empresas de turismo terão de enfrentar no futuro à medida que seus negócios começarem a crescer?
3. Há um bom argumento para reduzir os fundos públicos em turismo?
4. Que influência você imagina que os princípios de desenvolvimento sustentável terão sobre o futuro do turismo internacional?
5. Qual será o papel da tecnologia no modelamento da indústria do turismo no futuro?

Referências e outras leituras

- British Tourism Authority/English Tourist Board. *Tourism Intelligence Quartely*, Londres, 17 (4), 1996.
- International Air Transport Association. *Annual Report 1996*. Genebra, IATA, 1996.
- World Travel and Tourism Council. *Agenda 21 for the Travel and Tourism Industry*. Londres, WTTC, 1995.
- _______ . *Progress and Priorities 1996*. Londres, WTTC, 1996.

Glossário

- **"Abaixo da linha".** Refere-se à atividade de *marketing* para a qual normalmente não é paga nenhuma comissão para a agência de propaganda, mas o trabalho é, em vez disso, executado com base em honorários estabelecidos; por exemplo, uma agência pode cobrar um valor de 2 mil libras para executar uma pequena campanha por meio de mala-direta para uma empresa de viagens. Tanto quanto a mala direta, outras atividades "abaixo da linha" abrangem relações públicas, promoção de vendas e *merchandising*.
- **ABTA.** Sigla de Association of British Travel Agents, associação de classe que representa mais de 90% de todos os agentes e operadoras de viagens no Reino Unido. A ABTA é um órgão auto-regulamentado e dirigido por seus associados por meio de uma rede de conselhos e comitês em que os membros são indicados por agentes de e operadoras de viagens que também são associados.
- **"Acima da linha".** Refere-se à atividade de *marketing* e promocional para a qual normalmente se paga uma comissão pela mídia escolhida para uma agência de propaganda; por exemplo, propaganda de uma organização de turismo na televisão, no cinema, em jornais e em revistas ou em estações de rádio comerciais.
- **Agenda 21.** Conjunto de princípios destinado ao desenvolvimento sustentável estabelecido no Fórum Global no Rio de Janeiro, em 1992. A Agenda 21 desde essa época tem sido interpretada e ampliada em nível nacional, regional e local em vários países do mundo. Diversas comunidades no Reino Unido desenvolveram planos de ação próprios chamados de Local Agenda 21.
- **Aliança estratégica.** Quando duas ou mais empresas trabalham em conjunto em busca de benefícios comuns ou próprios.
- **Alocêntricos.** Um dentre vários tipos de comportamento do turista, teoria essa desenvolvida por Plog em 1977 como parte de uma pesquisa feita para determinadas companhias aéreas. Os alocêntricos são pessoas que gostam de viagens e experiências culturais, pertencem a grupos de renda acima da média, são independentes de corpo e alma e ousados.
- **Ambiente externo de negócios.** Termo usado em referência a determinados fatores que podem influenciar uma organização, sua operação e sua lu-

cratividade. Às vezes chamados de macroambiente, esses são fatores sobre os quais, em geral, uma organização tem pouco controle – por exemplo, situação da economia nacional, índice de desemprego, mudanças na estrutura social, legislação governamental e avanços tecnológicos.

- **Ambiente interno de negócios.** Termo usado em referência a influências e fatores internos a uma organização de turismo e sobre os quais essa organização tem algum controle. Às vezes é chamado de microambiente. Nele estão incluídos clientes, funcionários, instalações e fornecedores.
- **Análise PEST.** Técnica usada por uma organização para investigar o ambiente de negócios no qual ela opera, com vista a ajudar a determinar suas estratégias futuras. PEST significa político, econômico, social e tecnológico e corresponde aos principais fatores que influenciam uma organização.
- **Análise SWOT.** Uma das técnicas mais comuns que uma organização pode empregar para tentar e de fato estabelecer o lugar em que se encontra na praça do mercado e o que é necessário para manter ou melhorar sua posição competitiva. SWOT significa forças (*strengths*), fraquezas (*weaknesses*), oportunidades (*opportunities*) e ameaças (*threats*).
- **Área servida de recursos (*catchment area*).** Limite geográfico dentro do qual uma instalação turística atende aos clientes. O tamanho da área de captação dependerá de numerosos fatores, como disponibilidade e qualidade das conexões de transporte, a exclusividade da instalação e a densidade populacional da área.
- **Balança de pagamentos do turismo.** Diferença entre o valor que um país ganha do turismo de entrada de estrangeiros e os gastos por parte dos residentes com turismo no exterior.
- ***Cabotagem.*** Refere-se a itinerários de linhas aéreas e de navios no território nacional de um país – por exemplo, vôos entre Londres e Glasgow e até mesmo entre Londres e Gibraltar. Itinerários como esses não estão sujeitos a acordos internacionais, o que possibilita que os habitantes do país paguem tarifas mais baratas, às vezes chamadas de tarifas de cabotagem.
- **Campanha do Gladíolo Azul (European Blue Flag Campaign).** Esquema que oferece uma comparação entre os padrões de limpeza e gerenciamento em balneários litorâneos europeus. Lançada em 1987, Ano Europeu do Meio Ambiente, o Blue Flag é um prêmio concedido a balneários litorâneos que atingiram o padrão estabelecido pela EU Bathing Water Directive.
- **Capacidade de carga.** Quantidade máxima de pessoas que uma estação turística, atração ou outra área pode sustentar, antes que haja perda de qualidade por parte do visitante ou efeitos adversos ao ambiente físico ou à comunidade local.

- **Carga de passageiros.** Coeficiente de pessoas que viajam em um determinado trajeto.
- **Carteira de produtos.** É o composto de produtos e serviços oferecidos por uma organização de turismo a seus clientes.
- **Comércio de viagens.** Termo usado para descrever todos os setores comerciais dentro da indústria do turismo, incluindo agentes de viagens, operadoras de viagens, operadoras de ônibus de turismo, locadoras de automóveis, companhias aéreas, operadoras de *ferries* e prestadores de serviços de assessoria especializados.
- **Comissão.** Pagamento feito a um agente pela venda de produtos e serviços de um principal; por exemplo, um agente de viagens recebe uma comissão pela venda de pacotes de férias de uma operadora de viagens. A comissão normalmente corresponde a uma porcentagem combinada sobre o preço de venda, o qual pode ser aumentado à medida que o nível de vendas aumentar.
- **Composto de *marketing* (*mix* de *marketing*).** Comumente referido como 4 PS, o composto de *marketing* está relacionado com produto, preço, ponto-de-venda e promoção e com a ênfase sobre cada um desses componentes no processo em que se busca atingir os objetivos de *marketing*.
- **Composto promocional.** Técnicas promocionais distintas que uma organização de turismo usará para que seus produtos e serviços tornem-se mais conhecidos e para estimular as vendas. Isso poderia abranger propaganda, *marketing* direto, promoção de vendas e atividades de relações públicas.
- **Comunidade local.** Termo usado na discussão sobre turismo sustentável que se refere ao lugar para o qual as pessoas vão passar as férias e à população que vive nesse lugar. O consenso é cada vez maior de que os anseios das comunidades locais em relação ao desenvolvimento do turismo precisam ser priorizados para que sua vida não seja rompida, fornecendo, ao mesmo tempo, benefícios econômicos.
- **Consórcio de *marketing*.** Grupo de empresas/negócios de turismo independentes ou outras organizações que trabalham em conjunto por um motivo ou benefício comum.
- **Corporação multinacional.** Empresa que opera transnacionalmente, mantendo um escritório central em um determinado país e realizando negócios em vários outros.
- **Dados primários.** Referem-se aos dados coletados pela primeira vez, em geral como parte de uma pesquisa de *marketing*.
- **Dados qualitativos.** Referem-se a informações, em geral reunidas como parte de um processo de pesquisa de mercado, e dizem respeito ao posicio-

namento de uma organização na praça do mercado, em vez de uma avaliação exata de seu desempenho. Um exemplo de dados qualitativos poderia ser a opinião dos turistas sobre uma determinada atração.

- **Dados quantitativos.** Informações reais que podem ser avaliadas, geralmente reunidas como parte de um processo de pesquisa de mercado – por exemplo, o número de visitantes em um parque temático, a quantidade de estabelecimentos de hospedagem em uma estação turística ou o país de origem dos visitantes na Grã-Bretanha.
- **Dados secundários.** Informações disponíveis em fontes preexistentes, em geral na forma escrita, mas atualmente cada vez mais oferecidas em meios eletrônicos como CD-ROMS e pela internet.
- **Declaração de missão.** Breve explanação do propósito fundamental de uma organização. Sua meta é transmitir a todos os que têm algum interesse pela organização, sejam os funcionários, os acionistas ou o público em geral, em que negócio ela opera, aonde quer chegar e como vai se relacionar com seu ambiente e com outras organizações.
- ***Demarketing.*** Técnica de retração da atividade de *marketing* de um produto ou serviço de forma que os clientes sejam dissuadidos e, dessa forma, a demanda diminua. No turismo, o *demarketing* pode ser aplicado a uma destinação que tenha-se tornado popular e cujas reclamações de superlotação e danos ao meio ambiente tenham aumentado.
- **Desenvolvimento de produtos.** Técnicas e processos que uma organização empreenderá para tornar sua carteira de produtos o máximo possível atrativa para clientes preexistentes e em potencial.
- **Desregulamentação.** Retração do governo local ou central em relação ao controle das indústrias para estimular ainda mais a concorrência entre empresas; por exemplo, a indústria de companhias aéreas nos Estados Unidos e a indústria de ônibus de turismo no Reino Unido.
- **Determinantes.** Fatores econômicos, sociais, políticos e tecnológicos que influenciam a demanda de uma pessoa por produtos de viagem e lazer, independentemente de qualquer motivação que venha a ter.
- **Diretriz de exibição.** Referem-se aos prospectos das operadoras que os agentes de viagens vão expor na agência.
- **Diretriz de Pacotes de Férias (Package Travel Directive).** Diretriz da União Européia (UE) que procura oferecer às pessoas que compram pacotes de férias maior proteção legal e reparação quando ocorre algo imprevisto ou errado.
- **Ecoturismo.** Definido pela Ecotourism Society como uma "viagem intencional a áreas naturais para conhecer a história cultural e natural do ambien-

te, tomando o cuidado de não alterar a integridade do ecossistema e ao mesmo tempo produzindo oportunidades econômicas que tornam a preservação de recursos naturais financeiramente benéfica aos cidadãos locais".

- **Efeito de demonstração.** É mais comum em países emergentes, quando membros das comunidades locais começam a imitar os padrões de comportamento dos visitantes ocidentais (em geral) mais ricos. Alguns residentes ficam curiosos e passam a desejar veementemente bens de consumo pertencentes aos turistas, como câmeras fotográficas, aparelhos de som portáteis e rádios.
- **Efeito de deslocamento.** Quando o desenvolvimento do turismo apresenta o efeito de tirar o emprego e outros recursos econômicos de outras indústrias – por exemplo, o desenvolvimento do turismo em alguns países mediterrâneos deslocaram os empregos das indústrias do setor primário, como a pesca e a agricultura.
- **Efeito multiplicador.** Conceito econômico que, aplicado ao turismo, demonstra que o dinheiro gasto pelos visitantes em uma determinada área é gasto novamente na economia local e de fato vale mais do que seu valor nominal.
- **Empreendedor/empresário.** Indivíduo que está preparado para arriscar-se e aceitar um desafio ou fazer um empreendimento que não tem nenhuma garantia de sucesso. Richard Branson, presidente do Conselho do Virgin Group, é em geral citado como um bom exemplo de empreendedor da indústria do turismo.
- **Enclave ("gueto turístico").** Área claramente delimitada e fechada na qual os turistas ficam isolados dos residentes de uma destinação turística (a comunidade local), às vezes por motivo de segurança e proteção.
- **Estabelecimento da marca.** Prática de atribuir ao produto ou serviço um no me ou logo distinto, na expectativa de que esse nome vai ser facilmente diferenciado dos concorrentes e vai ganhar uma determinada identidade. Marcas nominais comuns são usadas na indústria do turismo, dentre elas Holiday Inn, Hertz e Lunn Poly. As organizações esperam que os clientes mostrem lealdade à marca comprando seus produtos em detrimento de todos os outros.
- **Estratégia de *marketing*.** Refere-se aos meios globais empregados por uma organização para atingir seus objetivos de *marketing*.
- **Eurostat.** Órgão oficial que coleta, analisa e publica dados estatísticos sobre assuntos referentes à Comissão Européia e estados membros da União Européia (UE). Oficialmente conhecido como Statistical Office of the European Communities, o Eurostat publica dois principais conjuntos de documentos – publicações gerais e documentos estatísticos.

- **Excursionistas.** Outro termo usado em referência a visitantes de um dia.
- **"Família de ninho vazio".** Termo usado por mercadizadores do turismo em referência a casais cujos filhos saíram de casa, aumentando, dessa forma, a renda disponível.
- **Fator de carga de equilíbrio.** Uma avaliação do número de assentos que necessitam ser vendidos em um vôo como porcentagem do total de assentos disponíveis, antes que todos os custos operacionais, de *marketing* e administrativos sejam cobertos. Uma companhia aérea começará a ter lucros em um vôo somente quando o fator de carga de equilíbrio for atingido.
- **Fatores demográficos.** Relacionam-se às características da população de um país ou região – por exemplo, estrutura de idade, proporção de homens e mulheres, classe social, nível de renda e *status* profissional.
- **Globalização.** Processo por meio do qual empresas e mercados tornam-se cada vez mais multinacionais, seja mediante aquisições, alianças estratégicas ou integração vertical e horizontal. Isso permite que as empresas operem facilmente umas com as outras no mundo inteiro.
- **"*Honeypots*".** Termo usado para descrever a convergência de visitantes em destinações turísticas populares. (Lugares que atraem grande quantidade de turistas em decorrência de seus atrativos.)
- **Hospedagem que oferece serviços.** Refere-se a hotéis, pensões e qualquer outro tipo de acomodação em que são oferecidos aos hóspedes serviços de vários tipos durante sua estada, como refeições, carregador de bagagens, camareiros e possivelmente entretenimento.
- **Hospedagem *self-catering*.** Corresponde a qualquer tipo de hospedagem em que os hóspedes cuidam de si mesmos e no qual, diferentemente da hospedagem que oferece serviços, não há nenhum serviço ou há poucos serviços à sua disposição.
- **IATA.** Significa Air Transport Association, associação de classe voluntária internacional que representa os interesses de mais de 80% das maiores companhias aéreas mundiais. A meta principal da IATA é promover viagens aéreas seguras, freqüentes e econômicas.
- **Impactos ambientais.** Dizem respeito aos impactos positivos e negativos do turismo – por exemplo, iniciativas como a competição Britain in Bloom e o Seaside Award, que ajudam a melhorar o meio ambiente local tanto para os habitantes quanto para os turistas. Problemas associados com os impactos ambientais do turismo abrangem sujeira, poluição, erosão física e perda de hábitats.
- **Impactos econômicos.** Referem-se aos efeitos positivos e negativos do turismo nas comunidades nacionais e locais – por exemplo, geração de rique-

za, criação de empregos, reurbanização e contribuições para o produto interno bruto (PIB).

- **Impactos do turismo.** Em geral são caracterizados como econômicos, ambientais, socioculturais e políticos. Os impactos do turismo podem ser tanto positivos quanto negativos.
- **Integração horizontal.** O processo por meio do qual as empresas que estão em um mesmo nível na cadeia de distribuição estabelecem fusões para ganhar vantagens competitivas – por exemplo, uma grande cadeia de hotéis que adquire um pequeno hotel independente ou a aquisição da Dan Air pela British Airways.
- **Impactos socioculturais.** Efeitos positivos e negativos do turismo sobre sociedades e comunidades e suas tradições culturais.
- **Infra-estrutura.** Refere-se a instalações como aeroportos, sistema de comunicações, estradas, ferrovias, serviços de abastecimento de água e sistema de esgoto, isto é, todos os serviços que precisam ser oferecidos com antecedência para que o desenvolvimento do turismo de qualquer tipo possa prosseguir. A infra-estrutura de um país em geral é financiada e construída pelo setor público ou faz parte de um acordo de parceria entre os setores público e privado, segundo o qual operadoras privadas desenvolvem a superestrutura do turismo.
- **Intangíveis.** Serviços cujo valor é mostrado na balança de pagamentos de um país, isto é, são os itens que não podem ser vistos ou tocados; por exemplo, serviços bancários, financeiros e de entrega e o próprio turismo.
- **Integração.** Refere-se a organizações de turismo que fundem suas operações para obter vantagem comercial. As mais comuns no turismo são a integração horizontal e a vertical.
- **Integração vertical.** Processo segundo o qual empresas de diferentes níveis da cadeia de distribuição estão vinculadas de alguma forma para ganhar vantagens competitivas.
- **Macroambiente.** Outro termo usado em referência ao ambiente externo de negócios.
- ***Marketing*.** Processo que está relacionado com a identificação das necessidades dos clientes e com o fornecimento de produtos e serviços no lugar certo, na hora certa e ao preço certo. O *marketing* é definido pelo Chartered Institute of Marketing como "o processo de gerenciamento que busca identificar e satisfazer lucrativamente às necessidades dos clientes".
- ***Marketing*-alvo.** Prática de selecionar determinados grupos ou indivíduos (conhecidos como mercado-alvo) e usar diferentes componentes do composto de *marketing* para estimulá-los a comprar ou usar produtos e serviços.

- ***Marketing* direto.** Temo usado para descrever as várias técnicas que uma organização pode usar para vender seus produtos e serviços personalizadamente ao consumidor, sem a necessidade de um intermediário. Isso abrange mala-direta, telemarketing, distribuição de porta em porta e propaganda de resposta direta.
- ***Marketing* estratégico.** Processo de médio e longo prazo de determinação da melhor forma que uma organização pode adotar para atingir seus objetivos de *marketing*.
- ***Marketing* tático.** Atividade de *marketing* de curto prazo empreendida em resposta a ocorrências imprevistas na praça do mercado.
- **Média temporada.** Época do ano entre as estações de alta temporada do turismo.
- ***Merchandising*.** Um série de métodos adotados por agências de turismo e viagens para estimular os clientes a comprar no ponto-de-venda. Isso abrange exposição de prospectos, pôsteres, cartazes suspensos, *displays* e quadros (tabuletas).
- **Microambiente.** Outro termo usado em referência ao ambiente interno de negócios.
- **Motivadores.** São os fatores psicológicos que compõem um indivíduo e que ajudam a influenciar seu padrão de comportamento turístico.
- **Nicho de mercado.** Processo de estabelecer como alvo pequenas partes do mercado de turismo imediatamente identificáveis, cada uma das quais com características definidas, em vez de tentar cobrir todo o mercado.
- **Objetivos de *marketing*.** Especifica as metas ou objetivos que uma organização tem em mente quando está planejando e implementando sua atividade de *marketing*.
- **Organização Mundial do Turismo (World Tourism Organization – WTO).** Organização intergovernamental estabelecida para executar planos de ação na indústria do turismo que representa órgãos turísticos do setor público da maioria dos países do mundo.
- **Orientação de mercado.** Filosofia referente à pesquisa das necessidades do mercado e ao fornecimento de produtos e serviços turísticos que os clientes desejarão comprar. Está mais relacionada com a possibilidade de satisfazer totalmente o cliente e não apenas com a atenção aos detalhes dos produtos e serviços que são oferecidos.
- **Orientação para o produto.** Filosofia de negócios e tipo de administração que se concentram nos detalhes dos produtos e serviços fornecidos, em vez de nas necessidades dos clientes.

- **Padrão de Classificação Industrial (Standard Industrial Classification – SIC).** Sistema que classifica as atividades em várias categorias de emprego para analisar mudanças em determinadas ocupações e oferecer indicadores ou tendências no emprego em geral.
- **País de descendência dos turistas.** Refere-se ao país de origem de um viajante, em contraposição ao país de recepção dos turistas, que é o país para o qual ele vai.
- **País de recepção do turista.** O país para o qual os turistas vão, em contraposição ao país de descendência dos turistas, que é o lugar de origem de sua viagem.
- **Parcialmente centrado.** Um dentre os vários tipos de comportamento dos turistas classificados por Plog em 1977 como parte de um estudo de investigação realizado para as companhias aéreas. Os meio centrados correspondem à maior parte dos turistas em uma determinada destinação, isto é, o mercado de massa. Eles tendem a conhecer estações turísticas depois que elas foram descobertas pelos turistas mais aventureiros, conhecidos como alocêntricos (não centrados).
- **Participação de mercado.** Porcentagem do mercado total que uma organização detém em relação aos principais concorrentes. No turismo, a participação de mercado geralmente é avaliada tanto por volume – por exemplo, número de férias vendidas para um determinado lugar – quanto por valor – por exemplo, a receita gerada pelas vendas para um determinado país.
- **Pesquisa de mercado.** Termo usado para descrever o processo de coleta e análise de dados que afetam uma enorme variedade de fatores que influenciam o processo de *marketing* de uma organização. Diferentemente da pesquisa mercado, que está relacionada especificamente com os clientes e suas atitudes em relação aos produtos e serviços, a pesquisa de mercado é uma atividade muito mais abrangente que envolve, por exemplo, pesquisa de produto, pesquisa de promoção e pesquisa de preços.
- **Pesquisa mercado.** Processo que reúne informações sobre clientes preexistentes ou em potencial para serem usadas por motivos gerenciais.
- **Principal.** Nome atribuído a uma empresa com a qual um agente de viagens negocia e cujos produtos e serviços ele vende.
- **Propensão a viajar.** Porcentagem de uma população que viaja com muita freqüência a negócios ou por lazer. A propensão a viajar é maior nos países ocidentais desenvolvidos do que nos países emergentes.
- **Proposição singular de vendas.** Refere-se ao benefício específico que os promotores dizem que um produto ou serviço tem a mais em relação a ou-

tro produto ou serviço, isto é, o motivo por que os clientes escolherão esse item em detrimento de todos os outros concorrentes.

- **Psicocêntricos (psicologicamente centrados).** Um dentre os vários tipos de comportamento dos turistas classificados por Plog em 1977 como parte de uma pesquisa realizada para as companhias aéreas. Os psicocêntricos tendem a ter um comportamento centrado, não são inclinados a aventuras quando estão viajando, preferem ambientes familiares e estão abaixo da média em termos de renda.
- **Público-alvo.** Indivíduos que uma organização de turismo busca atrair e influenciar por meio de sua atividade de *marketing*.
- **Realidade virtual.** Tecnologia que permite que um usuário entre e interaja com imagens geradas por um computador.
- **Reflação da economia.** Processo de fornecimento de capital inicial a uma empresa de turismo, geralmente proveniente de fundos públicos, a fim de estimular seu crescimento e desenvolvimento.
- **Sazonalidade.** Refere-se a variações na demanda por produtos e serviços turísticos em épocas diferentes do ano.
- **Segmentação de mercado.** Técnica que subdivide o mercado total de um produto ou serviço turístico em diferentes grupos, cada um com características semelhantes. A segmentação de mercado permite que uma organização estabeleça um grupo-alvo, cujos membros tornam-se o ponto de convergência de todas as atividades de *marketing*.
- **Serviços aéreos programados.** Vôos que operam de acordo com um horário publicado em rotas específicas. Diferentemente dos vôos fretados, os serviços programados comprometem-se a operar mesmo se o fator de carga for baixo.
- **Serviços aéreos fretados.** Quando os aviões são comissionados por um determinado período, em um vôo para uma destinação em particular e são capazes de oferecer tarifas reduzidas por meio do estabelecimento de fatores de carga altos. A maioria dos pacotes de férias que incluem viagem aérea usará vôos fretados ou *charters* (conhecidos como viagens fretadas com todos os serviços incluídos).
- **Subvenções da "seção 4".** Fundos oferecidos à comunidade de negócios relacionados com o turismo de acordo com a lei de desenvolvimento do turismo de 1969 (Development Tourism Act) para estimular novos projetos turísticos. Embora inicialmente disponível na Inglaterra, na Escócia e no País de Gales, o English Tourist Board (ETB) não está autorizado mais a distribuir esse tipo de subvenção.

- **Superestrutura.** Construção que se dá acima da superfície e que usa uma infra-estrutura preexistente. No caso do turismo, os projetos de superestrutura incluiriam hotéis, atrações e transportes.
- **Tangíveis.** Mercadorias e itens manufaturados cujo valor é mostrado na balança de pagamentos de um país.
- **Turismo doméstico.** Tipo de turismo em que as pessoas tiram férias, viagens curtas e viagens de negócios no próprio país.
- **Turismo *inbound* (entrada).** Forma de turismo internacional de acordo com o qual as pessoas entram em um país vindas de seu país de origem ou de um outro país.
- **Turismo internacional.** Refere-se ao turismo *inbound* (de entrada em um país) e *outbound* (de saída de um país).
- **Turismo interno.** Refere-se ao turismo doméstico ou *inbound* (de entrada em um país).
- **Turismo de lazer.** Categoria de turismo que corresponde a viagens por motivo de lazer, em vez de negócios. O turismo de lazer abrange férias tiradas no próprio país e no exterior, visitas a amigos e parentes e viagens por vários outros motivos, como saúde e boa forma, esporte, estudos, cultura, religião e espiritualidade.
- **Turismo de massa.** Termo usado para descrever o movimento de uma quantidade muito grande de pessoas por motivo de lazer, uma característica da última metade do século XX nos países ocidentais desenvolvidos.
- **Turismo nacional.** Refere-se ao turismo doméstico e *outbound* (de saída).
- **Turismo de negócios.** Categoria da indústria do turismo relacionada com viagens de negócios, em vez de viagens de lazer. O turismo de negócios abrange viagens para os seguintes propósitos: reuniões, exposições, feiras comerciais, convenções e incentivo.
- **Turismo *outbound* (saída).** Forma de turismo internacional que está relacionada com a saída de pessoas de seu país de origem para viagens ao exterior por motivos de lazer ou negócios.
- **Turismo do setor privado.** Setor da indústria do turismo que está relacionado principalmente com atividades comerciais e a maximização de lucros. As organizações de turismo, em sua maioria, são empresas do setor privado – por exemplo, hotéis, companhias aéreas, agências de viagens, operadoras de viagens, locadoras de automóveis, atrações turísticas e operadoras de transporte.
- **Turismo do setor público.** Setor da indústria do turismo cujo principal objetivo é o fornecimento de um serviço à comunidade local ou sociedade,

em vez de a maximização de lucros.

- **Turismo sustentável.** Conceito que busca atender às questões ambientais e socioculturais de longo prazo ao redor do desenvolvimento turístico não planejado no mundo inteiro. Uma extensão do turismo "verde", o turismo sustentável faz parte de uma discussão bem mais ampla sobre o desenvolvimento sustentável, evidenciada pelo *Brundtland Report* em 1987 e o Fórum Global realizado no Rio de Janeiro em 1992.
- **Turismo verde.** Termo amplo usado para descrever um tipo de atividade turística cuja meta é o respeito ao meio ambiente do qual faz parte e às respectivas comunidades. Também descrito como turismo alternativo, turismo apropriado, turismo inteligente, turismo suave, turismo responsável e ecoturismo, o turismo "verde" é caracterizado por atividades de pequeno alcance que usam a produção e a mão-de-obra local e objetiva produzir uma experiência turística alternativa ao turismo de massa.
- **UME (euro).** Unidade monetária européia provisória [hoje denominada euro], composta pela média ponderada das moedas dos países membros da União Européia (UE).
- **Vazamento.** Perda de receitas de uma economia local ou nacional em conseqüência, por exemplo, de flutuações nas taxas de câmbio, pagamentos aos acionistas, tributação e compra de mercadorias e serviços de distribuidores externos.
- **Venda apenas de assentos (*seat-only*).** Nome atribuído à compra de passagens aéreas que não contam com hospedagem e outros serviços.
- **Venda direta.** Quando uma organização de turismo vende seus produtos e serviços diretamente ao consumidor, em vez de usar um intermediário, às vezes chamado de "mediador". Na indústria de pacotes de férias, operadoras de venda direta como a Portland Holidays e Eclipse Direct (ex-Tjaereborg, Sunfar and Martin Rooks) afirmam que podem vender mais barato porque não têm de pagar comissão aos agentes de viagens.
- **VFR.** Significa visita a amigos e parentes (*visiting friends and relatives*), uma importante fonte de receitas para a maioria das nações envolvidas com a atividade turística.
- **Viagem de incentivo.** Tipo de turismo de negócios relacionado com o oferecimento de férias e lazer como incentivo aos funcionários.
- **Viagens com tudo incluído (*inclusive tour* – IT).** Outro termo usado em referência a pacote de férias.
- **Viagens fretadas com tudo incluído (*inclusive tour by charter* – ITC).** Termo usado em referência a um pacote de férias em que o componente

viagem engloba vôo fretado, em vez de vôo programado. Os pacotes de férias do mercado de turismo de massa, em sua maioria, usam esse tipo de plano de viagem.

- **Viagens por excursão com tudo incluído (*inclusive tour by excursion* – ITX).** Pacote de férias em que o componente viagem consiste em vôo programado, em vez de vôo fretado. No Reino Unido, esse plano de viagem é menos comum e mais caro que as viagens fretadas com tudo incluído.
- ***Viewdata.*** Sistema interativo computadorizado usado por agentes de viagens para exibir informações em terminais ou unidades de exibição visual (VDUS – *visual display unit* ou VDTS – *visual display terminal*) e acessar os sistema de reserva computadorizados, principalmente das companhias aéreas e operadoras de viagens, por meio de uma linha telefônica.
- **Visitante de um dia.** Termo que descreve um turista cuja estada não engloba pernoite fora de seu local de residência.
- **Visitas de familiarização.** Viagem instrutiva que concede aos agentes de viagens, operadoras e outros membros do comércio de viagens a oportunidade de experimentar instalações turísticas e serviços de primeira mão, de forma que possam sugerir genuinamente opções de férias aos clientes.

Bibliografia selecionada

- Ashworth, G. & Goodall, B. *Marketing Tourism Places*. Londres, Routledge, 1990.
- Bull, A. *The Economics of Travel and Tourism*, Melbourne, Pitman, 1991.
- Burkart, A. & Medlik, S. *Tourism: Past, Present and Future*. Londres, Heinemann, 1981.
- Burns, P. e Holden, A. *Tourism: A New Perspective*. Hemel Hempstead (Reino Unido), Prentice-Hall, 1995.
- Burton, R. *Travel Geography*. Londres, Pitman, 1995.
- Cooper, C. *et al*. *Tourism: Principles and Practice*. Londres, Pitman, 1993.
- Davidson, R. *Tourism in Europe*. Londres, Pitman, 1992.
- English Tourist Board. *Tourism and the Environment: Maintaining the Balance*. Londres, ETB, 1991.
- Gamble, W. *Tourism and Development in Africa*. Londres, John Murray, 1989.
- Gunn, C. *Tourism Planning*. Nova York, Taylor & Francis, 1994.
- Hall, C.M. *Tourism and Politics*. Chichester (Reino Unido), Wiley, 1994.
- Hall, D. (ed.) *Tourism and Economic Development in Eastern Europe and the Soviet Union*. John Wiley & Sons, 1991.
- Holloway, C. *The Business of Tourism*. 4ª ed. Harlow (Reino Unido), Longman, 1994.
- _______ . & Robinson, C. *Marketing for Tourism*. 3ª ed. Harlow (Reino Unido), Longman, 1995.
- Inskeep, E. *Tourism Planning: An Integrated and Sustainable Development Approach*. Nova York, Van Nostrand Reinhold, 1991.
- Kotler, P. *Marketing Management*. 8ª ed. Prentice-Hall International, 1994.
- Krippendorf, J. *The Holiday Makers*. Oxford (Reino Unido), Butterworth-Heinemann, 1989.
- Lea, J. *Tourism and Development in the Third World*. Londres, Routledge, 1988.
- Lickorish, L. *Developing Tourism Destinations*. Harlow (Reino Unido), Longman, 1991.
- Mathieson, A. & Wall, G. *Tourism: Economic, Physical and Social Impacts*. Harlow (Reino Unido), Longman, 1982.

- Middleton, V. *Marketing in Travel and Tourism*. 2ª ed. Oxford (Reino Unido), Butterworth-Heinemann, 1994.
- Mill, R. & Morrison, A. *The Tourism System*. Prentice-Hall International, 1992.
- Murphy, P. *Tourism: A Community Approach*. Londres, Routledge, 1985.
- Pearce, D. *Tourist Development*. Harlow (Reino Unido), Longman, 1989.
- _______ . *Tourism Today: A Geographical Analysis*. Harlow (Reino Unido), Longman, 1995.
- Pompl, W. & Lavery, P. *Tourism in Europe: Structures and Developments*. Wallingford (Reino Unido), CAB International, 1993.
- Poon, A. *Tourism, Technology and Competitive Strategies*. Wallingford (Reino Unido), CAB International, 1993.
- Ryan, C. *Recreational Tourism:A Social Science Perspective*. Londres, Routledge, 1991.
- Smith, V. *Hosts and Guests: The Anthropology of Tourism*. 2ª ed. Filadélfia, University of Pennsylvania Press, 1989.
- Urry, J. *The Tourist Gaze*. Londres, Sage, 1990.
- Van Harssel, J. *Tourism: An Exploration*. 3ª ed. Prentice-Hall International, 1994.
- Williams, A. & Shaw, G. *Tourism and Economic Development – Western European Experiences*. Londres, Belhaven Press, 1991.
- Witt, S.; Brooke, M. & Buckley, P. *The Management of International Tourism*. Londres, Routledge, 1995.
- World Tourism Organisation. *National and Regional Tourism Planning: Methodologies and Case Studies*. Londres, Routledge, 1994.

CADASTRO PARA MALA DIRETA E CORREIO ELETRÔNICO

Por e-mail você é informado das novidades em primeira mão

ENVIE ESTE POR CORREIO OU FAX OU CADASTRE-SE DIRETAMENTE EM NOSSO SITE:

www.editoracontexto.com.br

FAVOR PREENCHER TODOS OS CAMPOS

NOME COMPLETO (Não abreviar) ______ ANIVERSÁRIO ______ / ______ (DIA / MÊS)

ENDEREÇO RESIDENCIAL ______ BAIRRO ______

CIDADE ______ UF ______ CEP ______

TEL. (   ) ______ E-MAIL ______ @ ______

INSTITUIÇÃO (caso seja professor) ______

CARGO / FUNÇÃO ______ CURSO ______

OBS ______

ÁREAS DE INTERESSE

- [ ] HISTÓRIA
- [ ] GEOGRAFIA
- [ ] EDUCAÇÃO
- [ ] ECONOMIA
- [ ] TURISMO
- [ ] LÍNGUA PORTUGUESA

EDITORA CONTEXTO

Rua Acopiara, 199 Alto da Lapa
CEP 05083-110 São Paulo SP
Tel.: (11) 3832-5838 Fax: (11)3832-1043
contexto@editoracontexto.com.br
www.editoracontexto.com.br

Impressão e acabamento:
GRÁFICA PAYM
Tel. (011) 4392-3344